全国法院第三十五届学术讨论会河南法院系统获奖论文汇编

河南法官进修学院／编

人民法院出版社

图书在版编目（C I P）数据

全国法院第三十五届学术讨论会河南法院系统获奖论文汇编 / 河南法官进修学院编 . -- 北京 : 人民法院出版社 , 2024. 10. -- ISBN 978-7-5109-4198-6

Ⅰ . D926.22-53

中国国家版本馆 CIP 数据核字第 202473XJ43 号

全国法院第三十五届学术讨论会河南法院系统获奖论文汇编

河南法官进修学院　编

责任编辑： 陈　思　罗羽净　马海莹
执行编辑： 高　晖　赵　爽　叶　白
出版发行： 人民法院出版社
地　　址： 北京市东城区东交民巷 27 号（100745）
电　　话：（010）67550673（执行编辑）　67550558（发行部查询）
65223677（读者服务部）
客服 QQ： 2092078039
网　　址： http://www.courtbook.com.cn
E-mail： courtpress@sohu.com
印　　刷： 天津嘉恒印务有限公司
经　　销： 新华书店

开　　本： 787 毫米 × 1092 毫米　1/16
字　　数： 423 千字
印　　张： 27.75
版　　次： 2024 年 10 月第 1 版　2024 年 10 月第 1 次印刷
书　　号： ISBN 978-7-5109-4198-6
定　　价： 88.00 元

全国法院第三十五届学术讨论会
河南法院系统获奖论文汇编
编辑委员会

全国法院第三十五届学术讨论会
河南法院系统获奖论文汇编
编辑委员会办公室

前 言

为深入学习贯彻习近平法治思想，以实践法学助推审判工作现代化，最高人民法院举办全国法院第三十五届学术讨论会。本届学术讨论会聚焦“公正与效率”，以审判工作现代化服务保障中国式现代化为中心议题。全省法院干警积极响应、广泛参与，围绕中心议题撰写了一批有思想见地、有学术价值的研究文章。截至收稿，三级法院共推荐优秀参评论文 557 篇。经过三轮评审、层层选拔，选送出优秀论文 70 篇，最终在全国法院第三十五届学术讨论会中获奖 35 篇。这些论文凝聚着河南法院系统干警的学术思考和审判智慧，代表着当前河南法院学术研究最新成果。通过将这些优秀学术论文汇编成册，我们希望让更多的法院干警共享成果，充分发挥学术讨论会对人民法院工作的“智囊团”和“思想库”作用。

本书的作者大多来自审判一线，因此，本书呈现出两个方面的突出特点：一是实践性强。紧扣当前司法审判工作中的热点与难点，内容包括全面准确落实司法责任制、完善统一法律适用工作机制、推进诉源治理等多方面，覆盖民事诉讼、刑事诉讼、行政诉讼与执行各个领域。二是坚持问题导向。本书作者所提出和关注的问题，都是他们在司法审判、执行实务工作中的提炼总结，所提出的建议和对策，凝聚了他们对审判、执行实务的深度思考，以期对法院系统审判、执行工作发挥一定的参考作用和借鉴意义。

本书的编写修缮校对，得到了人民法院出版社的高度重视和大力支持，评审过程中，评委对这些精品论文的修改亦贡献了许多真知灼见，在此一并给予衷心感谢。由于编者水平有限，不足之处敬请读者批评指正。

编委会

2024 年 9 月

目 录

从失范到纾解：法益重释视域下网络数据犯罪的规制路径研究*

——以近三年相关判决为研究样本

三门峡市中级人民法院　白旭春　段明苒**

引　言

伴随着互联网技术的迭代式发展，数据在网络空间快速流转，以大数据、互联网+为首的数字经济成为驱动发展改革的新引擎，数据作为信息化领域和数字化经济发展的关键性生产要素，其价值得到“量”到“质”的根本性释放，但同时，在高额数字经济利益的驱使下，数据风险不断攀升，数据垄断主体不惜触碰法律底线抑或游走于犯罪的边缘，现实中由网络数据获取、利用、泄露、买卖产生的数据犯罪案件只增不减，如全国首起“流量劫持案”[①]“爬虫入刑案”[②]“撞库打码案”[③]等犯罪案件相继发生，非法获取、使用、泄露、买卖等网络数据犯罪蔓延与异变，为数据法律秩序和数字社会治理带来难题和挑战，此外，刑事法规范的缺失在一定程度上弱化了数字经

* 注：文章以《刑法》第285条第2款非法获取计算机信息系统数据罪为研究的逻辑原点，网络数据犯罪在实务中呈现外延泛化且现有刑事法规范与数字技术发展的治理需求不平衡以及网络数据犯罪类型与传统犯罪交织等的困惑，因而提出在网络数据安全法益保护导向下，重释网络数据相关罪名的修正和设定，附随罪量的补足以及关联罪名的界分的网络数据犯罪行为的规制进路。

** 白旭春，河南省三门峡市中级人民法院党组成员、副院长。段明苒，河南省三门峡市中级人民法院刑事审判第一庭法官助理。

① 参见上海市浦东区人民法院（2015）浦刑初第1460号刑事判决书。

② 参见北京市海淀区人民法院（2017）京0108刑初2384号刑事判决书。

③ 参见浙江省杭州市余杭区人民法院（2017）浙0110刑初664号刑事判决书。

济运行态势下的网络数据犯罪治理力度，造成网络数据的极致利用与传统规制范式发展不均衡之间的矛盾冲突。目前，随着《数据安全法》的施行，数据作为数字社会基础的战略性资源，成为发展新动力的同时衍生数据危机，数据安全已然上升至国家安全的战略高度，[①] 网络数据犯罪的规制成为数字时代背景下刑事治理亟须关注的重要议题。

一、现实图景：网络数据犯罪风险的透视

信息网络技术的迭代发展无限拉进数据与经济发展的距离，数据渗透至生产生活的方方面面，数据运用随着网络空间的扩张而在横向和纵向上得以延伸，使数据的价值属性得以凸显，数据带来无限价值的同时也成为利益侵害的标靶，当前，传统犯罪类型裹挟着互联网外衣不断异变，加之新型信息网络犯罪的蔓延滋生，从而加剧了数据安全风险，规制网络数据犯罪成为必要之举，然而网络数据犯罪的多重转变，增加了对传统法律规制的冲击，规范的演变无法及时跟进，规制网络数据犯罪的现实难题逐渐凸显，网络数据刑事治理效果不佳、能力孱弱。[②]

（一）风险诱因：网络数据犯罪的时代嬗变

互联网、大数据、云技术、人工智能等新型技术的飞速发展让网络从虚拟走向现实，将网络数据处理的经济价值与现实利益紧密联结，实现从信息媒介到生活平台的跨越，在数据的交互与利用中，释放出极大的能量价值，现实的犯罪形态也逐渐延伸辐射至网络空间，从虚拟空间走向数据权利主体身边。随着数据背后的经济利益的凸显，在无序和风险发展的趋势下，利用数据侵害法益的犯罪行为层出不穷，相对应的犯罪模式从传统的计算机犯罪转向传统犯罪相交织的犯罪发展方向，逐步发展到侵犯财产、人身类等犯罪领域，引发各种新型法益侵害，网络数据犯罪成为数字化时代的新型犯罪，

---

① 参见韩婧颖：《数据犯罪的司法困境及治理进路》，载《上海法学研究》集刊 2022 年第 17 期。

② 参见刘双阳：《数据法益的类型化及其刑法保护体系建构》，载《中国刑事法杂志》2022 年第 6 期。

形成以计算机网络为起点，数据为侵害对象，造成数据安全风险，妨害个体安全、经济秩序以及国家安全和秩序的独立犯罪类别。

网络信息技术的迭代与数据赋能的升级引发网络数据犯罪由零星化、个体化特点转向复杂化、多元化。其一，网络数据犯罪类型更加多元化。数据的价值随着数据应用和需求的多样得到释放，数据成为重要的经济资源，因其本身的易攻击性、抽象性与无形性的特性，在以网络为工具的犯罪出现“井喷”增长的现实境况下，作为在流通共享的虚拟网络中的数据，随着犯罪手段的加速升级换代，其面临的安全风险更加严峻，危害数据安全的犯罪类型也会愈加复杂多样。其二，网络数据犯罪的法益侵害复杂化。伴随着对数据动态使用、流转的频率加剧，侵犯数据行为呈现出犯罪所表征的传统法益与新型法益交织共存的状态，一些法益包含《刑法》所涵盖的财产法益、个人信息法益等，一些不为《刑法》所涵盖的数据安全法益越发凸显，同时也存在同一行为产生的多种法益的交叉重合情形。其三，网络数据犯罪危害后果多重性。网络数据犯罪的滋生和蔓延不仅对个人隐私造成困扰，还会对社会秩序、公共秩序甚至国家安全等造成威胁，所造成的隐患和后果随着数据价值的挖掘与应用的深入而展现复杂性、无尺度的趋势，给予传统《刑法》以巨大冲击。

（二）风险基础：网络数据犯罪的范式演进

信息技术的高速发展促使网络数据犯罪行为、主体及结果发生变化，面临不断更新变换的网络数据犯罪形态，当前我国刑事立法和司法都作出了积极回应，着力围绕计算机犯罪不断完善展开立法，以计算机信息系统犯罪规制和治理回应网络数据犯罪的异变。

从纵向发展线条来看，在不同网络代际发展驱导下，刑事法对数据的保护经历了三个阶段的动态的建立健全的发展历程，网络数据犯罪的刑法规制呈现出其所处时代特有的发展性和局限性。在计算机技术发展的初期，表现出保护计算机系统数据和计算机管理秩序的治理思路，可以概括为“针对危害计算机信息交流安全的行为”和“针对利用计算机技术的危害行为”两大类型。[①] 该规制将数据界定在计算机信息系统运行中的数据资料，处于数据保护的雏形规范阶段，规制的范围具有封闭性、狭隘性。在信息网络交互时代背景下，《刑法修正案（七）》的修改丰富了网络信息的规范，从源头规制侵犯公民个人信息违法行为，从罪名设置上规制对计算机信息系统的前期控制行为，力争从源头阻却网络数据犯罪的滋生和蔓延，显示出网络数据刑事法规范的发展与更新，规制的角度和力度趋向信息系统数据保护的延展趋势，但表现出重信息系统、弱数据保护的理念，无法跟进大数据时代的网络数据安全保护需求。

在数字化时代背景下，网络数据成为核心生产要素，数据保护的规范供给呈现多元交叉保护的趋势。《最高人民法院、最高人民检察院关于办理危害计算机信息系统安全刑事案件应用法律若干问题的解释》《最高人民法院、最高人民检察院关于办理利用信息网络实施诽谤等刑事案件适用法律若干问题的解释》等相关司法解释的内容进一步细化适用数据保护的边界，重点界定了刑事责任和量刑标准以及疑难问题，确立了网络空间保护的独立地位，《刑法修正案（九）》修正了网络犯罪和相关联的犯罪，促使信息网络数据安全的保护力度得以提升，但同时网络数据具备超越信息网络的技术优势和代际基础，亟待正式、独立、专门的保护。[②]

从横向发展线条来讲，网络数据的罪名规制经历了多次补充修正，根据数据所承载的性质可以进行技术属性和社会属性两个层面的划分。就数据的技术属性角度，1997 年《刑法》设立计算机信息系统相关罪名，但因适用范围较窄，无法全面评价计算机信息系统安全领域的犯罪。2009 年《刑法修正案（七）》在适用范围上，一定程度上扩大了对非法侵入计算机信息系统犯罪的规制范围，对除重要关键领域以外的计算机信息系统的犯罪进行打击；在涉网络数据犯罪罪名方面，体现了对计算机信息系统内处理或者传输数据行为的规制。2015 年《刑法修正案（九）》增加了单位犯罪的规定。《刑法》

---

① 赵廷广、皮勇：《论我国刑法中的计算机犯罪》，载《现代法学》1999 年第 4 期。

② 参见孙道萃：《大数据法益刑法保护的检视与展望》，载《中南大学学报（社会科学版）》2017 年第 1 期。

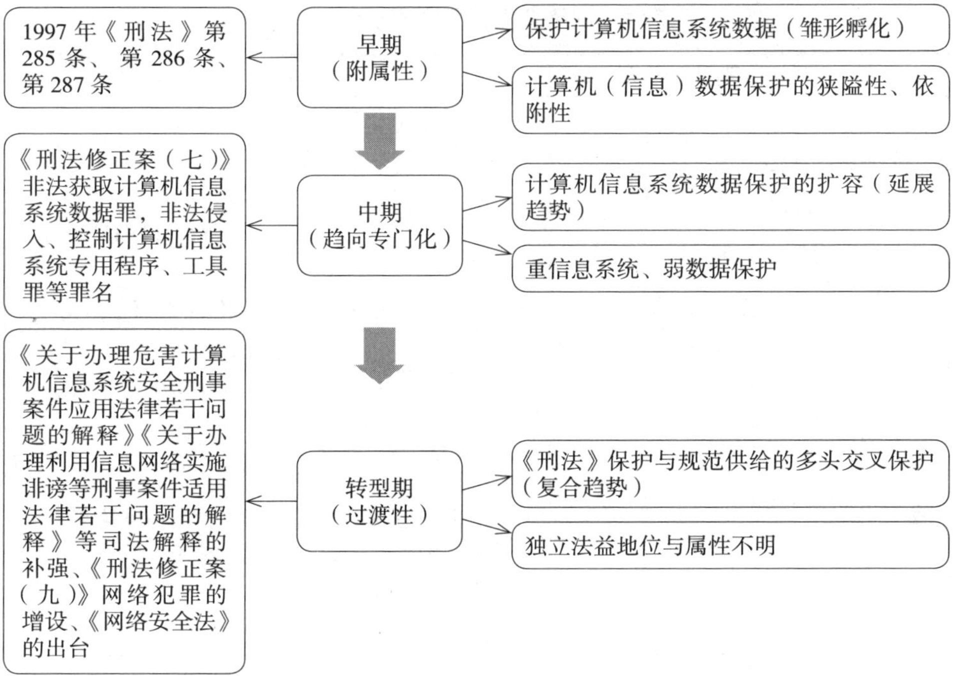

图 1　网络数据犯罪规制的三个阶段

对计算机系统罪名历次梯度式的调适，侧重对计算机技术行为打击，具有密集法网的兜底性功能以及立法前瞻性特征（见图 1）。[①]

就数据的社会属性角度，即数据所承载的信息内容而言，侵害行为所造成的社会危害性一定程度上取决于数据所承载信息的性质，其会影响侵害数据安全行为的定性，根据内容的不同属性，会涉及个人隐私、商业秘密、国家秘密等权益，会关联到侵犯公民个人信息、商业秘密、国家秘密、军事秘密等相关罪名（见表 1）。综上所述，刑事法范式体系主要就网络数据犯罪所依托的计算机平台及其所承载的信息属性实现对网络数据犯罪的规范和治理，建立对数据安全的科学周延的刑法保护。

（三）风险直视：网络数据犯罪的司法适用样态

网络信息化数据高速流通中，在司法实务中对不同数据种类的网络数据

① 参见李晓明：《论人工智能刑法规制中的技术规范》，载《东方法学》2021 年第 2 期。

表 1　网络数据犯罪主要规范条文

属性	《刑法》法条	罪名
技术属性	第 285 条	非法获取计算机信息系统数据、非法控制计算机信息系统罪
	第 286 条	破坏计算机信息系统罪
社会属性	第 111 条	为境外窃取、刺探、收买、非法提供国家秘密、情报罪
	第 177 条之一	窃取、收买、非法提供信用卡信息罪
	第 219 条	侵犯商业秘密罪
	第 219 条之一	为境外窃取、刺探、收买、非法提供商业秘密罪
	第 253 条之一	侵犯公民个人信息罪
	第 282 条	非法获取国家秘密罪
	第 398 条	故意泄露国家秘密罪、过失泄露国家秘密罪
	第 431 条	非法获取军事秘密罪、为境外窃取、刺探、收买、非法提供军事秘密罪
	第 432 条	故意泄露军事秘密罪、过失泄露军事秘密罪

犯罪认定涉及罪名繁杂、认定复杂、新型犯罪类型多样等问题。笔者在中国裁判文书网上以“刑事案由”“数据”等为关键词进行搜索，对近三年涉及网络数据犯罪的一审裁判文书进行筛选，全面了解我国网络数据犯罪的真实态势，在对所收集的数据犯罪刑事判决书进行系统梳理后，对主要罪名进行总结归纳，从中筛选出 1657 件相关有效的刑事裁判文书，其中非法获取计算机信息系统数据罪案件 53 件，破坏计算机信息系统罪案件 43 件，侵犯商业秘密罪案件 4 件，侵犯公民个人信息罪案件 1557 件，值得注意的是，非法获取国家秘密罪、非法获取军事秘密罪等相关案件因保密等因素未能在网页中被检索，但是不意味着该类案件发生率为零，现实中通过媒体报道、新闻资讯等途径知晓该类危害国家安全、公共安全的违法犯罪事件。总体而言，在样本析出的案例中显示目前司法实践中关涉网络数据犯罪的相关罪名不仅局限于《刑法》第 285 条非法获取计算机信息系统数据罪，以数据为载体的犯罪罪名因属性不同而辐射至分则的各个章节，主要分布在妨害社会管理秩序罪、侵犯知识产权罪、侵犯公民人身、民主权利罪等分则部分。就案件数量而言，侵犯公民个人信息罪所占比例远远多于其他罪名，各罪名出现分布零

碎化、侵害对象多样化、社会危害复杂化等特征，不同罪名所涉及的法益不尽相同但又紧密相连，包括国家安全、公民人身财产安全、公共秩序等，罪名均具有公共安全的共同属性，共筑现有数据犯罪的罪名体系（见图2）。

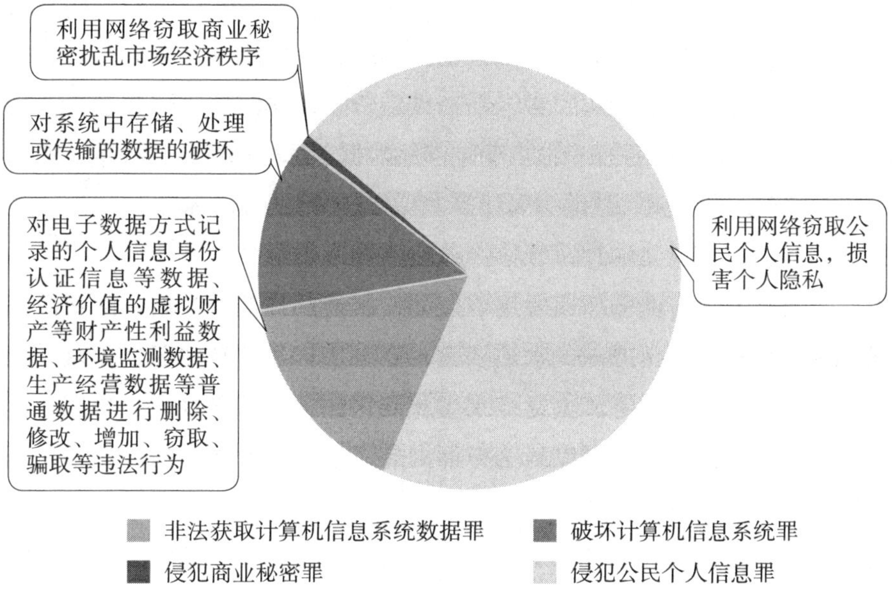

注：部分罪名可能因保密等因素而未被检索，但不意味着该罪名在实践中处于犯罪真空。

图2　涉网络数据犯罪主要罪名案件分布及表现形式

通过对司法实务分析，网络数据犯罪在目前存在一些特征。其一，司法解释从回应现实的角度激活计算机犯罪的关联罪名，且由计算机犯罪规制向网络犯罪规制的趋向，并展现网络数据犯罪的独立价值趋势。其二，司法机关承办人员对数据的认定和理解不仅限于将其认定为计算机信息系统的管理对象，或基于现实或者生活经验对涉案数据性质进行理解分析，故与传统罪名出现重合现象。其三，对网络数据犯罪的回应不够深入，针对数据的认定，实践中出现两种操作，将其作为计算机犯罪认定或者利用常用罪名保守认定。

二、破壁设想：网络数据犯罪的规制选择

数字化时代下，数据作为信息化建设中的战略资源和经济要素，数据保护经历了从计算机信息系统维护和个人信息安全保护到数字化时代网络数据整体

保障的时代转变，刑事法针对新兴事物作出积极回应和修正探索，既有依据数据的技术属性以计算机信息系统的组成部分间接保护，也有依托数据的表征内容以具体信息分类保护，[①]但都一定程度上存在网络数据犯罪的规制空白区间，无法全面评价网络数据犯罪行为。作为保障数据使用与安全的部门法，《数据安全法》的颁布实施是对数字经济时代数字资源运用与发展的法律回应。基于现实，新兴网络数据犯罪的规制应在充分识别判断数据犯罪行为及多元法益侵害的情形下，依据《数据安全法》厘定网络数据犯罪治理的价值立场，厘清保护的法益类别，设定网络数据全周期保护与分级分类规制机制。

（一）尺度选择：谦抑性原则秉持与延展

伴随着数字化产业的极速发展以及网络智能的指数级革新，网络数据已经成为现代化社会不可或缺的战略要素，在较高的经济利益驱使下，加之互联网技术隐蔽性的遮蔽下，使近年来侵犯网络数据犯罪案件层出不穷，显现出民事、行政法律规范在规制行为方面力有不逮，因而刑事法的调整在预防和治理该类犯罪有现实必要性，但是《刑法》的介入仅在穷尽民事、行政手段而无法有效治理犯罪时才具有正当性和可行性。作为前置法的《数据安全法》确立了既要数据发展又要保障安全的价值定位，因此，网络数据犯罪的刑事规制是法律的最后一道防线，刑事法对新型网络数据犯罪的规制需要重新定位，厘定网络数据犯罪规制的一般价值原理和规则，确保刑法规范对网络数据犯罪规制的界限性和可持续性发展。

《数据安全法》中数条规定明确了数据安全和发展的两个方面，奠定了数据处理的基本价值定位，因而《刑法》在规制网络数据犯罪时也会面临发展与安全的价值冲突，是以开放包容的数据发展与严格审慎的数据安全所表现的价值对立统一，在刑法规范发挥积极预防和救济功能时，兼顾发展和安全，使价值得以相互融合。具体来讲，一则坚持发展适度优先，安全防护底线的价值原则，数据作为未来重要的生产经济要素和资源，确保数据在提速发展时所引发的法律风险、刑事法律风险处在社会经济发展所能承受和社会大众所能接受的

① 参见马微：《理念转向与规范调整：网络有组织犯罪之数据犯罪的刑法规制路径》，载《学术探索》2016年第11期。

可控范围内。[①] 将严重背离法律的行为进行处理，消除破坏数据安全的风险因素。一则善用数据安全的规制功能，在安全价值理念不断深化下，对于《刑法》的干预和介入做好调适，在一般法律规范无法有效规制该类行为时，以刑法谦抑性原则的指引，针对不同的涉数据行为，在范围、标准、制裁程度等方面加以细化，防止数据安全的滥用，达到《刑法》的适时更新和良性调整，以《刑法》的基本原则和合理的冲突规则不断消解安全与发展的价值摩擦。

（二）价值选择：网络数据犯罪的法益独立化

互联网时代，数据已从传统的静态化、封闭性、结构性的内涵集合转变为动态化、碎片化、非结构性的特点，其内涵和规范性价值附着于数字化的时代表征，超越了计算机系统时代的限制，而依附于计算机的传统网络数据犯罪对于数据内涵的认知已经落后于其内涵扩大带来的变化，数据已然脱离于计算机系统而成为独立的犯罪侵害对象。网络数据犯罪行为侵犯的数据对象已经从侵害计算机系统内部的一切文字、符号、声音、图像等内容的组合[②] 这一传统的内部静态数据集合发展转变为互联网运行空间下依托网络、云计算及智能技术对社会的客观记录载体。随之发生变化的是网络数据犯罪衍化为围绕网络数据记载，依托数字化的技术处理方式，采取侵害公民个人、社会秩序以及国家安全的新型犯罪类别。网络数据犯罪客体内涵的变化和扩展使数据安全的风险从静态的计算机安全扩散到动态的网络运行安全中，已经衍变至数据本身，并发生了质的转化。

从刑事法的发展来看，数据安全的保障同样历经从单一的早期保护到依托载体的附属保护，再趋于独立保护的发展和蜕变过程。[③] 但是，目前涉及数据安全的法律规范分散化、缺乏系统性、体系性，且缺少对数据安全法益的确认和界定。“数据安全”旨在保护数据利用的三个面向，即“数据安全”

---

① 参见孙道萃：《数据犯罪刑事合规治理的边界》，载《西南政法大学学报》2022年第6期。

② 参见陈兴良：《规范刑法学》，中国人民大学出版社2023年版，第814页。

③ 参见张勇：《数据安全法益的参照系与刑法保护模式》，载《河南社会科学》2021年第5期。

三要素，包括数据的保密性、完整性和可用性。[①] 网络数据犯罪的保护法益随着数据技术的爆炸式增长，数据内涵的复杂多样，数据风险的急剧增加而应作独立保护价值进行评价，关于网络数据犯罪的刑事法律规范也应对数据内容带来的现实风险所反映的法益需求进行回应与关切。

在数字化时代背景下，《数据安全法》亦呈现出安全、秩序和自由的价值属性，基于数据法益的多元价值内涵，法律的设定应在不同的价值目标间平衡兼顾，以数据安全相关立法为依据，对各类涉网络数据犯罪行为侵犯的法益进行识别，基于罪质和罪量的综合评价，在民事、行政法等前置法参照下，妥当适用网络数据犯罪的罪名，完善对数据安全法益的体系化保护。

（三）运行选择：网络数据犯罪的全周期与分级分类规制

目前，数据的刑法保护一方面是以计算机信息系统为主的间接保护，另一方面是以数据所表征的内容为规范的信息类保护，因而《刑法》对网络数据犯罪的规制应是在新型犯罪出现后对现有规范体系不断探索完善更新的过程。

《数据安全法》作为数据安全领域的基础性法律，其为网络数据犯罪规制体系建构提供一些理念与依据。《数据安全法》将数据安全状态界定为“确保数据处于有效保护和合法利用的状态以及具备保障持续安全状态”，因而对数据的安全保护包含了数据流动的全生命周期保护。结合《信息技术安全数据安全能力成熟度模型》与《数据安全法》，数据的动态流动过程中将数据的全生命周期阶段划分为数据的采集、存储、传输、提供、使用、销毁六个阶段。[②] 数据采集、存储、销毁阶段对数据保密性侵害，主要是对数据的非法知悉与持有，对数据应销毁而未销毁的行为表征，对该环节可以设立非法获取、持有网络数据罪，规范无权主体非法持有数据，有权主体超越权限留存数据等，应注意的是，为防止阻碍数据的发展与流通，对该环节应秉持谦抑性审慎认定，针对未对数据保密性造成侵害的行为，不具备科处刑罚的必要。在数据传输、提

① 高铭暄等:《中国刑法立法之演进》，法律出版社 2007 年版，第 308 页。

② 参见刘宪权、石雄:《网络数据犯罪刑法规制体系的构建》，载《法治研究》2021 年第 6 期。

供环节，表现在出售提供数据等违法行为，可以增设非法提供数据罪加以规制。最后，在数据使用阶段，针对数据的犯罪通常与传统犯罪相关联，需要综合考虑数据所承载的信息内容，行为人利用手段以及在下游犯罪中的作用，侵害的法益类型，同时增加刑法解释对犯罪行为进行罪名认定。

网络数据犯罪的规制对数据分类分级治理应与其前置法《数据安全法》中界定的分类分级保护制度保持一致。结合《网络安全标准实践指南——网络数据分类分级指引》，常见的数据分类可以划分为公共数据、个人信息数据、企业数据等类别，在判定数据违法行为时，依据数据的属性及分类，精准认定侵害的法益类型，从而确定具体的罪名。从数据的分级来看，针对数据的危害程度可以分为公开级、内部级、敏感级、重要级、核心级五个级别，[①] 对数据的分级识别有利于对网络数据犯罪的危害程度进行认定，从而确定入罪门槛和采用何种手段予以纠正或惩治（见图 3）。

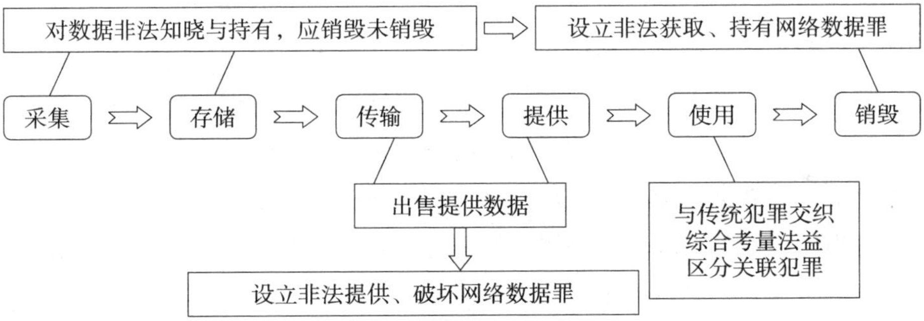

图 3　数据流动全周期规制

三、路径求解：法益重释视域下网络数据犯罪的规制进路

网络数据犯罪的规制应是在数据安全法益指引下实现范式补充和技术规则的有力融合，对数据安全法益解释下的数据犯罪构成要素解构析出，并以独立的网络数据犯罪视角，提出网络数据犯罪的罪名修补以及罪责标准的调整思路，应对新型数据犯罪的治理需求。

---

① 参见顾伟、孙伟、陈朝铭：《数字化时代数据犯罪的刑法回应》，载《上海法学研究》集刊 2022 年第 1 期。

（一）要素厘清：法益解释下网络数据析出

网络数据本体的内容明晰奠定了网络数据犯罪规制的基础，成为网络数据犯罪入罪的先决条件，前置法从不同的部门立法视角确定了数据的概念，然而伴随新技术的广泛运用与更新，网络数据犯罪的时代特性凸显，对网络数据犯罪中的数据更加注重脱离计算机信息系统等载体设备的附随性而关注数据本体，包含对数据结构、类型、动态流转周期中分类别的侵害行为的规制保护。从当前实务中透视，从保护网络数据的保密、完整和可用性属性的角度出发，我国网络数据犯罪的数据类型涵涉未处理和处理加工的数据种类。其一，未经处理的网络数据集合。该集合数据具有量和质的差别，通常是大量但未经加工分析的网络数据集合体，例如，实践中在获取类数据犯罪中大量个体的身份属性信息被技术人员通过软件或收集爬取程序技术收集，在获取大量数据后转售或成为新型网络犯罪的工具。该类网络数据的收集在一定意义上损害了数据用户自身对所持有的数据安全的保密性需求，虽然未经加工处理，但获取行为依然损害个体的网络数据权益。其二，经过加工处理的数据集合。该类网络数据是数据处理主体通过对数据的收集加工分析等价值赋能行为生成的具有商业可用性的数据类型。数据处理主体通过数据的加工分析提升数据价值，对数据产品具有应然的法律权属，享有受到法益保护的正当性。例如，在“车来了”App技术人员运用网络数据爬取技术大量收集同类公交公司软件“酷米客”App的后台数据，并用于自身运营。法院最终以非法获取计算机信息系统数据罪认定被告人侵害被害公司后台服务器并获取数据的违法行为。[①] 因而对网络数据持有者特别是网络数据经营主体对数据获取、加工、分析、利用等具有价值属性的数据权属的侵害行为规制，符合数据可用、保密以及完整性的法益保护回应。

（二）行为修补：罪名的修正与增设

针对网络数据安全不同侧面从法益解释视角进行网络数据犯罪行为的定性与阐释，在技术和规则融合中明确网络数据犯罪行为的侵害行为，从而锚

① 参见广东省深圳市南山区人民法院（2017）粤0305刑初153号刑事判决书。

定数据安全法益下数据获取、利用、破坏等行为的合理入罪路径。

修正非法获取数据罪名，对网络数据的获取行为因其本身的虚拟属性，并不是以其移转占有为获取的区分，而是是否对数据享有知悉、控制等排他性权利。“非法获取”行为是行为人非法改变数据不被知悉的权属，包括对未被授权或超越授权的网络数据获取，侵害数据专属保密性的行为类别，因而对非法获取应紧密围绕保密性权益修正非法获取数据罪名的限定入罪和处罚。现行刑事法中非法获取计算机信息系统数据罪在司法实践中存在适用率较低以及扩张解释的口袋化趋势，现有罪名的依附性和扩张化无法适应新型技术发展下的网络数据犯罪治理需求，应在现有计算机信息系统数据罪的基础上进行调整，取消侵入和利用其他手段获取类型的非法获取数据行为的限定条件，修改为非法获取、持有数据罪，以数据安全法益的独立化保护，分别针对违法主体在数据采集流程中对数据的非法收集行为，在数据存储、销毁流程对网络数据的非法持有行为，对三个环节的数据法益侵害行为进行评价。

增设非法提供、破坏网络数据罪，在技术运行中，多数情形下网络数据的非法获取与非法提供是并行的，因非法提供数据的牟利属性，司法实务在现行刑事法体系下通常将非法提供的行为与获取数据行为合并评价为非法获取计算机信息系统数据罪。然而非法提供网络数据的行为有单独进行评价的现实必要性，事实上来源合法数据的非法提供行为有构罪的可能，且非法获取数据罪的刑法评价不包含数据提供行为，无法周延法益保护，因此，应将非法提供数据列入刑法规制中，并且参考侵犯公民个人信息罪相关司法解释将在网络中非法公开发布数据的行为列入其中。破坏网络数据罪的设立，是将影响数据正常运行功能的删除、增加、修改等违法行为列入规制对象。对网络数据在数量上进行增减或对数据内容的修改会影响数据正常使用效用的发挥，保护网络数据的完整性和可用性权属。在案例实践中也存在未损害计算机信息系统但破坏数据的情形，更甚至在人工智能时代在数据存储过程中对数据的破坏行为侵害的法益不仅是计算机信息系统的安全性能。[①] 因而在

① 参见刘宪权:《人工智能时代数据犯罪的刑法规制》，载《人民检察》2019 年第 13 期。

数据安全法益下，破坏网络数据行为应被独立列入刑法规制中。

（三）罪量补齐：数额和情节标准的补足

信息化和数字化技术的应用促使数据安全法益下的网络数据犯罪在传统的定罪标准方面发生转变，发展成为数额与情节并重的评价模式。《最高人民法院、最高人民检察院关于办理危害计算机信息系统安全刑事案件应用法律若干问题的解释》对计算机信息系统数据罪的罪责标准进行了列举式的规定，包含经济损失、违法所得的数额标准和计算机台数、身份认证信息组数的物数标准。[①] 但第 4 条中所涉数量标准在应对脱离计算机系统载体的网络数据犯罪时缺失适用情形，引发司法判断疑惑，故在现有情形下对数额、数量标准的设定和补足可以以《最高人民法院、最高人民检察院关于办理侵犯公民个人信息刑事案件适用法律若干问题的解释》中对个人信息中数额和数量的规定为参考依据，在以数据安全法益侵害为前提下，对网络数据的非法获取、提供、破坏等行为的数量标准予以明确，从而改变实务中仅能选择适用“造成其他严重后果”的兜底条款情形。

对网络数据犯罪情节标准的认定是在涉案违法所得、经济损失以及数据数量等数额标准外，结合数据的性质和危害程度等综合情形评判行为对公民个人、社会和国家秩序的影响程度和造成恶劣的社会影响，[②] 对秩序影响的程度和危害越大，其罪量因素在定罪量刑中的影响也越大。值得注意的是，因数据安全法益的概括抽象性，对罪量评价的补充在数据类型能够定量确定时，可以通过颁布司法解释得以明确具体的数据数量标准，在罪量因子较为抽象时，则不能细化具体的标准，可以通过设定“情节严重”等柔性条款综合评判，能够实现罪责刑相统一的实质公正。

（四）功能弥补：与关联犯罪的边界厘定

随着数字经济的迅速发展，司法实务中常出现以数据的侵害实现对公民人身、财产、商业秘密的损害，往往因一个或多个行为触发多项罪名，因而

---

① 参见张勇:《数据安全分类分级的刑法保护》，载《法治研究》2021 年第 3 期。

② 参见杨志琼:《我国数据犯罪的司法困境与出路：以数据安全法益为中心》，载《环球法律评论》2019 年第 6 期。

可依据数据在法益侵害中的不同作用去区分定罪。

当以数据本体为对象的侵害行为应构成网络数据犯罪。一般表现为以侵害数据安全为目的，对数据进行收集、篡改、破坏等非法行为。值得注意的是，认定对计算机信息系统的数据增加、修改行为的罪名时，应区分的关键在于其行为所侵害的客体是数据安全还是计算机信息系统，通过修改、增加计算机信息系统数据，对该计算机信息系统实施非法控制，但未造成系统功能实质性破坏或者不能正常运行的，不应当认定为破坏计算机信息系统罪，应当认定为非法控制计算机信息系统罪，前者侵害的法益是计算机信息系统的安全运行，后者侵害的是计算机信息系统的保密性。①

当以数据为工具侵害其他法益的行为应认定为传统犯罪。其一，在违法行为侵犯个人数据时一般应构成侵犯公民个人信息罪。目前，大量的个人数据在计算机载体、网络、云端被记录或留痕，信息电子化带来了便利也同时引发风险，具有可识别性的特定个人信息因其本身的价值属性而成为犯罪侵害对象，因而对可识别的个人电子数据的侵害行为损害了其隐私权和信息自决权而构成侵犯公民个人信息罪。其二，对具有财产属性的数据的损害行为一般应构成财产性犯罪。具有财产属性的数据的显著特征是具有经济价值和权利可转移性。② 即便是网络虚拟财产或储存在计算机系统中的财产性利益，也应对其进行保护。其三，侵犯具有独创性的数据以及对秘密性和价值属性的数据的行为分别构成知识产权犯罪和侵犯商业秘密罪。需要注意的是，侵犯数据安全法益和传统法益是非此即彼的关系，一个侵犯数据的行为只能评价为一罪，其或者侵犯数据所表征的数据安全法益构成网络数据犯罪或者侵犯传统法益构成传统犯罪。

结　语

数字社会生活下，伴随着互联网的升级运用与数据处理技术的发展进步，数据处理活动更加活跃，依托虚拟网络运行的数据蔓延至各行各业，各

① 参见张勇：《数据安全分类分级的刑法保护》，载《法治研究》2021 年第 3 期。
② 参见李爱君：《数据权利属性与法律特征》，载《东方法学》2018 年第 3 期。

领域的利益趋向数据化，传统的刑法法益向数据化形式转变，涉网络数据犯罪滋生和异化，犯罪对象和行为逐渐复杂多变，数据风险急剧增加，对刑事法规范提出现实挑战，现有的传统依附于计算机信息系统规则已经无法满足信息数据安全法益的独立保护需求，在此情形下，需要围绕数据安全的法益保护，对数据保密性、完整性、可用性的全流程动态环节进行区分，以数据的分级分类属性为判别依据，完善对网络数据犯罪的规制路径，试图通过基础要素的厘清、罪名的修正、罪量标准的补充、罪名的界分厘定等方式为数据安全建构体系化的保护，实现网络数据犯罪规制的法治秩序和治理效能，以良法善治推进数据刑事治理现代化。

财产保全侵权损害赔偿中“过错”的司法认定

——以申请人的注意义务为视角

开封市祥符区人民法院 孙照君 杨红云*

随着当事人法律意识的增强以及法院积极解决执行难问题力度加大，同时在诉讼财产保全责任保险广泛应用的背景下，财产保全在民事诉讼中受到越来越多当事人采用。与之相随的是，当事人滥用保全权利、超标的保全等问题增多，司法实践中因财产保全错误引发的侵权纠纷呈逐年上涨趋势。① 通过近年来的司法观点和理论演变，财产保全侵权损害赔偿纠纷在归责原则问题上经历了各执一词的局面，但目前司法实践中基本形成了以过错责任原则为归责原则的主流观点。但财产保全侵权不同于一般侵权纠纷，其构成要件的认定具有特殊的司法判断模式。财产保全制度是在申请人和被申请人权利义务未进行实体审理、未作出终局裁决之前在法定条件下作出的推定性裁

* 孙照君，河南省开封市祥符区人民法院党组书记、院长。杨红云，河南省开封市祥符区人民法院法官助理。

① 在中国裁判文书网上设置搜索条件：案由为“因申请诉中财产保全损害责任纠纷”及“因申请诉前财产保全损害责任纠纷”，案件类型为“民事案件”，审判程序为“一审”。2013 年至 2022 年保全侵权责任纠纷案件数量总体呈上升趋势，2018 年至 2021 年每年的诉前财产保全损害责任纠纷和诉中财产保全损害责任纠纷总数额均超过 1000 件，其中 2018 年诉前 303 件，诉中 727 件；2019 年诉前 398 件，诉中 959 件；2020 年诉前 563 件，诉中 1238 件；2021 年诉前 242 件，诉中 1260 件。将审判程序设置为“二审”，2013 年至 2022 年保全侵权责任纠纷案件数量总体同样呈上升趋势，其中 2018 年诉前 102 件，诉中 395 件；2019 年诉前 124 件，诉中 520 件；2020 年诉前 153 件，诉中 626 件；2021 年诉前 113 件，诉中 363 件。

判和执行，制度运行机制本身蕴含着错误因子，再加上相关立法规定过于简单、司法裁判没有具体适用规则等原因，各地法院在过错要件的裁判规则和认定标准上“飘移不定”，由此导致裁判结果大相径庭，不仅使得保全申请人的财产保全行为缺乏统一、明确的规范指引，而且也使得法院生效裁判的法律效果和社会效果受到一定影响。

一、财产保全侵权责任的裁判现状

现行《民事诉讼法》第 108 条规定：“申请有错误的，申请人应当赔偿被申请人因保全所遭受的损失。”这是财产保全侵权损害赔偿的请求权基础，法律对“申请有错误”[①] 没有明确的解释，多年来的理论证成和司法实践表明，它既指财产保全申请人主观上存在过错，也指申请财产保全这一错误行为的客观结果。

为了解司法实践中财产保全侵权损害赔偿案件最新裁判规则和法律适用情况，在中国裁判文书网设置搜索条件：案由“因申请诉中财产保全损害责任纠纷”和“因申请诉前财产保全损害责任纠纷”，审判程序为“民事二审”，并各从两个案由的裁判文书中按照时间顺序选取了最新的 50 份民事判决书，重点对这 100 份裁判文书以及相应的一审裁判文书的裁判结果及原因说理进行剖析。

（一）诉讼主体涉公司多

在作为样本的 100 个案件中，诉讼主体涉及公司的有 80 个案件（不包含涉诉企业仅是为保全提供担保的保险公司的案件）。在诉讼时间普遍较长的现实情况下，很多本身就经营困难的公司可能会因设备被查封、银行账户被冻结、其他资产被扣押等情形难以为继，即便运转良好的公司一旦被采取保全措施，也可能影响招投标进而丧失潜在意向客户以及面临资金周转困难、拖欠工人工资等问题。相比较自然人被采取财产保全措施，对公司财产进行保全影响面更广泛、影响力更难以预见和控制、财产损失更加严重。因

---

① 保全错误有两种情形：一种是法院违法违规采取保全措施，另一种是当事人的保全行为存在错误，本文主要论述的是当事人错误采取保全的情形。

而，坚持优化法治化营商环境的政策一定程度上影响了此类案件中的过错认定。

（二）被申请人举证难度高

财产保全制度立足于申请人的利益，天然的偏向性明显，保全申请条件、启动程序、时间限制、被申请人的知情权等程序均表现出“亲申请人，远被申请人”的属性，而被申请人的权益却难以及时得到救济。一旦发生保全错误，根据谁主张谁举证的责任分配，被申请人要承担侵权行为、损害事实、主观过错、因果关系四要件的证明责任。由于保全系申请人单方启动，被申请人仅仅获知一纸文书，对于保全行为是否错误的关键事实难以同步清晰知道，即便是前案诉讼请求被全部驳回，仍有可能认定申请人不存在过错，实践中被申请人因提供的证据不足以证明申请人的过错导致败诉的案件不在少数。

（三）被保全财产类型多样

现有裁判表明被保全财产的类型不同会对过错认定产生关键影响。我国《民事诉讼法》规定申请保全的财产限于诉讼请求的范围，因此，当前诉标的额、申请保全数额、实际保全数额和生效判决数额相差较大时，申请人是否存在过错争议较大。各项数值相差大的原因就在于被保全财产的类型不同进而其价值难以认定。

司法实践中，被保全财产根据财产存在形态可以分为三类。第一，银行存款。它是申请人保全的首选财产类型，也是最不容易产生争议的类型。第二，房产、车辆、机器设备等实物财产，其中根据财产形态的稳定性可以分为形态稳定财产（如汽车）和形态易变财产（如水果）。一般人难以直接获知此类财产的实际、准确价值，且多数实物财产不可分割，对实物整体进行保全容易超出申请保全数额。第三，股权等无形财产，这类财产价值随市场变化波动较大，依照哪一时间段的价值为基准评估保全数额和损失存在争议。不同类型的财产在个案判断中有着不同的裁量方法和规则，被保全财产类型多样导致判断申请人过错的裁判规则随之复杂多变。

二、财产保全损害责任的过错判断基准

主观过错常常成为影响案件裁判结果的关键一环，长期以来，“故意”和“过失”占据了过错判断的核心地位，它们仿佛是过错的左膀右臂，但这两只手并未成功拨开迷雾，过错判断如何以恰当的标准在事后证明一个人当时的心理状态依旧是司法裁判中的难点。

（一）过错要件以合理的注意义务为判断标准

1. 注意义务是风险社会对申请人的必然要求

注意义务是现代侵权责任法中必不可少的一个工具，它指示行为人什么时候应当对其过错行为承担责任，以及什么时候能够保全自己免受责任。[①] 注意义务既包含积极作为避免相对人利益没有根据的损失，也包含以不作为方式维护相对人合法利益。虽然我国立法中没有关于注意义务的一般法律条款，现行立法中关于注意义务的规定主要集中在公共场所的安全保障义务这类具有特殊身份或从事特定营业主体上面。但行为人向法院提出财产保全申请要求对被申请人的财产采取查封、扣押、冻结等措施，必然对被申请人财产的使用、收益等方面造成不良影响，在这样一个高度风险的社会，申请人的保全行为将被申请人的财产放置于危险状态，显著提高了被申请人的财产损害可能性，则必然要对自己的这种危险行为造成的不利益在一定范围内承担一定法律责任。

2. 合理的注意义务是判断过错的更优选择

注意义务的存在、大小判断取决于一系列客观因素，诸如损害事件发生的现实可能性、政策衡量、可能引发后果的严重程度、损害的可预防性等。相比较行为人个体主观意识和个体要素等难以琢磨的主观标准，由外而内的客观判断进路让过错认定更加具体、明确和统一。我国在侵权责任过错判断标准上已经从主观标准走向了客观标准，财产保全侵权责任纠纷中很多案件都采用了合理的注意义务的标准来判断申请人主观过错的有无。考察行为人是否达到了应当达到的注意义务，即是否达到法律、行政法规、规章、操作

---

① 参见刘锐、孟利民：《过失侵权的责任要件——为注意义务寻找合法席位》，载《甘肃政法学院学报》2004 年第 1 期。

规程等相关规定要求，以及一个理性人在当时、当地条件下所应作出的合理反应。行为人负担的注意义务应当坚持动态的客观标准，需要法官根据每个案件的具体情况综合全案情形进行具体判断。[①] 受制于现实社会的风险多变和文字的固有缺陷，不可能存在一套一以贯之的过错认定标准，正是这种动态审查思维为应对纷繁案情、实现个案公正实现提供了可能。

（二）财产保全侵权的过错判断具有特殊性

1. 财产保全侵权损害赔偿之诉具有非独立性

德国民事诉讼法学界依照行为目的将诉讼行为分为取效性诉讼行为和与效性诉讼行为，所谓取效性诉讼行为，是向法院提出诉讼请求，并为此请求提供相应的诉讼材料和证据的行为；与效性诉讼行为，是指不必经法院介入，直接产生诉讼法上效果的行为。[②] 财产保全是典型的取效性诉讼行为，其行为本身不具有独立的效力，需经法院司法行为才发生法律后果。有学者认为“如果把保全错误的性质定义为民法上的侵权行为，意味着法院的审查、裁定与执行行为对成立侵权行为也有作用。”[③] 的确，没有法院的司法行为保全不可能进行，但法院采取的一系列保全行为不是申请人保全错误的“帮助行为”，更不是保全错误的引发原因。财产保全侵权损害赔偿因前诉中申请人错误的保全行为引起，程序上，无前案诉讼，无财产保全侵权之诉。诉讼引发机制的依赖性决定了财产保全侵权损害赔偿纠纷中过错的认定和前案诉讼具有关联，前案诉讼请求和裁判结果直接影响保全行为的合理性和合法性。

2. 违法性和过错在个案判断中具有耦合性

“申请人有错误”实际上包含了申请人客观行为上的错误，即行为的违法性，也指申请人主观过错。[④] 违法性关注的是行为的否定性评价，过错关注的是主观心理状态的道德非难，两者评价的是同一个加害行为的不同

① 参见王泽鉴：《侵权行为》，北京大学出版社 2009 年版，第 243 页。

② 参见廖永安：《当事人诉讼行为理论初探》，载《南京大学法律评论》2004 年第 2 期。

③ 参见吴英姿：《论保全错误的程序法解释》，载《现代法学》2023 年第 2 期。

④ 参见朱启骞、王和平：《制约与平衡——财产保全错误的损害赔偿责任认定》，载《广西政法管理干部学院学报》2015 年第 6 期。

方面。从司法实践来看，申请人的主观过错认定和行为的违法性认定在判断基础方面存在重合，都是对注意义务的违反。一般而言，法院通过审查申请人财产保全行为的程序合法性、目的正当性、行为必要性、数额合理性以及申请财产保全时所依据的诉讼请求、证据材料、诉讼程序、裁判结果等因素综合确定，这些方面既是判断保全行为违法与否的依据，也是判断行为人主观过错的依据。法院的裁判文书中通常会出现“尽到了合理审慎的注意义务”“尽到了注意义务”这样的表述，注意义务是判断申请人过错的核心标准。

三、财产保全申请人合理注意义务的规范内容

财产保全侵权责任过错要件的司法判断没有简单化一的度量衡，也不可能量化申请人的主观过错，必须综合全案事实根据合理的注意义务标准进行整体考量。

（一）法律原则下申请人注意义务的具体表现

1. 诚信原则要求保全目的善意

诚信原则是民事诉讼法的一项基本原则，它要求民事主体从事民事行为应当恪守诚信，采用合理正当的方式行使权利，不得损害他人利益。申请人在财产保全时必须遵守诚信原则，尽到审慎合理的注意义务，不能恶意保全或以不正当的理由申请财产保全。诚信原则对财产保全申请人的规范要求具体表现在：第一，申请人应确保提起的前诉诉讼请求有初步的事实和法律依据；第二，申请保全的财产价值不应明显超过前诉诉讼请求的数额范围；第三，被保全的财产系被申请人自身的财产，不属于案外人所有。

2. 比例原则要求保全措施适当

处于对立面的申请人和被申请人之间，一方负有合理的注意义务，采用合法、合理、正当的手段和方法采取保全措施，避免权利行使不当造成对方利益受损；同时，另一方负有适度的容忍义务，面对对方基于法律规定实施诉讼行为造成的微额不利益和不便时以不作为的方式忍受该行为及其后果，

以确保对方于法有据的获取利益。[①] 在财产保全侵权损害赔偿纠纷中，申请人的保全行为应当遵循权利行使的比例原则，才能最大限度尽到合理注意义务，避免保全行为造成的损失超过被申请人的容忍边界。《侵权责任法》实行完全赔偿原则，完全赔偿原则之下对行为人的行为自由及人格发展自由所产生的不利益与其所追求的补偿受害人的目的之间完全不成比例，违反了手段和目的相均衡的要求，在这种情况下有必要通过比例原则予以缓和。[②] 具体而言比例原则对申请人的保全行为规范要求体现在：一是申请财产保全时应本着最低限度造成损害的原则，例如，涉企案件中灵活采用保全措施，不是一味地查封生产设备。二是保全行为具有必要性，在并无财产保全紧急性时不申请保全。三是在符合保全解除条件时及时解除相应的保全措施，不得出现不合理的延长保全期限的情形。

（二）多维度下申请人注意义务的合理限度

注意义务是过错侵权责任的核心要素，是现代侵权法中判断过失的指标或者基准，是过失判断客观化的必然结果。[③] 但财产保全申请人注意义务的规范内容和限度有待厘清。

1. 以注意能力来分析申请人注意义务的客观限制

行为人的注意能力在《刑法》过失犯罪中经常提及，在民事侵权领域中一般论争的是在不同类型的案件中以何种标准的注意义务作为认定过错尤其是过失的判定基准，实质上注意义务判断标准的问题隐藏着行为人注意能力的考量。注意义务包括行为致害后果预见义务和行为致害后果避免义务。由于每个自然人生理机能、智力水平、所处环境等方面不同，对于行为的谨慎程度也就存在差异，对于危险的预见和控制能力也相应地有不同，因此，法律不能要求普通当事人和职业人员具有相当的注意义务，仅应以一般人的注意义务标准来要求申请人。在财产保全错误引发的侵权责任纠纷中当事人的

---

① 参见秦伟、杨姿：《容忍义务主体类型化及其正当性证成》，载《山东社会科学》2021年第6期。

② 参见郑晓剑：《比例原则在民法上的适用及展开》，载《中国法学》2016年第2期。

③ 参见屈茂辉：《论民法上的注意义务》，载《北方法学》2007年第1期。

法律法规知识、证据运用能力、对基础法律关系的判断能力各不相同，尤其是在诸如建设工程施工合同此类复杂的案件中当事人对诉争的权利义务的认识和法院、司法鉴定机构的专业判断存在很大差距，法律不能苛责申请人诉请数额、保全金额和裁判结果之间保持相当水平的一致。如果仅仅以败诉结果来认定申请人的保全行为存在过错，实际上是对申请人注意能力的忽视和注意义务的过度施加。

保全申请人的合理注意义务应当限定在符合其预见水平和控制能力的合理限度内，这样才能发挥财产保全制度的立法作用，降低社会总成本，在维护社会公平的同时提高司法效率。

2. 以利益平衡来考量申请人注意义务的边界

申请人的财产保全申请权和被申请人的财产权皆是受法律保护的正当权利，只要行为人对被申请人的财产采取了保全措施，就一定会给被申请人的财产权利造成一定程度的损失、限制或不便。在当前滥用保全、超标的保全的司法现象下，如何恰当平衡财产保全申请权和被保全的财产权益是财产保全制度必须谨慎考虑的问题。司法机关应在平衡当事人双方的实体利益及程序利益的同时，兼顾自身所代表的公共利益，对申请错误与否进行综合考量。[①]

在财产保全与公民或集体财产自由发生权利冲突时，公民或集体的财产自由作为宪法上的权利应优先得到保障，若财产保全理由不充分，应对公民或集体丧失财产自由带来的损害进行赔偿。[②] 从权利外观看，申请人在提出财产保全时明知或者能够预见其申请行为会对被申请人财产权益造成侵害或限制，但仍然实施了保全申请行为，该行为在外观上和侵权行为类似。但财产保全申请权是行为人实现其合理权益的一项关键的程序性权利，某种意义

① 参见李喜莲：《财产保全“申请有错误”的司法考量因素》，载《法律科学（西北政法大学学报）》2018 年第 2 期。

② 参见王亚明：《财产保全申请错误再探——从司法统计的视角》，载《法治研究》2014 年第 12 期。

上正当的保全申请构成违法阻却事由。[①] 法律基于程序优先原则等因素假定保全申请权的保障更具有紧迫性，当申请人的财产保全行为和被申请人的财产权利发生不可调和的冲突时，法律选择了在先保护财产保全申请权利，被申请人就“被迫”对申请人对其财产造成的损失或不便负担一定的容忍义务。一旦申请人没有尽到合理的注意义务，被申请人就不再负担容忍义务，产生向申请人请求侵权损害赔偿的权利。

（三）注意义务视角下申请人过错的类型化判断

财产保全申请人负担的注意义务包含不同诉讼阶段的不同注意义务，内容纷繁复杂，有必要按照被保全财产的类型对其予以划分，并针对不同类型的财产区分相应的过错判断规则。

1. 申请人过错判断的一般规则

基于社会现实和司法发展，法律逐渐向维护债权人、债务人双方的适当利益平衡及法律效果、社会效果的有机统一转变，法院除了关注财产保全担保等合法性事项，更应对财产保全合理性予以必要考察，以防止出现一些财产保全严重不合理的错误现象。

无论是哪一种财产被采取保全措施，申请人都应尽到需要普遍遵循的注意义务。在提出保全申请时，申请人应尽到保全目的善意、保全对象正确、保全程序正当的注意义务，尤其是申请人在提出保全申请时应有初步证据材料能够证明其很大可能对被保全的财产享有某种权利。在诉讼过程中，审查申请人是否尽到注意义务要着眼于整个财产保全期间，应注意在知道或应当知道诉讼情况发生变化，导致之前实施的保全行为处于不正当的状态时，申请人应当及时调整措施使财产恢复至正常状态。[②] 如果申请人明知争议标的物为案外人所有或者其自身对争议标的物不享有任何权利，则应认定为申请人存在过错，应承担被采取保全措施造成的实际损失。在采取一种保全措施

---

① 参见何健宏:《论错误申请财产保全损害的弥补及标准——以补偿责任和赔偿责任的二分为视角》，载马世忠主编:《司法体制综合配套改革中重大风险防范与化解——全国法院第 31 届学术讨论会获奖论文集》，人民法院出版社 2020 年版，第 515 ~ 523 页。

② 参见王朝辉、周洋:《申请财产保全错误及损失的认定》，载《人民司法》2022 年第 29 期。

就足以满足诉讼目的时申请人不得要求采取组合保全，当采取单一措施就能保证申请人生效裁判的有效执行时，不应采取多种保全措施。当争议标的物为季节性商品、鲜活易腐败变质或其他不容易长期保存、不及时变价会导致价值严重贬损、保存困难或者保管费用过高的，此时应当由被申请人向法院提出申请及时变价处理（见图 1）。

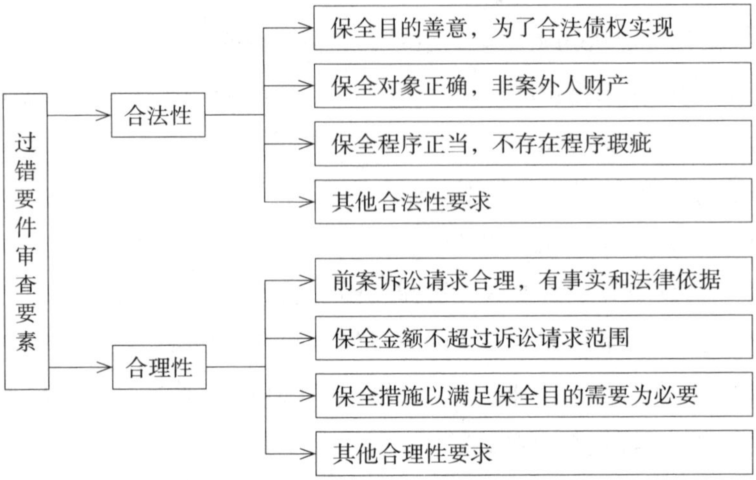

图 1　过错要件审查要素

2. 被保全财产系银行存款的判断规则

当被保全财产仅有银行存款的情形下，申请人应注意其财产保全数额不能超过诉讼请求范围。在财产保全侵权损害赔偿案件中存在四个数值的对比，分别是前诉诉请标的额、申请保全数额、实际保全数额、前诉生效判决数额。若四个数值完全一致，申请人的诉讼请求得到完全支持，其财产保全就不存在过错。若申请保全数额和实际保全数额高于生效判决数额，即申请人的诉讼请求被驳回时，过错判断要根据具体情况综合多种因素判断。第一，若申请人的前案诉讼请求仅小部分被驳回时，前案裁判结果作为认定申请人主观过错的证明力度就非常微弱，这样的裁判结果很大程度上能够说明申请人已经尽到了普通人在当时情形下能够尽到的合理注意义务，申请人不存在过错。第二，若申请人前案诉讼请求被全部或者大部分驳回时，可将裁判结果作为认定申请人主观过错的考量因素之一，并审查申请人提出前案诉讼请求时是否有事实和法律依据，如果申请人的前案诉讼请求有事实和法律依据，则不存在过错；反之，申请人存在一定过错。

3. 被保全财产系实物财产的判断规则

根据实物财产的可分性可以将实物财产分为可分财产和不可分财产。对于可分财产，申请人应注意按照诉讼请求的数额进行保全申请，以满足保全目的为必要限度，不得明显超过诉讼请求数额。至于明显超过的具体标准，如果是容易变现的车辆、厂房、机器设备等财产，实际保全数额超过申请保全数额的30%的；如果是难以变现的动产或不动产，实际保全数额超过申请保全数额的50%，倾向性认为申请人存在过错。若申请人的债权数额相对被保全的实物财产而言相当小，申请人坚持要求对整个财产进行保全，在法院向其释明可以协调有关部门分层登记、分割查封仍坚持保全整个财产的，应当认定申请人存在过错。对于不可分财产，如果该不可分财产系申请人唯一可供保全的财产或者其他财产严重不足以满足保全目的，为了保障生效裁判的有效执行，申请人申请法院对该不可分财产采取查封、扣押等保全措施，已经尽到了一般人能够尽到的合理注意义务，不存在过错。

4. 被保全财产系无形财产的判断规则

申请人对无形财产予以保全的，首先，应当注意无形财产权属清晰，系申请人所有。申请人明知被保全的无形财产非申请人所有，但仍提出保全申请的存在过错。其次，如果申请人和被申请人系因无形财产的权属问题发生争议，则不论无形财产数额多少，只要申请人有证据证明其对该份财产很大可能上享有某种待决权利，就尽到了合理的注意义务，不存在过错。最后，关于无形财产的超标的保全问题，申请人应当仅对诉讼请求标的额相当的无形财产采取保全措施，超出部分不得保全，如果超过诉讼请求范围保全无形财产，构成过错。无形财产不同于实物财产，其价值往往缺少市场交易参照价格，因无形财产的瑕疵隐蔽、权利负担封闭等特征，法官和当事人很难准确确定无形财产的价值，除非被申请人能够提供充分的证据证明其价值。但无论是通过评估确定无形财产的价值还是根据现有资料估算其价值，实际保全数额大幅度超过申请保全数额的，应认定申请人违反了注意义务，存在过错。这里的大幅度应兼顾无形财产价值的难以评估与被申请人财产权益的保护，以超过申请保全数额的 50% 为宜。

结　语

合理的注意义务是司法实践中判断保全申请人是否存在过错的核心标准。过错要件的认定是包含价值衡量的，它不可能简单地以某种单一标准固定司法裁判，应以动态思维根据司法实践中出现的新情况适当适时调整该裁量标准。对申请人过错进行判断，应当坚持主客观相统一的方法，以诚信原则和比例原则为规范指导。根据被保全财产的不同类型从保全目的是否合法、保全对象是否正确、保全程序是否正当、诉讼请求是否合理、保全措施是否适当等合法性要素及合理性要素审查。保全银行存款时着重审查基础诉讼的诉求有无事实和法律依据，保全实物财产和无形财产时着重审查实际保全数额是否超出申请数额。在诉前财产保全侵权责任纠纷中，以是否在保全后及时起诉、起诉是否被驳回作为判断过错的主要标准；在诉中财产保全侵权责任纠纷中，以诉讼请求的合理性作为判断过错的主要标准。[①] 个案中要注重平衡申请人和被申请人之间的利益。未来立法可以借鉴《最高人民法院关于审查知识产权纠纷行为保全案件适用法律若干问题的规定》不完全列举方法对财产保全“申请有错误”的内涵和外延予以明确，并明确认定申请人过错的考量因素，给法官裁判提供一个基本参考。

① 参见李喜莲:《财产保全“申请有错误”的司法考量因素》，载《法律科学（西北政法大学学报）》2018 年第 2 期。

诉源治理视域下司法确认程序的问题与出路

——以优化程序运行为视角

洛阳市中级人民法院　徐　哲　赵金金

洛阳市涧西区人民法院　李晓佳*

引　言

司法确认程序是人民法院对诉前调解协议的确认程序，[①] 是柔性调解与刚性诉讼的有效融合，有机衔接了诉与非诉程序，具有多重价值属性：微观上能够实质性化解纠纷、降低民事纠纷成讼率、满足群众多元解纷诉求；[②] 中观上引领、保障诉前调解发展，推动构建“金字塔式”解纷体系，让司法真正成为化解矛盾纠纷的“最后一道防线”；宏观上拓宽诉源治理渠道，[③] 契合新时代司法服务保障大局的价值目标，[④] 最终推进社会治理现代化。自2011年以来，立法层面一直在探索司法确认程序规则的完善，然而从司法实践中看，该程序运行效果不佳，整体呈现出“倒U形”轨迹，与一审民事收案数、诉前纠纷化解数的增长趋势不成正比，没有发挥出引领和助推诉前调解、从源头减少诉讼增量、满足群众多元解纷需求的制度优势。

---

*徐哲，洛阳市中级人民法院党组书记、院长。赵金金，洛阳市中级人民法院研究室副主任。李晓佳，洛阳市涧西区人民法院立案庭员额法官。

① 赵龙、许宏林:《司法确认管辖规则的检视与完善》，载《人民司法》2022年第31期。

② 刘峥、何帆、李承运:《〈民事诉讼程序繁简分流改革试点实施办法〉的理解与适用》，载《人民法院报》2020年1月17日。

③ 戴曙:《充分认识加强内部诉源治理的重大意义》，载《人民法院报》2023年8月8日。

④ 刘敏:《论优化司法确认程序》，载《当代法学》2021年第4期。

鉴于此，本文以2012—2022年这十年期间的全国法院司法确认数据为研究样本，审视实践运行状况，并立足于繁简分流改革试点地区LY法院的改革实践，深度挖掘司法确认程序在实际运行中失灵的症结和原因，进而探究在诉源治理视域下对其进行理论定位和功能分析，优化其法律规则和配套机制，以期使该制度优势得以最大限度发挥。

一、考察：全国法院司法确认程序运行之实践困境

笔者检索最高人民法院每年发布的全国法院司法统计公报及中国裁判文书网，并结合民事诉讼繁简分流改革试点地区LY法院的相关数据，客观审视司法确认程序在实践中的运行实况。样本显示，司法确认程序运行呈现如下特点。

（一）运行态势呈“倒U形”，制度发展后劲不足

2012—2022年，司法确认程序经历了“长期低迷—短时激活—增速放缓”的运行轨迹，整体呈现“倒U形”。根据最高人民法院发布的《全国法院司法统计公报》，2016年之前司法确认申请数每年不足10万件；2016年至2020年呈现出递增趋势，2020年年底达到顶峰，申请数达56.12万件，比2016年增长了近三倍；2021年开始增速放缓甚至有所缩减，2022年降到低谷，不足9万件，比2016年减少了近一倍，出现发展后劲不足的问题（见图1）。

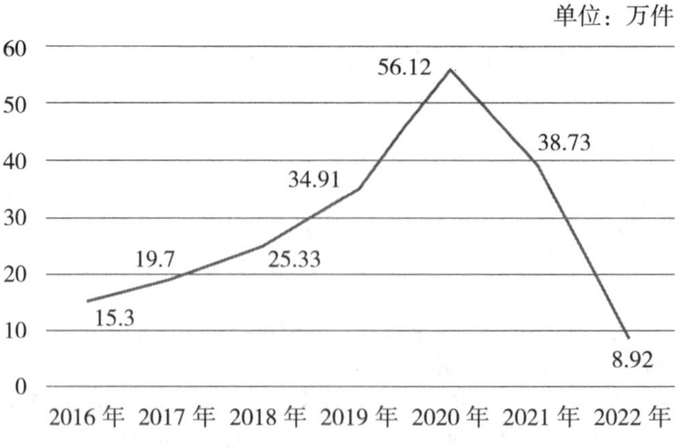

图1　全国法院司法确认申请数运行轨迹（2016—2022年）

（二）适用数量低位徘徊，“释放法院高压”功能未体现

诉外调解具有高度自治性，司法确认是对调解的法律保障，而非是将诉外解纷机制异化为准司法行为。[①] 因此，并非要盲目追求司法确认申请数量，但是从逻辑推演，应然状态下，从纵向来看司法确认申请数与一审民事收案数、诉前纠纷化解数的变化趋势应呈正相关，且适用率可反映该程序的适用效果。

2018—2022 年，全国法院一审民事收案数高位运行，整体呈递增趋势。相较于一审民事收案数，司法确认申请数始终在低位徘徊且占比较小，保持在 2% ~ 4%，侧面反映出司法确认程序对诉讼案件的分流效果不甚明显，对法院的减压效果微乎其微（见图 2）。

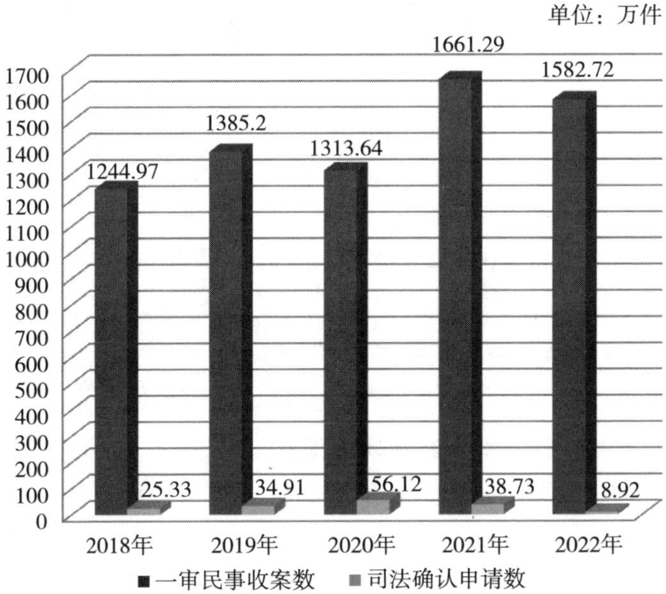

图 2　全国法院一审民事收案数与司法确认数（2018—2022 年）

诉前化解纠纷数逐年攀升，司法确认申请数虽略有增加，但始终处于低位徘徊，且变化趋势与诉前化解数呈负相关，司法确认适用率（计算公式：

---

① 潘剑锋:《“基本”与“其他”：对〈民事诉讼法〉相关制度和程序修订的体系化思考》，载《法学评论》2022 年第 2 期。

司法确认申请数 / 诉前化解案件数）呈逐年下降趋势。由此可推出，前期达成调解协议的大量案件并未进行司法确认程序，除自动履行外，大多数申请出具民事调解书。司法确认裁定与民事调解书具有同等法律效力，并且更加高效、便捷、低成本，但是在实践中适用情况不如后者，制度优势尚未发挥出来（见图 3）。

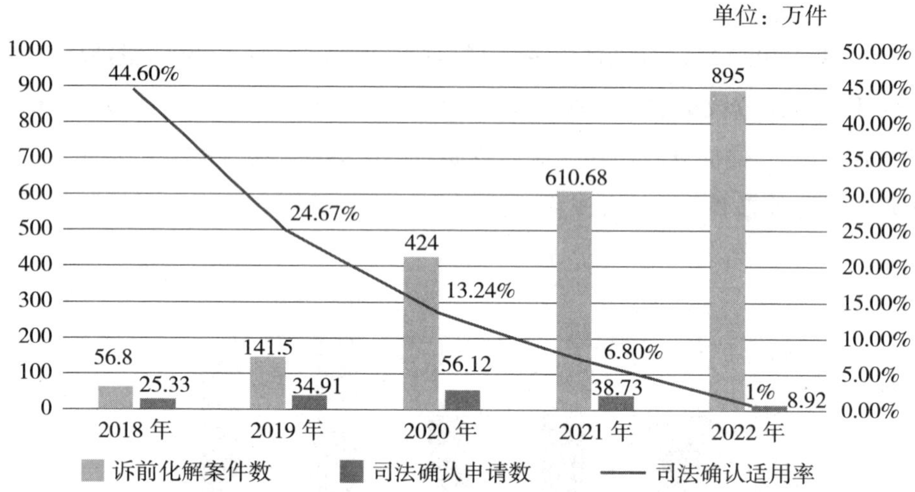

图 3　全国法院诉前化解案件数及司法确认申请数（2018—2022 年）

（三）运行效果存在偏差，助推诉前调解功能受限

司法确认赋予调解协议强制执行力，理应能够引领、助推、保障诉前调解的发展，但实践运行效果未达到理想预期。

从全国范围来看，近十年在人民调解委员会及调解员数量有所减少的前提下，调解纠纷案件数常年稳定在 900 万件左右（见表 1）。

表 1　全国人民调解工作数据对比（2012—2022 年）

	2012	2013	2014	2015	2016	2017	2018	2019	2020	2021	2022
人民调解委员会（万个）	81.7	82	80.3	79.8	78.4	75.9	75.23	73.5	70.8	68.9	69.3
调解员（万人）	428.1	422.9	394.1	391.1	385.2	362.9	349.71	337.78	320.89	316.22	317.63

续表

	2012	2013	2014	2015	2016	2017	2018	2019	2020	2021	2022
调解纠纷（万件）	926.6	943.9	933	933.1	901.9	874.1	953.22	931.47	819.57	874.37	892.33
人均化解纠纷数（个）	2.16	2.23	2.37	2.39	2.34	2.41	2.72	2.75	2.55	2.76	2.81

从试点法院来看，笔者选取繁简分流改革试点地区 LY 法院为分析样本，该地区在改革期间积极建立特邀调解名册，改革试点结束之后，仍吸纳了大量调解组织（员）加入特邀调解名册，截至目前，登记入册特邀调解组织 348 个、特邀调解员 833 名，但调解员人均化解纠纷数“不升反降”（见表 2）。主要原因在于调解组织（员）数量虽大幅增加，但是大部分处于“闲置状态”，目前 90% 以上的诉前纠纷仍由法院的专职调解员进行调解，法院之外的调解力量如人民调解、行业调解实际化解纠纷不足 10%，而且主要集中于道交调解委员会、金融调解委员会等少数几个调解组织，其他大部分调解组织年均调解案件数非常少，诉外调解力量并未发挥出应有作用。

表 2　试点地区 LY 法院调解工作情况 ①（2019—2023 年）

	2019 年	2020 年	2021 年	2022 年	2023 年
调解组织数（个）	40	104	151	327	348
调解员（个）	108	234	492	765	833
诉前纠纷化解数（件）	9844	16751	18886	23201	17542
人均化解纠纷（件）	91.15	71.59	38.39	30.33	21.06

以上情况折射出诉调对接力度弱，诉外调解力量未有效激活，影响了司法确认程序的运行，导致司法确认程序运行效果出现偏差，未充分发挥对诉前调解的引领和推动作用，未实现矛盾关口前移和诉前分流的制度设计初衷。

---

① 统计区间为：2019 年 1 月 1 日至 2023 年 9 月 10 日。2018 年之前平台建设不完善，相关数据多为手动统计，部分数据缺失，故从 2019 年开始计算。

（四）诉前调解活动失范，司法确认风险多发

司法确认程序虽不具有争讼性，但其潜在风险并不亚于诉讼程序。风险多发于诉非衔接流程，主要包括调解主体不合法、申请主体不适格、管辖错误、申请超期、调解协议内容不当等。诉前调解活动的失范和无序，增加当事人维权成本，在一定程度上也会增加法官的错案追责风险，影响当事人和法官对该制度的认同感。

二、厘定：司法确认程序的理性探寻与功能重定

理论为实践提供指引，功能定性是制度构架的前提，是程序规则设计的先导，因此，研究司法确认程序的定性，明确其法律效力和所追求的功能导向具有必要性，能够为立法规则的设计与修正提供理念指引和理性约束。

（一）定性：介于诉与非诉的“交错适用论”

制度的性质是构造之前提要素，对司法确认的精准定性，有利于明确程序的法律效力和规则设计。当前，理论界和实务界关于司法确认性质的主流观点为非诉程序论，理由在于司法确认不以查明事实为中心、不参与实体权利义务的分配，因此，不具备“诉”的属性。

（二）效力：司法确认裁定具有“消极既判力”

是否具有既判力，会在很大程度上影响司法确认程序救济规则的设计。司法确认程序是介于诉与非诉之间的“交错适用程序”，具备“诉”的属性，因此，在法理逻辑上应当具有“消极既判力”。

理由如下：其一，司法确认程序目的在于一次性化解纠纷，具有终结纠纷的效力，这也是程序经济功能的要求。其二，司法确认程序以当事人合意为前提，审查内容为双方达成一致意见的调解协议，理应对双方具有约束力，不宜再就同一纠纷提起诉讼。其三，对于同一纠纷只能选择一次救济，既已选择了司法确认程序，就不宜再选择诉讼程序。其四，司法确认程序经由法院审查的过程是一种国家司法权行使的过程，具有终局判断性。①

① 胡军辉、赵毅宇：《论司法确认裁定的既判力范围与程序保障》，载《湘潭大学学报（哲学社会科学版）》2018 年第 4 期。

（三）功能：司法确认兼具“程序经济 + 程序正义”

程序之功能设定是要素设计与规则供给的基础和前提，功能设定的正确性则是有效适用和矫正纠偏的关键依据。[①] 在笔者看来，司法确认程序在功能导向上是追求程序经济还是程序正义并不矛盾。前述观点将程序经济与程序正义割裂开来，将其置于非此即彼、完全对立的关系，有违矛盾对立统一的哲学论点。本文主张，司法确认程序在功能导向上兼具程序正义与程序经济，二者互为前提，既相互对立又相互统一。

1. 程序正义功能

广义的程序正义不仅指裁判过程的公平和法律程序的正义，还包括尊重当事人的基本程序权利和自主性：一是对处理纠纷方式的选择权；二是在纠纷处理过程中的主体性地位。司法确认程序既能给诉外调解提供保障，让当事人放心选择调解方式化解矛盾；又充分尊重当事人意愿，在程序启动方面以当事人同意为前提，在审查方面着重审查调解协议的真实性和自愿性。总之，司法确认能够实质性化解矛盾纠纷，并非“一纸判决”了事，在本质上具有程序正义的功能。

2. 程序经济功能

脱离实践的理论是空洞的理论，我们在探讨法律制度时要基于司法实践的现状。社会主要矛盾在司法领域表现为：人们日益增长的多元化司法需要与有限的、稀缺的司法资源之间的矛盾。具体而言，随着现代化进程的推进和诉讼制度的不断完善，社会矛盾从简单化、同质化走向复杂化、多样化，人们处理矛盾纠纷的观念也发生转变，倾向于通过诉讼方式化解矛盾，这是法治进步的表现，但所产生的负面影响是法院收案量激增、长期陷入“案多人少”困境，法官不堪重负，因此，近些年司法实务改革多以“提效”和“分流”为目标。[②] 司法确认制度正是产生于此种背景下，其核心要义在于赋予调解协议强制执行力，通过推动、引领、保障诉前调解发展，促

---

① 刘加良:《司法确认程序的功能诠释》，载《政法论丛》2018 年第 4 期。

② 蒲一苇:《纠纷分层过滤模式的探索与检视 ——以 N 市法院入驻矛调中心的实践为基础》，载《法治研究》2022 年第 4 期。

进大量纠纷在诉前过滤、分流，从而将有限、稀缺的司法资源用于审理疑难复杂案件，实现以最低的司法成本化解社会矛盾，这与程序经济的价值内核是契合的。

（四）重申：司法确认程序价值理念之分层解读

一项司法制度所蕴含的价值理念并非一成不变的僵死教条，而是随着实际运行不断更新、调试，司法确认程序亦是如此。① 司法确认制度设计初衷在于快速化解矛盾、缓解法院办案压力，但是发展十余年至今已具有了新的价值功能，以原有制度定位来批判甚至否定司法确认价值的观点是过时的。

从群众角度来看，司法确认程序能够满足新时期群众多元司法需求。基于我国“以和为贵”的传统文化背景和基层熟人社会形态，面对纠纷时，人们历来倾向于选择调解方式化解冲突，有利于弱化对抗冲突情绪，促使双方冰释前嫌，修复受损邻里关系。且随着经济社会高速发展，人们对司法效率提出更高要求，尤其是经济纠纷当事人，更加关心何时能够结案，至于在金额上做出适当让步是可以接受的，对他们来说，尽快案结事了就是公平正义。

从社会层面来看，如何解决矛盾是推动社会不断进步的关键，司法确认程序可扭转“诉讼中心主义”，将逐渐被边缘化的诉前调解激活，拓宽多元解纷渠道，真正做到“让每一类纠纷都能通过最适合的方式解决，让每一位当事人都能获得专业化、个性化的解纷服务”，这是实现国家治理体系和治理能力现代化的内在要求。②

三、出路：司法确认程序进路优化的多维探究

“从国外的成功实践和系统原理看，司法确认程序未来可期”，③ 它有机衔接了诉与非诉，微观上能够快速化解矛盾纠纷，宏观上能够助推基层社会治理。因此，即使当前司法确认程序实践效果虽不甚理想，但不能单纯据此

---

① 参见公丕潜、范一辰：《府院互动新机制——行政审判白皮书制度的治理功能》，载《法学研究》2021 年第 3 期。

② 梁霞：《多元解纷“上新”诉源治理“升级”》，载《人民法院报》2023 年 9 月 4 日。

③ 胡学军、孙亮：《系统论视角下调解协议司法确认的内在机理与制度优化》，载《江西社会科学》2021 年第 10 期。

否定它存在的价值，而是应当通过理论研究和立法完善去修正，推进制度和实践的良性化、理性化运行。

（一）优化司法确认程序运作的法律规则供给

与域外 ADR 替代性纠纷解决机制相比，我国当前司法确认程序立法稍显粗糙，影响了“诉前调解 + 司法确认”机制的良性运转，未来需要从以下几方面做出努力。

1. 明确适用范围

一方面，通过立法对“依法设立”作出解释说明，明确调解组织所要满足的设立条件，避免实践中适用范围的混乱。另一方面，要对调解主体作出扩大解释，将行政机关涵括在内。[①] 行政机关组织民事主体进行调解达成的调解协议，本质上属于民事合同，与调解组织达成的协议具有同等效力，且有行政机关背书，具备较高公信力，理应纳入司法确认适用范围。[②] 且立法层面 [③] 和司法实践都作出过尝试，如上海、深圳、洛阳等地开展试点改革，行政机关就知识产权纠纷达成的调解协议可申请司法确认。

2. 优化程序启动

一是降低门槛，对“共同申请”作出扩大解释。依据《民事诉讼法》的规定，需经“双方当事人”“共同申请”才能启动司法确认程序。调解协议遵循的是民事合同制度逻辑，因在调解组织主持下达成，在效力上高于一般民事合同，理应对双方当事人具有约束力。实践中，一方当事人不履行协议、不申请司法确认，也不同意对方申请，这使调解协议沦为一纸空文。为保护当事人的合理期待利益，防范诉前调解的单方失信，笔者认为，应当结合实践需要，由司法解释对此处的“共同申请”作出扩大解释，应包括三种情形：其一，为“合意”，即双方达成合意共同提出申请；其二，为“明示”，即一方提出申请，另一方明确表示同意；其三，为“默示”，即一方提

① 参见钟明亮、陈莉：《完善我国案源治理的路径思考——以 C 市 A 区法院为样本的分析》，载《法律适用》2022 年第 7 期。

② 周翠：《司法确认程序适用对象之探讨》，载《人民司法》2023 年第 7 期。

③ 《最高人民法院关于人民法院进一步深化多元化纠纷解决机制改革的意见》第 31 条规定，经行政机关调解达成的协议，可申请司法确认。

出申请，在告知另一方后其没有提出异议。

二是扩大主体，准许调解主体介入申请。司法确认审查只作形式审查，并未在权利义务分配上给当事人增加额外负担。因此，可借鉴北京房山法院做法，准许调解主体经当事人同意后介入启动程序，代为移送诉前调解卷宗并提出申请。①

3. 规范审查规则

司法确认程序的功能导向在于程序正义兼顾程序经济，决定了其审查模式应异于普通诉讼案件。当前在学理界和实务界，对形式审查已达成共识，但并未针对不同的程序阶段作出区分。② 笔者认为，基于程序经济价值取向并考虑司法确认的风险规避，不宜笼统地对审查规则进行统一界定，应在不同的程序阶段采用相对应的审查方式和标准，“既不干涉当事人的处分权，也不妨碍调解员的主观能动性”。③

（1）立案阶段。不能过分苛求审查程序的严格性和完备性，应依据《民事诉讼法解释》的规定，在方式上采用书面审查，在标准上适用形式审查。重点审查申请人的主体资格、调解员资质、申请期限等事项，依法裁定司法确认案件应否受理。

（2）审查阶段。一般而言，采用“书面审查 + 形式审查”，主要围绕调解协议的自愿性、合法性、可执行性予以要素式审查。在例外情形下，如调解协议存在瑕疵明显、申请人前后陈述逻辑矛盾，或标的额较大、社会关注度高，或对调解过程、协议内容存在较大争议等情形，应当以“言辞审查 + 实质审查”为补充，要求双方申请人补强更正，必要时通知双方申请人和调解组织（员）到庭，通过间隔询问、组织听证予以适度查证，重点审查是否存在虚假调解。

---

① 参见刘国承：《人民调解协议“一站式”司法确认机制的实践与思考》，载《中国司法》2018 年第 12 期。

② 参见黄素梅：《论新时代诉源治理中诉调衔接路径的强化》，载《湖南科技大学学报（社会科学版）》2023 年第 2 期。

③ 扬凡：《做好司法确认，为非诉调解“保底”》，载《人民法院报》2021 年 7 月 19 日。

4. 完善救济规定

司法确认程序具有消极既判力，因此，不宜通过另行起诉的方式进行救济。立足于司法确认的制度定性、法律效力和功能导向，并兼顾各方利益的均衡，可从以下几个方面进行考量分析和规则补充。

第一，增设法院自我纠错的被动救济规则。当事人、案外人或者利害关系人未在法定期间内提出异议的，法院依职权发现司法确认裁定有误的，可参照审判监督程序的相关规定，由院长提级审委会讨论决定。繁简分流改革试点期间，江苏省高院已作出此种尝试。

第二，增设申请撤销司法确认裁定。《民事诉讼法解释》对当事人和利害关系人异议权规定较为明确，而案外人异议权是执行程序特有定义，只有在进入执行程序后才能提出，倘若当事人自动履行未进入执行程序，或共谋虚假调解，此时案外人的权利无法得到保护，因此，将其作为案外人权利救济的唯一途径有失公允。可参考《最高人民法院关于人民调解协议司法确认程序的若干规定》第10条规定，赋予案外人和当事人申请撤销权，撤销后，可以通过调解或另行起诉解决。

第三，细化异议权操作规则。通过立法明确提出异议的法定条件，即当事人、案外人可就“调解主体不合法、申请人没有行为能力、协议内容违背本人真实意思表示或者违反法律规定、协议结果显失公平、受理法院不具有管辖权”等内容提出异议。①

（二）推动构建“金字塔式”诉源治理模式

正如最高人民法院司改专家所言，“没有诉讼外纠纷解决途径对目前司法所承受的案件进行有效分流，司法的目标就会在专业性与大众化、规范化和便捷化两个相反的目标上摇摆、平衡、无所适从”。② 因此，构建分层递进式的“金字塔式”解纷模式，找准诉与非诉的最佳结合点，从源头减少诉讼增量，是在民事纠纷领域确保司法目标平衡的关键举措，也是实现司法确

① 吴英姿：《民事略式诉讼程序初论》，载《中外法学》2022年第6期。
② 何帆：《2021年修正民事诉讼法评述》，载公众号“最高人民法院司法案例研究院”2021年12月25日。

认功能和程序运行的必由之路。

司法体制作为国家政治体制的重要组成部分，没有其他政治体制改革的配套措施，就可能是孤军突进，很难达到预期的目标。[①] 因此，要实现“金字塔式”解纷模式，首要的任务就是要厘清各政治主体角色定位，明确诉源治理格局中党政主体的引领作用和法院积极参与的角色定位，以党政主导、法院融入为基本特点，将诉源治理与“诉前调解 + 司法确认”的良性运转相结合。

在人类社会发展进程中，矛盾纠纷具有多元化和复杂性，司法无法垄断所有的纠纷解决，任何社会也都无法通过单纯增加司法供给，来满足无限增长的解纷需求，因此，要以市场为导向，积极探索引入其他力量注入法院多元解纷体系。[②] 可借鉴推广浙江模式，由党委主推、政法委主抓，成立矛调中心或社会治理中心，整合公安、检察院、法院、司法局、信访等职能部门，同时邀请行业调解、律师调解、商会调解等各类调解主体进驻中心，形成政府与法院“多元并进”并辅以精细化“小团队”的解纷合力。

（三）司法实践：完善配套保障机制

1. 优化绩效考核机制

（1）内部：在法院系统内部，一方面，完善审判质效考核体系，增加对司法确认考核权重，把民事案件增长率、司法确认案件量等定为司法统计核心评价指标，督促基层法院积极适用司法确认。另一方面，完善法官、法官助理绩效考核体系，增列司法确认案件考核项，将办理司法确认案件列入岗位目标任务和绩效考核，理性矫正司法确认消极办案现状。

（2）外部：进一步健全综治平安建设考评，党委政府牵头建立逐级考核制度，把“万人成诉率”及“无讼村居”纳入综治平安建设考评的重要内容，将诉前调解和司法确认案件计入考核体系并加大权重，引导多元主体良性互动。

---

① 张智辉:《论司法责任制综合配套改革》，载《中国法学》2018 年第 2 期。
② 梁霞:《多元解纷“上新”诉源治理“升级”》，载《人民法院报》2023 年 9 月 4 日。

2. 保障诉非机制衔接

（1）推行特定调解前置，推动矛盾关口前移。一是法定前置，依据《最高人民法院关于民商事案件繁简分流和调解速裁操作规程（试行）》第9条之规定，实行特定案件调解前置，具体而言，“对家事纠纷、相邻关系纠纷、劳动争议纠纷、交通事故赔偿纠纷、医疗纠纷、物业纠纷、消费者权益纠纷、小额债务纠纷、交通事故赔偿等适宜调解的纠纷，不经调解不得启动后续诉讼程序”。[①] 二是约定前置，在金融借款合同、信用卡领用合约、物业合同、买卖合同等多发型、类型化民事合同的格式文本中设置先行调解条款，如“发生纠纷后，是否同意由依法成立的调解组织或行政机关先行调解，或由人民法院委派至依法成立的调解组织进行调解”。

但需注意：一方面，应设置合理调解期限，防范假意调解以转移财产、恶意调解以拖延诉讼等。另一方面，要完善回转诉讼机制，杜绝调解程序空转、诉调衔接不畅等问题，保障申请人的诉讼时效。

（2）落实无争议事实记载，固化诉前调解成果。无争议事实记载最早见于最高人民法院于2012年发布的《关于扩大诉讼与非诉讼相衔接的矛盾纠纷解决机制改革试点总体方案》，但目前司法实践运用较少。无争议事实记载将调解过程中双方没有争议的事实固定下来，进入审理阶段后当事人对此无须举证、法官可以直接采纳，能够克服“调解无用论”弊端，在司法实践中应当大力推广。

值得注意的是，在今后的推广中应当基于《民事诉讼法解释》的规定，将以下两种情形排除：一是有客观证据证明该事实系虚构或不真实；二是该事实系当事人为达成调解协议作出妥协而认可的主观陈述，且不同意将该事实用于后续诉讼。

3. 完善虚假调解防范机制

针对虚假调解所具有的欺骗手段多样、隐蔽性强、甄别难度大、多发领域集中、主要发生在基层法院等特点，可通过“事前警示＋事中甄别＋事后

① 孟婷婷：《诉调对接机制的发展探析》，载《中国司法》2021年第2期。

惩戒”的全流程防范机制，弥合现行立法规则的缺位，摆脱该类现象“惩治难”桎梏，助推司法确认程序良性运转。[①]

事前警示：制作《诉前调解诚信保证书》，载明调解行为应当遵守的规则，同时参照虚假诉讼的法律责任，列明虚假调解可能承担的法律后果，在调解前向当事人充分告知并作出提醒，从源头避免虚假调解。

事中甄别：由于当前立法及司法解释层面均未明确虚假调解行为类型、认定标准，在实践中主要依靠个人经验积累来判断和识别。但可结合虚假调解特点，针对多发案件类型、[②] 双方合意选择调解、默示启动司法确认程序、一方不合理让渡利益、当事人前后陈述矛盾、涉案标的较大等情形，在纠纷进入法院伊始即作为重点案件关注，采取“实质审查 + 言辞审查”，判断是否存在虚假调解行为。

事后惩戒：“司法确认程序要防范虚假调解协议风险，必须提高其违法成本，给予必要的威慑”，因此，要加大对虚假调解的惩戒力度。[③] 其一，对虚假调解行为，根据具体情况施以司法训诫、警告、降低征信，并依据《民事诉讼法》相关规定进行罚款、拘留，情节严重的，依法追究刑事责任。其二，配套诉讼费用惩戒机制，对恶意串通、虚假调解导致对方维权成本增加的行为，可酌情增加诉讼费。其三，建立黑名单共享机制，将确属虚假调解、恶意调解的申请人以及权力寻租、利益勾连的调解员一并列入“黑名单”，畅通四级法院审判信息渠道，实现不同层级、不同区域法院之间信息共享，发挥“黑名单”管理效用，提高其他法院防范虚假调解的警觉性和辨识力。

---

① 参见周蓉蓉：《论化解案件激增诉讼风险的进路与方法》，载《法律适用》2020 年第 24 期。

② 虚假调解主要集中于劳务合同纠纷、借款纠纷、继承纠纷等。在中国裁判文书网以“虚假调解”为关键词检索，近五年共有虚假调解案件 228 件，其中涉及劳务合同 103 件、借款纠纷 69 件、继承纠纷 38 件。

③ 周明：《多元解纷体系下司法确认案件的审查规则完善——以防范虚假调解协议风险为视角》，载中国法学会主编：《全面推进依法治国的地方实践》（2020 年卷），法律出版社 2021 年版，第 244 页。

结　语

凡有社会存在，必有矛盾纠纷。“诉前调解 + 司法确认”模式已被国内外司法实践普遍证实是优越且有效的民事纠纷化解方式，也是深化诉源治理、推动社会治理现代化的必然要求。虽然当下囿于多种原因，司法确认实践运行效果不佳，未发挥出释放调解潜能、助推诉源治理的制度优势，但我们不能据此否定它存在的价值；反之，更应开展细致、深入的理论研究，促进程序规则的优化和实践操作的规范化运行。基于此，本文作出了努力，针对司法确认程序运行所面临的困境，从理论基础、规则供给、配套保障等方面提出解决之策，以期对司法确认制度的系统功能优化有所贡献，也期待法学界、实务界在未来进行更深入的研究。努力不是一蹴而就，但是值得期待。

院庭长监督视野下阅核机制构建的基础证成和实现进路

平顶山市中级人民法院　侯晓宏　郭亚丹*

引　言

司法责任制改革取消了具有行政审批属性的院庭长裁判文书签发制，[①] 陆续建立了以"四类案件"[②] 监督机制、专业法官会议、审判委员会为主要监督途径的新型院庭长审判监督体系。但实践中，院庭长审判监督权与独立审判权之间的关系从过度干预逐步演变为过度放任，产生了院庭长审判监督职能弱化[③] 的新难题。最高人民法院院长张军在 2023 年 7 月 13 日召开的全国大法官研讨班上明确提出建立院庭长"阅核机制"压实院庭长监督责任。本文以院庭长审判监督运行中的问题为导向，探讨通过构建院庭长裁判文书阅核机制以优化现有院庭长监督路径的合理性基础和实现路径，以期从目前

---

*侯晓宏，平顶山市中级人民法院审委会委员、审判监督庭庭长。郭亚丹，平顶山市中级人民法院审判监督庭法官助理。

① 《最高人民法院关于完善人民法院司法责任制的若干意见》第 6 条规定："独任法官审理案件形成的裁判文书，由独任法官直接签署。合议庭审理案件形成的裁判文书，由承办法官、合议庭其他成员、审判长依次签署；审判长作为承办法官的，由审判长最后签署。审判组织的法官依次签署完毕后，裁判文书即可印发。除审判委员会讨论决定的案件以外，院长、副院长、庭长对其未直接参加审理案件的裁判文书不再进行审核签发。"

② 《最高人民法院关于进一步完善"四类案件"监督管理工作机制的指导意见》第 2 条的规定，"四类案件"是指符合下列情形之一的案件：（1）疑难、复杂且在社会上有重大影响的；（2）涉及群体性纠纷，可能影响社会稳定的；（3）与本院或者上级法院的类案判决可能发生冲突的；（4）有关单位或者个人反映法官有违法审判行为的。

③ 参见何帆：《全面准确落实司法责任制的三个维度——兼论中国特色司法责任体系的形成》，载《中国法律评论》2023 年第 1 期。

院庭长审判监督弱化的困境中突围。

一、问题检视：院庭长审判监督权力运行现状

审判监督权对保障司法公正和效率起着极为重要的作用，但随着司法责任制改革的深入推进，对院庭长审判监督权的规制出现矫枉过正的态势，[①] 以下是院庭长审判监督职能弱化原因。

（一）理念错位：对审判权与监督权的关系认识偏颇

理念是行动的先导。[②] 全面落实司法责任制，以司法公正和效率为目标，在保障审判权独立的前提下实施有效监督，是司法责任制改革对院庭长审判监督权的新定位。但实践中院庭长和法官对如何把握审判权和监督权之间的关系认识存在偏颇。有的同志认为，取消院庭长裁判文书签发权以后，院庭长应主要负责日常行政事务管理和政治建设，从而导致院庭长不愿监督。独任法官和合议庭独立行使裁判权，核心目标是司法的“去行政化”，但“去行政化”并不等同于“去监督”，[③] 不能排除院庭长对案件的审判监督。对院庭长审判监督权进行必要限制不是不让其进行监督，而是要防止院庭长以监督之名行违规干预之实。

（二）权责不匹配：重责轻权导致监督内生动力不足

权责关系的理想状态是权责一致，然而现实中的权责匹配与理想状态存在偏离。[④] 司法责任制带来法院内部权力关系和责任关系的重构，院庭长监督责任去行政化的过程中扩大了法官的权力和空间，在过度强调院庭长责任的同时，却对院庭长监督权力过度压缩，其所承担的责任远远大于赋予其的权利，导致院庭长权责匹配出现冲突。如司法责任制明确院庭长具有统一裁

---

① 参见顾培东:《法官个体本位抑或法院整体本位——我国法院建构与运行的基本模式选择》，载《法学研究》2019 年第 1 期。

② 李少平:《正确处理放权与监督 坚定不移全面落实司法责任制》，载《人民法院报》2018 年 3 月 28 日。

③ 参见赵瑞罡:《关于院庭长审判监督管理机制重构的司法》，载《人民法院报》2016 年 7 月 20 日。

④ 参见侯华北、宗少凯:《基层法院庭长权责匹配冲突及耦合》，载《时代法学》2020 年第 18 卷第 1 期。

判标准、保证审判质量效率的监督职责，但同时又规定院庭长除参加审判委员会、专业法官会议外不得对其没有参加审理的案件发表倾向性意见，[①] 使得院庭长监督目的落空。面对权责匹配冲突带来的风险冲击，院庭长审判监督很难做到实质化运转，要么是将程序做到无懈可击，不出漏洞；要么是在本已软化的权威下动用关系资本，把实质性工作做到位。

（三）权责不明晰：缺乏具体可操作性规定

自2015年《最高人民法院关于完善人民法院司法责任制的若干意见》（以下简称《若干意见》）实施以来，最高人民法院及各级法院在司法改革过程中一直在积极建立院庭长审判监督机制，但相关文件都是从总体审判监督制度设计上提及院庭长审判监督权，并未专项出台有针对性的院庭长审判监督机制。并且相关文件中涉及审判监督的规定均是原则性的规定，未有明确具体操作标准和流程，[②] 在实践中较难得到落实。

二、路径探寻：院庭长监督视野下阅核机制构建的基础证成

院庭长审判监督职能弱化的问题受到了广泛的关注，最高人民法院院长张军明确提出要创新建立院庭长阅核机制压实监督责任。[③] 2023年8月，山西省大同市中级人民法院、湖北省云梦县人民法院、陕西省彬州市人民法院相继试行院庭长阅核机制。而阅核机制一经提出，短时间内即在司法实务界和理论界引起广泛的关注和讨论，出现了两种完全不同的看法。一种观点认为院庭长阅核机制能够有效改善目前院庭长审判监督职能弱化的问题，增强监管效果；另一种观点则认为院庭长阅核机制实际是在走院庭长签发制的老路，司法改革有倒退之嫌。通过阅核机制构建的必要性和可行性论证当前司

---

① 《最高人民法院关于完善人民法院司法责任制的若干意见》第23条规定："院长、副院长、庭长的审判管理和监督活动应当严格控制在职责和权限的范围内，并在工作平台上公开进行。院长、副院长、庭长除参加审判委员会、专业法官会议外不得对其没有参加审理的案件发表倾向性意见。"

② 参见东营市中级人民法院课题组：《司法改革背景下完善院庭长监督管理职责的调查报告》，载《山东审判》2017年第2期。

③ 参见乔文心：《制度引领，织牢司法"责任网"——全国大法官研讨班聚焦"加快推进审判机制现代化"》，载《人民法院报》2023年7月14日。

法改革要求和司法实践现状下构建阅核机制的正当性。

（一）构建阅核机制的外在客观性

阅核机制并不是在走院庭长“行政审批”的老路，也不是与司法改革的背离，而是回应司法责任制改革要求和司法实践现实需求的必要探索和创新。

1. 契合司法改革公正效率目标要求

司法改革的目标是努力让人民群众在每一个司法案件中感受到公平正义。阅核机制正是针对当前审判工作中存在的裁判文书质量不高、案件质量下滑、裁判尺度不统一以及“程序空转”等影响司法公正效率的问题提出的。

（1）从个案质量把关逐步提升司法公正获得感。法官素质参差不齐是司法实践中存在的客观事实，特别是刚入额的年轻法官，审判经验不足，对疑难复杂、涉群涉访案件的办理把握不准，如果没有院庭长通过审核裁判文书进行把关，容易出现文书质量错误和案件办理偏差，办案质量无法得到保障，很难真正实现公平正义。院庭长对法官拟定的裁判文书进行审阅、审核，可以提高裁判文书形式表述和实质处理的准确性、正确性，对保障案件质量具有积极作用。

（2）从类案同庭同判、同院同判逐步实现裁判标准统一。虽然裁判结果设置有法律边界，但由于法律规定的原则性、滞后性，案件事实认定的复杂性、多样性以及自由心证易受个人经历、情感影响等因素，容易出现类案不同判的现象。在目前裁判文书合议庭签发制度下，合议庭和合议庭之间、部门与部门之间案件审理信息并不互通，极易出现类案同庭不同判、同院不同判的现象，严重影响司法公信力。特别是独任制审理案件中，案件结果更容易受独任法官个人因素影响，在没有合议庭成员共同论证把关的情况下，更易出现办案偏差。而院庭长相对审判经验丰富，熟知案件处理的规则和程序，对审判权运行中的不当行为能够及时发觉。[①] 另外，在对个案把关的同时，院庭长通过对所在部门或法院同类案件裁判文书的阅核，能够及时了解、传达整个庭室或法院某类案件办理的裁判标准，使合议庭与合议庭之

① 参见孙辙、张龑：《审判监督管理结构与过程双闭环体系之构建》，载《人民司法》2021年第28期。

间、庭室与庭室之间类案裁判尺度保持统一，最大限度地缩短同庭、同院类案裁判差距，有利于逐步实现裁判标准统一。

2. 回应院庭长监督职能弱化的现实问题

目前，院庭长个案监督机制在实践中的缺陷逐渐凸显，且各机制之间并不能有效衔接、配合，无法形成运转科学有序的监督体系，而阅核机制不仅能够加强监督效果，同时具有整合院庭长监督机制的牵引力。

（1）扩展监督范围有效途径。司法责任制对院庭长审判监督职能提出了新的要求，但却未为其创造更多可实现途径，监督职能发挥受限。一方面，院庭长对其未参与审理的裁判文书不具有审核权。另一方面，专业法官会议等个案监督机制的启动大部分依靠承办法官向院庭长汇报，院庭长实施个案监督的信息来源依赖并受制于承办法官，不能及时、准确发现重大、疑难等应予监督的案件。而阅核机制的构建，使得院庭长可以通过阅核裁判文书直接对文书质量和裁判结果的正确性审核把关，具有直接、高效的优点。同时，承办法官在裁判文书印发前将拟定文稿提请院庭长阅核，院庭长能够及时掌握案件情况，对疑难、复杂或处理不恰当的案件采取提请专业法官会议、审判委员会等方式合理解决，将监督触角前伸，监督环节前移，减少矛盾产生。

（2）整合现有监督机制的有力牵引。专业法官会议设立的初衷是对各专业领域案件进行把关，院庭长通过参与专业法官会议研究可以对其未参与审理的案件进行监督，但专业法官会议目前并无具体运行机制规定，[①] 其启动、反馈等程序运行随意化，对院庭长案件监督并未真正发挥实质促进作用。审判委员会运行机制虽然已经相对完善，但经审判委员会讨论决定的案件数量极少，院庭长通过审委会把关案件质量的能量较小。阅核机制不仅是监督的一种方式，更是监督的具体载体，以阅核机制为牵引，将专业法官会议、审判委员会多种监督措施打破重组，集中整合优化，形成监督合力。

① 参见山东省青岛市中级人民法院课题组:《四权分离模式下院庭长审判监督管理机制改革探索》，载《人民司法》2020 年第 16 期。

（二）构建阅核机制的内在合理性

1. 理论支撑：司法责任制改革的应有之义

2015 年《若干意见》明确提出，完善人民法院的司法责任制，必须以严格的审判责任制为核心，以科学的审判权力运行机制为前提，以明晰的审判组织权限和审判人员职责为基础，以有效的审判管理和监督制度为保障。因此，司法责任制改革并不是“去监督”，也不是监督的弱化，而是对审判监督赋予了新的内涵，即从司法规律出发，结合中国国情和司法实践，建立科学有效的审判监督机制实现有效监督，使审判权独立与审判监督相互制约、彼此促进。而如何实现有效监督，关键在于如何建立科学的审判监督机制，实现“放权与监督”的有效平衡。在司法责任制改革多年之后，目前放权与监督尚未实现完美匹配，呈现出“放权有余，监管不足”的局面。有鉴于此，在将裁判文书决定权、签发权交还独任法官或合议庭以保障审判权独立运行的前提下，赋予院庭长裁判文书审阅、审核权，以此扩大院庭长个案的监督范围，加强监督效果，正是深刻落实司法责任制改革的应有之义和正确选择。

2. 经验支撑：检察机关案件核阅机制实践经验可供参考

“阅核机制”这一概念在我国司法审判领域虽系首次创新提出，但这一制度的核心内容即通过对文书审阅、审核进行个案监督，在司法领域并不是突发奇想，而是经过实践检验的可行经验。

海南省检察机关为适应司法体制改革，建立了检察官司法办案核阅制度，在坚持“谁办案谁负责，谁决定谁负责”原则的同时，既保证了案件质量又规范了司法行为，有效促进检察一体化和司法责任制工作机制契合与互动。如海南省琼海市人民检察院出台《琼海市人民检察院司法办案核阅制度实施细则（试行）》后，案管部门司法文书退回修改率较之前下降了 20% 左右；截至 2016 年 6 月 28 日，该院办理一审公诉案件平均用时 33.8 天，办理批捕案件平均用时 5.3 天，较改革前办案平均用时分别减少 1.6 天和 0.7 天。[①]

---

① 参见佚名:《海南司法体制改革：办案核阅制为检察官加装“安全阀”》，载 http://jiangsu.china.com.cn/html/jsnews/society/6190961_1.html，2016 年 6 月 28 日发布。

3. 技术支撑：信息化管理实现对监督的监督

对院庭长阅核机制可行性提出质疑的主要原因是担心阅核机制又走向了“行政审批”的老路，但是，随着科学管理技术的不断发展变化，现行的信息化管理机制能够实现对阅核机制的监督制约，防止阅核监督在运行过程中变形走样。在院庭长裁判文书签发制时期，由于受信息技术应用的局限，实行的是纸质化办公且审判和监督流程等信息技术应用不完全、不充分，院庭长对裁判文书的审阅、审核过程具有无痕化、秘密性的特点，难以控制监督与干预的边界。现在审判监督流程信息化管理可以实现裁判文书提请、审阅、审核等全程公开、留痕，法官及合议庭拟定的裁判文书，院庭长提出的意见、建议都可以在流程系统中留痕固定，既可防止院庭长在阅核过程中滥用权利，也可作为院庭长个案监督能力以及在问责情形下判断责任归属的依据。

三、路径铺设：以阅核机制为牵引的院庭长审判监督体系整合优化

院庭长阅核机制目前并没有明确定义，根据部分法院出台的阅核机制试行办法，院庭长“阅核机制”是指院庭长根据审判监督权力对合议庭或独任法官拟定的裁判文书，从文书质量、事实认定、法律适用、裁判结果等方面进行审查的审判监督机制（见图 1）。

（一）理念定位：以科学管理理念引导机制构建

建立符合司法责任制要求的阅核机制，应当以问题为导向，[①] 科学、准确地进行理念定位，以科学的审判管理理念来消解审判监督权力运行中体制机制适应障碍。[②]

1. 权限管理：监督权力行使的刚柔并济

科学的管理应坚持刚柔并济，做到监督性与导向性、制约性与服务性并

① 参见江必新：《以改革促进审判制度的完善——兼论法院改革之初心、问题与路径》，载《中国应用法学》2020 年第 1 期。

② 参见王乔金：《民商事案件改判发回的实践困境和审判管理应对》，载《上海法学研究》集刊 2023 年第 1 卷。

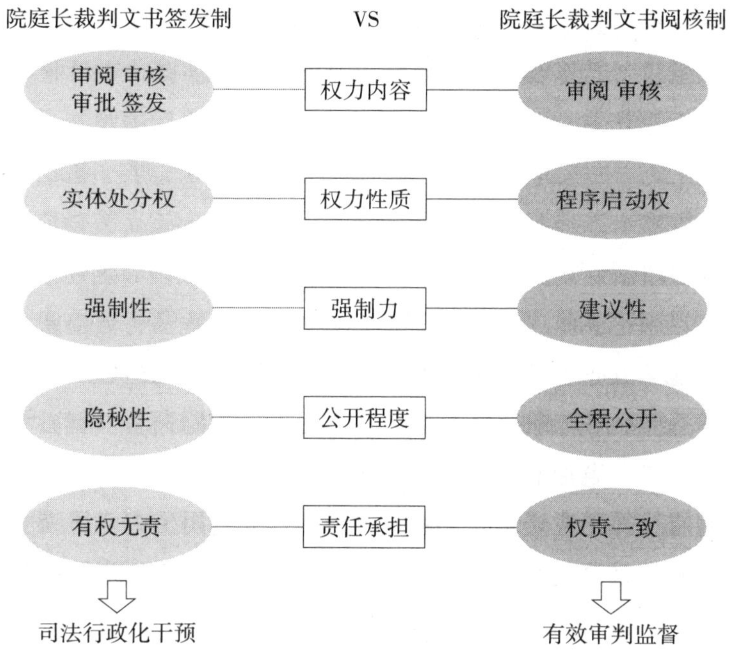

图 1 院庭长裁判文书签发机制与阅核机制的对比

重。[①] 司法责任制背景下院庭长阅核机制的构建应当达到将审判监督权的行使圈定在合理范围内，避免监督向干预的演变。一方面，院庭长通过阅核机制行使的监督权利的范围和责任承担要体现刚的一面，要严格依照院庭长责任清单予以确定。另一方面，院庭长通过阅核进行监督的过程中要摒除院庭长裁判文书签发制时期行政化、命令式的控制理念，要向建议式、服务性的柔性一面转变。院庭长对法官拟定裁判文书阅核后并无修改决定权，仅有建议权及专业法官会议、审判委员会等程序启动权。[②] 另外，还应当将院庭长阅核监督与总结审判经验、统一法律适用相结合，发挥审判监督的激励、服务作用，放大监督的效能。

---

① 参见上海市闵行区人民法院课题组:《构建新型审判监督管理制度的路径分析——以法院内设机构改革的典型实践为样本》，载《上海法学研究》2020 年第 3 卷。

② 参见万毅:《“审判监督”之惑——解读院庭长审判监督权》，载《人民法治》2016 年第 6 期。

2. 过程管理：监督过程和效果评价的动静结合

过程管理是以规范化的业务流程为中心，以持续提高组织业务绩效为目标的系统化管理方法。[①] 审判监督既要重视静态的事后的监督，也要加强动态的事中的监督。一方面，阅核机制的监督，要从判后监督、被动纠错向判前监督、主动预防转变，对阅核流程事项全程留痕，实时追踪流程节点数据，设置提示催办、实时预警、违规冻结等自动化、辅助化功能，加强监督过程的有效监督制约。另一方面，在监督效果评价设置中，不仅要从监督结果中提取评价指标，也应当将统计、评价指标设置于阅核监督权利行使过程中，如阅核监督效率、意见建议合理性等指标，实现监督效果评价的动静结合。

3. 集约管理：监督机制的有效整合

集约化是指通过改进生产要素的质量和合理使用生产要素来实现经济增长的连续不断的社会再生产过程。[②] 集约化是现代管理提高效率和效益的基本取向，也为实现科学有效审判监督提供一种可行思路。在司法责任制要求的总框架下，以阅核机制为牵引，将现有的分散的专业法官会议、审判委员会多种监督机制整合优化，使各项机制之间相互配合，形成监督合力，并依托审判流程系统等信息技术实现审判监督管理流程标准化、科学化、智能化，实现院庭长审判监督职能的提质增效。

（二）厘定范围：动静结合的差别化监督

阅核案件范围的确定应当符合现实的需求和司法实践的客观情况，虽然目前具有构建阅核机制扩大院庭长监督范围的客观需求，但基于目前案件数量激增的现实情况，将院庭长所主管的法院或部门的所有案件都纳入阅核范围，会因案件数量过大使院庭长疲于应对，从而影响阅核监督效果，因此，阅核案件范围应当集中在重点案、重点人。

1. 正向圈定：以案件难易为标准实现疑难全部监督

被发回、指令审理和再审案件全部纳入阅核范围。案件被上级法院发回、

---

① 参见樊博：《电子政务》，上海交通大学出版社 2006 年版，第 123 页。

② 参见靳学军：《以集约化工作思路应对“案多人少”挑战》，载《人民法院报》2017 年 5 月 17 日。

指令审理或进入再审程序，说明原裁判在程序、事实认定、法律适用等方面存在问题，由院庭长对这些案件阅核把关，可以提高案件再次审理的质量，也有助于院庭长及时掌握本院、本部门在审理相关案件中存在的问题，同时可以根据上级法院发回、指令审理或指令再审的相关指导意见，深入领会上级法院的裁判思路以及对相关法律适用的理解并在本级法院内进行传达推广，在提高个案办案质量的同时，也有助于下级法院整体办案水平的提高。

2. 反向激励：以动态审判质效指标为标准实现落后重点监督

以必要性为原则，依据能够反映案件质量情况的审判质效指标，如服判息诉率、被发回改判率等，选择质效指标较差的案件类型或部门或法官纳入阅核范围，并根据一定时期内审判质效指标结果动态变化而调整阅核案件的范围，具体的指标选择标准各法院可根据实际情况来确定。对动态的落后的审判质效指标范围内的人或部门所承办案件进行重点阅核监督，可以快速、有效提高审判质量和审判质效，也可以对落后部门或人员起到一定的警示和鞭策作用。第一步，确定时间标准，如上年度、半年度、季度等作为时间标准；第二步，确定审判质效指标，如服判息诉率、被发改撤指率、案访比；第三步，确定范围标准，如院长可以选择满足第二项标准的部门或案由纳入其下一阶段应当阅核的案件范围，庭长可以选择满足第二项标准的承办法官下一阶段所办理的案件纳入其应当阅核的案件范围。

以H省P市法院为例来说明这一标准的确定和阅核范围的确定过程。如选择2023年上半年的审判质效指标作为时间标准、被发改撤指率最高的作为质效标准、院长选择审判部门作为范围标准、庭长选择承办法官作为范围标准。选择确定后，根据2023年上半年审判质效结果，2023年上半年被发改撤指率最高的审判部门为民三庭，则下半年该部门全部案件均纳入院长应当阅核的案件范围（院长可以委托副院长进行阅核）；各审判部门被发改撤指率最高的法官下半年度办理的案件全部纳入院庭长的阅核范围。

3. 有限补充：依法官或院庭长申请实现必要补充监督

在案件审理过程中，承办法官或院庭长如认为存在未能被识别或在以上范围以外但案件确有监督必要的情形，可以申请将案件纳入阅核范围，但要说明理由。承办法官申请的，应经庭长同意后，报主管副院长审批同意；庭长申请的，应经副院长同意后，报院长审批；主管副院长申请的，应报院长审批同意。

（三）规范流程：以阅核机制为牵引的监督机制衔接整合

为保障包括阅核机制在内的院庭长审判监督体系高效运转，依托审判流程管理系统，将专业法官会议、审判委员会全部纳入阅核机制流程环节节点，其启动、结果反馈均在流程中进行，实现以阅核机制为牵引的各监督机制的有效衔接和规范运行。

1.“自动＋人工”高效精准的识别流程

（1）自动识别。被发回、指令审理和再审案件以及根据审判质效标准确定的纳入阅核范围的案件，由信息技术部门根据判断标准预先在审判流程系统设置自动识别。

（2）人工识别。依院庭长申请纳入阅核范围的案件以及自动识别遗漏的案件，由法官或院庭长在审判流程系统中申请并注明理由后层报审批。

2.“横向权力划分＋纵向机制衔接”的阅核流程

阅核机制中存在审判权、咨询建议权、监督权的纵横交织，在运转流程设计时，首先，要对各种权力进行横向划分，明确区分独任法官或合议庭独立审判权、[①] 院庭长监督权、专业法官会议咨询建议权、审判委员会最高决策权的性质。其次，在流程运转设计中要实现各种权力运行机制纵向有效衔接。具体流程为：

（1）法官提交拟定裁判文书。承办法官草拟裁判文书后，经合议庭成员审核签署完毕后，提交庭长阅核。

（2）院庭长提出阅核意见。阅核人应对裁判文书的格式规范、证据采信、事实认定、法律适用、裁判结果全面阅核。流程中设计院庭长阅核意见选项供院庭长选择。阅核后无异议的，选择“无异议”选项；阅核后对文书格式规范、语言规范内容提出异议的，选择“文书形式内容有异议”选项并说明具体异议内容；阅核后对裁判文书的证据采信、事实认定、法律适用等实体内容有异议但对裁判结果无异议的，选择“实体内容有异议但结果无异

---

① 参见刘峥、何帆、马骁：《〈关于规范合议庭运行机制的意见〉的理解与适用》，载《人民司法》2022 年第 34 期。

议”选项并说明具体异议内容；阅核后对裁判结果有异议的，选择“裁判结果有异议”选项并说明具体异议内容。院庭长提出阅核意见后，系统自动将阅核意见反馈承办法官并抄送合议庭成员。

（3）合议庭处理阅核意见。院庭长阅核无异议的，承办法官可印发文书。院庭长对文书形式内容有异议或对实体内容有异议但结果无异议的，由承办法官自行决定是否采纳，并在流程阅核结果处理上设置采纳、不采纳、部分采纳选项供法官选择并说明理由。院庭长对裁判结果提出异议的，由承办法官提请合议庭针对庭长提出的异议进行复议，承办法官根据合议庭复议结果选择合议庭复议采纳、不采纳、部分采纳选项。合议庭复议采纳庭长意见的，由承办法官修改拟定裁判文书后经合议庭审核签发后印发；合议庭复议不采纳或部分采纳庭长意见的，由庭长启动召开专业法官会议。

（4）专业法官会议召开及意见处理。庭长应及时组织召开专业法官会议，专业法官会议意见作为参考并在流程系统中设置专业法官会议结果选项。专业法官会议多数意见与合议庭多数意见一致的，按合议庭多数意见处理；专业法官会议多数意见与合议庭多数意见不一致的，由承办法官在流程系统中层报庭长、副院长（院长）审批提交审判委员会讨论决定。

（5）审判委员会讨论决定。审判委员会作出的决定，合议庭应当执行。

纳入院长（副院长）核阅范围的案件，由承办法官提交庭长核阅后层报院长（副院长）核阅，程序如上。

（四）反向制约：信息化与公开化实现对监督的监督

1. 时限管理实现效率把控

在保障阅核过程中各个环节有充足办理时间的同时，为了避免久拖不决影响办案和阅核流程运转效率，应根据阅核流程中各个环节的特征，设置法官提请阅核拟定裁判文书时限（如在审限届满前 20 天以上提请）、院庭长阅核办理时限（如三天内）、合议庭处理阅核意见时限（如三天内）、专业法官会议召开及意见反馈时限（如七天内）、审判委员会召开及决定时限（如七天内）。及时对各节点待完成事项进行催办、对将到期事项定时提醒，并对不符合办理要求事项及时冻结下一步操作及结案权限（见图 2）。

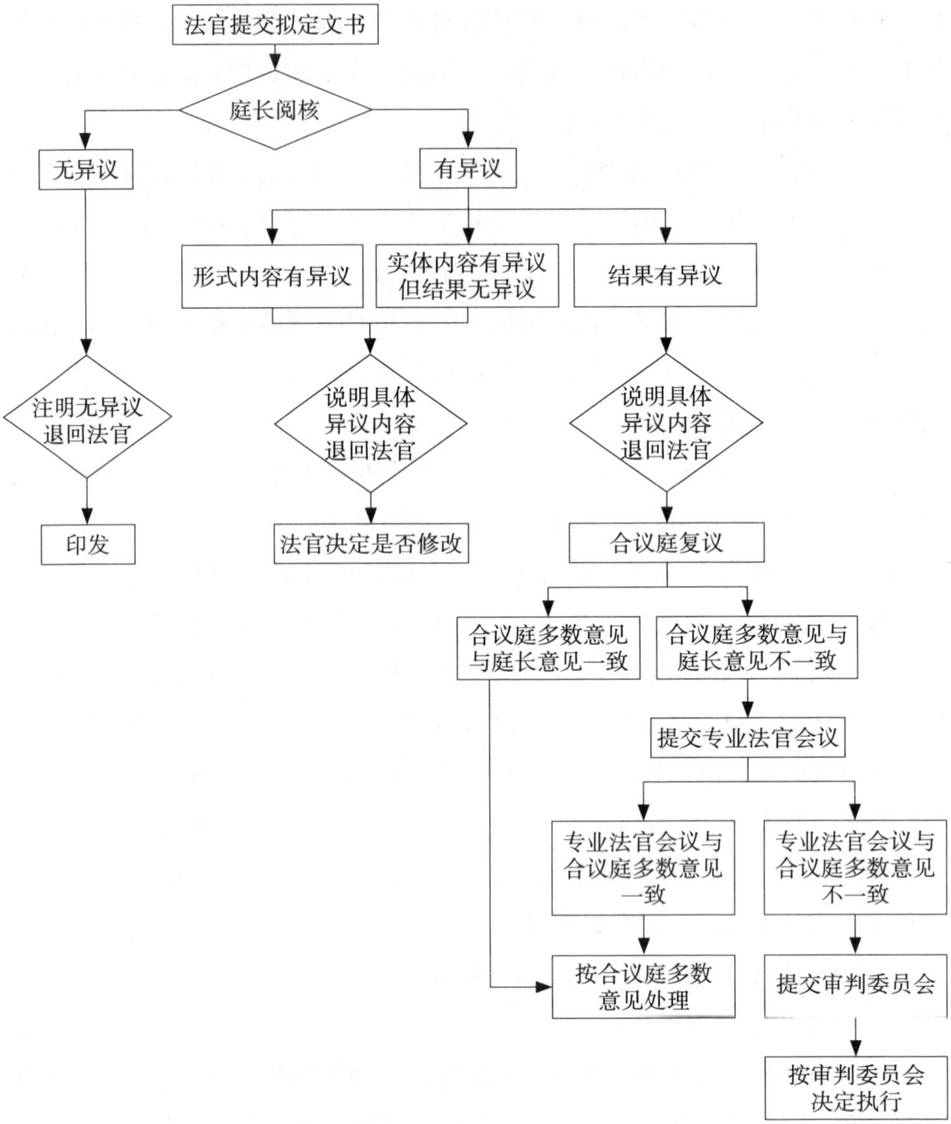

图 2　以阅核机制为牵引的院庭长审判监督机制运转流程

2. 全程留痕防范不当干预

"阳光是最好的防腐剂"。[①] 利用信息化手段在阅核流程系统中实现全

① 胡仕浩:《关于全面落实司法责任制综合配套改革的若干思考》,载《中国应用法学》2019 年第 4 期。

程留痕，强化对监督者的再监督。在阅核机制流程系统中每案自动建立监督日志，对案件自动识别及承办法官、院庭长申请识别案件及接受过程，法官向院庭长提供的原拟定裁判文书、院庭长阅核意见、反馈意见、合议庭复议笔录、专业法官会议记录、审判委员会讨论记录等全程记录，实现办案全流程、各环节记录全覆盖、可查询、可追溯。

（五）有效驱动：双向责任承担 + 多维考评机制

1. 审判责任和监督责任相区分的双向责任承担

根据司法责任制的责任分配原则，法官承担司法责任，承办法官及合议庭成员（或独任法官）对其承办或参与的案件承担司法责任，对是否采纳院庭长阅核意见、建议有独立的自主判断权，不因院庭长的阅核意见减少或免除其责任。院庭长承担监督责任，不因阅核法官拟定的裁判文书而承担办案的司法责任，但应对纳入其阅核范围的案件承担监督责任。

2. 过程、结果、效率并重的多维度考评机制

为防止承办法官办案过程中过度依赖院庭长阅核意见，也为解决院庭长形式化监督的问题，应当通过阅核机制系统自动采集数据，建立多维度的考评机制，对阅核办理效率、办理过程意见的准确性、结果的正确性等指标进行考评，根据法官和院庭长的考核结果确定相应责任。

（1）阅核过程评价指标。对承办法官或合议庭成员采纳院庭长阅核意见或专业法官会议意见或审判委员会决定而变更拟定裁判文书内容或结果的，对承办法官或合议庭成员的办案能力指标进行否定性评价。对院庭长提出的阅核意见未被采纳的，对院庭长的监督有效性指标进否定性评价。①

（2）结果评价指标。经过阅核的裁判文书被认定存在文书质量瑕疵或认定为错案的，在法官办案质量评价指标中进行否定评价。院庭长在阅核中未提出相关异议的，在院庭长监督评价指标中进行否定评价；院庭长在阅核机制中提出过相关异议未被采纳的，免除院庭长监督责任，加重法官责任（由审判委员会讨论决定的除外）。同时对阅核流程中专业法官会议、审判委员

---

① 参见高欧、郭松：《审判权与审判管理权、审判监督权的关系重塑》，载《交大法学》2022 年第 1 期。

会人员提出案件处理意见的正确性、准确性进行阶段性评价，并建立专业法官会议、审判委员会人员组成退出机制，将阅核机制评价结果与退出机制有效结合。

（3）效率考评指标。为使阅核机制参与主体即法官、院庭长遵循阅核流程中的节点和办理期限，保障阅核流程有效运转，应当设置办理效率性指标，对法官、院庭长办理流程中存在超期行为的，应分别在法官办案评价效率、院庭长监督效率评价指标中进行否定性评价。

结 语

审判权独立与审判监督并不是矛盾的，而是司法责任制改革的一体两面，[①] 审判权作为一项司法权利，既需要审理者独立裁判的空间，也需要科学的审判监督。[②] 如何衡平放权与监督的关系，是司法责任制改革的难点，也是前进的方向。期望通过本文研究，以阅核机制的构建实现院庭长审判监督路径的优化完善，对全面落实司法责任制进程中健全审判监督机制有所裨益。

① 参见田平利、尤青、袁辉银：《完善案件质量监督管理机制的思考》，载《人民司法》2017 年第 13 期。

② 参见陈丽平、梁源：《论基层法院院庭长的审判监督管理模式转型路径》，载《上海法学研究》集刊 2023 年第 1 卷。

企业数据财产权的侵权判定规则构建
——以数据生命周期为视角

平顶山市中级人民法院　闫　宝　李季灿*

引　言

“数据已经成为继土地、劳动力、资本、技术之外的第五大生产要素”，[①]其财产价值毋庸置疑，企业数据更是如此。基于洛克劳动财产权理论，学界对赋予企业数据财产以权利保护大多持肯定态度。[②]2022年12月发布的《中共中央、国务院关于构建数据基础制度更好发挥数据要素作用的意见》明确提出“探索建立数据产权制度”“建立公共数据、企业数据、个人数据的分类分级确权授权制度”，[③]肯定了企业的数据财产权利。由于企业数据不同于传统财产，其具有无实体性、非独占性、非排他性等特性，导致在司法裁判中通过传统的类型化分析视角进行企业数据财产权侵权判定时产生了司法审查粗疏、判定标准宏观、损害后果难定等实践问题。而同样是基于上述特性，结合企业管理数据所使用的数据生命周期管理策略（DLM），集中于三

*闫宝，河南省平顶山市中级人民法院党组副书记、副院长，审委会委员，三级高级法官。李季灿，河南省平顶山市中级人民法院审判监督庭法官助理。

① 中华人民共和国中央人民政府:《多地探索成立大数据交易平台——加快数据要素价值转化》，网址https：//www.gov.cn/xinwen/2021-12/06/content_5656038.htm，最后访问时间：2023年7月5日。

② 参见李安:《论企业数据财产权的正当性——以洛克财产权学说为视角》，载《科技与法律（中英文）》2022年第1期。

③ 参见中华人民共和国中央人民政府:《中共中央、国务院关于构建数据基础制度更好发挥数据要素作用的意见》，网址https：//www.gov.cn/zhengce/2022-12/19/content_5732695.htm，最后访问时间：2023年7月5日。

元划分下各类企业数据财产的共性，可以在不同的数据生命周期阶段对侵权判定标准进行设计，构建出可行且普适的侵权判定规则。

一、侵犯企业数据财产权行为的具体表现

企业数据财产蕴含着相当的经济价值，受经济利益的影响，侵害企业数据财产权的行为屡见不鲜。就数据类型而言，基于主体不同可分为个人数据、企业数据、政府数据、公共数据，[①] 而我国在司法实践中对企业数据采取了三元划分方式——原始数据、数据集合、数据产品。[②] 据此可明确企业数据财产的主要范围，即能够被占有且产生经济利益的数据信息（原始数据）、对数据信息的加工处理结果（数据集合）、基于数据所产生的指引性决策（数据产品）。本文为客观反映侵害现状，在中国裁判文书网检索“企业数据”“数据财产”“数据侵权”等，梳理有效民事案例 267 篇，归纳三类企业数据财产的侵权行为表现，并选取典型案例加以论述。

（一）“窃取”原始数据

原始数据指未经任何处理或加工、直接被固定存储下来的数据信息，主要指由用户输入或从用户处获取后不需再处理的信息内容，是企业数据财产权的基础性资源。在此需对数据和信息两概念作出区分，主流观点认为，信息是对特定意义的客体知识的反映，而数据是信息的形式化表现载体。[③] 就企业数据财产而言，在由信息到企业数据的转化过程中，企业需要投入人力、物力等成本，实质上属于企业付出的劳动，[④] 这也是企业数据财产权与洛克劳动财产权理论的联结之处。

---

① 参见石丹：《大数据时代数据权属及其保护路径研究》，载《西安交通大学学报（社会科学版）》2018 年第 3 期。

② 参见冯晓青：《大数据时代企业数据的财产权保护与制度构建》，载《当代法学》2022 年第 6 期。

③ 参见徐汉明：《数据财产权的法律保护研究》，载《经济社会体制比较》2020 年第 4 期。

④ 参见管洪博：《大数据时代企业数据权的构建》，载《社会科学战线》2019 年第 12 期。

1. 非法抓取：新浪微博诉“脉脉”App

代入企业数据财产的语境，原始数据主要指企业用户输入或从企业用户处获取的数据。非法抓取则为通过非法途径获取他人的企业原始数据。如新浪微博诉“脉脉”App案[①]，新浪微博于合作期间向“脉脉”App提供OpenAPI接口，允许“脉脉”App据此获得“脉脉”用户的新浪微博头像、名称等信息。在合作终止后，“脉脉”App声称其通过协同过滤算法基于“脉脉”用户的微博信息计算出非“脉脉”用户的微博信息并显示在“脉脉人脉圈”中，但被北京知识产权法院基于证据优势予以否定。法院认为非“脉脉”用户的新浪微博信息是“脉脉”App在合作期间超出约定范围实施了非法抓取行为而获得的，且在合作结束之后，“脉脉”App又非法使用涉案新浪微博的用户信息，构成不正当竞争。本案中“脉脉”App属于同时“窃取”并处理了新浪微博的用户信息，而该信息为新浪微博运营商北京微梦公司的企业数据财产，并属于原始数据类型。

2. 非法迁移：大众点评诉百度地图

侵犯企业的原始数据不以非法抓取为必要条件，获取后的不当处理同样可能构成侵权，此时属于“迁移型”窃取。如大众点评诉百度地图案[②]，百度地图靠自身用户无法获取足够点评信息，遂通过技术手段从大众点评网获取大量点评信息用于充实自身。法院认为百度公司并未对大众点评网中的点评信息作出贡献，却在百度地图中大量使用，属于“搭便车”行为，具有不正当性。本案中百度公司并非通过非法途径获取公开的大众点评信息，但非法迁移公开信息，同样属于侵权（见表1）。

（二）不当利用数据集合

数据集合是企业数据财产最主要的类型，其基于大量原始数据产生但尚未形成数据产品，数据集合与原始数据的核心区别在于是否实现了数据价值

① 参见北京知识产权法院（2016）京73民终588号二审民事判决书。

② 参见上海知识产权法院（2016）沪73民终242号二审民事判决书。

表 1　三元划分下侵害企业数据财产权典型案例梳理（原始数据）

数据类型	诉讼双方	案涉数据	侵权判定	后果判定
原始数据	新浪微博诉“脉脉”App	新浪微博用户信息	1. 案涉非“脉脉”用户的新浪微博信息来源是否合法 2. “脉脉”App 将非“脉脉”用户的新浪微博信息显示在“脉脉人脉圈”里是否违反诚信原则和商业道德	原告：是否有预防措施、维权费用 被告：活跃用户人数、持续时间、主观恶性
	大众点评诉百度地图	大众点评中用户点评信息	百度公司使用大众点评网点评信息的行为是否具有不正当性	原告：维权费用，数据成本 被告：使用涉案数据的方式和范围、持续时间

的实质性增值，[①] 这一增值部分是数据集合的价值体现。对数据集合的不当利用，实质上是对数据集合增值部分的不当利用。

1. 同一数据集合利用：爱拼信息诉“高考帮”App 等

不当利用数据集合即为利用他人基于原始数据通过筛选、统计、分析等产生的数据价值增值，进而满足数据需求。以基于数据集合协助用户决策为例，在爱拼信息公司诉“高考帮”App 等案[②]中，爱拼信息公司起诉“高考帮”App 等平台的运营商使用其所有的“662 所高校学生毕业十年就业薪酬和就业行业分布”数据，并通过平台向消费者提供基于案涉数据的有偿决策服务。法院认为上述行为损害了爱拼信息公司的合法权益，违反了诚信原则和商业道德，构成不正当竞争。但本案中法院并未查明各被诉平台所使用案涉数据的具体来源，而仅分析了利用该数据的行为是否适当。

2. 同类数据集合利用：奋韩网诉 58 同城

除了上述统计、分析的方式，通过筛选以及排列等处理方式同样会使原始数据产生数据价值增值。在奋韩网诉 58 同城案[③]中，奋韩网起诉 58 同城

① 参见杨惟钦：《民法典框架下企业数据财产权益实现路径研究》，载《云南师范大学学报（哲学社会科学版）》2021 年第 4 期。

② 参见北京知识产权法院（2020）京 73 民终 3422 号二审民事判决书。

③ 参见北京知识产权法院（2017）京 73 民终 2102 号二审民事判决书。

在其经营的“58同城韩国站”发布奋韩网的韩国租房、招聘信息。法院通过查明相关信息的发布时间、发布用户等，认为“58同城韩国站”中发布的韩国租房、招聘信息确实源于奋韩网，且“58同城韩国站”发布案涉信息的行为会对奋韩网的预期利益和市场份额造成影响，构成不正当竞争。值得注意的是，与大众点评诉百度地图案中“原汁原味”的用户点评信息相比，本案的案涉数据为经过筛选、审核并以特定空间排列形式所展现的数据集合，并非不需经过处理的原始数据（见表2）。

表2　三元划分下侵害企业数据财产权典型案例梳理（数据集合）

数据类型	诉讼双方	案涉数据	侵权判定	后果判定
数据集合	爱拼信息公司诉“高考帮”App等	662所高校学生毕业十年就业薪酬和就业行业分布数据	1. 各被诉平台是否使用了案涉数据 2. 各被诉平台提供相关决策服务是否违反了诚信原则和商业道德	原告：数据项目研究投入、维权费用 被告：数据出售价格、交易总额
	奋韩网诉58同城	筛选、审核、分类后的韩国租房、招聘信息	1.“58同城韩国站”中与奋韩网大量重复的韩国租房、招聘信息是否源于奋韩网 2.“58同城韩国站”发布奋韩网上的信息是否违反了诚信原则和商业道德	原告：维权费用 被告：主观恶意（私自加水印且伪造用户发帖情况）、市场控制地位、持续时间

（三）过度使用数据产品

产品是指能够被人们消费和使用，以满足某种需求的有形或无形的东西。而数据产品特指对数据集合进行深度加工和处理，能够充分发挥数据价值以辅助用户做出更优决策的一种产品形式，[①] 其往往基于大量数据分析得出具有特定价值的结论信息。

1. 过度使用产品自身：淘宝诉“咕咕生意参谋网”

数据产品的价值在于使用，而为了经济利益的过度使用可能构成侵权。

① 参见姬蕾蕾：《企业数据纠纷的裁判规则研究——以数据类型化为视角》，载《求是学刊》2023年第2期。

在淘宝诉"咕咕生意参谋网"案中，[①] 淘宝开发了"生意参谋"数据产品，被"咕咕生意参谋网"利用已订购"生意参谋"数据产品服务的淘宝用户所提供的子账户获取"生意参谋"数据产品中的数据内容，以此牟取商业利益。法院认为"咕咕生意参谋网"未付出相应劳动，仅是将"生意参谋"数据产品直接作为自己获取商业利益的工具，提供同质化网络服务，构成不正当竞争。本案中"咕咕生意参谋网"作为用户使用"生意参谋"产品自无不当，但将"生意参谋"产品服务于自身用户，就超出了合理限度。

2. 过度使用数据内容："酷米客"App 诉"车来了"App

不使用数据产品本身，直接通过网络爬虫等技术手段获取数据产品中数据内容的行为也屡有发生。在"酷米客"App 诉"车来了"App 案中，[②] "车来了"App 利用网络爬虫技术获取"酷米客"App 的实时公交信息数据，将该数据用于自身并对外提供查询服务。法院认为"车来了"App 利用网络爬虫技术非法获取实时公交信息数据并用于自身运营，具有非法占用他人无形财产权益，谋取竞争优势的主观故意，构成不正当竞争。本案中"车来了"App 虽未直接使用数据产品，但其本质上仍抓取并使用了数据产品所产生的数据内容，同样属于过度使用（见表 3）。

表 3　三元划分下侵害企业数据财产权典型案例梳理（数据产品）

数据类型	诉讼双方	案涉数据	侵权判定	后果判定
数据产品	淘宝诉"咕咕生意参谋网"	"生意参谋"产品的数据内容	"咕咕生意参谋网"使用"生意参谋"数据产品以低成本提供同质化网络服务是否有悖商业道德	原告：数据产品的数据规模、维护成本、用户数量 被告：收费标准，实施侵权行为后的用户增长量
	"酷米客"App 诉"车来了"App	"酷米客"App 实时公交信息数据	1."车来了"App 利用网络爬虫获取"酷米客"App 实时公交信息的方式是否合法 2. 将从"酷米客"App 服务器获取的实时公交信息数据用于"车来了"App 是否违反诚信原则	原告：数据技术维修成本、其他文书中确定的损失情况、维权费用 被告方：行为持续时间、每日数据获取量、访问量

① 参见浙江省杭州市中级人民法院（2018）浙 01 民终 7312 号二审民事判决书。
② 参见广东省深圳市中级人民法院（2017）粤 03 民初 822 号民事判决书。

二、数据财产权之数据生命周期理论启迪

数据从产生到销毁的全过程被称为数据生命周期，包括创建、存储、共享、使用、归档、删除，这一过程的每个阶段均包含着企业所应承担的数字责任。[①] 剖析企业数据财产权的数据生命周期理论，探究原始数据、数据集合、数据产品之间的生命周期共性，能够为企业数据财产权的侵权判定提供新视角。

（一）三元划分下数据财产生命周期的共性审视

从司法实践对企业数据财产的三元划分下，能够发现三类数据财产本质上属于经加工、处理后形成的递进关系，[②] 三者的数据生命周期具有共性。

1. 原始数据："原生态"仍包含全生命周期

数据生命周期中的创建与存储、归档及删除，实质上即为数据的"出生"和"死亡"，能够为人们所知悉的数据必然经历了创建与存储的"出生"，也终会步入归档及删除的"死亡"。

而对数据的加工处理行为主要存在于共享和使用阶段，共享主要指数据财产的传播，使用则包括对数据财产的再处理以及应用等，涉及数据财产的价值实现。[③] 就原始数据而言，其区分于其他数据财产的核心在于"未经加工处理"，但这一特征不会对其所固有的数据生命周期产生影响，即使是"原生态"数据，同样也包含共享和使用的周期阶段。如新浪微博向"脉脉"App 共享部分用户信息，"脉脉"App 又将这部分用户信息用于补充自身。这些用户信息事实上并未经过加工与处理，而是从用户处获取的"原生态"数据，但仍然无法与数据生命周期中的共享和使用阶段割裂，故原始数据同样包含数据生命周期的全过程（见表 3）。

---

① 参见姜雨峰、黄斯琦等：《企业数字责任：数字时代企业社会责任的理论拓展与价值意蕴》，载《南开管理评论》2023 年第 8 期。

② 参见孙莹：《企业数据确权与授权机制研究》，载《比较法研究》2023 年第 3 期。

③ 参见郭海玲、刘仲山：《GDPR 对我国跨境数字贸易企业个人数据保护研究——基于数据生命周期理论》，载《情报杂志》2023 年第 7 期。

2. 数据集合：浅处理形成的原始数据新结构

当明确数据生命周期的全过程贯穿于原始数据的“出生”和“死亡”后，原始数据、数据集合、数据产品的共性便凸显出来。筛选、分析等处理操作会使多个原始数据间形成新的数据结构，共同构成新的数据类型——数据集合，各个原始数据成为集合元素。

虽然数据集合中包含多个原始数据，但这只是其内部的元素个体，在外部仍表现为完整的数据集合，不因其内部个体繁多而割裂。数据集合的数据生命周期本质上是其内部作为数据元素的原始数据的生命周期，由于数据集合在外部表现为完整的集合个体，故其数据生命周期不因内部个体生命周期的差异而紊乱，同样表现出清晰明确的生命周期各阶段。①

3. 数据产品：深加工实现的数据集合高形态

数据产品本质上是实现了产品形态的数据集合，能够满足用户更高级的数据需求。数据产品最终展现于用户面前的形态差异，不影响其本质属性，其仍然是基于原始数据或数据集合，经深层次的加工处理所形成的企业数据财产，② 不影响生命周期下与其他类型数据财产的共性。

如淘宝网“生意参谋”数据产品与“酷米客”App数据产品，虽然为用户所提供的服务内容完全不同，但都是基于数据满足不同用户具有时效性的决策需求。数据产品的设计目的、服务对象、外层包装的不同，都不影响数据产品之间的共有要素，即基于数据做出决策，亦不影响其固有的生命周期。

（二）从侵权行为类型到生命周期阶段的视角转换

就现有司法实践来看，传统的侵权类型化分析视角，未能妥善解决企业数据财产权侵权判定中的实践问题，而基于各类企业数据财产的数据生命周期共性，能够为我们提供解决上述实践问题的侵权判定新视角。

---

① 参见康宁：《数据确权的技术路径、模式选择与规范建构》，载《清华法学》2023年第3期。

② 参见刘小砚、陈红茜：《商业数据反不正当竞争法保护的模式选择与规则优化》，载《征信》2023年8月网络首发。

1. 侵权类型化分析下的传统视角

传统的侵权案件分析视角，通常是基于侵权行为类型明确主客观要件，结合案情确定是否构成侵权，这需要依赖法律层面相对明确的侵权判定规定以及审理传统侵权案件的丰富经验。对于企业数据财产权侵权这一新型侵权形态，可以通过传统类型化分析视角将其分为不正当竞争、知识产权侵权、商业秘密侵权等，但在这种分类下进行侵权判定，并不能摆脱企业数据财产权侵权判定的困境。

传统视角的根本问题在于两点：一是忽视了企业数据财产有异于传统财产的特殊属性。企业数据财产从形态上不具有实体，从占有上无法独占，从使用上无法排他，这类特殊属性难以从传统的侵权类型化分析视角下体现出来。将针对传统“物”的侵权类型化分析照搬于企业数据这类新型财产，何谈应对侵权判定中的实践困境。二是在传统视角下的同一侵权类型中，侵犯企业数据财产权的行为方式与具体对象可能差异较大。如对于“窃取”未经加工处理的原始数据和过度利用更高形态的数据产品，二者可能均属于不正当竞争范畴，但事实上原始数据和数据产品之间的差异不言而喻，将之纳入同一侵权行为类型，不考虑数据财产本身的差异，会对侵权判定造成更多阻碍。

2. 数据生命周期阐释的新型视角

当传统视角下的侵权类型化分析无法摆脱上述侵权判定困境时，基于原始数据、数据集合、数据产品所共有的数据生命周期理论，可以得到构建企业数据财产权侵权判定规则的新视角。

数据生命周期为各类企业数据财产所共有，生命周期的不同阶段代表着数据从“出生”到“死亡”的每个环节，与数据财产的特殊属性高度契合。将按照侵权类型划分转换为根据数据生命周期阶段进行划分，能够有效分解企业数据财产权侵权行为，把造成实践困境的一个整体判定化为多个不同阶段的部分判定，综合部分判定的结果明确整体侵权情况，这是对新型财产权侵权判定与时俱进的思路演变。

三、数据生命周期下侵权判定的规则设计

基于数据生命周期理论的共性，无论是原始数据、数据集合、数据产品，数据类型的不同不影响其具备完整的生命周期，即使是未经加工的原始数据，其依然会经历数据生命周期的全过程。根据数据生命周期可以将侵权判定划分为不同阶段，并在各个阶段明确具体侵权标准，进而构建侵权判定规则。

（一）创建与存储阶段：数据来源的合法性分析

数据的创建与存储本质上即获取并持有数据。如前所述，司法实践中对案涉数据的审查应兼顾数据的真实来源和具体使用两个方面，而在创建与存储阶段，尚不涉及数据的使用问题。因此，本阶段集中于对数据来源的侵权判定，除此之外，获取数据的具体范围同样是本阶段侵权判定的重点。

1. 数据来源的具体方式判定

当案件进入审理阶段，原告必然需要举证证明被告所使用的数据与原告主张享有财产权的数据具有高度相似性。但数据财产的非独占性使得即使其内容具有高度相似性，也不能据此认定侵权，而应当明确数据的真实来源，此时应由被告证明该数据来源合法。

关于对数据来源的判定，需要基于数据财产的非独占性，明确被告是否通过自主的数据收集、加工等方式获取，不能以原、被告双方的数据是否高度相似或基本相同代替对数据来源的判定。若数据并非被告通过上述方式“原始取得”，则明确其是否为合法“继受取得”。如“酷米客”App 通过与公交公司合作，在公交车上放置 GPS 定位“原始取得”实时公交信息，属于合法的数据获取。而“车来了”App 直接侵入“酷米客”App 服务器“继受取得”实时公交信息，显然就不能给予其合法评价。因此，对查明数据真实来源而言，若数据为“原始取得”，则被告应证明其通过收集、加工等获取数据的具体方式，若数据为“继受取得”，则被告应证明其获取数据的合法依据，否则即构成侵权。

2. 所获数据的必要范围判定

即使是通过合法途径，超出应有范围获取数据仍然可能构成侵权，如

“脉脉”App获取“脉脉”用户的新浪微博信息是基于其与新浪微博的合作而合法获取，而其获取非“脉脉”用户的新浪微博信息，便是超出约定范围的违法获取行为。

在被告提供了相应的数据获取依据，证明数据获取途径合法后，便应明确被告获取数据的必要范围，与其所获数据的实际范围进行对比。但若从客观来看，案件中并未涉及被告是否存在超出必要范围获取案涉数据的行为，就不需再对范围进行明确。如大众点评诉百度地图中，由于点评信息均为公开状态，则不需考虑百度地图所获取的点评信息是否超出必要范围。

（二）共享和使用阶段：处理与传播的限度审查

共享和使用阶段是企业数据财产权侵权判定的核心阶段，无论是共享下的传播行为还是数据使用行为，都会对企业数据财产价值产生直接影响，因此，本阶段的侵权行为通常对企业数据财产权的影响较大。

1. 数据传播途径的侵权判定

传播行为是否侵权不以对数据进行再处理为前提，单纯的传播行为同样可能侵害企业数据财产权。“车来了”App并未对从“酷米客”App服务器获取的实时公交信息进行再处理，事实上为了保障信息的准确性，也无法进行再处理。但“车来了”App传播该实时公交信息，实质上已构成不正当竞争。

另外，获取数据的途径是否合法，同样不影响传播行为是否构成侵权。百度地图获取的大众点评信息均在大众点评网上处于公开状态，其获取途径是合法的。但百度地图通过自身的点评模块传播这些信息，就损害了大众点评网的利益，已构成侵权。故对数据传播行为是否侵权的判定，不受数据来源是否合法、数据是否经过再处理的影响，仅为对数据传播途径的独立判定。

至于传播途径是否侵权，关键在于是否超出合理限度。“酷米客”App公开实时公交信息、大众点评公开用户点评信息，本质上是为了服务其用户，绝非是为了让其他同类企业获取上述信息并加以传播，这类“搭便车”的传播行为，损害了相关企业的合法权益，显然超出了合理限度。

2. 数据处理操作的结果判定

数据处理操作是为了基于原有数据产生具备增值价值的新数据，如基于原始数据分析筛选后获取数据集合。数据处理操作可能改变数据的原有形态，加剧数据财产侵权行为的隐蔽性，此时就要追根溯源，基于处理后得到的新数据判定数据处理者是否构成对原有数据的侵权。如“高考帮”App向用户提供高考志愿填报指导服务，本质上是根据用户的需求基于对案涉数据的分析筛选结果得出指导性决策，同样属于数据处理操作过程。虽然这一过程产生了数据的价值增值，但相比获取上述案涉数据的成本，得出指导性决策的成本显然会很低。此时通过处理操作获取数据价值增值的成本远远低于其他主体收集、获取原有数据的成本，就处理操作的结果而言，存在较之原数据的失衡现象。

（三）归档及删除阶段：侵权停止后的后果评价

数据的归档与删除是数据生命周期的最后阶段，归档即将数据予以封存，删除则是将数据进行销毁。无论是归档还是删除，在此阶段事实上已经停止了对案涉数据的侵权行为，因此，司法实践中本阶段的核心在于对侵权行为停止后的实际损害后果进行评价，以确定如何弥补被侵权方的损失。

1. “两定”：原、被告两方的主观过错与客观成本

“两定”指源于原、被告两方相对固定的评价依据，如对原告需考察市场支配地位、数据收集与研发投入成本、维权费用等，对被告需考察主观恶性、必要注意义务等，这些评价依据可以归纳为主观过错与客观成本两方面。

就主观过错而言，主要涉及市场支配地位、必要注意义务、主观恶性等。对于主观过错的判定不能仅局限于侵权行为方，若被侵权方存在滥用市场支配地位长期占用数据资源而忽视公共利益等情形，同样应当认为被侵权方具有主观过错。企业作为市场经济活动中创造物质财富的重要主体，不能只谋求经济利益，也应承担社会责任。[①] 以部分作为企业数据财产的科研信息为例，企业对此类数据设置信息壁垒可能会对社会公共利益造成损害。此

① 参见汪晓华：《企业数据财产权与用户个人信息权益之冲突与协调》，载《西南民族大学学报（人文社会科学版）》2020年第10期。

时对企业数据财产权的保护就必须要兼顾社会公共利益，以达到企业财产利益与社会公共利益的平衡。

另外，应考察企业是否尽到了应有的注意和保护义务，尤其当数据涉及公民隐私时，企业应承担的注意和保护义务会更重。[①] 如医疗整容机构会对客户进行全方面的信息收集，包括身份信息、家族遗传病史、整容前后对比图等，这类信息有较强的人身指向性，若因企业自身保护不当导致此类信息被不法分子轻易窃取并使用，其所产生的不良影响要远大于窃取普通数据财产。[②] 诚然，对不法分子要进行严厉打击，但事前预防的作用亦不容忽视，因企业自身过错导致其数据财产权遭受侵害的，应根据被侵权方的过错程度适当降低损害赔偿，以督促企业尽到相应的注意和保护义务。

就客观成本而言，主要指数据的收集与研发投入成本。企业付出的研发费用、推广费用、维护费用等都会对企业数据财产的价值产生影响，应计算在成本中。企业通过宣传推广等前期努力获取市场知名度吸引大量用户，用户数量的爆炸性增长及信息反馈又会给企业带来更多财产价值，[③] 如"脉脉"App将非"脉脉"用户的新浪微博信息显示在"脉脉人脉圈"中，不仅侵害了新浪微博对用户数据的财产权，其行为背后也隐藏着对新浪微博研发、推广、维护成本的侵害。因此，从数据收集与研发投入成本的角度衡量损害后果时，应兼顾企业为获取相应数据而付出的前期投入费用。

2."三动"：数据财产价值随个案变化的动态因素

影响案涉数据财产价值的动态因素主要有数据状态、数据收益比重、市场环境等。若"两定"集中于考察原、被告两方的固有行为，那"三动"就是针对被侵害的数据财产本身进行动态衡量。综合基于数据生命周期的企业数据财产权侵权判定规则，可以在时间轴上构建判定流程如图1所示。

---

① 参见刘琳：《大数据时代商业数据财产权理论的勃兴与批判》，载《华中科技大学学报（社会科学版）》2022年第2期。

② 参见付新华：《企业数据财产权保护论批判——从数据财产权到数据使用权》，载《东方法学》2022年第2期。

③ 参见沈健州：《数据财产的权利架构与规则展开》，载《中国法学》2022年第4期。

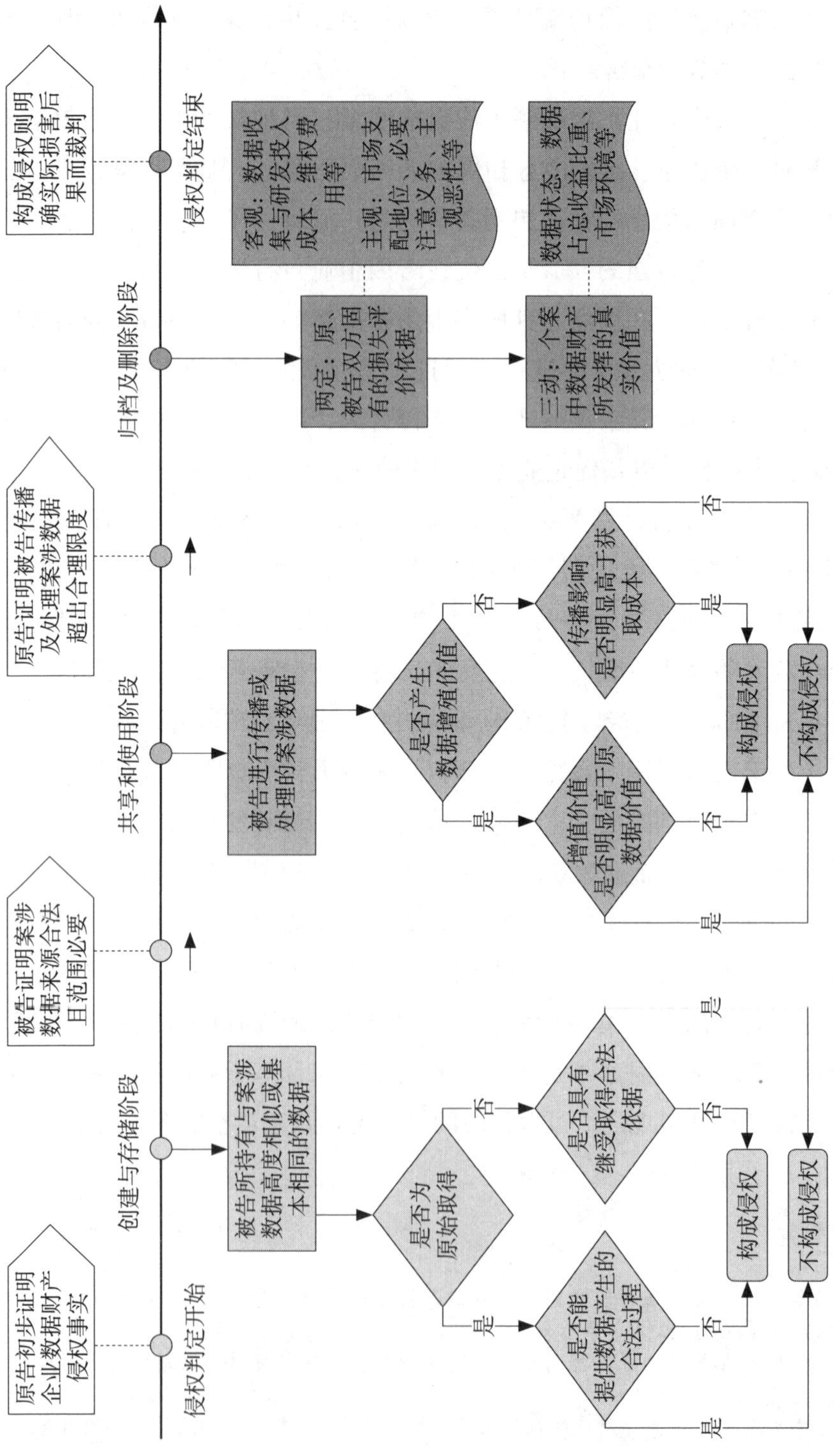

图1 基于数据生命周期的企业数据财产权侵权判定规则

首先，依据数据状态动态衡量数据价值。“数据价值 = 数据成本 + 数据增值 – 数据贬损”，采用此种计算方式改变了将成本等价于价值的误区，明确了数据价值的动态变化属性，而这一变化则与数据状态息息相关。数据状态可能导致数据价值的增值或贬损，信息时代的数据时效性越发重要，在衡量数据价值时不能忽视其贬损因素，如被侵害的数据财产随着时间推移已不能给企业带来收益，则侵害行为对其所造成的损害后果自然会较轻。同理，当受侵害的数据财产发生增值，则损害后果也会相应增大。

其次，依据数据收益比重动态衡量数据价值。数据财产所带来的收益通常并非企业收益的唯一来源，数据财产收益占企业总收益的比重反映了数据财产的重要性，也体现着其价值。在个案中，数据财产收益占总收益比重不同，对损害后果的评价亦会产生变化。如“车来了”App 侵入“酷米客”App 服务器“窃取”实时公交信息，“车来了”App 的运营完全依靠“酷米客”App 的数据财产。对于其运营企业而言，这部分数据财产决定了相关产品能否存续，其收益比重显然较高，对损害后果的相应评价也应当更大。而在“脉脉”App 利用新浪微博用户信息构建“脉脉人脉圈”中，新浪微博用户信息所能给“脉脉”App 运营企业带来的收益比重就相对较低，因为“脉脉人脉圈”仅为“脉脉”App 的次要功能。但需要注意的是，数据财产占总收益比重的差异并不代表比重低的数据财产价值必然低于比重高的数据财产价值，因为在不同个案中，收益总量也往往是不同的。

最后，依据市场环境动态衡量数据价值。数据只有在市场中流动才能发挥价值，[①] 数据财产以商品形式流入市场会形成交易价格，在市场中的流通性和活跃度反映了此种数据财产的受欢迎程度。换言之，受欢迎程度越高，就代表其能够为企业带来的经济利益越可观，相应价值也就越大。

综上所述，结合数据状态、数据收益比重、市场环境等因素，能够动态地衡量企业数据财产在个案中的具体价值，进而综合两类固有依据和三类动态依据，切实明确实际损害后果，保障企业数据财产权。

① 参见姜程潇:《论数据财产权准占有制度》，载《东方法学》2022 年第 6 期。

结 语

企业数据财产蕴含的经济价值在数据经济时代日益受到更多的重视，通过司法途径保障企业数据财产权是维护市场经济秩序稳定的必由之路。本文基于数据生命周期的新型视角，以不同的生命周期阶段为划分依据，确定阶段内对企业数据财产权的侵权判定标准，构建出可行且普适的判定规则，一定程度上摆脱了司法裁判中审理此类案件所面临的实践困境。同时结合数据科学领域和法学领域的理论知识，为企业数据财产权的特殊属性对司法实践的影响做出分析和应对。但有关企业数据财产权相关立法的缺失才是导致司法实践困境的根源，基于数据生命周期理论构建的侵权判定规则，本质上属于对侵权行为的辅助性判定，要进一步保护企业数据财产权，还需从立法层面予以完善。

民事一审独任制的实践检视与纠偏路径

——以独任制“三性”价值回归为视角

汝州市人民法院　楚军荣　张好娜

平顶山市中级人民法院　于　帆*

引　言

独任制的扩大适用是为了优化有限的审判资源与日益增长的司法需求间的配置关系，以进一步实现“提升司法效率、促进司法公正”的双重价值目标。自2015年以来，受立案登记制改革、繁简分流改革、员额制改革以及营商环境评价、《民事诉讼法》修改的影响，独任制适用比例迅速增高、适用范围逐步扩大、案件标的额不断增加。在司法实践中，基层法院“案多人少”矛盾突出，加之长期以来“形合实独”的惯性操作①，独任制的扩大适用很容易偏离中线，走上“盲目适用”“效率为先”的轨道。进而，基层法院的独任制适用是否存在偏离适用标准、不当扩张适用范围、折损司法的公正及程序价值的情况值得关注。

一、运行偏位：独任制的八年实践样态检视

“不同的法律体系总与特定的时空紧密相连，也只有经过延续的一段时

---

* 楚军荣，河南省汝州市人民法院党组书记、院长。张好娜，河南省汝州市人民法院审管办（研究室）法官助理。于帆，河南省平顶山市中级人民法院研究室副主任。

① 参见陈莉：《“形合实独”的实践困局与制度转型——以基层法院的民事诉讼程序为对象》，载《南京大学法律评论》2019年第1期。

间之后，针对它的各方面检验才能显现出应有的效力。”[①] 独任制作为民事诉讼法律体系的重要组成部分，须放置于一定期间来观察，为此，笔者以 H 省 P 市十个基层法院（以下简称 P 市法院）2015 年至 2022 年的民事一审案件为样本，对独任制运行样态进行了客观分析。

（一）独任制适用比例迅速增高

受立案登记制推行、地区经济形势趋向复杂、“诉讼爆炸”、深化诉源治理等的影响，P 市法院民事一审案件总量总体经历了“增—降—增”三个阶段。但独任制的适用比率呈稳定的高速增长趋势，与案件数量变化态势无明显关联，而与政策调整节点紧密相关。具体情况见表 1。

表 1　P 市法院民事一审案件审理情况

年份	结案数（件）	独任制审理数（件）	独任制适用比率（%）	政策调整节点
2015	28501	12892	45.23	立案登记制推行
2016	44113	26782	60.71	《繁简分流意见》下发
2017	56958	40150	70.49	员额制改革、繁简分流示范法院创建
2018	49183	38687	78.66	—
2019	45052	35596	79.01	—
2020	43455	38727	89.12	营商环境评价扩大至县市区，“简易程序适用率”为执行合同指标。
2021	48416	44218	91.33	—
2022	47541	44375	93.34	《民事诉讼法》修正

（二）独任制适用范围逐步扩大

P 市法院审结的民事一审案件中，离婚纠纷和民间借贷纠纷总体稳居案件量排名前两位。八年来，在独任制适用比例高速上升的背景下，该两类案件的总占比相对稳定，占比 40% ~ 50%。由此可以反向推导出，独任制的适用扩大主要波及的是该两类主要案由之外的其他民事案件。以建设工程施工合同纠纷为例，纵向观察该类案由的独任制适用比例，能更为直观地感受到

① ［英］约瑟夫·拉兹：《法律体系的概念》，吴玉章译，中国法制出版社 2003 年版，第 249 页。

表 2 P 市十个基层法院建设工程施工合同纠纷审理情况

年份	结案数（件）	独任制审理数（%）	独任制适用比率（%）
2015	292	15	5.14
2016	374	89	23.80
2017	471	162	34.39
2018	467	213	45.61
2019	518	282	54.44
2020	684	445	65.06
2021	1085	817	75.30
2022	1070	842	78.69

独任制适用范围的横向扩大。具体情况见表 2。

（三）独任制案件标的额不断增加

标的额大的案件，涉及的利益纠纷往往更重大，当事人间的对抗情绪更激烈，司法实践中法官在审判组织的选择上也更为慎重，对标的额这一要素进行观察具有一定的实践意义。八年来，P 市某基层法院独任制审理的案件中，最高的结案标的额（万）依次为：470、1350、3000、2800、5155、4913、4500、7988。可以预见，随着经济的发展，独任制案件的标的额将会继续增大。

二、价值回归：纠偏独任制运行的理论基点

尺有所短，寸有所长。独任制和合议制作为审判工具，各有千秋。“司法作为一项公共产品，程序设计之时应当尊重‘消费者体验’。”[①] 独任制的一味扩张并不可取，唯有准确理解和把握独任制运行的特性价值，才能合理运用独任制。

（一）司法公正与司法效率相比的优先性

公正与效率是司法的永恒主题，两者是对立统一的辩证关系。两者对立是指，过度地追求司法效率必然会减损司法公正，过度地追求司法公正又必

① 顾培东：《人民法院改革取向的审视与思考》，载《法学研究》2020 年第 1 期。

然会拉低司法效率。两者统一是指，诉讼极度拖延情况下实现的公正不是真正意义上的公正，而脱离了公平正义的“快审快结”也只是缺乏灵魂与生命、浪费司法资源的零效率。换言之，独任制的扩张适用确实离不开对诉讼效率的提倡与追求，但是诉讼效率并非是其唯一的价值倡导，司法公正作为核心目标更是其不可忽视的价值追求。独任制在提高审判效率方面具有得天独厚的优势，能够有效地节约司法资源，并将司法产品更快地输送到当事人手中，但也蕴藏着种种风险。只有紧紧锁定公正目标的导向性，为有序推进独任制的扩张适用廓清边界，才能避免盲目扩大、随意适用带来的司法质量减损。

（二）审判资源与案件难易程度的匹配性

独任制和合议制作为有且仅有的两种审理案件的审判组织形式，一方的扩张适用即意味着另一方的空间限缩。“独任制下的法官责任专一，审理程序快速高效且具有弹性；合议制下的法官能够集思广益，有助于实现事实认定与法律见解的正确性。”[①] 乍看之下，两种审判组织的区别主要在于审理案件法官人数的不同，并由此反映出来人力成本投入大小不同、案件审理时间长短不同、决策水平质量高低不同，但两者之间的功能差别并非仅限于此。受法官个人业务素养、经验水平等的影响，办案法官人数越多不代表案件办理水平越高，办案法官人数越少不代表案件办理水平越差，而是与具体的适用情况密切相关。审判组织的适用不应盲目推崇某一种，而是要考虑具体案件的类型、复杂性、影响力及法官个人专业状态等因素，立足当前的司法现实需求，充分发挥独任制与合议制各自的优势，切实做到扬长避短、精准匹配。

（三）审判组织与审判程序搭配的适当性

“审判程序是指导诉讼法律关系主体开展诉讼活动的行为步骤，审判组织是依法代表法院行使审判权的基本组织单位。”[②] 审判程序和审判组织的选

① 姜世明：《法院组织法》，我国台湾地区新学林出版股份有限公司 2014 年版，第 152 页。

② 宋颖：《民事独任制扩张适用的法理阐释与解释路径》，载《甘肃政法大学学报》2023 年第 3 期。

择确定均与案件的复杂程度密切相关，且均以推进诉讼活动的公正高效开展为目的，但并不能据此推定两者天然对应。事实上，审判程序和审判组织分别具有相对独立的功能价值，前者重在通过细化审判规程、具体化诉讼行为规则进而推进诉讼活动的有序开展，后者则重在通过优化审判资源的合理配置进而实现更高层次的公正与效率。具体来说，简易程序不是独任制的唯一归宿，普通程序也并不当然地与合议制对接。“普通程序的价值在于其能够以较强的规范性与权威性对讼争事项实行公力救济”①，相对于简易程序而言，普通程序的审理期限更长且可根据个案情况申请延长、提起方式和条件更为严格、举证期限更为充足、程序保障更为完备。《民事诉讼法》的修正将普通程序与合议制解绑，使普通程序也具有了适用独任制的可能，由此促使“独任制＋简易”与“独任制＋普通”能在不同的适用空间中灵活发挥作用。总而言之，审判程序重在保障案件审理过程的公正，审判组织则重在保障裁判结果的准确，应根据具体案件需求，分别配置相应的审判组织和选择适合的诉讼程序。

三、纠偏路径：独任制适用的进阶式完善

在当前人案矛盾依旧激烈的现实样态下，独任制的扩大适用是大势所趋，不可抵挡。要避免司法审判中公正价值的折损，充分发挥独任制特性作用，须围绕界定适用标准、构建识别模式、完善适用保障、强化监督管理开展进阶式完善，逐步让民事诉讼程序的改革回归到“该独任就要实事求是独任，该合议就应严肃认真合议”② 上来。

（一）界定：独任制的实体标准和形式标准

1. 明确独任制适用的实体标准

（1）“事实清楚”标准。作为证明对象的事实应仅限于当事人争议的实

① 李轩：《反思与重构：民事诉讼第一审普通程序研究》，中国政法大学 2011 年博士学位论文。

② 参见何帆：《完善民事诉讼独任制适用范围应当把握的六个问题》，载《人民法院报》2020 年 3 月 12 日。

体法律事实，具体又可以分为要件事实、间接事实和辅助事实。笔者认为，独任制适用规定的“事实清楚”中的“事实”应包括要件事实和间接事实。要件事实是按照实体法律规范的要求构成权利义务关系基本要素的事实，如请求买受人支付价款的买卖合同纠纷中，出卖人已经将标的物交付给买受人、买受人负有支付价款义务的事实。间接事实是在要件事实缺乏直接证据证明的情况下，有证据证明的能够用来推断要件事实的另一些事实，如请求买受人支付价款的买卖合同纠纷中，出卖人没有能直接证明已经将标的物交付给买受人这一要件事实的证据，但在出卖人主张的交付标的物后的相近时间内，买受人与他人订立有案涉标的物的租赁合同，且无法说明案涉标的物的来源，该种情况下的事实即为间接事实。“清楚”则涉及证据的适用及证明力度问题，应解释为就证据适用、证明责任分配等均有明确规则，不存在证据合法与非法判断难题，证明力度达到“高度盖然性”标准，法官根据当事人提供的证据便可形成内心确信。当现有证据能“高度盖然”地促使法官对要件事实或间接事实形成内心确信时，即可被确定为“事实清楚”。

（2）“权利义务关系明确”标准。具体应为，在查清事实的基础上，当事人诉争的权利义务关系性质明确、内容明确，并且有具体确定的法律规范可作为依据。“明确”的程度，应为不存在法律适用上的空白地带，或法律适用上的模糊性、矛盾性，亦不存在法律解释的难题，不涉及必须援用法律原则进行论证、填补法律漏洞等情形。需要注意的是，此处采用的应是办案法官视角，在当事人对法律适用提出不同意见时，只要法官作出的判断为法律依据明确，即应认定为法律规定清楚明确。

（3）“争议不大”标准。当事人在诉讼中争议的产生往往围绕诉讼请求、法律适用、事实认定和诉讼程序四个层面，其中前三个层面又均可归属于实体争议。就诉讼程序问题产生的争议，因系法院依职权应当查明的事项，就该问题产生的争议应归属于“争议不大”。就实体问题产生的争议，无论是法律适用，抑或是事实认定层面的争议，其争议的最终目的均是撼动诉讼请求的成立程度。若争议问题仅限于法律适用或事实认定，虽有争议但不影响诉讼请求的成立程度，则该两类争议均应属于“争议不大”。如离婚纠纷中，控辩双方围绕“解除婚姻关系”这一诉讼请求，就“夫妻感情是否破裂”这一事实认定产生争议却无相应证据支持，但由于该事实认定上的争议并未达到影响诉讼请求是否应获支持的程度，此时，仍应属于“争议不大”。此外，司法实践中存在一定量的“被告未答辩”案件，因被告意见缺失而无法判断是否存在争议和争议大小，笔者认为，该类案件中被告主动放弃答辩，应视为被告对案件没有争议，也应当属于“争议不大”。

2. 考量独任制适用的形式标准

（1）“标的额”要素。小额诉讼程序的设立，已然确定了以诉讼标的额作为分流审判组织适用标准之一的规则，凭借其相对确定、易于区分的优点，在初步分流中发挥着重要作用。有学者对“标的额”大小与案件难易程度的关联性提出质疑，但应当看到的是，以“标的额”作为分流标准，能在某种程度上以最低成本满足分流适配需求，进而达到整体上的合理分流，应继续坚持落实这一要素。

（2）“诉讼人数”要素。当参与诉讼的一方或双方人数众多，典型的如拆迁安置、征地补偿、劳资纠纷等方面的问题，因涉及群体性利益，可能影响社会稳定，为保证案件审理质量，最大限度减少对抗，应当排除适用独任制。

（3）“案件类型”要素。《民事诉讼法》及相关解释中已明确规定，第三人撤销之诉案件、再审案件、发回重审案件应适用合议制审理。此外，执行异议之诉案件因案件类型的特殊性，常涉及两项以上法律关系，应当排除适用独任制。

（4）“案件性质”要素。除了现行法律规定的涉及国家利益、公共利益案件、人民群众广泛关注或者其他社会影响较大案件、新类型或者疑难复杂案件之外，案件可能引发系列案件且本案处理对后续案件处理具有参照示范意义的，也应当排除适用独任制。

（二）应用：构建独任制分层识别模式

1. 诉前调解环节初次识别

基层法院的诉前调解工作已全面铺开，调解员往往花费大量的时间精

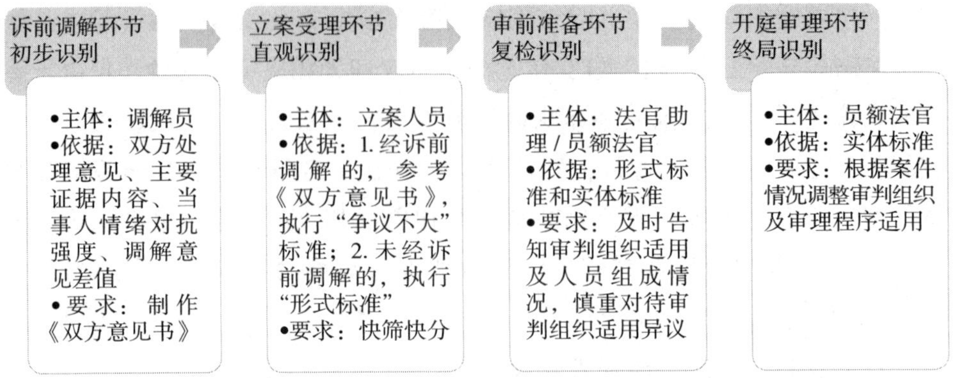

图 1　独任制适用分层识别流程

力，协调双方当事人就诉争问题多次、充分发表意见。可一旦调解未成功，调解员做出的工作便付诸东流。为切实减少重复性工作造成的精力消耗，在诉前调解阶段应重视收集诉辩双方的处理意见，形成《双方意见书》并随着案件流转至立案部门，方便立案部门对案件的复杂程度作出判断。《双方意见书》中需要素式提炼双方意见、真实记录证据内容，并由调解员根据双方当事人的情绪对抗强度、调解意见差值等情况，对案件的难易程度或简单复杂性质做初步识别，为做好立案环节的分流识别工作奠定基础（见图 1）。

2. 立案受理环节直观识别

立案受理环节作为分流审判组织适用的第一关口，其重要作用不言而喻。但由于该环节案件量大，分流负担较重，为达到快速审查、初筛分流的目的，其审查标准应围绕容易区分、操作性强来设置，在审查方式上应以形式审查、直观审查为主。若案件未经诉前调解或者诉前调解无实质进展时，如被告未答辩、原告诉求证据不足等情形，案件事实仍呈现模糊不清的样态，此时，应仅做形式性标准的判断。若案件经诉前调解有实质性进展，能够具体归纳诉辩双方的意见并有相应证据予以支持，则案件事实已初步具有进行实质判断的条件。但由于实质标准“事实清楚、权利义务关系明确”分别涉及事实认定和法律适用，对人员的专业性和案件情况明朗程度的要求较高，作为该环节的判断标准实施困难且缺乏合理性。“而‘争议不大’仅要求审查当事人对案件本身存在何种意见态度”，[①] 不涉及实体内容的判断，宜以“争议不大”作为该种情形下的判断标准，若诉辩双方的处理意见无原则性分歧，即可选择适用独任制。

3. 审前准备环节复检识别

不同于以往的人工分案，当下普遍采用随机分案模式，立案环节即指定案件承办人，并实时将案件分流至个人办案系统，纸质卷宗直接流转至承办法官手中，省略掉了庭室分案，由此立案后即步入审前准备环节。该环节是指法官收到案件后至正式开庭前，期间随着审判团队中的法官或法官助理全程参与应诉答辩、审核取证、法院调查、当事人追加、开庭准备等工作，一个业务熟练的审判团队能尽快熟悉案件内容并明确双方争议的焦点，对案件的难易和复杂程度作出初步的全面判断。同时，由于该阶段需告知审判人员组成，并随之可能出现审判组织异议及转换问题，该阶段的精准识别至关重要，需要慎重对待。应由员额法官或法官助理围绕实质性标准、排除适用独任制负面清单、当事人意见来进行审查，确保独任制适用的合理性。如果认为案件符合适用简易程序的实质标准，在决定进入庭审程序时应当直接适用“独任制 + 简易”模式；如果认为案件基本事实清楚、权利义务关系明确，可根据案件是否需要评估、鉴定、调查补充证据等自主决定适用“独任制 + 简易”或者“独任制 + 普通”模式进行审理。

4. 开庭审理环节终局识别

在庭审开始后，法庭辩论终结前，案件样态可能因原告增加或变更诉讼请求、被告提出新的抗辩意见或任何一方“证据突袭”而发生颠覆性变化，并随着法庭辩论的终结而最终定型。此时，应由法官对照实质性标准作出最终的判断，并根据案件情况调整组织适用和程序适用，确保审判组织、审理程序与案件的适配性（见图 1）。

① 李潇潇:《“繁简分流”之下简单案件的分层识别——以 2021 年〈民事诉讼法〉中独任制修订为视角》，载《中国社会科学院大学学报》2023 年第 1 期。

（三）保障：完善独任制适用配套措施

1. 强化人案适配考核

“一刀切”地抬高简易程序适用率考核值，必然会导致独任审理中出现能力与现实之间的差距，造成案件质量的下滑。而人案适配强调的是“法官个人业务能力”与“案件审理要求”之间的匹配，追求的是精准调配司法资源，确保需求与供给之间的平衡。具体设计应为，法官个人业务能力越高，其独任审理的案件应越多；反之，法官个人业务能力越低，其独任审理的案件应越少。我国实施的法官等级制度，以业务水平、审判工作实绩和工作年限等为依据为法官划定不同等级，为人案适配考核模式的建立奠定了前提基础。司法现状中并不考核独任制适用率，但考核简易程序适用率，而简易程序适用率的考核在实质上影响了独任制适用率。因此，可以简易程序适用率为基础，按照法官等级的不同，设置由高到低的适用指标要求。

2. 畅通审判组织转换

“案件的繁简是一个动态变化的过程”，[①] 审判组织与案件难易的适配性离不开灵活流动的转换机制。一方面，需建构审判组织双向转换机制。在开庭审理前发现案件可以适用独任制的，由合议庭决定将案件转由合议庭内部的一名成员独任审理，不会造成司法资源的浪费，反而更能降低司法成本。另一方面，明确审判组织转换的决定主体。

3. 推动合议制实质化

合议制与独任制间的“一体两面”关系直接决定了，若“合而不议”问题未得到实质解决，合议制自身的吸引力仍然处于弱势，独任制将仍是法官的不二选择，扩大适用问题则仍具有强烈的实践基础。首先，要积极保证陪审员业务素质。酌情提高陪审员选任标准和能力要求，严格负面条件限制，从根本上杜绝陪审员的任意性和平民化。其次，要通过细化合议规则推动实质合议。通过限定评议发言顺序、格式设定评议内容要求、明确责任内容签字确认等流程促使合议庭成员充分讨论，严肃认真开展案件评议。最后，要

---

① 卫民、靳栋:《民事简易程序改革实证研究》，载《中国法律评论》2022 年第 2 期。

加强合议考核。对当前实践中存在“合而不议”问题严肃责任追究，切实改变“形合实独”之风。严格落实合议庭全员责任制，对错案、瑕疵案件要依法依规追究合议庭全体人员责任，倒逼合议庭成员提升工作责任感，实质参与案件审理。

（四）监督：强化独任制适用内外制约

1. 增强当事人程序参与

首先，要充分保障当事人的审判组织知情权。应主动及时向当事人告知审判组织适用有关事项，切实保障当事人诉讼权利。其次，要适当尊重当事人的合意选择权。“当事人基于程序利益的取舍而做出的选择法院应当考虑予以尊重。”① 双方当事人共同提出适用某种审判组织的申请后，应由合议庭审核决定是否批准，认为申请理由不能成立的，则需给予双方一次充分的陈述意见的机会后，再作出综合的判定。最后，要慎重对待当事人的异议权。为避免诉讼拖延，一般应将当事人的异议权限定在开庭审理前，后由合议庭在三日内审查决定是否成立。决定不成立的，应以合议庭名义做出决定书，并载明决定的结果、理由及依据。

2. 加强审判权常态化监管

“独任庭相对于合议庭更容易被当事人腐蚀，这也是独任制的弊端”。② 首先，要加强类案检索手段的强制性应用，通过不断具体细化类案裁判规则，统一裁判尺度，避免因独任法官个人主观偏差导致的案件质量降低。其次，独任制审判权的运行离不开廉政风险监督和滥用审判组织裁量权监督，新推出的院庭长阅核制，正是对独任制审判权进行有效监管的一种有益尝试和探索。最后，要重点加强对独任制案件质量的监督评查，积极归纳独任制案件审理中的问题漏洞，全方位保证独任制案件质量。

---

① 李浩：《繁简分流改革视域下完善小额诉讼程序研究——以 N 市与 S 市试点法院为重点》，载《当代法学》2021 年第 4 期。

② 胡学均：《独任制扩张的内在逻辑——兼评〈民事诉讼法〉修订中审判组织形式的变革》，载《社会科学辑刊》2022 年第 3 期。

3. 建立独任制案件讨论机制

独任制审理的案件系非复杂案件，而专业法官会议和审判委员会的讨论范围被界定为疑难复杂案件，这直接造成独任制案件讨论机制的缺失局面。“有学者问卷调查后发现，98.1% 的调查对象认为独任制审理的案件仍需设置相应的讨论机制。”[①] 独任制案件的讨论机制应侧重在加快效率、减轻负担中增强对独任制法官的智力支持，其组织样态、讨论形式、议事规则等应有更大弹性空间。在司法实践中，已有大量独任法官通过就近请教、业余商讨等形式校验心证意见、坚定法律适用的情况。在此现实基础上，为科学有序推进独任制案件管理，应以专业审判团队为基础设置讨论小组，成员地位平等，随时可展开充分讨论，形式及顺序不作限制，讨论后仍有疑虑的，则需提交专业法官会议或者审判委员会讨论，并审视案件难易程度，决定是否转为合议制。

结 语

“作为‘提速型’的制度，独任制扩大适用条件及范围的确定应当以符合公正之价值为首要任务”。[②] 独任制的扩大适用确实有效缓和了基层法院的“人案矛盾”难题，在加速案件审理效率上作出了积极贡献，但这种扩大适用应有一定限度。“案多人少”矛盾的解决，不能仅仅通过制度设计进行内部挖潜，更不能将打折个案的公平正义作为出路，长久来看，还是应该在“案”和“人”上下功夫。

---

① 龚成、张引千:《独任制改革试点的发展路径与思路探索》，载《法律适用》2021 年第 6 期。

② 傅郁林:《“司法提速”需要科学化和系统化》，载《上海法治报》2021 年 11 月 26 日。

实质解纷背景下
当事人本人到庭规则的困境与纾解
——以事实认定的协同主义为视角

濮阳市中级人民法院　尚学文　张娟娟*

引　言

事实认定是实质性化解纠纷诉讼目标实现的关键，也是法官在每一起案件中都要面临的最大困境。这是因为，法律事实认定过程是逆向的，法官只能依据现有证据进行一定整合推理方可探知。长期以来，关于法官如何通过证据推理得到事实的问题，理论与实务界关注作为裁判者法官的司法亲历性、能动性问题研究；也比较关注作为证据规则的证人到庭制度，甚至当事人缺席审判制度也被反复研究；但对于客观事实亲历者的当事人本人到庭制度，却鲜有讨论。现行《民事诉讼法》及解释虽然明确了当事人陈述的证据首位地位、当事人询问制度，但未建立完善的当事人本人到庭规则。本文通过对太原等试点法院创新性研究，融合协同主义原则要求，尝试构建普适性的当事人本人到庭制度的程序规则。

一、当事人本人亲历庭审的必要性剖析

规范谨慎的当事人本人到庭规则，不仅符合我国民事诉讼基本法理、特殊国情，且能满足司法实践事实认定需求，带来诸多裨益。

---

* 尚学文，河南省濮阳市中级人民法院党组书记、院长。张娟娟，河南省濮阳市中级人民法院法官助理。

（一）法理证成：理念提出的正当基础

1. 直接言词原则要求法庭内获得言词证据。该原则是大陆法系国家的规定，英美法系国家实行传闻证据排除规则，两者虽然表述不同，但原则上都是排除了法庭之外所获得的言词证据。一是直接审理原则，要求承办案件的法官、人民陪审员必须亲自到庭参加法庭审理，直接接触证据。二是言词审理原则，其是相对于“书面审理”范畴，要求法院审理案件，特别是当事人及其他诉讼参与人对案件事实的陈述，只有经过言词陈述的方式质证和认证的证据才具有成为定案依据的资格。① 委托诉讼代理制度的存在是为了更好地满足当事人合法权利的实现需求，可以为当事人提供法律方面的优质服务，弥补当事人法律知识欠缺所形成的诉讼中的不利处境，但其对案件事实细节的了解不可能达到当事人所了解和熟知的程度。而言词方式实现的前提是当事人本人能够实际到庭，亲自陈述案件事实，实践中在线庭审基本上已经解决了出庭难的问题。

2. 司法亲历性要求以庭审为中心。司法亲历需要通过具体的规定来落实该项制度，审判中心主义是践行司法亲历规则的必然要求，庭审是诉讼参与人最多的环节，通过各方当事人参与发表意见，有利于法院兼听，作出客观公正的判断。② 为贯彻落实“以审判为中心”的诉讼制度改革精神，2015年《民事诉讼法解释》规定了当事人询问制度，法院为查明案件事实可以要求当事人本人到庭参加庭审。司法人员和当事人直接听取其他诉讼参与人的言词陈述，以实现司法公正。庭审中心主义的本质是为了实现事实出自庭审的目标，双方当事人到庭陈述案件事实，并针对对方证据发表意见，能最大限度发挥庭审的审判功能，最大限度地接近客观事实。双方当事人到庭陈述案件事实，才能保障裁判者对案件事实的认定，应当从法庭审理中直接获得。

（二）实践证成：当事人亲历庭审的现实裨益

1. 诉讼请求的微观性需要当事人庭审亲历。微观具体的诉讼理由需要当事人本人亲身经历庭审的全过程，直接接触和回应各种证据资料。案件审理

---

① 参见陈卫东：《刑事诉讼法》，中国人民大学出版社2015年版，第127页。

② 参见朱孝清：《略论以审判为中心》，载《人民检察》2015年第1期。

所解决的是微观具体的个案，必须以事实为根据，即在认定个案事实的基础上适用法律，以定分止争或决定是否支持当事人的诉讼请求。它与医生给病人治病相类似，有时候，案件的一个细节，都有可能对整个案件产生影响。[①] 法官在民事审判中只有接触双方当事人，深入了解具体案件情况，审查各种证据，充分听取当事人陈述，才能作出贴近客观事实的判断，依法适用法律，公正处理案件。司法是社会公平正义的最后一道防线，司法公正对社会公正具有重要的引领作用，司法不公对社会公正具有致命破坏作用，[②] 每一件民事案件的处理，都需要具体问题具体分析，且直接关系到司法公平。

2. 案件事实的复杂性需要当事人亲历庭审。正确处理案件的首要条件是最大程度让法律事实接近客观真相。某基层法院法官认为："与学者们以及司法上层眼中的'法律疑难不同'，基层法官所面对的疑难大都是事实判断上的疑难。"[③] 司法权的本质是判断权，民事审理过程中，在没有证据材料证明的情况下，双方当事人就同一案件事实往往各执一词，提出不同的诉讼主张。当事人为了胜诉难免仅陈述对其有利的事实，偏离客观事实，甚至虚假陈述。法官就需要针对真与假、是与非、曲与直等问题，根据特定证据和法律规定，通过庭审程序进行判断，亲自听取双方当事人的主张、理由和依据，当事人陈述案件事实时对其察言观色，观察其神态、表情、语调、动作等直接生动的微观信息，才能辨明真假。"五声听讼法"就是古代司法官将心理学和生理学基本理念在诉讼中的具体运用，体现了我国春秋战国时期就存在的朴素唯物主义思想，同时也说明了当事人本人亲历庭审参与诉讼的意义。

同时，法官甄别案件事实方式是逆向和间接的。任何民事案件总是发生在前，这种认识是逆向性的，从现在到过去、从结果到原因的逆向推理，法官并未看到案件事实发生过程，要认识的已经成为过去的固定事实，只能通过收集到的客观证据去尽可能恢复案件事实，或通过其他证据间接推断客观

① 参见王利明:《法官与医生》，载《法制资讯》2014 年第 9 期。

② 《中共中央关于全面推进依法治国若干重大问题的决定》，载《求是》2014 年第 21 期。

③ 赵耀彤:《法治的追问：基层司法观察笔记》，中国法制出版社 2020 年版，第 146 页。

事实的过程异常艰难。

3. 兼顾公正与效率需要当事人亲历庭审。日本学者谷口安平将“确保利害关系者参加”视为程序正义在诉讼制度上体现的一个方面。[①] 公正是司法的灵魂，司法公正包括实体公正和程序公正。当事人本人作为案件事实的亲临者，参与庭审举证、质证，对法律事实认定起着不可替代的作用，当事人本人到庭制度的优势循环详见图 1。“从某种意义上来说，正是当事人的陈述而不是其他证据，使法官当事人双方的紧张对立中把握了事实真相，使司法正义成为现实”。[②]

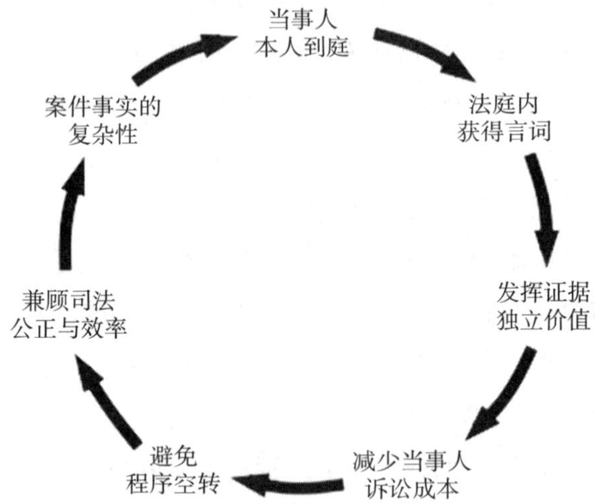

图 1　当事人本人到庭制度的优势循环

司法制度和司法程序的设计，立法者应基于“理性经济人”视角，立足于回应和解决现实问题的层面，考虑诉讼成本实现的最大效益，“民事诉讼中当事人在诉讼攻防过程中博弈，除了期冀获取最有利的诉讼结果外，还希望以最小的成本投入获取最大的诉讼收益”。[③] 当事人本人到庭能够更准确

---

① 参见［日］谷口安平：《程序正义与诉讼（增补本）》，王亚新、刘荣军译，中国政法大学出版社 2002 年版，第 11 页。

② 参见卞建林主编：《证据法学》，中国政法大学出版社 2014 年版，第 152 页。

③ 参见赵晓薇：《民事诉讼当事人博弈及成本优化——以“理性经济人”为视角》，载《湘潭大学学报（哲学社会科学版）》2018 年第 1 期。

地探知案件事实，有利于公正判决提高司法活动的震慑力。该制度能避免法院二次调查，有效减少当事人诉讼成本，从而作出公正裁判，避免当事人因不服法院事实认定导致的上诉、再审等后续程序。

二、当事人本人到庭制度的借鉴

（一）传统法律维度："五听"制度

党的二十大报告提出"传承中华优秀传统法律文化"，五声听狱讼，是古代司法官审理案件的一项重要审判制度，与现代法官的自由心证高度契合。

"五听"制度最早发端于周朝，《周礼·秋官·小司寇》记载："以五声听狱讼，求民情，一曰辞听，二曰色听，三曰气听，四曰耳听，五曰目听。"汉末经学大师郑玄对五听制度作注，将上述记载具体化，在被审判人接受审问时，司法官通过观察其口供时的神态等，如果说话烦乱、脸色通红、呼吸急促、听力愚钝、目光失神，陈述内容一定不真实。①

唐宋时期将五听制度充分运用到律法，该制度成为了刑讯的前置程序。《唐律疏议·断狱》要求"凡察狱之官，先备五听，又验诸证信，事状疑似，犹不首实者，然后拷掠。"即司法官在刑讯前，必须穷尽五听的方式审查口供内容，检验其他证据的真实性。

后来"五听"制度发展为"以理推寻"，成为中国古代司法的一笔理性亮色，该制度作为古代听讼的基本方式，是世界古代法制史上一项先进制度。"五听"制度核心是要求司法官从被审判者的五种外部表现，发现其心理活动，综合证据材料考量判断其陈述的真伪，从而正确认定案件事实。②

（二）地方试点维度：当事人本人到庭审理方式成效初显

太原、广州、鞍山等多地法院先后试点当事人本人到庭审理方式，为完善民事诉讼制度提供了可借鉴的地方样本和经验。实现了案件事实认定符合客观真相，办案过程符合程序公正，办案结果符合实体公正的审判目标。

---

① 参见何家弘、杨迎泽：《检察证据教程》，法律出版社2002年版，第507页。
② 参见王立民：《"五听"的当代价值》，载《方圆》2023年第7期。

1. 太原首创“让当事人说事、由代理人论理”审判方式。2021 年 6 月，山西省太原市中级人民法院就印发了《关于“让当事人说事、由代理人论理”的审判方式规范指引》，该指引明确了适用对象，当事人的范围周延至自身所亲历了解事件真相的案件当事人本人、有独立请求或无独立请求权的第三人。适用范围为涉及身份关系、国家利益等应当由人民法院依职权调查的事实，事实存在争议点，或当事人恶意串通损害他人合法权益，可能涉及虚假诉讼的。规范适用流程，根据实际需要，法庭调查阶段侧重于当事人对案件事实阐明，法庭辩论阶段主要由诉讼代理人对法律适用、观点提炼等问题进行分析、论证。丰富到庭形式，利用网络、法官走访等多种形式，为当事人参与庭审提供便利。递进惩治措施，根据当事人违反真实陈述或无正当理由拒不出庭的情形，适用拘传、罚款、训诫、发出司法建议等民事强制措施。

2. 广州设立当事人本人到庭令。2017 年 11 月，广东省劳动人事争议仲裁委员会印发《关于当事人本人到庭的实行规定》，该规定明确了适用对象为当事人本人和用人单位法定代表人、了解案件情况的工作人员。适用范围为基本事实争议较大的，调解结案可能性较大的，涉嫌虚假仲裁的，代理人对案件基本事实陈述不清或关键证据无法确认的，需要本人到庭的其他情形。列明本人不到庭的正当理由，如因健康原因、特殊岗位、交通不便、被限制人身自由、自然灾害等不可抗力的原因无法出庭的。2022 年 12 月，广州中院发出首份《当事人本人到庭令》，传唤方式为传票，并明确告知不到庭的法律后果。

3. 小结当事人本人到庭制度落地效果。太原中院进行“让当事人说事、由代理人论理”审判方式改革后，当事人出庭率由 2020 年的 30% 跃升至 2022 年的 75%，案件发改率由 2020 年的 12.66% 降至 2022 年的 2.81%。[①] 辽宁省鞍山市两级法院已陆续在民间借贷、劳动争议、机动车交通事故、建设工程等各类案件审理中发出当事人本人到庭令 73 份。[②] 可见，各地法院从

---

① 陈珊、李清、薛思洋:《市中院发布庭审改革案例》，载《太原日报》2023 年 6 月 24 日。

② 张国强:《司法唤醒沉睡的法条》，载《法治日报》2023 年 5 月 6 日。

上述试点地区所推行的当事人本人到庭制度创新举措可知，通过明确适用对象、确定适用范围、规范适用流程、丰富庭审形式等，保障了案件事实准确查明，提高了审判质量和效率。

三、当事人本人到庭规则的进路优化

笔者试图从最清楚案件事实真相的当事人本人为突破口，以协同主义审理模式为基本原则，探寻事实认定的有效解决路径。

（一）基本遵循——事实认定的协同主义原则

1. 协同主义的要义。协同主义（Kooperationsmaxime）一词最早来源于德国，即双方当事人与法官三方的相互协作配合发现案件事实，能够为程序公正和实体公正同时提供程序保障。21 世纪初，我国民事诉讼法学界开始关注不同于当事人主义和职权主义的协同主义。当事人主义的局限主要表现为法官只是消极、被动的裁判者，职权主义则缺乏对当事人自由处分权的尊重，协同主义能够有效克服上述两种基本原则存在的弊端和缺陷。①

2. 协同主义的要旨。三月章教授认为“诉讼中既不是绝对由法官一方来发现案件事实，也不是由当事人一方来支配诉讼”。② 一是强调当事人的真实义务。当事人作为民事诉讼参与主体，负有配合法院的案件审理，以及查明案件事实的义务。二是强调法官的主动释明义务。最高人民法院院长张军提出，要以审判工作现代化服务保障中国式现代化等工作要求，与协同主义要求相一致，促进法院作出实体真实的公正判决，提高双方当事人对裁判结果的接受度。三是强调法官与当事人之间的协作。实现法官职权与当事人本人责任的合理统一，协同推进诉讼进程。③ 为更加公平高效地推进案件事实调查，在正确运用证明责任制度内涵的基础上，法官应当在事实查明环节强化诉讼协同主义理念。通过优化法官证据调查方法、强化当事人解明义务等

---

① 参见杨严炎:《论民事诉讼中的协同主义》，载《中国法学》2020 年第 5 期。

② 唐力:《辩论主义的嬗变和协同主义的兴起》，载《中国法学》2005 年第 6 期。

③ 参见江必新:《加强法官律师良性互动探索构建协同诉讼模式》，载《中国律师》2018 年第 3 期。

方式，促进法律事实与客观真实吻合统一。

（二）具体规程——当事人本人到庭制度的设计与优化

1. 适用对象：坚持周延原则。当事人本人到庭制度应坚持当事人陈述自身经历的案件事实，诉讼代理人阐明法律理论，通过当事人当庭陈述、交叉询问，查清案件证据未能完全反映的事实及细节，依法作出公正裁判。该制度当事人的范围应当周延至自身所亲历了解事件真相的案件当事人本人、有独立请求的第三人或无独立请求权的第三人。当事人为法人或其他组织的，由代为实施诉讼行为的法定代表人或者其他经历的内部经手人、直接责任人到庭接受询问。

2. 适用范围：明确划定四个边界。《民事诉讼法解释》未作具体说明，仅规定法院认为“有必要”，有学者指出，所谓有必要的情形，一般是指证据已经穷尽而待证事实处于真伪不明的情况。任何一种制度都有其特定的边界、限度和适用范围，合理确定适用范围，有助于避免该规则适用的泛化和绝对化。

（1）审级边界上，主要适用范围应是一审程序，但若二审、再审中涉及双方当事人事实争议较大，且现有证据无法证明待证事实时，法官仍享有传唤当事人本人到庭的权利。

（2）审判程序上，主要适用范围为普通程序和特别程序，简易程序相对来说案件事实争议不大，无须适用当事人本人到庭陈述案件事实。

（3）实质解纷上，对于双方当事人协商意愿较强，条件差距不大的，建议在调解阶段中适用当事人到庭制度，双方当事人都在场面对面调解，可以将证据、当事人陈述更直接地传达给对方，保证调解过程对于双方是公开和公平的。

（4）查明事实上，适用范围应界定为：一是涉及国家利益、社会公共利益、身份关系等应当由人民法院依职权调查的事实；二是事实存在较大争议，证据存在瑕疵可能影响案件事实认定的，以及仅凭现有证据推出两种以上相互矛盾且无法合理排除任何一种事实的；三是当事人之间有恶意串通损害他人合法权益可能性的，可能涉及虚假诉讼的。

3. 启动主体：当事人 + 法官“二元化”路径。关于当事人本人到庭制度的启动主体，笔者更倾向于采用法院依职权与当事人申请相结合模式，当事人本人到庭具体流程详见图 2，理由如下：首先，法院可以依职权启动当事人本人到庭制度。根据现有证据无法形成内心确信的情况下，可以通过进一步向当事人了解案件细节，达到间接证明待证事实的目的。其次，当事人可以申请法院询问对方当事人。但程序启动的最终决定权仍应由合议庭或独任法官核准决定，避免当事人滥用诉讼权利。该启动方式实质上是保护当事人的证明权，司法实务中，法官不可避免会忽视重要事实，造成对已有证据的证明力判断失误的情况，当事人无法通过其他途径获取证据的情况下，选择通过询问对方当事人的方式获得证据。

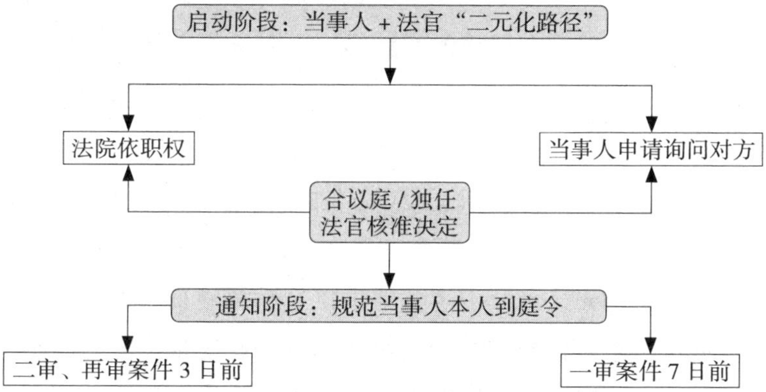

图 2　当事人本人到庭具体流程

4. 通知方式：规范当事人本人到庭令。现行立法未规定具体方式，导致司法实务中，法院通知当事人本人到庭的方式不统一，如书面传票、电话通知、送达传票、责令代理人通知、出庭通知书、到庭接受询问通知书等形式。合理送达方式是连接当事人与法院的有效桥梁，通知方式应参照传票的送达方式，又可以灵活运用法院电子送达平台模式。制作当事人本人到庭令（具体格式详见附件 1），写明到庭询问具体事由和原因，当事人拒不到庭的后果，以及虚假陈述的法律后果。当事人同意电子送达的，可依托法院送达平台开展送达工作。明确通知当事人本人到庭的时间节点，建议遵照传票送达时间节点，一审程序为庭前 7 天，二审程序为庭前 3 天。

5. 法律后果：科学设定三层规制措施。民事诉讼是国家为当事人解决私权纠纷而提供的公力救济路径，私权纠纷的公正判决有赖于当事人的积极配合和如实陈述，若当事人未能真实履行上述义务，法院对妨害民事诉讼行为的制裁应遵循“过罚相当”原则，详见图3。

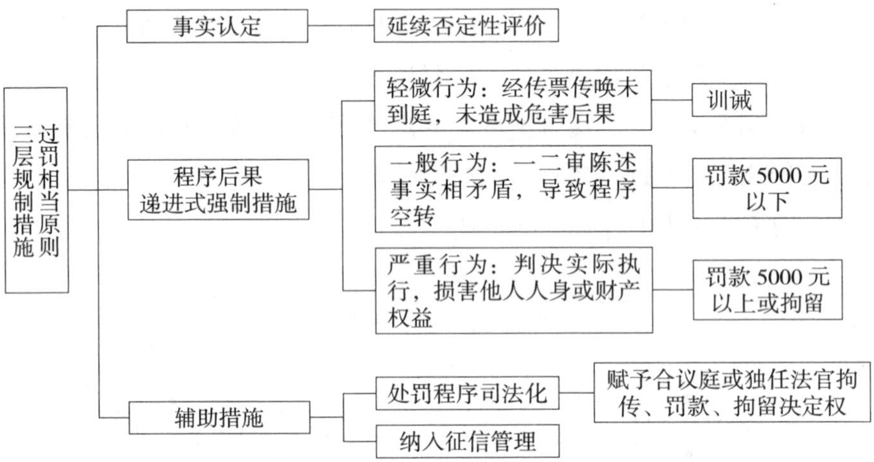

图3　科学设定当事人拒不到庭的三层规制措施

（1）事实认定层面，延续否定性评价机制。即使当事人拒不到庭、拒绝陈述发表意见时，法院仍应查明其他可供适用的相关证据，并审酌当事人拒绝陈述的理由是否正当合理，依据自由心证认定案件的事实。[①] 负有举证证明责任的当事人拒不到庭接受询问，或虚假陈述，其相应主张的诉讼行为无效，法官对其诉讼行为应作出负面评价。

（2）程序后果层面，递进式民事强制措施。从程序后果来看，应结合妨碍民事诉讼行为的过错程度，将民事强制措施种类予以分类。一是轻微行为。如经一次或两次传票传唤未到庭参加诉讼，但在法院审理程序结束前主动联系的；或当事人到庭后虚假陈述案件事实的；后停止妨害民事诉讼行为未造成危害后果的，应予以训诫。二是一般行为。经两次传票传唤未到庭，一审判决后，该当事人以法院认定事实错误为由上诉或申请再审的；当事人

① 包冰锋：《多元化适用：证明妨碍法律效果的选择路径》，载《现代学法》2011年第5期。

到庭后一二审陈述事实相矛盾，导致程序空转的；且法院判决未执行，未给当事人造成实际财物损失的，应处罚款5000元以下。人民法院对必须到庭的当事人，经两次传票传唤，无正当理由拒不到庭的，可以拘传。三是严重行为。严重扰乱诉讼秩序；或判决内容已经实际执行，损害他人人身或财产权益的，可参照《民事诉讼法》第115条规定的虚假诉讼法律后果予以处理，即法院可以根据情节轻重予以罚款、拘留。

（3）辅助措施层面，征信记录入位。“良好的信用是一种有价值的稀缺资源。”[①] 目前我国征信建设方兴未艾，征信记录可以强化社会公众的诚信意识，将妨害民事诉讼行为的诉讼参与人纳入征信管理系统，影响其银行贷款等方面信用评分，以此倒逼诉讼参与人诚信诉讼行为。

（三）衔接有序——完善当事人本人到庭制度的保障机制

1.设立严格的法官释明制度。法官释明制度是法官在民事诉讼程序上具有引导性质的权利。该权利要求法官及时将自己对法律的理解、对当事人举证的态度等向当事人公开，该权利行使的目的是让当事人有追加或变更诉请、对其主张和完整陈述事实、提供证据、发表辩论意见的机会。日本学者谷口安平认为：“法院进行释明，在某一程度是义务，在该程度以上成为权限，再过一定权限时则为违法。”法官释明制度范围过于宽泛容易滑向职权主义，过于狭窄又无法弥补当事人主义的弊端。法官释明权的作用主要体现在民事诉讼程序中的举证质证环节，当事人对举证范围、证明事项不明确，以及证明标准模糊时，可以行使释明权。

全面把握释明的内容，由当事人决定是否出庭陈述案件事实或提出相应主张。一是诉讼请求及诉请主体的明确方面，民事诉讼中当事人对诉讼请求相关事项具有决定权，法官通过庭审过程中诉辩程序，探明当事人真意与诉讼标的不符时。二是事实主张的提出方面，注意当事人事实主张与法律要求事实的相当性，如果当事人未主张，应通过告知、发问等方式表明法律见解。三是举证责任分配及证据提供方面，法官应根据案件类型和待证事实的

① ［美］考艾特等：《演进者的信用风险管理》，石晓军、张振霞译，机械出版社2001年版，第443页。

性质，就证明责任的分配予以释明，甚至证据证明力、证明标准等法官心证内容，也应及时向当事人公开。

2. 构建宽严相济的证据失权制度。证据失权，是指在民事诉讼中，法院对当事人逾期提交的证据不予质证、直接排除的制度。① 司法实践中，法官为了保障法律事实的客观性，往往将证据失权制度束之高阁，助长了一审中当事人不出庭消极应诉的心态。以庭审为中心语境下重建证据失权制度，用来督促亲历客观事实的当事人积极到庭应诉，参与举证、质证以及法庭辩论，以便法官在庭审中通过“五听”理念充分了解案件情况，保障案件事实出自庭审。证据失权制度本身具有正当合理性，能督促当事人在法定时间内按时向法院提交证据以避免延误诉讼进程，保证法院集中审理能够顺畅进行，提高民事诉讼的效率。②

3. 创新灵活的异步审理方式。所谓“异步审理”，是指将与互联网相关的纠纷案件各诉讼环节分别在线诉讼平台上，法院与原告、被告等诉讼参与人在规定期限内按照各自选择的时间登录平台以非同步的方式完成诉讼的审理模式。③ 现行异步审理模式具有合法性基础即《民事诉讼法解释》第259条④，适用前提是双方当事人同意，法院许可适用。建议确立异步审判方式辅助在线同时开庭审理的地位。异步审理方式即使在线审理，应法官与双方当事人同时在线“共时互动”，才能保证案件事实出自法庭的真实客观性。

结　语

诉讼制度和司法程序的构建，归根结底要立足于回应和解决群众急难愁

---

① 吴泽勇:《民事诉讼证据失权制度的衰落与重建》，载《中国法学》2020年第3期。

② 参见李浩:《举证时限的困境与出路：追问证据失权的正义性》，载《中国法学》2005年第3期。

③ 异步审理模式，又称非同步审理，该模式已经在杭州互联网法院制定的《涉网案件异步审理规程（试行）》得到适用，被人们誉为互联网法院推出的一种“全球首创的新型审理模式”。

④ 《最高人民法院关于适用〈中华人民共和国民事诉讼法〉的解释》第259条规定：“当事人双方可就开庭方式向人民法院提出申请，由人民法院决定是否准许。经当事人双方同意，可以采用视听传输技术等方式开庭。”

盼的现实问题层面上。新型的远程庭审审判方式代表了未来的趋势，也为当事人本人参加庭审实现新型协同主义诉讼制度提供了可能。提高当事人本人诉讼参与度，有利于案件事实的发掘，减轻当事人诉累，降低司法救济的准入门槛。以一种审慎的态度构建协同主义审理模式，规范当事人本人到庭制度流程，有利于推动司法庭审制度现代化转变。

附件 1：

当事人本人到庭令

写明案号

当事人名称：

本院受理 ×× 与 ×× 某某纠纷一案，定于 2023 年 × 月 × 日 × 时 × 分在某某市某某区人民法院（地址）第 × 号审判庭开庭审理。

依照《最高人民法院关于适用〈中华人民共和国民事诉讼法〉的解释》第 110 条的规定，因案件审理需要，现通知你本人到庭，就案件有关某某事实接受询问。请准时到庭或参加在线庭审，不得以委托诉讼代理人已到庭为由拒不到庭。如你本人无正当理由拒不到庭，导致案件待证事实无法查清的，人民法院将作出不利于你方的认定，你方应依法承担不利后果。

此令。

承办人姓名：

办公电话：

实质解纷视角下司法确认程序中案外人权利救济渠道的完善与拓展

濮阳市中级人民法院　金晓华　张成文*

引　言

法谚有云："有权利，则必须有救济。"司法确认制度赋予人民调解协议强制执行力，有效实现调解与诉讼的衔接，推动了多元纠纷解决机制的快速发展。[①] 本文通过分析，对现行司法确认程序中案外人救济渠道进行全面系统检视，探索构建一个既能保障案外人实体和程序利益又能实质性化解矛盾纠纷的救济机制，以期在新时代能动司法服务保障中国式现代化的司法实践中发挥出司法确认制度的真正价值。

一、司法确认程序中案外人权利救济渠道分析

为确保研究结果客观、真实，确定了两个方面的研究对象：一是法律条文，主要为司法确认程序案外人权利救济制度立法沿革过程中，先后出台实施的法律规定和最高人民法院文件中相关规定条文（见表 1）；二是裁判文书，通过在中国裁判文书网检索"司法确认调解协议""案外人""撤销"等关键词，共检索到涉司法确认程序案外人权利救济裁判文书 84 篇，并经筛查排除无关裁判文书 26 篇，确定了 58 篇有效裁判文书作为研究样本。

---

*金晓华，濮阳市中级人民法院党组副书记、副院长；张成文，濮阳市中级人民法院立案二庭副庭长。

① 艾尔肯：《论我国医疗纠纷第三方调解制度》，载《西部法学评论》2015 年第 2 期。

表 1　司法确认程序中案外人权利救济相关规定

时间	法律及最高人民法院指导文件名称	相关条文规定内容
2002 年	《最高人民法院关于审理涉及人民调解协议的民事案件的若干规定》	第五条　有下列情形之一的，调解协议无效：（一）损害国家、集体或者第三人利益……
2009 年	《最高人民法院关于建立健全诉讼与非诉讼相衔接的矛盾纠纷解决机制的若干意见》	第二十四条　有下列情形之一的，人民法院不予确认调解协议效力：（一）违反法律、行政法规强制性规定的；（二）侵害国家利益、社会公共利益的；（三）侵害案外人合法权益的……
2011 年	《最高人民法院关于人民调解协议司法确认程序的若干规定》	第七条　具有下列情形之一的，人民法院不予确认调解协议效力：（一）违反法律、行政法规强制性规定的；（二）侵害国家利益、社会公共利益的；（三）侵害案外人合法权益的…… 第十条　案外人认为经人民法院确认的调解协议侵害其合法权益的，可以自知道或者应当知道权益被侵害之日起一年内，向作出确认决定的人民法院申请撤销确认决定。
2012 年	《中华人民共和国民事诉讼法》	新增了调解协议司法确认程序。修正案将“司法确认决定”改为“司法确认裁定”，使案外人的诉讼权利和诉讼时效有了明确的限制。
2015 年	《最高人民法院关于适用〈中华人民共和国民事诉讼法〉的解释》	第三百七十四条第二款　对人民法院作出的确认调解协议、准许实现担保物权的裁定，当事人有异议的，应当自收到裁定之日起十五日内提出；利害关系人有异议的，自知道或者应当知道其民事权益受到侵害之日起六个月内提出。
2022 年	《最高人民法院关于适用〈中华人民共和国民事诉讼法〉的解释》	第三百七十二条第二款　延续了《民事诉讼法解释》（2015 年）第三百七十四条第二款的规定。

（一）优势分析

1. 立法探索日久。司法确认程序案外人救济机制作为司法确认制度的衍生机制，与司法确认制度相促相长，并伴随经济社会的发展与时俱进。如表 1 所示，从 2002 年《最高人民法院关于审理涉及人民调解协议的民事案件的若干规定》初次提及案外人权利被侵害的规定，到 2011 年《最高人民法院关于人民调解协议司法确认程序的若干规定》规定案外人可以向作出确认决定的人民法院申请撤销确认决定，再到 2015 年《民事诉讼法》正式提出的“案外人异议制度”，逐步形成了现行的案外人救济机制，并一直沿用至今，截至目前已历经 20 多年的立法演变，具有丰富的立法实践。

2. 良法特征明显。亚里士多德称，法治之法应是良法，无良法则无法治，良法是法治的基石和前提，良法具有正当的立法主体、求善的法律价值、稳定的法律形态、法律维护的广泛等特征。[①] 司法确认程序案外人救济制度是经过长久的立法探索，并通过法律形式确认的一项制度。该制度设计的初衷是追求公平正义的法律价值，有效保护案外人合法权益，为案外人救济提供法律依据。另外，该制度虽然经过不断的立法变革，但是始终保持相对的稳定，且该制度适用不特定的案外人，适用对象广泛。所以，其具有明显的良法特征，是维护公平正义、实质解纷、推进法治建设的一项良法设计。

3. 实践探索丰富。在司法确认程序案外人救济制度发展的过程中，最高人民法院司法解释和相关规范性文件只明文规定过案外人申请撤销司法确认决定、案外人提出异议两种方式，其他相关的规定不是很多。这也为司法实践者针对这一问题进行实践探索提供了广阔空间。通过对检索到的 58 份裁判文书进行分析发现，通过民事一审程序审理的案件有 9 件、民事二审程序审理的案件有 3 件、民事审判监督程序审理的案件有 1 件、第三人撤销之诉的案件有 2 件、特别程序的案件有 43 件。这些案件有力地佐证了各地法院为纠正错误司法确认裁定所进行的有益探索，这些都为该项制度的发展完善提供了丰富的实践基础。

（二）机会分析

1. 理论研究日益丰富。随着社会的不断发展，社会矛盾变得越来越复杂多元，理论界对司法确认及案外人救济制度的研究越来越多，也提出了许多创新观点，这也为案外人救济渠道的完善提供了坚强的理论支撑。如越来越多的学者认为，传统的“二元分离适用论”已经不适应现代社会，有学者提出司法确认程序的性质应适用“交错适用论”[②]，主张对抗性不是诉讼与非讼案件的必然分界线，可根据案件的具体特征和案件审理的不同阶段，选择性适用诉讼程序、非讼程序，或者两种程序“交错适用论”，进而追求最大的

① 参见陈思静:《简析亚里士多德的良法之治》，载《法制与法》2013 年第 12 期。
② 参见舒瑶芝:《民事诉讼程分流研究》，法律出版社 2013 年版，第 96 页。

诉讼效果。当然，除此之外，还有学者认为司法确认程序应适用简化的“诉讼程序论”和“独立程序论”。

2. 诚信建设日益完善。诚信是一种私法自治的约束，是道德的法律化，是人民行使权利、履行义务的基本要求。[①] 近年来，部分当事人的诚信约束力逐渐变弱，导致滥用调解权利，通过恶意串通、虚构债权债务关系等虚假调解行为损害案外人权益，这不仅浪费司法资源、损害司法公正，而且造成了新的矛盾纠纷。为此，我国对虚假诉讼和虚假调解行为进行了严厉打击，也出台了相应规定，如《刑法修正案（九）》将虚假诉讼行为入罪，《民事诉讼法》也将虚假诉讼、虚假调解定性为“妨害民事诉讼”行为。这为案外人权利维护和事后救济提供了法律保障。

3. 调解组织日益专业。司法确认程序适用的调解协议来自不同的调解组织，在收到当事人的申请之前，法院并没有介入纠纷事件的解决过程。随着我国多元解纷机制不断地深入发展，司法确认制度不断地扩大适用范围，越来越多的行政调解、行业调解、律师调解等调解组织进入调解行业，调解队伍专业化程度逐渐提升，对虚假调解协议的识别能力也不断提高，调解员的待遇保障也逐步完善，这些都为调解员能动性开展调解审查提供了强大动力，也为从源头遏制虚假调解创造了良好环境。

二、司法确认程序中案外人权利救济渠道矩阵构建

（一）完善立法补充

现行法律未对司法程序案外人救济运行程序进行明确规定。《民事诉讼法解释》仅仅规定了提出异议主体和时限，且对异议的主体规定得比较笼统，也未对其相关审查程序及异议申请被驳回后的后续救济进行规定。这样，势必会导致案外人在自我救济时缺乏可操作性。为此，有必要对现行救济渠道进行立法完善，让该项救济机制更加规范、更具操作性。

1. 明确适格的异议主体。适格的异议主体应当是因确认调解协议而权利

① 于飞:《公序良俗原则与诚实信用原则的区分》，载《中国社会科学》2015 年第 11 期。

受到损害的案外人。[①] 依据现行法律规定，具有提起异议的主体的为“利害关系人”，而立法却未明确“利害关系人”的界定标准，“案外人”是否等同于“利害关系人”，学术界也没有统一的意见。根据调解协议的性质特点，调解协议是当事人双方经自愿协商一致达成的，案外人之所以提出异议是因调解协议致其承担义务，造成了权利义务的失衡。既然承担义务，就需赋予其权利。因此，在司法确认程序中，无论是“案外人”还是“利害关系人”，都应被视为调解协议双方当事人以外的“第三人”，均可作为异议的适格主体，依法向法院提起异议申请，只有这样才能最大限度地保护案外人的合法权益。

2. 规范异议审查程序。案外人异议作为司法确认程序的衍生程序，可借鉴司法确认程序的相关规定，对异议申请的提出方式、证据审查、审查程序等内容进行规定，进而构建一套运行高效、操作性强的案外人救济程序。如在提出方式方面，规定案外人应当以书面形式提出异议，特殊情况下也可口头提出，口头提出的需做好申请记录，异议的内容需包括申请人、被申请人基本信息、司法确认裁定案号、提出申请的事实与理由等；根据谁主张谁举证原则，规定异议人对提出的异议申请要承担举证责任，其有义务向法院提交证据材料；鉴于司法确认程序是以形式审查为主实质审查为辅的形式进行，才让不法当事人有机可乘，致使案外人提出异议。为此，建议当案外人提出异议时，可规定以实质审查为主形式审查为辅的审查原则，促进法官查明案件真相，实质性化解矛盾纠纷。

3. 补充二次救济立法。根据现行法律规定，当案外人异议申请被驳回后，未规定案外人后续救济途径。因为司法确认及案外人异议程序适用的是特别程序，实行一审终审。案外人异议被驳回后，其在维护合法权益的道路上似乎走到了尽头，其权益难以得到有效保障。为此，建议补充案外人在异议申请被驳回后的二次救济立法。如可参照执行程序中的异议程序的相关规定，规定“异议申请被驳回的，利害关系人自申请异议裁定送达之日起十五日内

---

① 陈立力:《论虚假调解案外人权利救济》，载《牡丹江大学学报》2019 年第 12 期。

提起异议之诉”。

（二）拓宽救济渠道

现行司法确认程序中案外人救济程序的理论和制度设计均是在传统的“二元分离适用论”场域内进行的。经过前文可以看出司法确认程序中案外人救济制度不能很好地适应现实司法需求。为此，我们有必要引入“交错适用论”，拓宽司法确认救济机制的应用场域，探索构建系统多元的案外人救济渠道。

1. 确立第三人撤销之诉救济途径。首先，要赋予司法确认裁定书具有消极既判力。司法确认制度的根本目的是经济、快捷、简便乃至彻底地解决纠纷，为赋予部分既判力提供了价值遵循。[①] 调解协议达成后，与司法确认的有机关联主要涉及确认的方式、既判力、调解事实的争点效等问题。[②] 司法确认裁定书作为调解协议“固定”执行力的载体，其是否具有既判力，无论是对案件当事人还是案外人，都直接影响法院、当事人、案外人在当事人就同一事项提起诉讼的程序的选择与运用。所以，明确司法确认裁定书具有消极的既判力，会对案外人救济机制的运行产生较大影响。

其次，消极既判力扩张适用于案外人。裁判的责任主体为案件当事人，一般不涉及案外第三人。但在司法确认程序中，由于消极裁判效力的扩张，突破了裁判的相对性，给案外人造成了损害。从法理层面看，权利与义务是相统一的，承担一定义务也必享受其权利。案外人在没有参加诉讼、行使相关诉讼权利的情况下，受到裁判结果的约束，必然也需向其提供权利救济，这样在程序上才符合公平正义。

最后，同等保障案外人程序权。司法确认程序是一个相对隐蔽的过程，案外人很难在诉前得知，进而参与，也就是说其无法通过事前程序来维护自己的合法权益，如果在事后由于司法确认裁判的效力扩张，承担一定的义

---

① 陈嘉鑫、潘墨泽、王泊勋等：《新时代“枫桥经验”与人民调解协议司法确认制度的优化路径》，载《应用法学评论》2022 年第 1 辑。

② 胡学军、孙亮：《系统论视角下调解协议司法确认的内在机理与制度优化》，载《江西社会科学》2021 年第 10 期。

务，如果不赋予其一定的事后程序保障，那么案外人的权益就会无法得到保障，也会失去裁定的正当性，同时也有悖法律的公平精神。

综上所述，建议从法理上赋予司法确认裁定消极既判力，并扩张适用于案外人，并在此理论基础上，确立第三人撤销之诉作为司法确认程序案外人的一种权利救济方式。司法实践中对此也有着积极的探索，如在大连某公司与黄某等申请撤销司法确认调解协议裁定一案中，[①] 中级人民法院认为区人民法院应当受理案外人提起的第三人撤销之诉，并对涉案调解协议进行审查后，裁定撤销原裁定或驳回申请人的申请，而不应当裁定驳回起诉。这是将第三人撤销之诉作为司法确认程序案外人的一种权利救济方式的一种突破尝试，不仅满足了人民群众多元司法的现实需求，也为实现事后程序保障提供了有益探索。

2. 重启审判监督程序救济途径。随着 2015 年《民事诉讼法解释》出台，审判监督程序不再适用纠正错误司法确认裁定。若想将审判监督程序作为司法确认案外人救济途径的前提，则首先要认定司法确认程序不是典型的非讼程序。前文已述，目前学界对司法确认程序性质主要有两种观点，一是典型的非诉讼程序，二是非典型的非诉讼程序，至于司法确认程序属于哪一类，需要通过将其与宣告失踪和死亡、督促、公示催告等典型的非讼程序进行对比。其一，典型非讼程序的当事人一般为一方当事人，不存在对抗性，而司法确认程序是当事人双方在达成调解协议的基础上到法院申请司法确认，一旦一方违约或者反悔，就会产生双方当事人的对抗态势；其二，典型非讼程序一般为当事人请求法院就某种法律事实作出判决，不存在诉争性，而在司法确认程序中，往往会涉及案外人及其他利害关系人，具有潜在的诉争特性；其三，典型非讼程序一般会产生对世性，而司法确认裁定则不具有对世性，一般只约束调解协议的双方；其四，法院通过典型非讼程序作出的裁判

---

① 辽宁省鞍山市中级人民法院民事裁定书（2019）辽 03 民终 5043 号、辽宁省鞍山市铁西区人民法院民事裁定书（2020）0303 民初 783 号。

文书类型大多为判决书，而司法确认程序作出的文书则是裁定书。[①] 综上分析，司法确认程序与典型的非诉讼程序有着明显的不同，不应当适用典型的非讼程序，那么作为其案外人的救济制度，自然也要与典型的非讼程序区别对待。

（三）能动调解确认

预防案外人救济的最高效、最直接的办法，莫过于在前期做好虚假调解、恶意确认的预防工作。调解组织和法院立足岗位职责，在主持调解和司法确认中要充分发挥自身优势，能动审查、规范操作，切实从源头上规避、减少案外人受到侵权的事件发生，最大限度保障案外人合法权益。

1. 建立“综合 + 专业”调解员制度。调解程序作为司法确认的前置程序，专业的调解是司法确认裁定可执行性的前提和保障，也是减少案外人虚假调解的首要关口。调解员在促进调解协议的达成方面发挥着关键的作用，而调解员的专业素养又是决定调解成效的重要因素。[②] 建议在现有调解队伍的基础上，根据行业类别、知识构成、年龄结构等要素，特邀一批商会调解、行业调解、律师调解团队等，进入人民调解组织，与原有调解力量形成综合调解与专业调解的双重调解队伍。同时，建立健全特邀调解员经费保障和激励奖励机制，增强调解员的感情认同，激励其规范开展调解工作。通过提升调解协议的规范性来提高调解质量，增强协议自身的法律效力和当事人履行调解协议的自觉，督促当事人自动履行协议，促进诚信社会建设。[③]

2. 平衡形式审查与实质审查。公正的裁判始终是评价法官的标尺，也是法官法律思维的目的。一份公正判决的前提则是法官对案件真实情况的掌握。在司法确认程序中，建议法官在进行调解协议审查时，可以能动性审查，根据案件性质，灵活运用审查手段，一方面要加大权利义务关系和涉案财产所有权的审查，另一方面要充分发挥司法确认高效便捷的司法特性，在

① 张佳莉：《人民调解协议司法确认中案外人救济渠道的完善》，广西大学 2018 年硕士论文。

② 胡学军、孙亮：《系统论视角下调解协议司法确认的内在机理与制度优化》，载《江西社会科学》2021 年第 10 期。

③ 孟婷婷：《诉调对接机制的发展探析》，载《中国司法》2021 年第 2 期。

形式审查和实质审查之间取得平衡，实现公正与效率相统一。

3.提前案外人救济时间。诉讼时效是诉讼当事人取得胜诉权的关键。在司法确认程序中，案件人更早地参与到司法确认程序中，对其权益则多一份保障。为此，可以从以下两个方面进行：一方面，在司法确认程序开始后到裁定作出前，案外人已知调解协议侵害到自身权益，此时法院可以依案外人申请或者依职权，准许案外人以第三人的身份参与到司法确认程序中。[①] 这样案外人就拥有了更多的诉讼权利，不仅有助于法官查明调解协议中涉及的权利义务关系，而且有助于一次性实质性化解矛盾纠纷，避免浪费司法资源。另一方面，虚假调解、恶意确认行为之所以屡禁不止，在于司法确认裁定书以不公开为原则、公开为例外的，案外人得知其侵权行为难，造成不法当事人利用这种需求错位，达到谋取不当利益的目的。裁判文书公开可保障社会公众的知情权，是其对虚假调解协议司法确认行为进行监督的重要信息渠道。[②] 为此，建议除涉及当事人个人隐私的部分进行技术处理外，原则上应将司法确认裁定文书进行公开，这样不仅符合司法实践的现实需求，而且有助于甄别和防范虚假调解协议。

4.建立“调解＋审判”互通机制。调解与诉讼的对接是全过程性的，从调解的启动到调解协议的达成，再到调解协议强制执行力的赋予全程对接。[③] 一份司法确认的调解协议需先后经过调解组织主持调解和法院司法确认两个环节，两者相辅相成、缺一不可。调解程序不仅是司法确认的前置程序，其调解质量也决定着司法确认的质量，而司法确认裁定又会对调解产生裁判指引作用。所以，需要进一步加强调解组织与法院的合作，建立“调解＋审判”互通协作机制。如法院定期组织法官对调解员就解纷思路、证据审查、材料整理、法律规定等进行指导，不断提高调解员甄别虚假调解的能力；

---

① 参见李凌垚：《我国司法确认程序问题与对策研究》，河北经贸大学2021年硕士论文。

② 于孙腾：《人民调解协议司法确认错误的救济》，载《广播电视大学学报（哲学社会科学版）》2017年第1期。

③ 胡学军、孙亮：《系统论视角下调解协议司法确认的内在机理与制度优化》，载《江西社会科学》2021年第10期。

或在司法确认程序中，调解员积极配合法院进行审查，帮助法官全面掌握调解内容及调解过程，作出公正的裁判；法院可就司法确认中发现的达成调解协议工作中存在的问题，进行专题研究，形成工作建议，向调解组织发送，引导其规范开展调解工作，形成化解矛盾纠纷的工作合力；联合建立虚假调解案件当事人信息共享机制，通过司法大数据将相关案件、当事人进行关联，调解员或法官在开展工作时可及时进行检索，全面审查当事人的信息，核实构成调解材料的基本要素，对矛盾纠纷的真伪作出有效判断。

（四）事后补充救济

随着经济社会的发展，功利主义抬头，部分不法当事人本着利益为上的原则，在诚信道德约束力相对较弱的情况下，不法当事人欲通过恶意串通、虚假调解谋取不当利益的事件屡禁不止。唯有构建刑事惩罚、民事赔偿等多元一体的惩戒体系，不断提高虚假调解、恶意确认的违法成本，才能遏制虚假调解、恶意确认行为的发生，才能最大限度保障案外人合法权益。

1. 建立司法确认程序刑事线索移交机制。人民法院在审查调解协议案件时，对主要事实存疑的调解协议案件，要进行实质性审查。若在审查中发现能够确认当事人存在恶意串通、捏造事实或伪造证据等行为，对情节较轻的可进行训诫，依法驳回申请；对情节较重的，可根据《民事诉讼法》第 115 条的规定，对恶意串通进行虚假调解确认的当事人进行罚款或拘留[①]；对情节严重的且已实质性损害案外人合法权益的，可将其移交公安机关进行立案侦查，追究其虚假诉讼的刑事责任，大幅提高其违法成本，斩断其违法获利的行为动机。

2. 明确虚假调解人民事侵权赔偿责任。在司法确认程序中，当案外人在权益受到实质性侵害时，允许案外人依据人民法院作出的撤销司法确认裁定的裁判文书，向法院提起民事侵权诉讼，追究虚假调解当事人的民事侵权责任，要求其赔偿案外人因虚假调解而产生的相关损失，进一步提高其违法成

① 《民事诉讼法》第 115 条：当事人之间恶意串通，企图通过诉讼、调解等方式侵害他人合法权益的，人民法院应当驳回其请求，并根据情节轻重予以罚款、拘留；构成犯罪的，依法追究刑事责任。

本预期，从而有效规制不法当事人虚假调解、恶意确认等行为的发生。

3. 关联个人征信系统。通过恶意串通、虚构调解，恶意获取司法确认裁定的当事人，对案外人的合法权益造成损害。其主观上存在故意，违背了诚信原则和基本的诚实守信的道德规范，是对社会主义核心价值观的亵渎。如果将其虚假调解、恶意确认的行为纳入个人信用报告，不仅能在一定程度上限制行为人的市场经济活动，同时也会对心存侥幸、意图不轨的人起到震慑作用，为构建诚实守信的良好社会信用环境奠定坚实的基础。

结　语

公正、效率是当前法院司法审判的追求目标，也是检验制度机制的一项重要标准。恶意假借人民调解司法确认程序去侵害案外人合法权益的行为是对公平、正义的严重损害，也将会对司法的权威性造成损害。[①] 加快完善和拓展人民调解司法确认程序案外人救济渠道，严厉打击虚假调解、恶意确认行为，为案外人权益保护提供多元化的救济选择，不仅是完善诉调对接机制、实质化解纠纷、维护社会稳定的现实需要，也是促进实现公正效率相统一的必然选择。只有这样，司法确认制度才能在服务保障中国式现代化的司法实践中扮演更加重要的角色、发挥更加重要的制度价值、承担更加重要的时代使命。

---

① 张子澜：《人民调解协议司法确认中受侵害的案外人救济问题的分析及完善》，载《法制与社会》2021 年第 3 期。

从“窠臼”到激励：少年审判延伸工作绩效考核“两优三维”模式构建

南阳市中级人民法院　陈垠君*

引　言

自《最高人民法院关于加强新时代未成年人审判工作的意见》（以下简称《未成年人审判工作意见》）提出对未成年人审判工作进行专门绩效考核以来，各地法院逐渐探索审判延伸工作纳入少年审判工作考核新路径，一定程度上改善了以往“唯结案量”考核模式。遗憾的是，近年来审判延伸工作考核的实践运行在考核体系设计上，未完全体现独属于少年审判工作的特色价值和司法规律，故相较于其他条线审判业绩考核共性有余而个性不足。2023年6月，最高人民法院党组研究建立审判质量管理指标体系，7月，张军院长在审判质量管理指标体系试点工作动员部署会上提出“建立体现以人民为中心、符合司法规律、科学管用的审判质量管理指标体系”，[①] 这为进一步完善少年审判延伸工作绩效考核体系指明了方向、提供了根本遵循。本文旨在通过突出少年审判工作特性，找到适合审判延伸工作的考核模式和配套保障机制，以“数据说话”强化少年审判特色工作，以期真正发挥审判延伸工作考核制度的激励性效能。

---

* 陈垠君，河南省南阳市中级人民法院研究室法官助理。

① 《审判质量管理指标体系开始在部分省市法院试行　最高人民法院组织召开试点工作动员部署会》，载《人民法院报》2023年7月11日，第1版。

一、实务研判：少年审判延伸工作业绩评价的司法现状

为真实反映少年审判延伸工作纳入绩效考核后各项指标的基本情况及运行效果，笔者从N市15家中基层法院审判管理办公室（研究室）、少审庭获取2021年至2023年上半年各个法院少年审判法官审判延伸工作绩效考核附表、佐证材料、考核结果、异议申诉材料、员额法官绩效考核办法（方案）、少年审判工作考核工作细则等，以上基本能够客观、全面反映N市少年审判延伸工作纳入绩效考核情况。

（一）考核模式和考核指标

1.考核模式。目前开展此项考核工作的主体均为法院，由法院主导分别开展"一级考核模式"和"二级考核模式"[①]，考核结果体现法院的意志和选择。"一级考核模式"是指由审管办作为考评办公室，直接考评法官个人，或者是考核办公室由各职能部门代表组成，具体负责考核事宜；"二级考核模式"是指由院考评领导小组考核内设部门、部门考核个人。相对"一级考核模式"法官仅为单一的被考核对象来说，"二级考核模式"中部分法官具有被考核者和考核者的双重角色，考核民主性、公开性和参与性有了一定程度的提高。N市15家法院中，只有3家法院采取了"二级考核模式"。

2.考核指标。15家法院设置的具体考核指标均为各类型审判延伸工作，比如社会调查、延伸帮教工作等。其中，市中级人民法院针对本院少年审判法官以及基层法院少年审判工作考核细则中，将审判延伸工作划分为专门工作、延伸帮教工作和普法宣传工作三大类，部分基层法院也按照此类别划分指标。由于《未成年人审判工作意见》未予明确审判延伸工作具体范围，而且案件情况繁杂多样，很难准确抽象出案件具体范围，[②]因此在考核指标类别划分和细化上各院存在差异。笔者随机比对了N市3个法院细化考核内容，

---

① 参见上海市第一中级人民法院课题组：《审判绩效考核与管理问题研究》，载《中国应用法学》2019年第3期。

② 参见祖鹏、王艳华：《对法官办案业绩量化考核制度的检视与反思》，载《法律适用》2023年第2期。

详见表 1。

表 1　审判延伸工作部分考核指标类别划分及细化

法院	法庭教育是否纳入考核	回访帮教涵盖范围	社会调查是否纳入社会观护	法治宣传细化考核项	司法建议细化考核项
N 市中院	否	入学安置； 心理疏导； 就业帮扶； 司法救助	否	微信小程序； 云课堂； 其他创新形式参与人数； 宣传次数	份数； 被反馈、采纳； 被有效落实； 被上级表彰
A 区人民法院	是	无	否	开展次数	份数； 被上级表彰
B 县人民法院	否	入学安置； 心理疏导； 就业帮扶； 家庭教育指导	否	开展次数； 创新课堂	份数； 被上级表彰

除此之外，大部分法院的考核指标仅止步于某项工作的开展与否，至于反映审判延伸工作开展效果，比如是否取得实际成效、是否及时跟进后续、是否再犯罪等，目前仅 N 市中院、F 区法院和 G 县法院有部分涉及（见表 2）。

表 2　审判延伸工作开展成效考核指标

法院	司法建议	回访帮教	再犯罪	其他方面
N 市中院	被反馈、采纳； 被有效落实	转学安置、协助就业等取得实际成效； 后续有关工作未及时跟进	无	家庭教育指导
F 区法院	被有效落实	有关工作取得实际成效	无	家庭教育指导
G 县法院	被采纳； 被严格落实	家庭教育指导、司法救助等取得实际成效	同一被告人再犯罪	无

（二）考核方法和指标分值

1. 考核方法。通过查阅考核附表，在延伸工作绩效的计算方式上主要有两种，一是“单次加和 + 直接赋分 + 奖惩分数”，共 13 家法院。主要模式是一人一表，由法官根据被考核的延伸工作分别按照次（或者件）列举出有关信息，逐项累计加和得出最终分数。二是类似“整案计算 + 浮动系数 + 奖惩项目”，共 2 家法院采用，大体思路是以法官年度结案量为基础，在各类型案件计分标准的基础上再设置一定浮动分数，作为审判延伸工作并入后的案件计分值，按照法官年度办案量整体计算。至于“奖惩项目”，两种模式都是额外计算分数。

2. 指标分值。两种考核计算方法均是直接赋予被考核指标一定分值。15 家法院中，在分值的设定上，同一审判延伸工作存在大小值差异，分值趋势一致性体现不明显。在分值的设置来源上，大部分法院参照上级法院考核指标赋分值导向，以本院有关领导、庭室负责人等“关键少数”意见为主并报审管办核定，普通一线法官意见较少或未有涉及。

二、问题解惑：少年审判延伸工作业绩评价困境原因剖析

作为少年司法保护工作的关键环节，显然必须建立科学合理的考核机制来确保审判延伸工作开展成效。但司法实践中，考核指标等一系列问题仍较为突出，考核机制设立的初衷和考核价值并未完全体现。造成上述问题的原因主要有以下三个方面。

（一）思想探源：少年审判考核理念重视不足

由于少年法庭建制经历阶段杂、纠纷类型多，直到目前，全国各地的少年审判仍然没有全部统一为单独庭室，重视集体考核的司法管理思路使得存在“机构挂靠”情况的少年法庭，在审判延伸工作上再单独设置相关考核标准显得可有可无。而且《未成年人审判工作意见》出台后少年法庭受案范围和数量虽然有所增加，但是却未根本改变案件数量“贫困户”的基本认知，在以“审判业绩”为主导的考核模式下，进而影响到少年审判特色工作的考核。此外，从现状看，多数案件审判延伸工作依旧以未成年人保护“末端”“已病”为重心，一定程度上限制了绩效考核指标的多元化和灵活性，特别是“工作成效”的体现（见图 1）。

（二）机制归因：审判管理权与行政权运行边界模糊

长久以来，审判权与行政权的作用领域与界限在我国法院内部并未严格划定，审判权与行政权的边界模糊。“虽然现代法院内部事务的复杂性决定了它必然存在相应的行政管理，法院运行兼有司法逻辑和行政逻辑，但我国

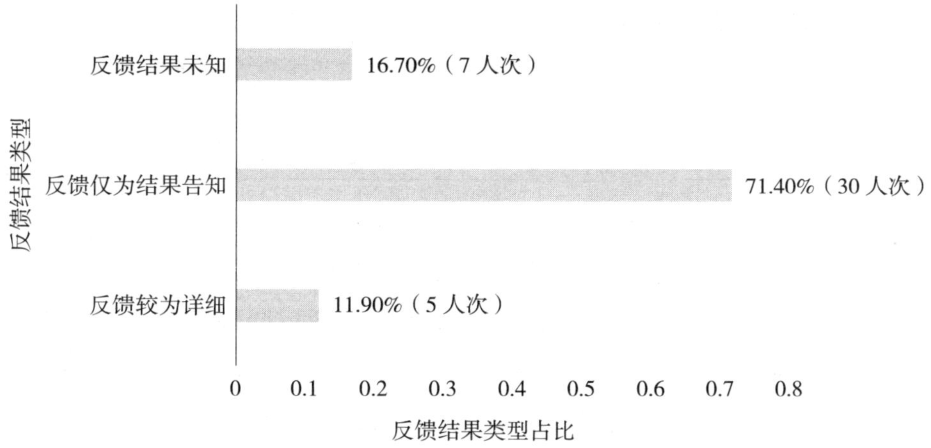

图 1　绩效考评异议反馈类型对比

的问题在于这两种逻辑并没有形成明确的界限，司法审判常常被行政科层所笼罩甚至覆盖。”[①] 这一点在法院绩效考核中体现得尤为明显。当前的绩效考核制度是依据一整套客观化指标来对法官或者法院各项工作进行考核的管理制度，强调的是管理，[②] 其很大程度上被作为法院实现组织目标的行政化工具，以主体管控主义为主的倾向导致被考核主体参与程度较低甚至缺乏参与性。在行政逻辑不当渗入审判权运行场域的情形下，以业绩量化逐渐打破法院内部行政部门与法官之间管理与被管理的关系，即淡化行政色彩的提升效果未完全展现，导致绩效考核不能有效弥补因去除行政化带来的权力真空，[③] 限制了少年法庭法官在审判延伸工作绩效考核中发挥能动履职的空间，不能有效开展沟通、反馈等活动。

---

① 高欧、郭松：《审判权与审判管理权、审判监督权的关系重塑》，载《交大法学》2022 年第 1 期。

② 转引自陈曦、葛伟科：《整体性治理理论下审判绩效考核优化路径探析——以中部 H 省实践为例》，载《人民法院为服务新发展阶段、贯彻新发展理念、构建新发展格局提供司法保障与民商事法律适用问题研究——全国法院第 33 届学术讨论会获奖论文集》，人民法院出版社 2022 年版，第 650 页。

③ 参见王静：《法官绩效考核制度实证研究—基于地方性样本规则的分析》，载《中国应用法学》2018 年第 6 期。

（三）职能掣肘：少年法庭法官角色定位仍有偏差

虽然少年审判司法职能的延伸与司法被动性、消极性特征定位不符，导致少年法庭法官职业角色出现了“社会工作者化”和“司法者”的交叉冲突，但基于少年司法审判的宗旨和青少年群体的特殊性，少年法庭法官在实践中所表现出的多重角色具有一定的合理性。尽管如此，对少年法庭法官的角色特点如何评价一直存在“职业化”抑或“社会化”的争议。在当前大力推动少年审判队伍专业化建设的背景下，将审判延伸工作纳入绩效考核，考核指标的设定和权重倾向性虽然能够在一定程度上反映出少审法官司法者“社会工作者化”职业趋向性，却很难准确体现少审法官社会化和司法化角色的偏重性分配。此外，不容忽视的一点是，现行法官群体司法“职业化”的描述仍然是围绕审判技能和业务，这也导致少审法官现行“职业化”和“社会化”的融入和平衡仍有偏差，困于与成人司法式法官“职业化”和“社会化”相同的思维定式。该后果的直接体现便是，审判延伸工作绩效考核指标以及权值设置缺乏较为清晰的衡量标准甚至部分偏离实际。

三、两项优化：审判延伸工作业绩激励性考核之内部考量

从实践性来看，绩效考核机制主要从合理评价业绩、突出成员地位、提升职业能力和能动参与考核等方面发挥激励作用，为有效破解少年审判延伸工作绩效考核现实问题与法官期望获得科学合理评价需求之间的突出矛盾，在具体改进思路上，既要立足于现状，优化考核指标具体运作，又要从外部入手，依托各种保障措施，最大限度克服审判延伸工作绩效考核的现有障碍，将审判延伸工作业绩评价融入少年法庭单独绩效考核体系，最终实现提升审判业绩、指引发展方向和构建专业队伍的递进式目的（见图2）。

在考核指标运作上，确定考核指标后，进一步设定考核基准值和考核方法，也事关考核体系能否正常运行并发挥好预设作用。[①]

---

① 参见祖鹏、王艳华:《对法官办案业绩量化考核制度的检视与反思》，载《法律适用》2023年第2期。

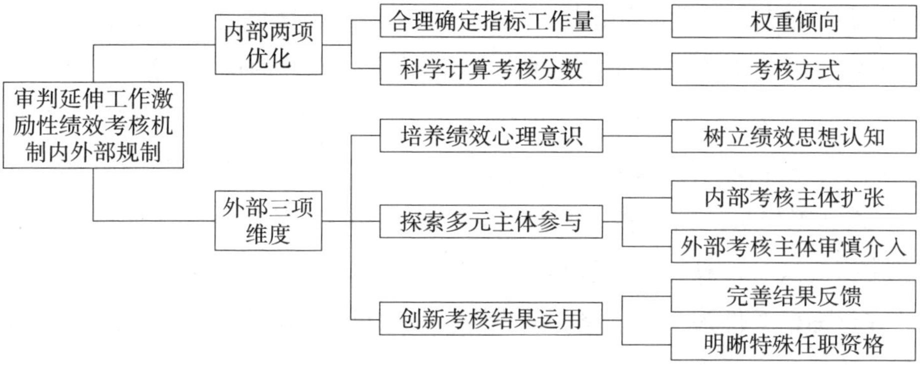

图2　审判延伸工作激励性绩效考核机制优化路径

(一)合理确定指标工作量

1. 丰富考核指标体系

根据前述，审判延伸工作的考核重点不仅是法官是否开展了此项工作，更重要的是实际工作成效。因此，可以以开展工作本身和实际成效作为主要衡量因素，参照N市法院现有考评体系，将专门工作、延伸帮教和法治宣传部分进行目标分解和排列组合，进一步优化为由基础指标和成效指标为主的评价指标体系。

基础指标是指延伸工作本身，包括法庭教育、社会调查、回访帮教、社会观护、司法救助、法治宣传、司法建议、入学安置、就业帮扶、家庭教育指导和心理疏导等。其中，根据司法实务和考核实际，在开展回访帮教和社会观护的过程中，入学安置、就业帮扶、家庭教育指导、心理疏导和司法救助等已包含在内，不需要再额外单独设置指标。

成效指标则需以案件取得的政治效果、法律效果和社会效果为基础，重点反映维护未成年人权益、预防犯罪、帮教和矫治等内容，以N市现有考核指标为基础，笔者认为可适当扩大范围，将再犯罪人次、积极开展异地跟踪帮教、未及时跟进重复违法犯罪情况、被表彰以及其他落实或者效果较好等兜底情况纳入考核指标。

2. 确定工作量

在工作量的核算上，以下两类四种“时间定额”计算方法得到了诸多应用。第一大类是直接对自然案件的整体作出标准化测量，包括“整案直接计时法”和“整案标准化时间法”。[①] 第二大类则是对案件内部进行要素切割，比如开庭准备、阅卷、庭审、法庭笔录等，包括“要素时间相加法”[②] 和“要素标准化时间法”[③]。就审判延伸工作来说，一是时间计量完全不现实，二是无法满足“特定职责流程化”“特定任务重复性”和“工作行为即时性”等“要素式”工作量测定特点，故可类比“整案标准化时间法”，采取“整体标准化权重法”计算各类型审判延伸工作量。以少年法庭法官所在法院审判绩效评价标杆案件为参照，将“涉少”案件的延伸工作作为一个全序集，其中每一项内容为一个工作元素。工作元素 a_i（i=1，2，3，…，n）的工作量 $P_i=m_i \times M$，其中，M 为标杆案件工作量，m_i 是其权重。因此，工作量计算的核心就在于某审判延伸工作元素的权重值。

影响权重赋值考量因素决定了想要真正实现完全准确的评估非常困难，为了最大限度减少数据提取误差、减少估算不确定性，可借助“三点估算法”，采用“贝塔分布公式[④]”以期望值达到97.7%的概率，即在期望值50%的基础上增加两个标准差来估算某审判延伸工作元素权重（见表 3）。

表 3　被评估工作量落在标准差区间概率和预期完成概率　　（单位：%）

标准差区间	区间概率	完成概率
$-\sigma \sim \sigma$	68.3	84.15
$-2\sigma \sim 2\sigma$	95.4	97.7
$-3\sigma \sim 3\sigma$	99.7	99.85

3. 专家判断法得出“三点权重值”

根据笔者前期调研情况来看，可研究的现有实证材料有限，在某一具体

---

① 参见程金华：《法院案件工作量测算的“中国方案”——司法大数据时代的探索方向》，载《法律适用》2020 年第 3 期。

② 参见汪澜、邱素芳：《法官工作量测量——计量模型与四川经验》，载《上海交通大学学报（哲学社会科学版）》2019 年第 6 期。

③ 参见林新波、张新、程金华：《案件工作量测算的“审判流程—要素法”——以上海市 H 中院为例的实证研究》，载《山东大学学报（哲学社会科学版）》2023 年第 2 期。

④ 贝塔分布为“三点估算法”中近似界定预期工作量期望值常用的方法，计算公式为期望值 T_e=（工作量最大值 +4× 工作量最可能值 + 工作量最小值）/6；标准差 σ =（工作量最大值 − 工作量最小值）/6。

问题的描述上法官主观感受差异较大，但却存在趋同性，因此可采用专家判断法开展权重调查。在专家组人员构成上，分别选取笔者所在 N 市中级人民法院以及下辖的部分 8 个基层人民法院分管少年审判工作的副院长、少年法庭法官等共计 36 人。最终结果见表 4。

表 4 “涉少”审判延伸工作权重预测值

审判延伸工作元素	最大权重	最适合权重	最小权重	权重预测值 ①
法庭教育	0.05	0.03	0.02	0.04
社会调查	0.5	0.4	0.3	0.5
回访帮教	1.0	0.8	0.6	1.0
社会观护	0.7	0.6	0.3	0.5
司法救助	0.5	0.4	0.2	0.5
法治宣传	0.5	0.3	0.2	0.4
司法建议	0.08	0.07	0.04	0.08
入学安置	0.5	0.3	0.2	0.4
就业帮扶	0.4	0.2	0.1	0.3
家庭教育指导	0.8	0.6	0.5	0.8
心理疏导	0.6	0.5	0.3	0.6

（二）科学计算考核分数

在审判延伸工作的考核方式上，一是审判延伸工作量的大小与案件量密切相关，必然存在最小和最大工作量；二是审判延伸工作之间并非彼此孤立，少年审判法官通过延伸司法审判职能、综合作用体现办案效果；三是为了提高法官积极性，考核分数的计算应体现激励导向。因此，在考核方式的选择上，需得满足既能够实现多目标综合评价结果的量化，又可以合理评估实际值和理想值的变动范围，还能够有效区分个人工作量大小的层次差异，故可以以区间划分为基础，采取“功效评价 + 单项计量 + 奖惩计分”的考核方式。①

“区间划分”即以法官结案量基准区间为审判延伸基础工作量区间的划分基础，体现个人评比层次差异，并以此确定审判延伸基础工作量；“功效评

① 表中各项延伸工作元素“三点权重值”计算后得出的标准差较小（介于 0.02 ~ 0.7），故预测权重值计算后可四舍五入，误差可忽略。

价”即功效系数法，根据多目标规划原理，对被评价的延伸工作确定基础工作量最优值和最差值，通过功效系数计算延伸工作实现最优值的程度，计算公式为［（实际值 – 最差值）÷（最优值 – 最差值）］×C+D。其中，实际值就是该法官开展延伸工作的实际基础值，最差值是所有实际基础值中的最小值，最优值是所有实际基础值中的最大值，C、D 为已知正常数，C 为调整分，D 为基础分；“单项积量”指的是根据各项延伸工作开展的要求、频率和必需性，某些延伸工作可以实现单次累计以提高工作量评估的准确度；“奖惩计分”即以成效指标累计奖扣工作量。

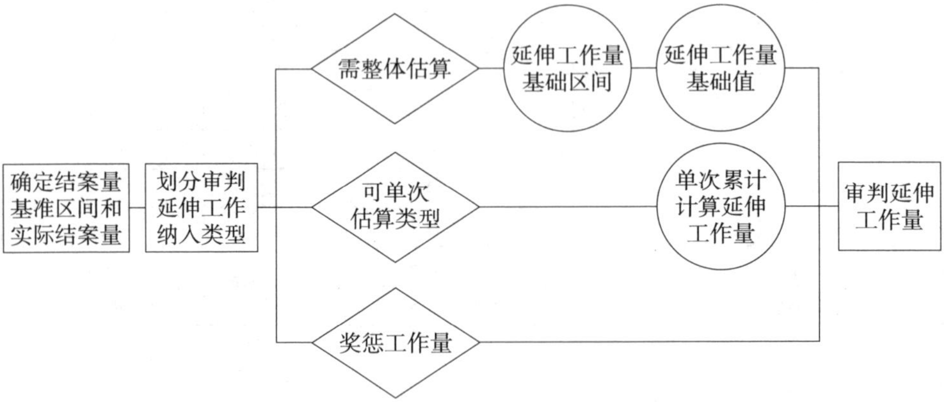

图 3　审判延伸工作考核工作量计算流程

本文以 N 市中级人民法院少年审判庭员额法官 2022 年度审判延伸工作绩效考核作为实证数据和对比基础。

1. 确定结案量基准区间和实际结案量

在办案量区间的设计上，一是尽可能确保各位法官之间结案量较为均衡，弱化“结案量”考核模式；二是一定程度上提高法官对办案饱和度的预判性，因此可尝试采用正态分布原理设置办案量基准区间。实务中，结案量的数值是以法官随机分案量为基础。在 N 市中级人民法院，匹配随机分案的工作量计算策略参考数值包括随机分案参数[①]、已承办案件数、虚拟

① 随机分案参数指的是能够选择可随机分案的工作量最少人数。具体指先获取工作量在平均值以下的人员，再按该参数从工作量最少的 × 人中随机选择。

接案数和法官办案能力[①]等，除了随机分案参数为固定值外，其他数值均为自变量，因此目标结案数时刻受到法官工作量系数的影响，其作为因变量，不可能提前作出准确预判。若考虑对案件量样本某个总体参数进行区间估计，即能够给出被测参数的测量值可信程度，那么在构造的不同区间内，至少有一定的概率包含被测值的真实值，也是可行的。在此，可引入正态分布置信区间和置信水平。

置信区间是指由样本统计量所构造的总体参数的估计区间，置信水平是指置信区间包含总体平均值的概率，即在该区间内，有多少的概率包含样本均值。就取值来说，一般置信水平越高，区间越宽，置信区间包含总体平均值统计量的概率越大。由正态分布知识可知，有 95% 的样本均值会落在约 2 个标准误差范围内，故置信水平一般认定为 95%，在实践中可以认为几乎包含所有样本均值，此时置信区间为（$\mu-2\frac{\sigma}{\sqrt{n}}$, $\mu+2\frac{\sigma}{\sqrt{n}}$）[②]，被考核法官的均值办案量落在该范围内即为达标，并以此为基础确定审判延伸基础工作量（见图 4）。

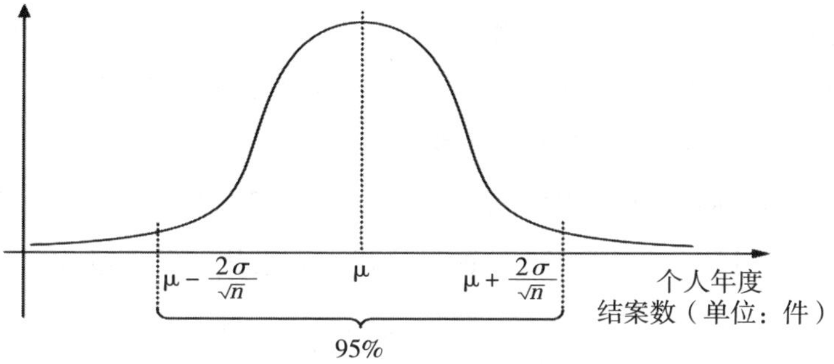

图 4　少年法庭法官年度结案量均值正态分布模型

为保证数据的完整性、连续性和足量性，从智慧审判系统上提取该院五

① 某法官工作量系数 =（已承办案件数 + 虚拟结案数）/ 办案能力。

② μ 为样本量平均值，σ 为样本量分布标准差，n 为样本数量。此处需要说明的是，通过查询正态分布表，置信区间的标准计算公式应为（$\mu-1.96\frac{\sigma}{\sqrt{n}}$，$\mu+1.96\frac{\sigma}{\sqrt{n}}$）。此处为了计算方便，将 1.96 约等于 2。

位法官2018年至2021年四个年度的个人结案量，构成集合M[①]，计算可知四年内该五位法官年均结案量 $\mu \approx 61$，数据分布方差 $S \approx 275.79$，标准差 $\sigma \approx 16.61$。因此在2022年度，若按照前述办案量设置模型，五位法官人年均预估结案量位于置信水平95%的区间为（53.57，68.43），取整数得[54，68]。

2. 划分审判延伸工作纳入类型

根据法官办案实际情况，将涉及开展次数最多、最经常且确实无法实现单次累计的延伸工作纳入基础工作量计算的范畴，进行整体估算，其他开展频率较低或者个案依附性较强的延伸工作根据佐证材料实现累计工作量计算。通过对前述佐证材料档案的全面分析、集中对比，及时剖析其合理成分并综合衡量其他诸多因素后，设置社会调查为可纳入基础工作量计算范畴。

3. 确定延伸工作量基础区间值

根据N市中级人民法院《员额法官绩效考评办法（试行）》，N市中级人民法院员额法官工作量计算的标杆案件为普通二审民事案件。由表4可知，相对于标杆案件，社会调查基础权重为0.5。根据预估结案量基准区间，延伸工作量基础区间为[54×0.5，68×0.5]，取整数得[27，34]。

4. 两段式计算基础延伸工作量

为进一步体现激励导向，根据功效系数法评价原理，通过结案量未达到和已达到基准区间时，采用不同的基础量起算模式，即两段式计算法。

首先，确定该院五位法官年度实际结案量，按照从小到大排列为 n_1，n_2，n_3，n_4，n_5，则基础延伸工作量分别为 $0.5n_1$，$0.5n_2$，$0.5n_3$，$0.5n_4$，$0.5n_5$。

其次，确定基础分和调整分。由于传统的功效系数法要求最优值与最劣值差距不能太大，一般对基础值和调整值的分配比重固定为D：C=6：4，即如果满分为100分，则基础分60分起算，调整分为40分。为了对办案量达标后的法官做鼓励性评估，对基础值和调整值的分配比重调整为D：C=7：3。

① 经检验，结案量分布符合一般正态分布。

在考核时，若某法官办案量未达到54（即 $n<54$），基础值按照［（27+34）×6/10］起算；若办案量达到54甚至超过68（即 $n \geqslant 54$），基础值按照［（27+34）×7/10］起算。

因此，当 $n<54$ 时，基础延伸工作量 $P_1=0.5\times\frac{n-n_1}{n_5-n_1}\times 24+37$；

当 $n \geqslant 54$ 时，基础延伸工作量 $P_1=0.5\times\frac{n-n_1}{n_5-n_1}\times 18+43$。

5. 计算可单独累计工作量和奖惩工作量

根据实践，在开展回访帮教和社会观护的过程中，入学安置、就业帮扶等一般均已包含，故不再重复计算。故笔者认为，可将其纳入奖惩考核项目，若上述工作有开展效果较好或者受到表彰，再额外单次计算工作量和奖惩量，如此也可使法官提高重视度。

其他可单独累计的延伸工作，比如社会观护、法庭教育、回访帮教、法治宣传、司法建议等，分别按照各自权重值，根据开展次数累计工作量即可。假设其开展次数分别为 a_1，a_2，a_3，a_4，a_5，则单独计算的工作量 $P_2=0.5a_1+0.04a_2+1.0a_3+0.4a_4+0.08a_5$（$a_i$ ≥最低工作次数）。此处根据N市中级人民法院有关规定，为了最大限度落实上级法院关于少年审判延伸工作的一系列要求，督促法官及时开展审判延伸工作，法治宣传、司法建议这两项延伸工作均设有年度开展的最低次数，超过次数才额外予以累计加分。

法官个人开展审判延伸工作的奖惩工作量记为 P_3。

6. 计算最终审判延伸工作量

根据上述分析可知，某考核年度内，N市中级人民法院少审庭某员额法官的审判延伸工作量 $P=P_1+P_2+P_3$。

下面笔者分别以2022年度N市中级人民法院少审庭结案量最少和最多的两位法官A和E为例，就审判延伸工作绩效考核进行实证综合比较。根据现有材料，2022年度法官A和法官E审判延伸工作考核总体情况如表5所示。

按照新的计算标准和模式，法官A和法官E在2022年度审判延伸工作绩效考核情况见表6。

表 5 2022 年度法官 A 和法官 E 审判延伸工作绩效考核情况

考核内容	回访帮教（含心理疏导、司法救助、入学安置、就业帮扶等）	普法宣传	司法建议	社会调查	家庭教育指导令	奖惩（为简便，本表中仅显示汇总）	总计（分）
赋值	每件（次）1.0 分	每件（次）0.5 分（前 4 次不计分）	每份 0.1 分（前 3 份不计分）	每件（次）0.5 分	每份 0.5 分（前 4 份不计分）		
法官 A	30×1.0	4×0.5	0×0.1	36×0.5	1×0.5	5	55.5
法官 E	50×1.0	4×0.5	2×0.1	60×0.5	4×0.5	4	88.2
备注	1. N 市中级人民法院现行审判延伸工作绩效考核范围未包含法庭教育和社会观护，计算方法为“单次加和 + 直接赋分 + 奖惩分数”。 2. 根据 N 市中级人民法院《员额法官绩效考评办法（试行）》规定，考评标杆案件为普通民事二审案件，换算标准为 1 普通民事二审案件 =1 工作量 =1 分						

表 6 2022 年度法官 A 和法官 E 审判延伸工作绩效考核情况对比

项目			法官 A	法官 E
结案量			43	70
考核内容及赋值（分）	基础工作量（功效评价）	社会调查	0.5×0×24+37	0.5×1×18+43
	单项积量	社会观护（每件 / 次 0.5 分）	5×0.5	7×0.5
		法庭教育（每件 / 次 0.04 分）	13×0.04	25×0.04
		回访帮教（含心理疏导、司法救助、入学安置、就业帮扶、家庭教育指导等）（每件 / 次 1.0 分）	30×1.0	50×1.0
		法治宣传（每件 / 次 0.4分，前 4 次不计分）	4×0.4	4×0.4
		司法建议（每份 0.08 分，前 3 份不计分）	0×0.08	2×0.08

续表

项目			法官 A		法官 E	
考核内容及赋值（分）	奖惩计分		家庭教育指导创新形式，受到省级表彰	2+0.8	某案司法救助入选省典型案例，计 2 分	2+0.5
			其他	5	某司法建议落实情况较好，计 0.5 分	0.5
					再犯罪 1 人次	–1.0
总计（分）			79.42		110.26	
备注	根据 N 市中级人民法院《员额法官绩效考评办法（试行）》规定，考评标杆案件为普通民事二审案件，换算标准为 1 普通民事二审案件 =1 工作量 =1 分					

由表 5、表 6 可知，在采用新的审判延伸绩效考核方式后，除了整体考核分数有所上升外，根据不同区间划分采用不同的起算基础，也能较之前和同类型法官之间体现付出量差异；奖惩计分项目综合体现了实际办案效果；在计算取值和模式上，既较好采纳了一线法官的意见，也运行简便、易懂易推广。

四、三项维度：审判延伸工作业绩激励性考核之外部规制

以“功效评价”为基础的考核方法是一种从业绩评价本身出发缓解法院供给与法官需求的有效举措。但是，要从根本上解决此种供需失衡的尴尬局面，单靠改变评价方式是远远不够的，需要内外结合，从绩效意识、考评参与和结果运用等渠道入手，综合施策，方能有效实现供需适配。

（一）培养绩效心理意识

绩效意识是组织在生产经营过程中的一种积极的意识形态和文化构成要素，“正确的绩效意识是员工职业素质的第一要素，推动其树立职业化心态，遵守职业道德，最终上升到努力工作实现自我价值、实现组织工作高绩效的高度，”[①] 对于少年法庭来说同样如此。少年法庭法官的绩效心理意识在包括

---

① 蒋爱萍:《要善于通过绩效管理来培养自身职业化意识》，载《人才资源开发》2006 年第 2 期。

审判延伸工作在内的整个法庭职能活动中扮演了重要角色，甚至决定了自身职业化意识的培养，是实施绩效考核的隐形决定因素。

张军院长在2023年7月最高人民法院机关干部考核工作推进会上提到，要把一般化管理和管理个别化有机结合，适应不同情况，让被考核人员感受到领导的关爱、个人的欠缺，找准努力的方向，更加自觉发挥好主观能动性，把工作做得更实、更好。这就意味着，在开展审判延伸工作业绩考核时，应该充分发挥少年审判法官的从业积极性，充分关注到法官开展延伸工作的个体差异性，在考核制度标准统一、固定的前提下留有互动和调整的空间。

因此，在现代绩效文化的指导下，要结合少年审判法官的心理特性来培养其绩效心理意识，使其对从事的职业具有成就感，激活法官开展少年司法保护工作的主体意识。通过树立正确的考核观、寻找提高绩效的方法和正确开展职业规划积极引导他们朝着明确的目标前进，调动法官参与审判延伸工作的积极性，并成为实施绩效评价的支持者、推动者。

（二）探索多元主体参与

1. 内部考核主体扩张

“少年审判延伸工作的高度专业化以及其附带的主观和价值导向性，决定了需要有具备实践技艺、专业能力和熟悉被考核法官的主体参与考核，方能提升绩效考核的公正性与认同感，”[①] 减少单纯由行政人员构成的法官考评委员会，是因其缺乏了解考核重点而可能影响考核结果的准确性。更为重要的是，“这种单一考核主体设计体现的是法官只需要对领导负责，进而导致法官的精力在于‘取悦’领导，”[②] 这与考核初衷背道而驰，弱化了法官在考核指标上的发力作用。可见，扩大法院内部多元化考核主体十分必要。对审判延伸工作来说，考核小组人员至少应该确保有少年审判庭负责人和法官代表参加。以N市中级人民法院为例，为积极贯彻落实最高人民法院对少年审

① 杨铜铜:《法官绩效考核制度的非司法化困境及其调试》，载《法治与社会发展（双月刊）》2022年第3期。

② 魏再金、罗虹:《功能定位、目标导向与技术方法：法官绩效考核制度检视——以S市法院法官绩效考核办法为样本》，载《三峡大学学报（人文社会科学版）》2019年第1期。

判实行单独绩效考核的要求，2021年起，从最新考核指标的确定、考核权重赋值，到开展季度和年度考核，少年审判庭的负责人和法官代表均全程参与，在考核重点的抓取和考核结果的准确性上均有所提高。另外，“作为被考核对象的法官代表参与确保了绩效考核程序正义”，[①] 法官主体地位和职业认同感有一定提升。

2. 外部考核主体审慎介入

与成人司法的被动性、消极性和中立性不同，少年司法除具备法律属性外，延伸工作的开展更加体现主动性、积极性和开放性。在少年司法价值理念的驱动下，少年法庭法官角色定位也逐渐趋于职业化和社会化的融合，即司法者“社会工作者化”，其输出行为的司法权威性不仅来自国家公权力的授权，更需要民众的认同和支持。因此，少年司法工作的公共性、民主性以及社会责任感决定了在审判延伸的考核中，法院对法官该项工作的评估不能仅由法院自身来完成，考核信息的获取、考核结果的反馈和考核效果的提升都需要外部参与，同时，评价主体多元化和适度社会化也是法院绩效考核“去行政化”的重要措施。[②] 在现有考核基础上可以考虑引入当事人、律师等其他诉讼参与人参与到考评中。

但是需要注意的是，当事人、律师作为社会公众与作为案件当事人、代理人的身份和立场存在差异，不能完全保证该群体作出评价的客观性和公正性。因此，需要设计合理恰当的方式来谨慎增加他们的参与度，比如外部主体的引入范围和评分比值审慎把控、保持限度，更多集中于定性评价。

（三）创新考核结果应用

1. 完善结果反馈

“绩效反馈是指考核主体在对少年法庭法官进行绩效考核后应将考核结果反馈给各位法官，合理说明存在的问题并对症下药，提出意见解决问

---

① 杨铜铜：《法官绩效考核制度的非司法化困境及其调试》，载《法治与社会发展（双月刊）》2022年第3期。

② 参见重庆市高级人民法院课题组：《审判管理制度转型研究》，载《中国法学》2014年第4期。

题，”[①] 其主要形式之一是绩效面谈。另外，要特别注意对考评细则和考评过程的反馈。“正如考核的终极价值目标在于如何在不妨碍审判独立的情形下全方位提升法官整体的职业能力和职业素养，使得每一位入职法官都蜕变为‘尽善尽美’的职业法律人。”[②] 通过考核结果的及时反馈，力求实现真正推动少年法庭法官融入“考核—结果—反馈—提升—考核”的闭环化、动态化过程性考核机制中，真正提升少年司法审判队伍的专业化水平，进一步形成党的二十大报告中“能者上、优者奖、庸者下、劣者汰”的良好局面，展示少年法庭法官在保障未成年人合法权益上的社会角色期待和关键性服务。

2. 明晰特殊任职资格

未成年群体的特殊性，决定了少年审判法官除了应当具备一般法官任职资格外，还需要额外资格或者接受额外培训，以树立少年审判的专业理念和提升职业技能，如青少年心理学、社会学、传播学等。因此，可借助审判延伸工作考核结果的反馈和法官业务技能的逐步提升，结合少年审判法官队伍管理、能力素质和业务数据分析，由法官绩效考核办公室定期汇总、上报考核情况报告，制定统一的少年法庭法官员额标准、任职资格，细化任职条件和审查认定办法，进一步巩固少年审判队伍专业化建设成效。

结　语

工欲善其事，必先利其器，审判延伸工作业绩纳入考核已经成为科学评价少年法庭法官业绩的必然要求。仅仅从形式上将审判延伸工作赋值并纳入考核，并不是真正将少年法庭可实行专门考核的精神落实到位，更不是有效发挥人民法院对未成年人保护“抓前端、治未病”的职能体现。“两项优化”“三项维度”的机制改进虽然未必是最佳策略，但是考核机制内外共同发力已是必须面对和思考的重要问题。以考核促激励、以激励促发展，才能让“一切为了孩子，而不是案子”的意义更为深远。

---

① 参见黄锡生、余晓龙：《以绩效管理为借鉴的法官业绩考评机制再造》，载《东岳论丛》2019 年第 12 期。

② 华小鹏：《法官绩效考核的终极目标及实现路径》，载《法学杂志》2020 年第 10 期。

行政争议诉前实质化解的指引机制探索与建立
——以创设类型化的行政示范案件裁判库为基点

郑州铁路运输法院　杨洁琳 *

引　言

习近平总书记强调:“法治建设既要抓末端、治已病，更要抓前端、治未病。我国国情决定了我们不能成为‘诉讼大国’。”① 当前行政争议的诉前化解正值机遇与挑战，其关键在于人民法院能否充分发挥诉前指引职能，引导当事人自主选择并接纳诉前化解争议。行政示范性诉讼恰好具备了“解纠纷于诉前”与“止纠纷于未发”双重功效，完美契合了诉源治理精神和诉前实质化解行政争议的需求。由此，本文拟结合行政示范性诉讼，以创设类型化的行政示范案件裁判库为基点，探索建立行政争议诉前化解的分类示范指引机制。

一、现状检视：行政争议诉前化解的实践样态

诉前分流对于减轻员额法官工作负担、优化司法资源配置的作用不容忽视。②《最高人民法院关于进一步推进案件繁简分流优化司法资源配置的若干

---

* 杨洁琳，郑州铁路运输法院法官助理。

① 习近平:《坚定不移走中国特色社会主义法治道路，为全面建设社会主义现代化国家提供有力法治保障》，载《求是》2021 年第 5 期。

② 参见左卫民:《通过诉前调解控制“诉讼爆炸”——区域经验的实证研究》，载《清华法学》2020 年第 4 期。

意见》(法发〔2016〕21 号)中提出“促进纠纷的诉前分流”后，诉前纠纷解决逐步被重点运用到争议化解中，用以解决案多人少、上诉率高、申诉率高等问题，但经过多轮探索，其成效仍不够显著。在此情况下，有必要审视行政争议诉前化解的实践样态，以进一步寻求有突破性的完善方案。

(一)“多”与“少”：化解方式多、发挥功能少

1. 行政争议诉前化解方式多元

最高人民法院印发的《关于深化人民法院司法体制综合配套改革的意见——人民法院第五个五年改革纲要(2019—2023)》中明确提出了坚持把非诉讼纠纷解决机制挺在前面，随后又发布了《最高人民法院关于进一步推进行政争议多元化解工作的意见》(法发〔2021〕36 号)，加之司法实践中各地法院不断创新诉前化解行政争议的工作方法，呈现出了诉前化解方式多元化的样态，主要包含诉前调解、行政先行处理、民事先行处理、一站式协调化解等，同时也初步形成了分类化解的布局，如图 1 所示。

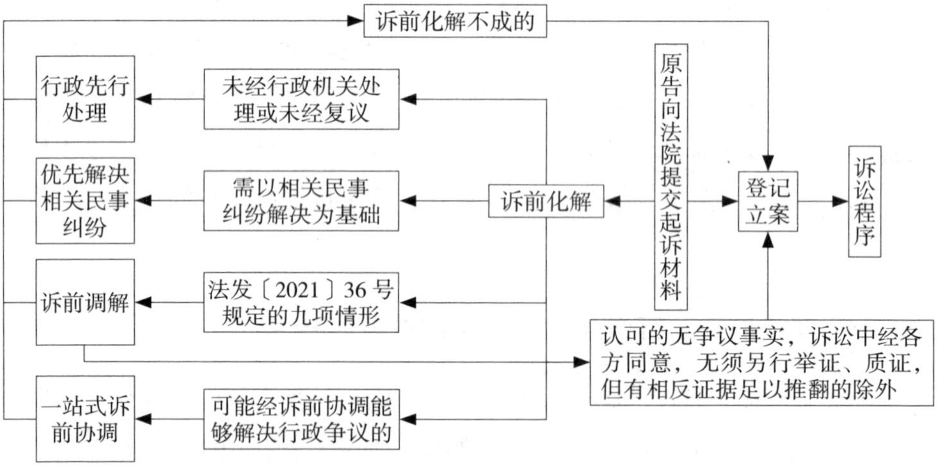

图 1 当前行政争议诉前化解的多元方式

2. 多元化解的功能未充分发挥

实践中一些化解方式处于休眠状态，使用率低，如“某省在线矛盾纠纷多元化解平台”的运用情况存在差异，个别地区由于地处偏远信息化建设不足，还存在不会应用的情况，且调解团队单一，主要以法院进驻为主，其他

调解组织、调解员进驻较少。同时，大多数当事人对诉前化解信任不足，对其专业性、权威性心存疑虑，诉前化解的意愿不强。

（二）“快”与“慢”：开展进度快、配套措施慢

1. 行政争议诉前化解开展进度快

开展行政争议诉前化解以来，一些具有代表性的地区在标准化推进诉前化解、诉非衔接、监督行政行为、行政争议实质化解的成效等方面取得了显著进展，如表1所示。

表1　代表性地区的行政争议诉前化解开展情况

代表地区	先进做法	工作亮点
河北省	府院共建行政争议诉前化解平台，化解行政争议9000余件	全国率先对诉前协议司法确认
吉林省	全省法院全部设立行政争议协调化解中心，2022年诉前化解率79%，33%的行政争议未进入诉讼程序	实质化解争议成效显著
江苏省	将推动行政机关及时主动纠正有关行政行为纳入《江苏省行政程序条例》中，上升为省级立法规定	首创行政行为自我纠正制度
浙江省	会同省司法厅制定《关于加强诉源治理进一步完善预防和化解行政争议机制的意见》《浙江省行政争议调解中心工作规程（试行）》①	标准化推进行政争议化解
海南省	基层法院成立诉源治理工作站1518个，诉前调解案件占一审立案数量30.96%，平均办理时长缩短至11天，一审民事、行政案件同比下降12.28%	成立诉源治理的综合性工作站
陕西省	某违建别墅专项整治中，组建业务骨干参与纠纷化解专班，引导当事人非诉解决纠纷，其间无一案进入诉讼程序	专项整治中诉前化解争议成效显著

2. 诉前化解相关配套措施未跟上

当前行政争议诉前化解取得一定阶段性成果的同时，其在相关配套措施方面还存在缺位，主要表现在以下几个方面：一是登记立案前的分流引导不足；二是诉前化解中的协调跟踪不足；三是诉前化解后的效力确认不足；四是诉前化解与登记立案间的回溯流程不足。

① 《第六次全国行政审判工作会议发言摘登》，载《人民法院报》2023年2月17日。

（三）“易”与“难”：个案收效易、整体奏效难

1. 当前行政争议诉前化解的个案收效显著

行政争议诉前化解在提高争议化解效率的同时，更有利于当事人实质解决纠纷。诉前化解争议与诉讼中的调解和判决不同，往往参与诉前化解的司法工作人员不参与诉讼程序，当事人无须担心如化解不成将在审判中承担不利法律后果，或在化解过程中某些陈述或表态给法官带来先入为主的印象而影响裁判结果，因此当事人的意思表示更加真实、实际，这有利于切实达到实质化解纠纷的效果。

2. 以诉前化解减缓整体行政争议效果不佳

当前行政争议的诉前化解方式难以改善整体行政诉讼逐年攀升、上诉率高、申诉率高的现状。自 2019 年最高人民法院在第五个五年改革纲要中提出把“非诉”挺在前面以来，2019 年、2020 年、2021 年、2022 年行政诉讼一审收案分别为 279574 件[①]、260220 件[②]、319977 件[③]、278304 件[④]，整体趋势仍然处于上升走势，同时上诉率依然未见好转。如图 2 所示。

二、供需衔接：行政示范案件对行政争议诉前化解的指引价值

当前行政争议的诉前化解还有待完善，有必要进一步剖析法院在行政争议诉前实质性化解中履职的需求并为该需求找到答案。

（一）“需求侧”：行政争议诉前化解的指引需求

从法院的角度来看，如何发挥能动司法职能指引当事人选择并接纳诉前化解争议是要点。换言之，当前法院在行政争议诉化解的充分履职过程中还

---

① 参见《2019 年全国法院司法统计公报》，载 http：//gongbao.court.gov.cn/Details/fcadfe71e8d5a54acd8f840f768e65.html，2023 年 6 月 19 日访问。

② 参见《2020 年全国法院司法统计公报》，载 http：//gongbao.court.gov.cn/Details/0bce90201fd48b967ac863bd29059b.html，2023 年 6 月 19 日访问。

③ 参见《2021 年全国法院司法统计公报》，载 http：//gongbao.court.gov.cn/Details/a6c42e26948d3545aea5419fa2beaa.html，2023 年 6 月 19 日访问。

④ 参见《2022 年全国法院司法统计公报》，载 http：//gongbao.court.gov.cn/Details/20587eaef248beb61ed6596018865c.html，2023 年 6 月 19 日访问。

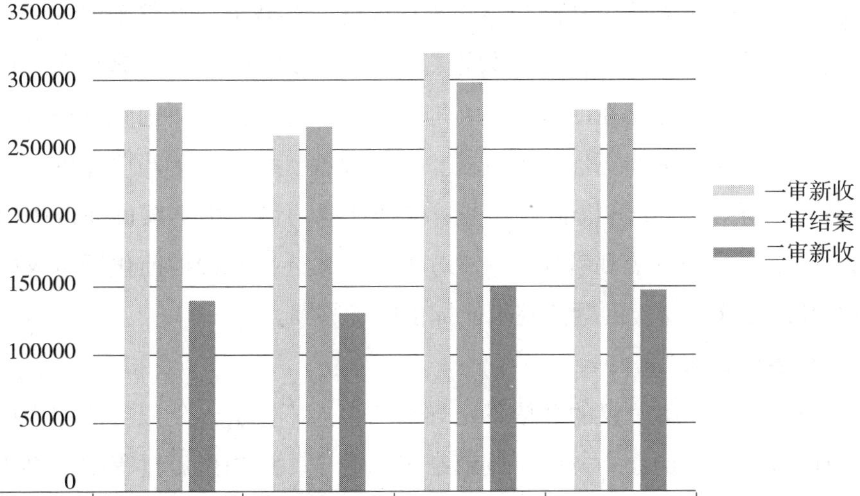

案件类型（单位：件）＼年份	2019 年	2020 年	2021 年	2022 年
一审新收	279574	260220	319977	278304
一审结案	284362	266312	298301	283532
二审新收	139153	130462	149744	146363

图 2　2019 年以来行政案件一审新收和上诉情况

存在指引需求，该需求可分为以下几点：

1. 释明需求

司法实践中当事人更习惯于运用诉讼化解争议，尤其是行政争议案件，大部分原告认为自身处于弱势地位，更期望通过司法权来约束行政执法权。此时，立案前的释明就尤为重要，但当前立案前的释明存在两个问题：一是释明方式过于简单，往往立案前采取直接送达相关通知书或口头询问的方式却不加以解释，这样释明不清不免有些忽视诉前化解之嫌。二是释明内容浮于表面，当前的释明内容仅局限于对诉前化解方式的简要介绍，这使当事人即使能够知晓这一争议化解方式，也不能理解诉与非诉化解方式各自的优势所在，导致其不会在诉与非诉之间做出选择。

2. 导向需求

“立案登记制与诉源治理冲突的根源在于当前诉讼中心主义根深蒂固，

相应的制度也是以此为基础和核心来构建的，导致诉讼在整个解纷体系中具有强大的‘磁力’和‘虹吸’效应。”[①] 由于诉讼中心主义由来已久，而诉前化解争议的规则还存在诸多空白。即使当事人愿意选择诉前化解争议，但在多元方式下如何选择更优化解方式，也难以找到依据，如当前《诉前调解通知书》《选择诉前化解机制确认书》中往往只写明“由本案诉前调解团队先化解”或“给予诉前和解期限”，对于为什么选择此种诉前化解争议的方式而非其他方式，这类问题法院未能提供明确答案。

3. 公信需求

当前诉前化解争议的公信不足导致当事人不愿尝试。以目前较为成熟的诉前调解方式为例：一方面，调解结果不确定。诉前调解过程中当事人无法预测将得到何种调解结果，加之其考虑到如“久调不成”仍要进入诉讼程序，导致当事人不信任诉前调解；另一方面，效力确认不确定。双方当事人达成的协议需经过司法确认程序才能确认效力，但司法确认是在诉讼程序之外，出具行政“诉前”调解书还是需进入诉讼程序，作出裁定或行政调解书并没有明确的法律规范，实践中也未统一。

（二）“供给侧”：行政示范案件价值能够回应行政争议诉前化解的指引需求

行政示范性诉讼以个案精审示范解决群体性争议的方式，实现了公正与效率相平衡的效果，其价值正是当前行政争议诉前化解指引需求的题中答案。

1. 行政示范案件的能动履职价值回应释明需求

（1）行政示范案件的能动履职价值。一方面，行政示范案件的裁判结果能够直接应用于后续立案的平行案件，这种从诉中向诉前回溯的效力影响效果体现了其靠前发力、主动履职的能动履职价值；另一方面，从行政示范性诉讼的法律关系中可以看出，其以行政示范案件为桥梁，给予不同部门的司法工作人员与平行案件、后续平行案件原告群体之间更多诉或非诉的连接空间，这让法院更有机会主动履职。

① 李占国：《当前司法实践中影响公平正义实现的若干问题》，载《中国应用法学》2022年第5期。

（2）行政示范案件的能动履职价值能够让释明更清楚。立案前释明的关键在于释明机制的设置和释明工作人员的态度。行政示范性诉讼本身就设有向后续平行案件当事人的释明环节，同时，从决定启动适用行政示范性诉讼方式化解群体性纠纷起，其就要求法院及司法工作人员在案件办理时充分发挥主观能动性。此外，以行政示范案件为桥梁，能够使诉前争议化解释明时更加有依据、释明更加清晰。

2. 行政示范案件的效力扩张价值回应导向需求

（1）行政示范案件的效力扩张价值。“示范性诉讼最突出的特征即为示范判决中对共同事实、证据、法律关系的判断不仅拘束本案，还会波及具有相同争点的同类案件。”[①] 这体现了行政示范案件裁判对其他平行案件具有既判力，这正是其效力扩张价值（如表 2 所示）。同时，依据《行政诉讼法》第 101 条[②] 的规定，参照《民事诉讼法》第 57 条第 4 款[③]，可以看出示范性诉讼已经确立了既判力扩张制度。

表 2　示范案件的效力扩张示例

示范案件案号	对照标准	平行案件	裁判中效力扩张表述
（2020）鲁行申 1454 号	同类行政行为	17 案	经一审法院审理没有新的事实、证据出现的情况下，不可能在该 17 起案件审查中对相同情况的案件作出与马某斌案相反的认定
（2020）渝行申 452 号	同一行政行为	11 案	本院（2020）渝 05 行初 204 号行政判决已经对裁判理由和依据进行了具体阐述，本院对本案的处理意见和该案一致
（2019）最高法行申 3016 号	同一行政行为	83 案	未提出证据证明其案件与傅某强案之间有重要的区别，故一、二审均裁定适用傅某强案的判决结果，并无不当

① 嬴飞宇：《示范性诉讼：平台经济劳动关系认定困境的程序突围》，载《社会法学研究》2022 年第 1 卷。

② 《行政诉讼法》第 101 条规定：“人民法院审理行政案件，关于期间、送达、财产保全、开庭审理、调解、中止诉讼、终结诉讼、简易程序、执行等，以及人民检察院对行政案件受理、审理、裁判、执行的监督，本法没有规定的，适用《中华人民共和国民事诉讼法》的相关规定。”

③ 《民事诉讼法》第 57 条第 4 款规定：“人民法院作出的判决、裁定，对参加登记的全体权利人发生效力。未参加登记的权利人在诉讼时效期间提起诉讼的，适用该判决、裁定。”

（2）行政示范案件的效力扩张价值能够让导向更明确。后续平行案件适用示范案件裁判结果时，其对照标准往往是同一或同类行政行为，这有利于建立争议诉前化解的分类指引机制。同时，在分类指引下，示范案件裁判的效力扩张能够让后续平行案件当事人在有参照的情况下对诉前化解争议的走向更加明确。

3. 行政示范案件的权威预告价值回应公信需求

（1）行政示范案件的权威预告价值。从行政示范性诉讼的办理流程能够看出，其追求"同案同判"的司法效果，"同案同判"最主要价值在于"形式正义的可视化"和"可预期性的显现化"[①]，也即示范案件裁判结果能为后续案件当事人提供结果预期。[②] 如图 3 所示。

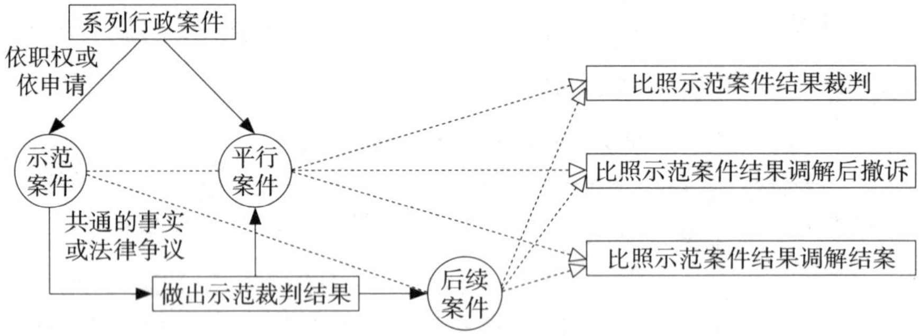

图 3　行政示范性诉讼办理流程

同时，示范案件裁判结果具有权威性。一方面，示范案件审理过程公开透明，接受严格监督。另一方面，示范案件裁判结果十分严谨。如河南省高级人民法院印发《关于行政案件示范性诉讼的指导意见（试行）》第 10 条对示范案件裁判结果的得出有十分严格的规范。[③]

① 参见雷磊：《同案同判：司法裁判中的衍生性义务与表征性价值》，载《法律科学》2021 年第 7 期。

② 参见姚志坚、王静、陆亚东：《破产衍生诉讼纠纷多元化解机制的构建与运行》，载《人民司法》2023 年第 7 期。

③ 参见《河南省高级人民法院关于印发〈关于行政案件示范性诉讼的指导意见（试行）〉的通知》，载 http：//www.hncourt.gov.cn/public/detail.php?id=189146，2023 年 6 月 22 日访问。

（2）行政示范案件的权威预告价值能够让公信更扎实。由于当前诉前化解争议公信力不足，导致部分当事人对其心存疑虑，此时，经过七年探索的行政示范性诉讼恰巧能够弥补这一问题。示范案件具有样板效应、示范权威，并对行政机关、普通民众有教育警示作用，以其裁判结果为指引依据，能有效提升诉前化解争议的公信力。

三、创设基点：类型化行政示范案件裁判库的搭建

“诉讼类型只是手段和方法，其根本目的还在于对民众权利进行有效的法律保护。”[①] 搭建类型化示范案件裁判库，有利于法院有依据、有方向、能动地开展诉前化解争议的指引工作，使当事人更加信任诉前化解争议，实现诉讼经济和实质化解争议的双重效果。

（一）静态基础：规划设计类型化的行政示范案件裁判库

类型化行政示范案件裁判库可参考行政诉讼类型化的理论研究，并考虑其对诉前化解争议的指引作用进行设计。根据我国现行行政诉讼体系以及案例指导中显性和隐性分类，可分别设计为行政撤销之诉、行政给付之诉、行政确认之诉的示范案件裁判库。

1. 行政撤销之诉的示范案件裁判库

（1）行政撤销之诉的示范案件分类模型。结合《行政诉讼法》第 12 条和第 44 条，行政撤销之诉可以分类为行政行为撤销之诉和行政复议撤销之诉。结合《最高人民法院关于进一步推进行政争议多元化解工作的意见》（法发〔2021〕36 号）第 10 条第 2 项的规定，行政行为撤销之诉可再分为经引导先行复议的案件以及其他案件。其余案件中可依据是否存在给付请求权进一步分类，如图 4 所示。

（2）行政撤销之诉的分类裁判方式。一方面，实践中行政撤销之诉存在诉判不一致的现象。如诉请撤销但判决确认违法或变更。本文认为基于实质化解争议的出发点，行政撤销之诉的示范判决除不具备撤销内容、撤销后有

① 章志远：《行政诉讼类型构造论》，法律出版社 2021 年版，第 28 页。

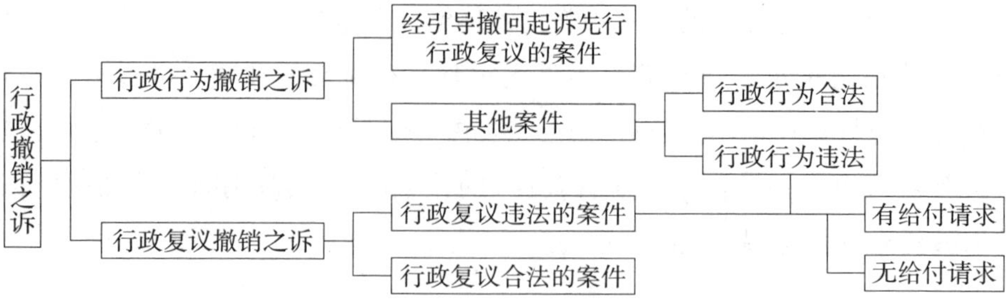

图 4　行政撤销之诉的示范案件分类模型

损国家公益、已然撤销等特殊情况外，应尽可能做到诉判一致。

另一方面，行政撤销判决分为：全部撤销判决、部分撤销判决、撤销并责令重作判决、撤销并恢复原行政行为法律效力的判决。首先，关于全部撤销判决与部分撤销判决的适用选择上，其关键点是一个案件的合法性和违法性能否分割，在“超越职权”“滥用职权”“法定程序”要素上违法时是不能分割的，应适用全部撤销判决；而其他要素违法时，可适用部分撤销判决。其次，关于判决撤销并责令重作与判决撤销并恢复原行政行为的适用选择上，对于行政复议决定撤销原行政行为违法需要判决撤销并将原告权利义务恢复到复议决定作出之前状态的，以及对于法院经审理认为行政机关撤销权利证书违法并应当恢复原告依法享有的权利的，应当判决撤销并恢复原行政行为或恢复原告先前持有的权利证书的法律效力。① 最后，当撤销判决可能衍生给付请求权时，如请求撤销交通违章罚款，法院应在判决撤销时，询问当事人是否提出给付请求并作出相应判决。

2. 行政给付之诉的示范案件裁判库

（1）行政给付之诉的示范案件分类模型。结合《行政诉讼法》第 72 条和第 73 条，行政给付之诉可分为课予义务之诉和一般给付之诉。一方面，关于课予义务之诉，结合《最高人民法院关于适用〈中华人民共和国行政诉讼法〉的解释》第 91 条，不履行法定职责可分为行政不作为和违法拒绝作为，再结合另一维度：是否依照申请才产生作为义务，可综合将

① 参见郭修江：《行政诉讼判决方式的适用》，载《法律适用》2023 年第 6 期。

课予义务之诉分为行政机关履行了法定职责、行政机关不作为依职权的行政行为、行政机关不回应申请、行政机关拒绝申请的案件。另一方面，关于一般给付之诉，为便于切实保障当事人权益，可依照给付义务来源进行分类，分别为：法定职责的、行政协议双方约定的、行政允诺、行政奖励中的、先行行为产生的、基于公法上的不当得利与无因管理产生的。如图5所示。

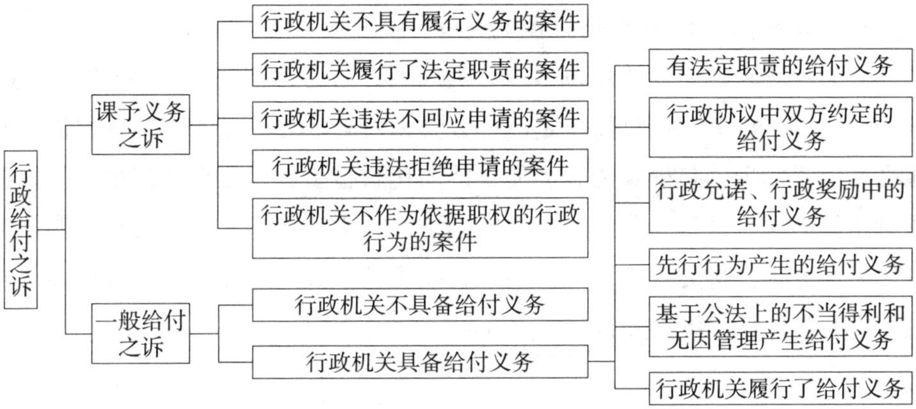

图5　行政给付之诉的示范案件分类模型

（2）行政给付之诉的分类裁判方式。一方面，课予义务之诉的裁判方式主要包括：驳回诉讼请求判决、要求行政机关答复申请的履行判决、要求行政机关同意申请的履行判决以及要求行政机关依职权作为的履行判决。[①] 首先，当对行政相对人的申请，不履行审查义务或因正在审查中而未答复时，基于最大限度尊重行政机关首次判断权和争议前端化解的考量，原则上应作出要求行政机关答复申请的履行判决。其次，当行政机关违法拒绝合法申请时，应作出要求行政机关同意申请的履行判决。最后，当行政机关依职权具有作为义务却违法拒不作为时，应作出要求行政机关依职权作为的履行判决。

---

① 参见王明喆：《行政诉讼履行判决的类型与适用——基于“不履行法定职责”类型化的分析》，载《环球法律评论》2023年第3期。

另一方面，一般给付之诉裁判时应充分考虑原告的实体合法权益。“只有原告受损的实体合法权益得到补偿或赔偿，原告的实质诉求得到满足，才有可能实质化解行政争议。”① 因此，当原告诉请的金钱给付数额确定时，“行政机关不履行金钱给付义务的，法院只能判决限期支付具体数额的金钱，不能判决被告限期作出赔偿或补偿决定。”② 当行政机关有给付义务却不能确定给付方式、数额等内容时，可判决被告限期作出赔偿或补偿决定。

3. 行政确认之诉的示范案件裁判库

（1）行政确认之诉的示范案件分类模型。结合《行政诉讼法》第74条、第75条、第76条，行政确认之诉可分为无效确认之诉、违法确认之诉。确认之诉主要体现的是确定力，为便于诉前化解指引，可依据争议最终是否具备可执行的内容进行亚分类。将违法确认之诉中确认违法后涉及行政赔偿的案件单独分类；将无效确认之诉中可转换为其他诉讼的和确认无效后涉及行政赔偿的案件各自单独分类，如图6所示。

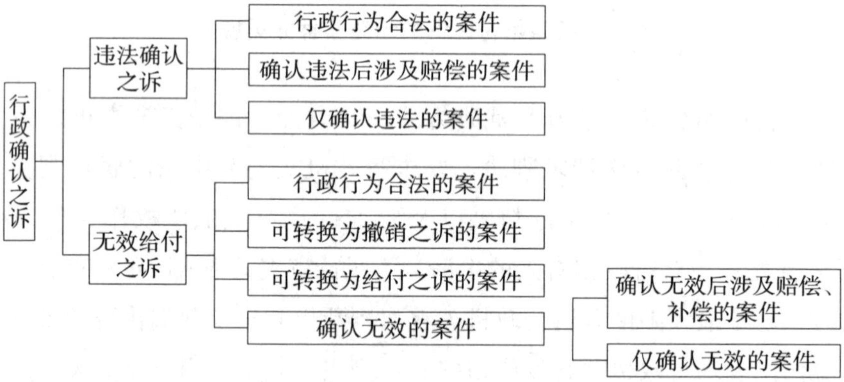

图6 行政确认之诉的示范案件分类模型

---

① 郭修江：《行政诉讼实质化解行政争议的路径和方式》，载《人民司法》2020年第31期。

② 郭修江：《行政诉讼实质化解行政争议的路径和方式》，载《人民司法》2020年第31期。

（2）行政确认之诉的分类裁判方式。首先，《行政诉讼法》第 74 条将确认违法判决分为确认违法但不撤销行政行为的判决、确认违法但不需撤销或履行的判决。除此两种之外，法院应对于原告提出的违法确认请求进一步审查，深挖实质诉求，穷尽撤销或给付请求之后再做出确认判决。其次，判决确认无效时应严格把握“重大且明显违法”标准，慎用无效判决。

（二）动态基础：优化行政示范性诉讼以持续完善裁判库

截至 2023 年 6 月 21 日，通过在中国裁判文书网搜索“行政诉讼”“示范诉讼”或“行政诉讼”“标准诉讼”关键字，共检索到 1028 件行政案件，这些案件在一定程度上反映了当前行政示范性诉讼的现状，进而能够厘清以优化行政示范性诉讼持续完善裁判库的路径。

1. 行政示范案件裁判库的系统培育

（1）均衡分布各类示范案件。从检索到的案件可以看出，当前行政示范性诉讼的适用具有随机性，形成的案件类型分布不均衡，如图 7 所示。

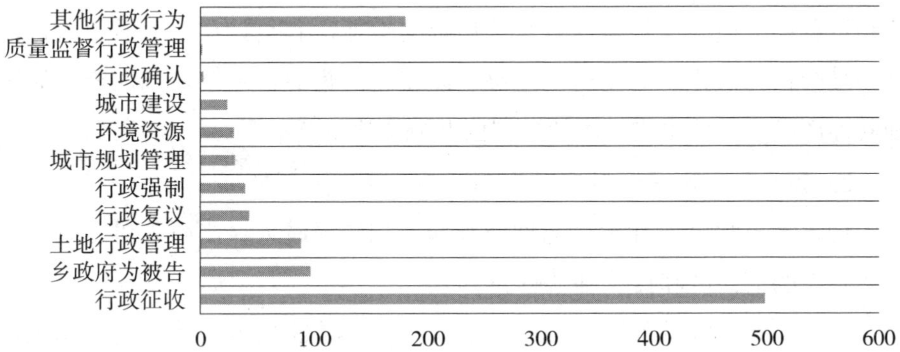

案件类型	行政征收	乡政府为被告	土地行政管理	行政复议	行政强制	城市规划管理	环境资源	城市建设	行政确认	质量监督行政管理	其他行政行为
案件数量（单位：件）	497	97	88	42	39	30	29	23	2	1	180

图 7　当前行政示范性诉讼涉及的案件类型

在此情况下，要在已有的示范案件分布基础上，对照分类模型系统布局，均衡分布示范案件，“培育”具有典型性、先导性、广泛适用性的示范裁判，尽可能让当事人检索到匹配度高的示范裁判结果，为诉前指引提供充足依据。

（2）建立入库－撤库动态机制。建立入库－撤库动态循环机制，行政示范案件裁判库才能够可持续应用。一方面，设置培育入库规则，以下几种情况应当按照示范案件培育并将其裁判入库：同一行政行为引发 10 人以上群体性纠纷的、虽当前不涉及群体性纠纷但可预见存在群体性纠纷可能的、案情重大复杂具有典型性代表性的等，其余案件可由法官自由裁量决定，鼓励并支持法官挖掘可入库的案件。另一方面，设置更新撤库规则，撤库的情形为：所适用的法律法规更改的；新裁判能够涵盖旧裁判的；随着社会发展、不符合法律规定或社会公序的等。

（3）确保示范案件审判质效。由于行政示范案件裁判将直接广泛适用于后续平行案件，故应确保示范案件的审判质效。首先，选取示范案件时，“示范案件应该最大限度地涵盖群体性纠纷中具有共性的事实问题和法律问题”①，且谨慎考虑案件情况和当事人诉讼能力②；其次，审理示范案件时，应适用普通程序并由资深法官组成合议庭，书面通知行政机关负责人出庭应诉，落实示范案件旁听制度和示范案件相关事实辩论原则；再次，作出示范裁判过程中，应类案检索并在合议后提交专业法官会议讨论，需要时提请审判委员会讨论决定，必要时向上级法院报备。最后，示范裁判内容应能够明确共性证据、案件事实、法律争议的裁判规则。

2. 行政示范案件裁判库的影响扩展

行政示范性诉讼和示范案件裁判的影响辐射越大，当事人对行政示范案件裁判库的信任度和接受度就越高。

（1）提高行政示范性诉讼的总体适用率。自 2016 年提出“行政示范性诉讼”以来，其适用的案件量在 2018 年达到峰值，之后呈现下降趋势，这在检索到的案件中也有所体现（如图 8 所示），总体适用率低导致部分当事人对其十分陌生，信任感降低。

---

① 林晓镍、单素华、黄佩蕾：《上海金融法院证券纠纷示范判决机制的构建》，载《人民司法》2019 年第 22 期。

② 参见吴志锐、周文森：《行政示范诉讼机制的实践检视与程序构建》，载《人民司法》2023 年第 13 期。

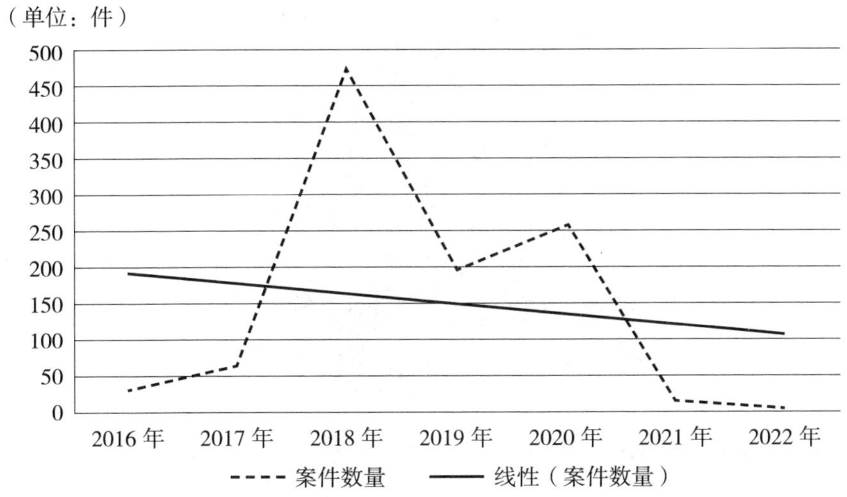

图 8　2016 年以来行政示范性诉讼的适用趋势

之所以出现适用下降的情况，一方面，由于近年来行政示范性诉讼顶层设计滞后，仅分散在各个文件中且往往一笔带过，缺乏明确的实施细则。另一方面，诉讼实践中有些案件仅隐性适用，并不明确标注适用示范性诉讼。对此，有必要统一行政示范性诉讼的实施细则，并鼓励明确适用示范性诉讼办理案件。

（2）协调行政示范性诉讼的地域适用率。从地域分布来看，检索到的案件中适用行政示范性诉讼较多的是重庆市、湖北省、青海省、山东省，其他省份相对占比小，甚至有些地区从未适用，如图 9 所示。

各地行政示范性诉讼的适用情况关系到后续行政争议能否因地制宜地对照找到符合地域性特征的行政示范案件裁判结果。因此，有必要依据各地行政案件的分布特征和数量，明确其示范性诉讼的适用率，同时将示范裁判入库情况纳入法院工作的考核指标中，对申报极有价值的示范裁判入库的法官给予绩效考核、优先遴选的奖励。

（3）增强示范性裁判结果的社会影响力。增强示范案件裁判的社会影响力需从两处着手。一方面，主动接受监督，落实示范案件旁听制度的同时，在专项安全平台公示即将入库的裁判，允许涉案律师和当事人实名查询并监督。另一方面，扩展社会应用，在信息安全的前提下将示范案件裁判结果向

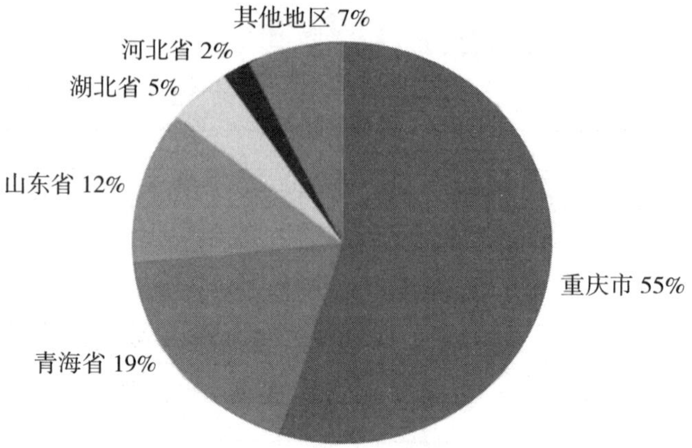

图 9　各地区适用行政示范性诉讼的情况（单位：百分比）

社会公开，可实名查询裁判，引导、鼓励社会应用示范案件裁判结果自行化解矛盾或自行判断是否上诉、申诉。

四、立体塑造：构建诉前化解行政争议的分类示范指引机制

“诉源治理是习近平法治思想的重要观点。”[①] 行政争议诉前实质化解是诉源治理的重要举措，法院应当能动履职有效引导更多当事人诉前化解纠纷。应将“为人民群众提供分层递进、多元可选的纠纷解决方案，让矛盾纠纷化解驶入‘多车道’‘快车道’”。[②] 作为总思路，以类型化行政示范案件裁判库为基础，建立诉前化解行政争议的分类示范指引机制。

（一）示例维度：化解方案的导视设计

依据各诉前化解争议方式的适用特征，在类型化行政示范案件裁判库基础上，设计分类对应的化解方案导视图，有利于使当事人全面、可视、前瞻性地了解诉前化解争议。

1. 诉前化解争议方式的适用特征

当前诉前化解争议的主要方式有：行政先行、民事先行、诉前调解、

---

① 梁雪：《新时代诉源治理的理论之基与实践之路》，载《法律适用》2022 年第 10 期。

② 乔文心：《三分之一纠纷诉前化解，人民法院一站式建设实现跨越式发展》，载《人民法院报》2023 年 2 月 16 日第 1 版。

一站式协调化解、经释明原告自愿撤回请求等。厘清诉前化解争议方式的适用特征，才能设计适配度高的诉前化解指引方案。一是行政先行，主要适用于未经行政机关处理、未经行政复议机关处理的情形，其中，由于“双被告”制度可以迫使复议机关动用一切行政资源达成实质性纠纷化解[①]，故未经行政复议的争议应引导原告先行复议。二是民事先行，主要适用于需先行解决相关民事纠纷，才能化解行政争议的案件；三是诉前调解，主要适用于行政机关行使法律法规规定的自由裁量权的案件和行政赔偿、补偿案件；四是一站式协调化解，主要适用于争议焦点明确、诉讼请求明确、合法性明显能够判断的案件，通过充分发挥一站式诉讼服务中心平台作用，协调行政机关诉前主动做出改变，以尽早切实实现争议实质化解的效果；五是经释明原告自愿撤回请求，主要适用于原告诉求明显不合法或明显不会被支持的情况。

2. 以类型化示范案件裁判库为基础设计化解方案导视图

（1）行政撤销争议的化解方案导视图。后续案件经初步确认系行政撤销之诉的，对照属于示范案件中行政行为或行政复议合法的，后续案件可引导原告撤回请求不再起诉；对照属于示范案件中经引导撤回起诉先行复议的，后续案件可引导其先行行政复议；对照属于示范案件中具有给付请求权的，后续案件可引导其诉前调解；对照属于示范案件中无给付请求权的，后续案件可引导其一站式协调化解。如图 10 所示。

（2）行政给付争议的化解方案导视图。后续案件经初步确认系行政给付之诉的，对照属于示范案件中行政机关不具给付性义务或履行了义务的，后续案件可引导原告撤回请求不再起诉；对照属于课予义务之诉的示范案件中行政机关违法不回应申请、违法拒绝申请、不作为依职权的行政行为的，后续案件可引导其一站式协调化解；对照属于一般给付之诉的示范案件中义务来源清晰、给付义务明确的（如行政协议适用于福利行政、给付行政等行政

① 参见熊樟林:《行政复议机关做被告的理论逻辑》，载《法学》2021 年第 7 期。

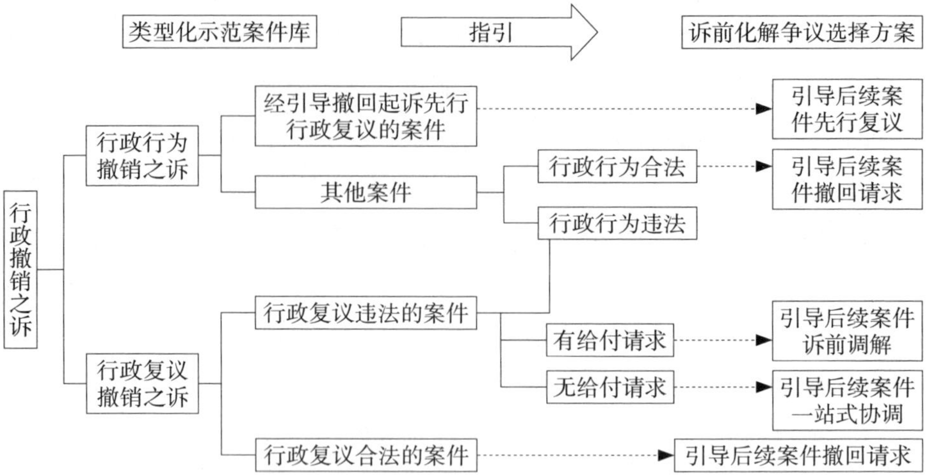

图 10　行政撤销争议的化解方案导视

活动领域的[①]、法定职责、行政奖励产生明确给付义务的），后续案件可引导其一站式协调化解；对照属于一般给付之诉的示范案件中义务来源于先行行为或公法上的无因管理和不当得利的，后续案件可引导其诉前调解。当同一案件事实存在多种给付义务时，法定给付义务取决于事先确定的资格条件，法定与约定的给付义务有时存在交叉关系，道义上的给付义务发挥补充作用。[②] 此时适用诉前调解更为合适，如图 11 所示。

（3）行政确认争议的化解方案导视图。后续案件经初步确认系行政确认之诉的，对照属于示范案件中行政行为合法的，可引导原告撤回请求不再起诉；对照属于示范案件中确认违法或确认无效但涉及赔偿、补偿的，后续案件可引导其诉前调解；对照属于示范案件中仅确认违法或确认无效的，由于此时不存在实质执行内容，后续案件可先引导原告撤回请求不再起诉，其次引导其先行复议，最后可引导其诉前调解，如图 12 所示。

---

① 参见赵德关：《行政协议纳入行政复议审查问题研究》，载《行政法学研究》2021 年第 4 期。

② 参见胡敏洁：《我国行政给付义务类型化及其法律拘束》，载《中国法学》2023 年第 2 期。

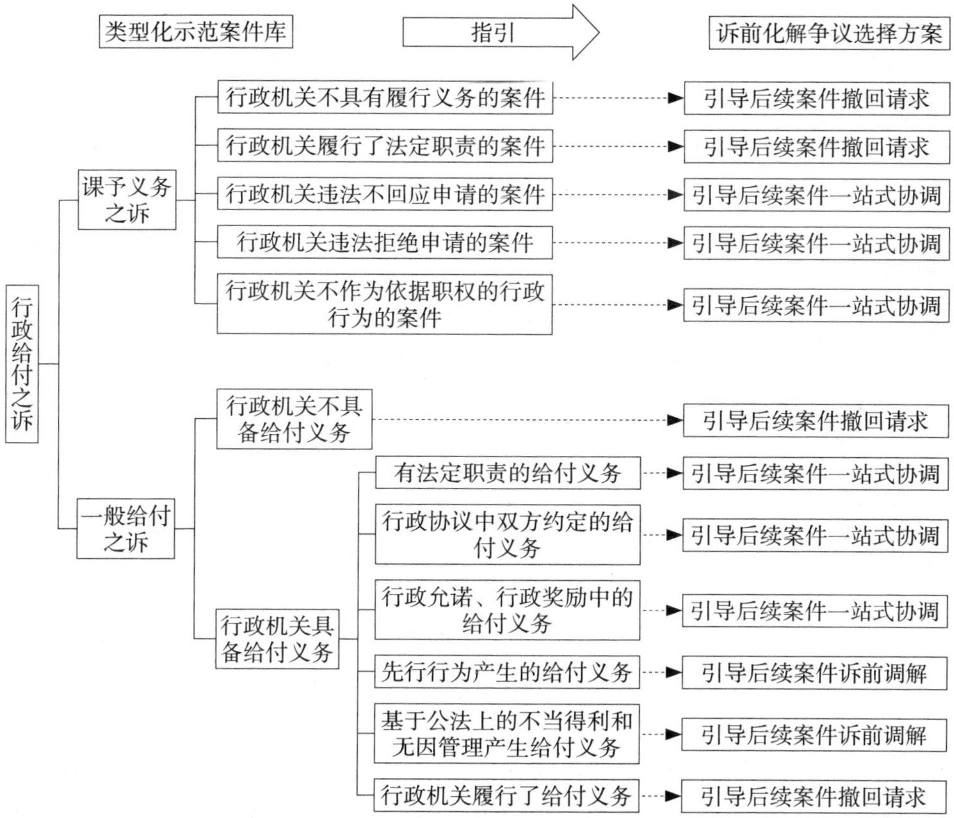

图 11　行政给付争议的化解方案导视

(二)开展维度:指引运行的程序设置

除设计化解方案导视图外,还需设置指引程序,以确保行政争议诉前指引的标准化运行。

1. 争议诉前指引的整体流程

行政争议诉前指引工作中法院应做到全流程参与、适度性介入、精细化服务、实质性化解。一方面,对于确认诉讼请求。当事人诉请不当的,法院应释明并引导当事人提出完整、适当的诉讼请求。[①] 尽可能确保不出现因当

① 参见程琥:《行政审判现代化与行政争议实质性解决》,载《法律适用》2023 年第 2 期。

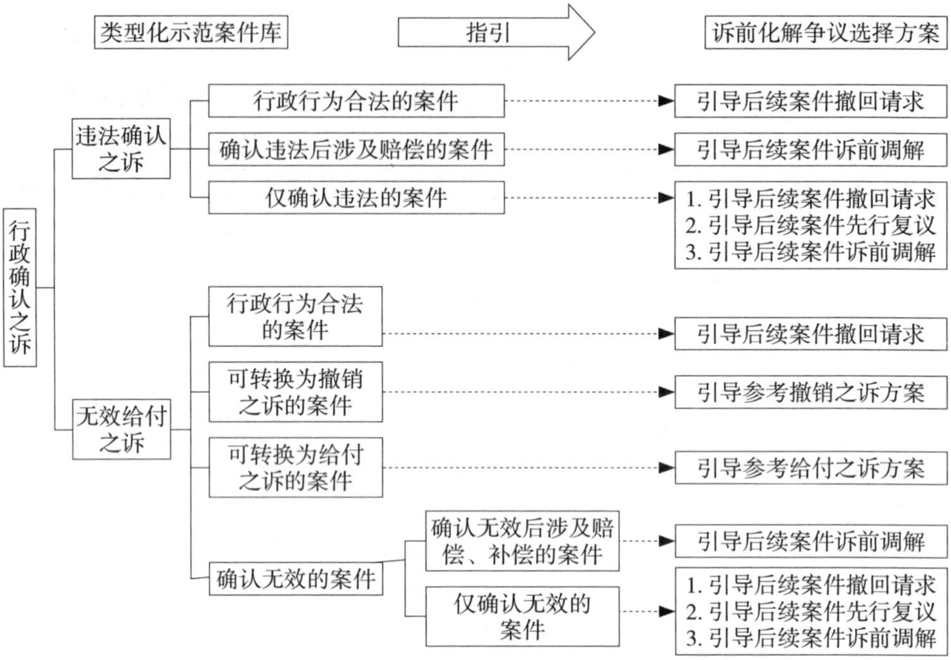

图 12　行政确认争议的化解方案导视

事人主张权利不当造成无法查询到示范案件裁判结果的问题。另一方面，关于指引流程。标准化的指引流程可设置如下：确认诉讼请求—释明可诉前化解争议—依据对照规则寻找示范裁判—依据导视图识别化解方案—依据方案释明指引—经双方当事人一致同意选择方案并登记—帮助当事人进入诉前争议化解阶段—指导、协调诉前争议化解工作—跟踪诉前争议化解结果—依据化解结果进行司法确认或登记立案—案件存档。

2. 平行案件对照的规则厘定

后续平行案件在对照寻找示范案件裁判时，应尽可能地实现精准匹配、全面覆盖，可遵循以下对照规则（以下规则之间存在前者优于后者的关系）：

（1）诉源对照规则。应用于同一行政机关的同一具体行政行为产生的行政争议，较为典型的是同一征收标准下集体性土地征收引发的行政争议。

（2）实质对照规则。应用于同一行政机关或同一职能的行政机关作出一样的行政行为的情况，此时虽然被告主体不同，但行政争议的实质内容没有区别，应认定平行案件可参照该示范案件裁判结果。

（3）类型对照规则。应用于同一行政机关作出的类似行政行为或不同行政机关依据类似事实作出的类似行政行为的情况。此处类似的事实是指各个具体纠纷的法律事实基本相同，其间存在的差异并不会导致诉讼类型的变化，也不影响行政行为的合法性。

3. 诉前化解方案的识别步骤

依据化解方案导视图识别化解方案时应遵循以下步骤：

步骤一：识别诉讼请求数量

同一行政争议中原告提出多个诉讼请求时，应抓住争议的核心焦点引导其梳理诉讼请求，明确其诉讼请求本质上是单个还是多个，如“行政协议诉讼原则上以给付之诉为中心，而一旦提起给付之诉，必然将吸收其他诉讼。”①

步骤二：识别每个诉请类型

在梳理原告诉讼请求的基础上，将其逐个依据行政示范案件裁判库进行分类对照，并向原告释明分类模型和对照的规则。

步骤三：分别识别对应方案

向原告展示指引方案导视图、释明各种方案的适用特征以及对原告权益的保障。识别后得出单个或多个方案。

步骤四：导出最优选择方案

“相比民事、刑事诉讼，行政诉讼的真正独特之处在于制度设计和运行过程中，无不涉及司法权和行政权之间的关系。”②“保持审判权的谦抑，是防止两种国家权力混同、确保司法的监督地位的基本要求。”③由此，导出最优方案应遵循以下原则：得出单个方案时直接导出；得出多个方案时，由于行政机关的自我纠正在及时救济、专业甄别、警示效果等方面比司法机关的

① 章程：《行政协议诉讼类型的区分、融合与转换》，载《行政法学研究》2021年第3期。

② 梁凤云、陈默：《行政争议诉前调解的功能定位和制度设想》，载《中国应用法学》2022年第2期。

③ 黄永维、郭修江：《司法谦抑原则在行政诉讼中的适用》，载《法律适用》2021年第2期。

外力纠正更具优势，[①] 故行政先行应优于其他方案；同时导出诉前调解和一站式协调化解方案时，可将两方案结合吸收共同适用，如图 13 所示。

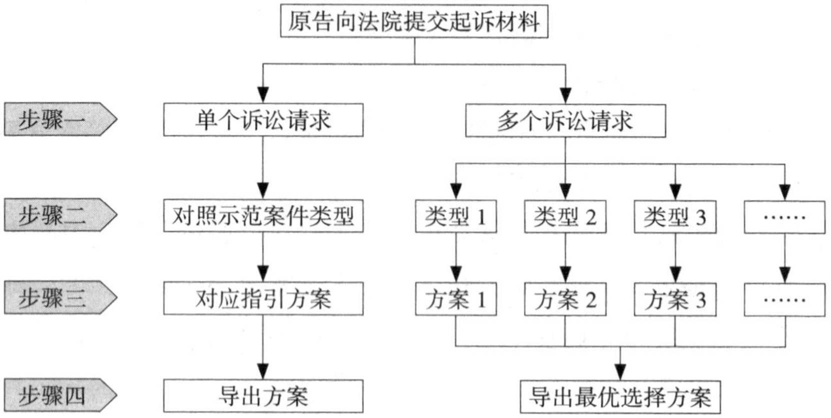

图 13 诉前化解方案的识别步骤

（三）保障维度：相关措施的配套完善

1. 打造共治平台

（1）完善多元参与。搭建府院联动、多部门机关合作、全社会参与的一站式诉前争议化解平台，邀请特邀人民调解员、特邀调解组织、律师、当事人参与平台工作，统一诉前化解的规则和理念。

（2）信息公开联动。搭建官方信息化诉前化解平台，设各参与单位统一通用的“解纷码”。开放示范案例裁判库公开查询功能，律师、当事人可实名查询；设置个案化解办理功能，案件材料实时上传，线下、线上沟通并行，明确各单位负责人员，确保诉前争议化解件件有对接、实时有回应，打通行政相对人与行政机关的沟通桥梁。

（3）司法监督前置。“只要是能够引导行政机关按照法律规定依法行政

① 参见高鸿：《行政行为自我纠正的制度构建》，载《中国法律评论》2021 年第 3 期。

的审判方式，都是监督行政的体现。”[①] 诉前化解并非放弃对行政机关的监督，而是监督前置。引导行政机关参照裁判库依法、规范、主动履职，进而实现对行政机关行政的预防性监督，如引导原告先行行政复议后，督促复议机关参照示范裁判进行复议。

2. 全程司法参与

（1）实行诉前化解登记。专设案号进行登记，登记包括当事人基本情况、诉讼请求、案件基本案情、对照的示范裁判、确认的化解方案、案件负责人、化解结果等内容。

（2）实施化解全程跟踪。经诉前指引进入诉前化解阶段后，应实时跟踪案件进展，指导争议化解组织和工作人员准确确定争议当事人、争议行政行为以及争议焦点，并对被诉行政行为合法性进行初步判断，引导当事人围绕争议焦点配合化解工作，促进其达成一致意见。[②]

（3）理清诉－非衔接路径。统一司法确认程序，当事人达成一致意见的，引导当事人申请进行司法确认，诉前化解不成的，直接转交立案部门登记立案；设争议再确认记录，双方当事人虽不能完全达成一致，但就部分或全部案件事实没有异议的，就没有异议的法律适用部分，应详细记录，登记立案时一并随案提交。

（4）完善监督激励机制。建立诉前争议化解指引的评测机制，采取线上线下多种形式，每案邀请涉案律师、当事人对化解服务进行评测，避免诉前指引和诉前化解争议强制化、形式化。

结　语

“司法审判是解决行政争议的最后一道屏障，但绝不是唯一渠道。”[③] “社

① 黄永维、郭修江：《司法谦抑原则在行政诉讼中的适用》，载《法律适用》2021年第2期。

② 参见孙航：《把非诉讼纠纷解决机制挺在前面 推动行政争议多元化解》，载《人民法院报》2022年1月20日。

③ 于厚森、郭修江：《充分发挥行政审判在多元化解行政争议中的职能作用——对〈关于进一步推进行政争议多元化解工作的意见〉的解读》，载《法律适用》2022年第6期。

会矛盾化解是新时代各级政府承担的一项基本职能，基于源头治理的‘多元纠纷解决体系构建’是习近平法治思想中法治政府理论的重要组成内容。”[①]构建行政争议诉前化解的分类示范指引机制，能够切实提高当事人选择诉前化解行政争议的意愿，这正是法院司法职能谦抑性与行政职能主动性的有效结合。同时，以创设类型化的行政示范案件裁判库为基点体现了行政争议纠纷解决体系的精细化。“行政争议纠纷解决体系的精细化体现了国家治理体系的现代化，行政争议的有效解决体现了国家治理能力的提升。”[②] 这为“中国特色式”司法方案提供了新思路。

---

① 马怀德:《论习近平法治思想中的法治政府理论》，载《政法论坛》2020 年第 6 期。

② 梁凤云、陈默:《行政争议诉前调解的功能定位和制度设想》，载《中国应用法学》2022 年第 2 期。

进一步完善实现司法裁判“三个效果”有机统一工作机制的建议
——以当前热点刑事案件为视角

河南省高级人民法院　袁小刚　宋红霞　李　楠*

楔子：用有力度、有温度、有深度的司法裁判回应群众期盼

从“孙某果涉黑案”到“于某杀人案”，引发全民热议的司法案件屡见不鲜，尤其是刑事案件，由于涉及暴力、金钱、伦理等因素，被媒体争相报道。信息传播过程中，情绪化的观点更易受到关注，在大众积极讨论扩散之下迅速成为“主流意见”，而理性的声音因此被埋没，陷入“沉默的螺旋”。如果任由非理性的意见不断发酵，公众对案件事实的曲解和对司法机关的质疑将会愈演愈烈，案件办理势必会受到干扰，损害裁判效果及司法权威。

刑事司法与公众舆论的认同度已成为当前法治社会建设领域重要课题之一，[①] 热点刑事案件审理过程中，如何有效引导舆论回归理性，澄清偏离事实的误解，使案件办理得到公众的认同，关键在于坚持政治效果、法律效果、社会效果相统一，用有力度、有温度、有深度的裁判回应群众期盼。本文借鉴“三螺旋”理论，以加强“三个效果”协同互动为视角，提出实现“三个效果”有机统一工作机制完善路径。

---

* 袁小刚，河南省高级人民法院刑二庭庭长，审委会委员，三级高级法官。宋红霞，河南省高级人民法院刑三庭三级高级法官。李楠，现任河南省高级人民法院刑三庭二级法官助理。

① 参见卢上需、李耀杰：《判前征询制度构建之设想》，载《法律适用》2021 年第 3 期。

一、“放大镜”下的审视：热点刑事案件中的舆情之问

（一）政治热词：安全、民生、经济秩序

热点刑事案件承载着人民对社会资源分配及公共事务管理的关注，人民法院作为党的政策执行者，承担以公正裁判维护公共秩序，化解社会冲突的职能。

案例	案情简介	主流观点	裁判结果
唐山烧烤店打人案	2022 年 6 月 10 日凌晨，陈某志在烧烤店骚扰邻桌女子被拒，后伙同多名男子实施殴打且手段暴力，相关视频在网上引发热议	当街施暴治安混乱	以涉恶犯罪判处陈某志有期徒刑二十四年
孙某果涉黑案	2019 年 3 月中旬，昆明市政法机关在办理一起故意伤害案中，发现孙某果系 1998 年一审被判处死刑的罪犯并将该情况逐级上报，后被全国扫黑办挂牌督办	数次脱罪匪夷所思	再审后判处死刑并已执行
劳某枝抢劫杀人案	2019 年 11 月 28 日，身负 7 条人命、潜逃 20 年的女逃犯劳某枝落网，其作案手段残忍且被影视作品改编	连杀多人罪行严重	判处死刑，目前死刑复核中
陆某代购案	慢粒白血病患者陆某从印度代购仿制“格列卫”抗癌药供自身及病友服用，检察院对其以妨害信用卡管理罪和销售假药罪提起公诉	病友互助不应受罚	免予刑事处罚
“善心汇”传销案	“善心汇”老板张某明以“扶贫互助”为名传销诈骗，参与传销人员共 598 万余人，涉案金额达 1046 亿余元	善心善举救危扶贫	判处张某明有期徒刑十七年
顾某军再审案	顾某军等人在公司变更登记中使用虚假证明文件以 6.6 亿元不实货币置换无形资产出资，2008 年 1 月 30 日一审以虚报注册资本，违规披露、不披露重要信息罪，挪用资金罪，对其判处有期徒刑十年，2009 年 3 月，广东高院二审维持原判。2017 年 12 月 27 日，最高人民法院决定提审该案，裴显鼎大法官担任审判长	保护产权提振市场	撤销原判虚报注册资本罪，违规披露、不披露重要信息罪的定罪量刑部分和挪用资金罪的量刑部分，以挪用资金罪改判顾某军有期徒刑五年

1. 保障公共安全。法律是社会安全的护盾。唐山烧烤店打人案引发公众对当地社会治安的质疑，孙某果“死而复生”引起群众的极大愤慨。从严惩处犯罪分子，彰显司法对治安秩序、公共安全的维护，得到了群众广泛认同。

2. 维护群众生活。司法是维护社会公平正义的最后一道防线。陆某代

购案掀起有关天价“救命药”的热议，病友互助式的无偿代购不以犯罪论处，[①] 以合法性解释弥合公众认知与司法理性的差异，为情法冲突寻求最优解。劳某枝案审理持续受到社会关注，背后是公众对于正义实现的期待。

3. 规范经济秩序。法律保障经济生活有序运转。“善心汇”案上千名受害群众在张某明的煽动下非法聚集，通过有理有据的正面回应，实现“反沉默的螺旋”。顾某军案再审“有改有维”，既落实产权保护，提振企业信心；又重申法律红线，倡导守法经营。

（二）法律热词：事实、量刑、法律解释

热点刑事案件的审判过程备受瞩目，须以事实为依据，以法律为准绳，坚守公平正义生命线。

案例	案情简介	主流观点	裁判结果
李某草死亡案	2019 年 9 月 9 日凌晨 2 时许，女大学生李某草醉酒溺水身亡，9 月 14 日当地警方称其意外落水，当晚视频显示同饮男子罗某乾曾对其扇耳光，10 月 14 日，昆明市公安局成立工作组继续调查	离奇死亡并非自杀	以过失致人死亡罪判处罗某乾有期徒刑一年六个月
张某环再审无罪案	1993 年 10 月 27 日，张家村两名失踪男童被害，张某环被认定为凶手并判处死缓，后其不断申诉，2019 年 3 月 1 日，江西高级决定再审	冤案再现正义迟到	再审审理后宣告无罪，国家赔偿 496 万元
百香果女孩再审案	2018 年 10 月 4 日，广西灵山 10 岁女童杨某某卖百香果回家途中，被同村男子杨某毅使用残忍的暴力手段强奸后死亡，一审判处死刑后，广西高院二审判处死缓。后最高人民法院审查决定指令广西高院再审	手段残忍不应改判	再审改判死刑并已执行
深圳鹦鹉案	2016 年 5 月，王某因售卖 6 只家养鹦鹉（其中 2 只为濒危野生动物小太阳鹦鹉）被刑事拘留，一审判处有期徒刑五年	自养自卖不应处罚	二审在法定刑以下量刑，改判有期徒刑两年
牟某翰虐待案	2019 年 10 月 9 日，北京大学法学院大三女生包丽（化名）服药自杀，后其与男友牟某翰聊天记录曝光，男友的辱骂是包丽自杀的重要原因	精神虐待行为恶劣	以虐待罪判处有期徒刑三年二个月
快递女子被造谣案	2020 年 7 月，谷女士到快递点取快递时，附近便利店店主郎某偷拍视频并编造“女子出轨快递小哥”，随后谣言引发巨大关注，谷女士生活受扰并患上抑郁症	桃色新闻私德有亏	以诽谤罪对造谣者判处有期徒刑一年缓刑二年

① 参见陈兴良:《妨害药品管理罪：从依附到独立》，载《当代法学》2022 年第 1 期。

1. 查清案件事实。事实是案件的核心。公安认定结果前后矛盾使李某草死亡真相扑朔迷离，查清事实最终实现“定分止争”。张某环无罪归来是对错误事实的坚决纠偏，更是对疑罪从无的深刻警示。

2. 准确定罪量刑。量刑情节需综合考量。杨某毅虽有自首，但动机卑劣、手段残忍、后果严重，再审结果明显优于原二审，顺应天理、国法、人情。濒危动物禁止买卖的红线不容逾越，但人工驯养社会危害性相对较小，二审改判后更符合罪责刑相适应原则。

3. 合理解释法律。“法律的生命不在于逻辑而在于经验。”① 牟某翰虐待案将情侣同居认定为实质性家庭成员关系，快递女子被造谣案理顺“自诉转公诉”诉讼程序，现实的需求呼唤着法律的创新，合理的解释使法律更加完备。

（三）社会热词：民意、道德、常识常理

热点刑事案件的审理也是一个明确价值指向、协调价值冲突的过程，良好的价值判断和利益衡量能够正向引领社会风气。

案例	案情简介	主流观点	裁判结果
药某鑫杀人案	2010年10月20日22时30分许，药某鑫驾车将张某撞倒，为防张某记住车牌号找其麻烦，即持尖刀在张某胸、腹、背等处捅刺数刀，将张某杀死	富人施暴不杀不快	判处死刑并已执行
孙氏三兄弟案	1996年3月11日21时许，孙氏三兄弟携带巨款去鞍山购买钢材时，与出租车司机李某民发生争执，李某民遂纠集多名司机报复，混乱中孙某国、孙某东用随身携带的尖刀乱刺，造成一死、两重伤、两轻伤，鞍山市铁东区法院认定二人系防卫过当，以故意伤害罪，对孙某国判三缓三，孙某东判一缓一。2008年孙某国被涉黑立案调查，该故意伤害案被报道成性质恶劣的暴力犯罪，2011年吉林中院以故意杀人罪，判处孙某国死刑，孙某东无期徒刑；2013年吉林高院二审维持故意杀人罪，改判孙某国死缓，孙某东有期徒刑十五年。2015年12月17日，最高人民法院决定提审该案，胡云腾大法官担任审判长	当街行凶气焰嚣张	经最高人民法院再审，孙某国因故意伤害罪被判处有期徒刑一年

① ［美］霍姆斯：《普通法》，冉昊、姚中秋译，法律出版社2003年版，第1页。

续表

案例	案情简介	主流观点	裁判结果
张某扣杀人案	1996年，张某扣之母与邻居王某军、王某军发生争吵，被王某军打中头部身亡，因王某军未满18周岁，法院以故意伤害罪，判处王某军有期徒刑七年。张某扣对其母亲被伤害致死心怀怨恨，加之工作、生活长期不如意，心理逐渐失衡，于2018年2月15日（农历大年三十）12时许，持刀报复杀害王氏父子三人	为母复仇罪不至死	判处死刑并已执行
于某杀人案	2016年4月14日，于某在与其母亲被11名催债人长时间侮辱后，情急之下用水果刀刺伤4人，一人因失血过多休克死亡，一审对其判处无期徒刑	母亲受辱事出有因	二审改判有期徒刑五年
许某案	2006年4月21日，许某利用ATM机故障漏洞取款17.5万元，事发后潜逃一年落网。2007年12月一审被广州中院判处无期徒刑	银行有错量刑过重	二审在法定刑以下量刑，改判有期徒刑五年
大学生掏鸟案	2014年，大学生闫某天在老家河南新乡，和同乡王某军分两次掏了两窝、16只小鸟并在网络上售卖，其中14只为国家二级保护动物燕隼	无理重判人不如鸟	以非法收购和猎捕珍贵、濒危野生动物罪，判处闫某天有期徒刑十年六个月，王某军有期徒刑十年

1. 听取公众意见。现代司法结构内在逻辑本质上不同于传统司法的是公众日益参与其中。[①] 孙氏三兄弟案中，当防卫过当被媒体渲染成杀人恶行，民众基于朴素价值观要求严惩犯罪，案件结果几经反转，最终回归事实真相。

2. 遵循道德规范。儒家“仁义”思想主张法律是实施道德的手段，[②] 司法裁判具有历史承继性，需正视传统道义观念影响。张某扣和于某皆因为母复仇受到舆论同情，前者以现代法治观念对抗血亲复仇，后者于法理中觅得传统道德正当性，均取得良好效果。

3. 参考常识判断。最后两起案例均是法院裁判结果与公众朴素认知相悖

---

① 参见伍春辉:《走向裁判理性：对司法效果的追问——以30件典型案件为分析对象》，载2015年第八届中部崛起法治论坛论文集。

② 参见曾丽洁、朱瑞波:《中国司法中民意合理表达机制的构建》，载《湖北大学学报（哲学社会科学版）》2015年第2期。

的典型案例。许某案二审通过价值取舍实现实质正义，于自由裁量之中体现法律的温度。

（四）小结

“权利的游戏”中有一句著名台词：“Chaos is a ladder（混乱即是阶梯）。”热点刑事案件集中体现了群众在政治、法律、社会不同维度的诉求，既是考验司法智慧的挑战，更是展示司法成效的机遇。“时代是出卷人，我们是答卷人，人民是阅卷人”，[①] 面对转型期经济社会复杂局面，需通过“三个效果”有机统一，实现司法裁判的应有之义。在分析裁判结果与主流观点不同关系类型基础上，可运用归纳的思维方法总结审判经验，寻找“三个效果”统一路径的最优解。

二、“三角阵”内的求索：裁判效果提升的因素分解

不同维度舆情热点背后，是对案件政治效果、法律效果、社会效果提出的更高要求。

（一）定位：“三个效果”的基本要求

1. 执行与保障并重的政治效果。司法机关的政治属性，要求司法活动必须执行党的政策，同时保障实施效果。司法活动与国家政策、社会治理密不可分，热点刑事案件尤为突出。实现良好政治效果，需贯彻总体国家安全观，保障国家政治安全和社会秩序，服务党和国家工作大局，服务经济社会健康发展。[②]

2. 实体与程序兼行的法律效果。司法机关的法律属性，要求司法活动要严格按照法律规则进行，保持形式理性。还要尊重诉讼程序独立价值，确保司法活动遵守诉讼程序规定，保障当事人各项诉讼权利行使，提高诉讼效率，坚守程序正义。快递女子被造谣案视频真实与否即是双方争议焦点，劳

---

① 《中共中央关于党的百年奋斗重大成就和历史经验的决议》，2021 年 11 月 11 日，中国共产党第十九届中央委员会第六次全体会议通过。

② 参见胡田野：《论“三个效果”有机统一的司法理念与裁判方法》，载《中国应用法学》2022 年第 3 期。

某枝案年代久远，辩护律师对审理程序提出诸多质疑。程序正义是实体正义必要条件，实体正义是程序正义的最终目标。

3. 民意与道德共存的社会效果。司法机关的社会属性，要求司法活动充分考虑民众意见、道德规范、常识常理，贯彻社会主义核心价值观，传承中华优秀传统文化，以现实主义法学理念，尽可能地进行实质理性考量，提高司法裁判公众认同度。社会效果体现着司法价值判断，于某案实现天理国法人情的统一，许某案尊重了民众朴素情感。实现良好的社会效果，需将社会利益、社会价值作为衡量司法成效的重要因素。①

（二）解构：“三个效果”的内在关系

1. 政治效果体现司法基本立场。脱离政治的司法是无源之水，无本之木。需强化全局观念和战略眼光，准确把握案件所涉及政治方向及政治价值，着力维护党的执政地位和执政基础，孙某果案、顾某军案均是如此。需结合案件背后的国家政策和社会环境，自觉使司法活动与经济社会发展重大任务相一致，充分考虑司法裁判对社会秩序、民生需求的影响，以更加全局性的视角平衡法律适用的政治效果。

2. 法律效果体现司法主要功能。马克思曾经说过：“法官除了法律，没有别的上司。”② 法律的权威不容置喙，法律得到一体的遵循和适用是法治原则的底线。③ 李某草案、牟某翰案等引发强烈关注案件顺利审结，离不开对事实的准确认定及法律恰当适用。同时，法律可预见性带来的裁判可期待性，④ 也是司法公信力基础。应当坚持法律的正当性、确定性、统一性、程序性，运用法治思维和法治方式化解社会矛盾，维护法律尊严。

3. 社会效果体现司法根本宗旨。司法活动应当坚持人民性，通过吸收社

---

① 参见邱水平：《论执法实践中坚持法律效果、社会效果与政治效果的统一》，载《法学杂志》2016 年第 10 期。

② 《马克思恩格斯全集》第 1 卷之《第六届莱茵省议会的辩论（第一篇论文）》，人民出版社 1995 年版，第 181 页。

③ 参见李占国：《当前司法实践中影响公平正义实现的若干问题》，载《中国应用法学》2022 年第 5 期。

④ 参见马荣春：《刑法的可能性：预测可能性》，载《法律科学（西北政法大学学报）》2023 年第 1 期。

情民意，能够实现“尽可能满足多一些利益，同时使牺牲和摩擦降低到最小程度”。① 司法裁判的最终合法性取决于社会认可，基于充分利益平衡和价值取舍得出的裁判结果，往往能够化解冲突，取得良好的社会效果，许某案、于某案均是如此。法官应善作价值判断，正确理解法律目的价值，践行并实现公平正义、真善美、保障人权等价值准则和共同理想（见图 1）。②

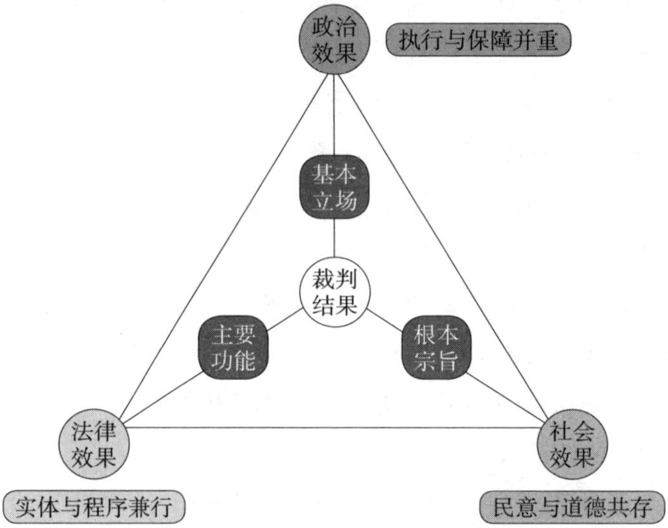

图 1 “三角阵”示意

三、“螺旋力”中的协同：“三个效果”有机统一的模型设想

追求良好裁判效果，不能将“三个效果”简单叠加，也不能将“三个效果”割裂后再生硬堆砌，需坚持“三个效果”有机统一。

（一）逻辑起点：“三个效果”有机统一的必然性

1. 符合中国特色社会主义法治内在规律。中国特色社会主义法治精髓在于坚持党的领导、人民当家做主、依法治国有机统一，党的领导是根本保障，人民当家做主是根本遵循，依法治国是基本途径。三者统一于中国特色社会主义法治伟大实践，并贯彻法治进程各个环节，在案件办理中必须坚

① 苏力：《关于能动司法与大调解》，载《中国法学》2010 年第 1 期。
② 参见胡云腾：《办案五断》，载《中国审判》2016 年第 7 期。

持“三个效果”有机统一，以良好的“三个效果”捍卫党的领导、坚守依法治国、贯彻人民至上，最大限度地服务和保障中国特色社会主义法治行稳致远。

2. 回应经济社会生活复杂局面现实需要。按照马克思主义哲学观点，矛盾具有普遍性和客观性，贯穿事物发展始终。我国正处在改革深水区和转型关键点，社会矛盾日益凸显，经济快速增长带来利益分配格局调整对原有社会秩序造成冲击，亟须司法发挥“矛盾调解器”作用。司法活动除了符合法律规定，还要立足政治职能，取得公众认同，用尽可能让大多数人能够接受的司法裁判来缓冲争执、减少对立。

3. 彰显法律内在精神平衡价值必然途径。社会转型阶段存在复杂利益博弈，单靠法律规定难以做好平衡，需借鉴中华优秀传统文化和社会主义核心价值观精髓，以法律内在精神外化实现其平衡价值功能。“三个效果”有机统一与中华传统司法文化一脉相承，能够挖掘和传承中华传统文化精华，汲取营养，择善而用。[①] 还与积极践行和弘扬社会主义核心价值观相辅相成，通过强化运用核心价值观释法说理能力，充分实现正向引领。

4. 实现人民法院依法能动履职的有力举措。将能动司法贯穿新时代新发展阶段审判工作始终，坚持治罪和治理并重，[②] 需强化“三个效果”有机统一。三个效果”有机统一能够弥补成文法局限性，对法律普遍性与个案特殊性导致的个别正义缺失，法律相对稳定性面对社会条件变化所产生的条文滞后性，支撑法律平滑和有效处理的法律用语模糊性，[③] 能够指引司法实践超越形式理性，顺应概念法学向社会法学的演进规律，避免陷入机械适法误区。

---

① 参见习近平:《论坚持全面依法治国》，中央文献出版社 2020 年版，第 110 ~ 111 页。

② 参见最高人民法院党组书记、院长张军 2023 年 4 月 10 日在国家法官学院 2023 年春季开学典礼上的授课。

③ 参见苏力:《想事，而不是想词——关于“法律语言”的片段思考》，载《东方法学》2023 年第 1 期。

（二）他山之石：契合裁判效果提升需求的“三螺旋”理论

1. 借鉴“三螺旋”理论契合性——互动关系的内涵。“三螺旋”理论被用于探讨“政府 - 市场 - 高校”在创新创业领域协作互动关系。[①]“三个效果”有机统一即是基于三者良性互动的成果设想。“三螺旋”理论采用“三螺旋”模型，在保持三种主体结构独立性前提下，打破传统边界，赋予每个主体其他主体部分功能，资源交互，融合发展，整体呈非线性螺旋上升态势。[②]“三螺旋”理论将拥有不同职能的三个主体统一起来，突破领域屏障，形成上升合力，在动态运行中有效推动最终目标实现。[③]

2. 借鉴“三螺旋”理论必要性——互动关系的价值。实现“三个效果”有机统一，正是在尊重政治效果、法律效果、社会效果各自内涵及功能定位基础上，激活联动协同模式，相互影响、相互转化，共同实现裁判效果最大化。“三个效果”三角阵中，一方过分强势将破坏结构稳定性，使效果大打折扣。在锚定三方发力点基础上，需以“三螺旋”理论构建动态运行新模式，通过持续稳定能量交互，实现三方效果共同发力、良性循环，维持模型整体性和均衡性。

3. 借鉴“三螺旋”理论可行性——互动关系的构建。互动关系构建分为三个层次：一是打破边界，使每个主体担负新的角色定位，将政治方针转化为刑事政策，将社会公德评价为量刑因素；二是多元参与，以共生关系为核心，不同主体间利益耦合、共同决策，审理热点刑事案件中充分考虑政策一致性、法律正当性、社会认同度，实现多种因素综合考量；三是递归影响，整个螺旋关系不仅作用于内部三方主体，还对外部环境产生作用，热点刑事案件高质高效审结，能够保障党的政策落实，培育适法典型案例，引领正向社会风尚。

---

① 参见张一弛、王卫东：《破解地方应用型高校发展困境的“U－G－M”协作模式理论建构——基于“三螺旋”理论》，载《高教探索》2023年第3期。

② 参见郑旭辉：《三螺旋创新视角下创业型大学形成机理与转型策略研究》，厦门大学出版社2018年版，第30页。

③ 参见王建梁、刘天雨：《三螺旋理论视角下新加坡人工智能教育战略研究》，载《比较教育学报》2023年第6期。

（三）以石攻玉：“三个效果”互动循环思路解析

1. 打破边界，角色交互。政治效果、法律效果、社会效果是三个独立评价体系，有不同功能定位及利益诉求，均试图将裁判效果向有利于自身方向引导。打破三角阵中各主体原有边界，赋予每个主体新的角色定位是效果聚合第一步。

政治与法律交互：政治和法律均属于社会上层建筑的一部分，是源与流的关系，政治属性是法律天然属性，是指引司法活动方向标，不存在超阶级、超政治的法治。[①] 政治立场为司法活动提供政策指引，并从根本上保障法律实现。同时，政治秩序和政治安全有赖于司法活动维护，需将政治要求体现并实现于法律适用中，全力推动党的路线方针政策贯彻落实，通过司法裁判实现法律政治功能。如唐山烧烤店打人案中，在常态化开展扫黑除恶斗争政策指引下，依法严惩黑恶犯罪，并以司法裁判推动政策落实，扭转之前公众对斗争成效的质疑。

法律与社会交互：“真正的法是与自然（本质）一致的正当理性。”[②] 社会现实能够为法律提供价值导向，恰当运用法律解释、法律推理技术方法，能够填补法律漏洞、消解法律冲突。[③] 需理解和把握法律背后的精神，善作价值判断，将常识、常理、常情融入司法办案中，平衡各方的利益诉求。法律适用能够为社会意志实现提供法律途径，没有脱离事理的天理，所谓人情往往离不开案情，准确认定事实是实现情理法兼顾的基础。[④] 于某案二审既对正当防卫相关法律问题详细阐述论证，又将辱母事实作为量刑情节准确评价，回应有力，适法充分，以理服人。[⑤]

政治与社会交互：得益于人民民主专政国家制度，在我国政治意志与社

---

① 参见李天昊：《检察监督办案“三个效果”相统一的理解与适用》，载《中国检察官》2022 年第 3 期。

② 张文郁等：《法理学》，我国台湾地区元照出版有限公司 2020 年版，第 276 页。

③ 参见陈林林、许杨勇：《论法律效果与社会效果的“有机统一”》，载《求是学刊》2012 年第 2 期。

④ 参见胡云腾：《执法办案如何做到法理情兼顾》，载《法律适用》2020 年第 17 期。

⑤ 参见于同志：《论热点刑事案件裁判文书的制作——以于某故意伤害案二审判决书为例》，载《人民司法》2018 年第 4 期。

会意志并不相悖。国家的社会职能决定国家权力对社会公共事务的管理职能，政治制度规范和约束社会生活，维护社会秩序，确保社会稳定安全。党的二十大提出将全过程人民民主作为中国式现代化本质要求重要内容，[①] 实现最广大人民根本利益是我国民主政治建设的出发点和落脚点。政治效果与社会效果统一于为人民服务根本宗旨，在指引具体执法司法活动时相辅相成、互为补充。陆某案中基于群众解决“用药难”强烈呼声，《药品管理法》修改后不再将未经批准进口药品认定为“假药”。

2. 多元参与，优势互补。政治效果以政策理性为基础，法律效果以逻辑理性为支撑，社会效果以价值理性为导向。[②]“三个效果”有机统一，深层根源是支撑“三个效果”的诸多理性之间的融合。

良好裁判效果建立在政策理性、法律理性、价值理性三项协调统一基础上。从表中可以看出，三项理性因素运行主要有四种模式：一是三者自始至终处于相容状态；二是原本相斥但最终统一；三是通过二审或再审改变原有裁决以达到相容状态；四是某项理性缺失导致案件最终效果不佳。

三个理性协调互动应达到“帕累托最优”状态，即不使任何一个理性因素效果变差前提下，已不可能再使某一个理性因素效果变得更好，资源分配已经达到最佳状态。过程中需对各理性因素的价值位阶、诉请强度综合评判后予以权衡、取舍，对被舍弃的理性因素给予适当补偿，通过“帕累托优化”方式实现资源配置改进。

3. 递归影响，反向规制。热点刑事案件不仅关乎个案正义，还对国家政策、法律适用、社会风气等外部环境产生递归影响。不仅要从司法知识和技术角度考察司法案件，也要跳出司法个案、程序和法学理论，从政治、社会

① 参见习近平：《高举中国特色社会主义伟大旗帜 为全面建设社会主义现代化国家而团结奋斗——在中国共产党第二十次全国代表大会上的报告》，人民出版社2022年版，第37页。

② 参见李俊晔、曹成成：《十字阵：司法裁判效果理性思辨可视力研究——“逻辑理性—实践理性—价值理性”之融贯》，载胡云腾主编：《司法体制综合配套改革与刑事审判问题研究》，人民法院出版社2019年版，第741页。

和经济等多个角度来考察司法总体态势和社会对司法的要求。①

通过执果索因式的反向规制，应将递归影响效果作为案件裁判考量因素之一，但这种考量应是谦抑的、审慎的，价值权衡具体路径可以参考著名的“拉德布鲁赫公式（不能容忍公式）”。② 在保障个案正义优先实现的前提下，即使其不能给外部环境带来好处，除非个案正义与外部环境的冲突达到无可容忍地步，否则不必让步。有的案件通过法定刑幅度以下量刑，实现对社会风气正向引领和法律适用有益探索。

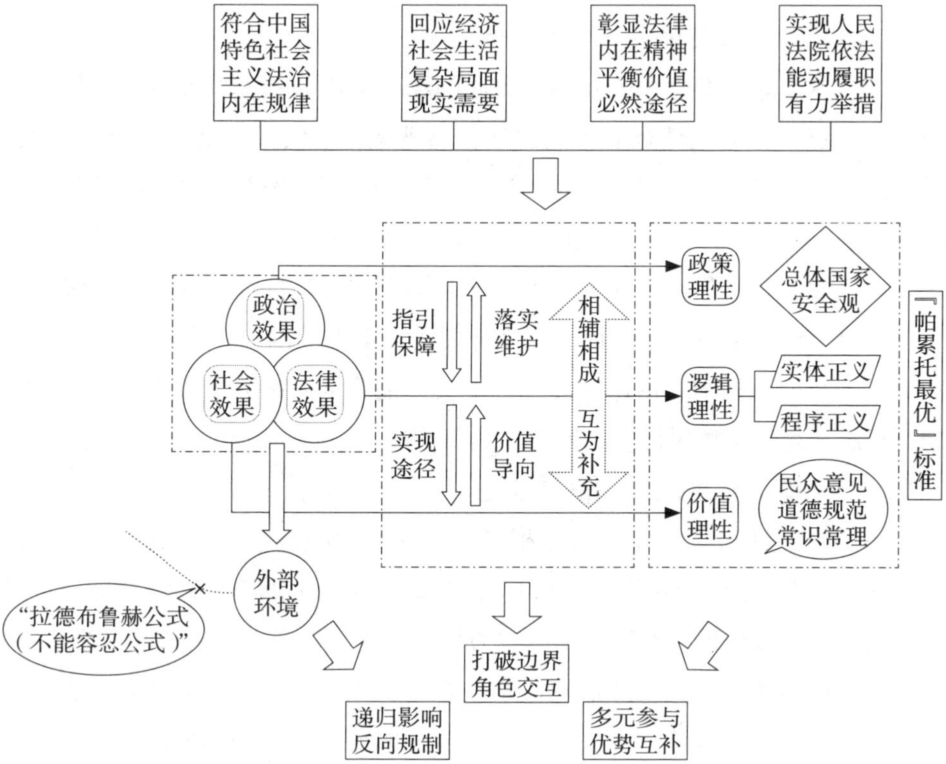

图 2 “三螺旋”模型

① 参见苏力:《关于能动司法》，载《法律适用》2010 年第 2 期。

② 拉德布鲁赫公式（不能容忍公式），即在保障实体法具有优先适用前提下，即使其内容不正义且不能给人民带来好处，除非其与正义的冲突达到无可容忍的地步，否则不必向正义让步。参见车剑锋:《刑事案件社会结构与罪刑法定原则关系初探》，载《北京理工大学学报（社会科学版）》2014 年第 6 期。

四、"流程图"上的交互:"三个效果"有机统一的路径构建

实现"三个效果"有机统一，需秉持系统思维，将诸多理性因素融贯实践于办案全过程。

(一)事实认定:"打破边界"使理性考量连接事实构成

案件审理遵循三段论演绎推理规则，首先确定案件相关事实(小前提)，沿"陈述事实→要件事实→法律事实"[①]路径，对"三角阵"中涉及理性因素全面归纳，通过角色交互将理性因素与案件事实一一对应。

1. 陈述事实的集中——焦点归纳

总结热点刑事案件中公众舆论关注问题，提炼公诉人、被告人及其辩护人意见要点，厘清案件背后涉政因素，归纳案件事实及量刑情节争议焦点，对涉及的社会因素有效识别。对于涉政治安全、公共安全、民生、职务犯罪的热点刑事案件，尤其注意查证与敏感因素相关案件事实。

同一案件涉及焦点往往不是唯一的，甚至在同一理性维度也存在多个争议点，对争议焦点需总结全面，既查证罪前(案发前因)、罪中(实施过程)和罪后(救助、投案、供述)等关键事实，也要掌握有关国家政策、社会背景、传统文化、民情风俗等边际事实。

2. 要件事实的剪裁——证据审查

边沁曾说过:"证据是正义之根基。"证据是规范事实甄选的工具。将在案证据所负载信息内容提取关键词，按照证明要点予以归类，确保每个关键事实均得到有效查证。对证据证明效力排序，重点审查定案的核心证据。

一是严格审查证据。按照双重审查规则，查实证据负载信息内容是否客观真实、与案件是否相关、来源是否清楚、取证程序是否合法，证据之间是否能够相互印证、被告人供述与其他证据取得先后顺序等。

二是重视法庭调查。落实庭审实质化，对检察院指控的模糊事实充分调

---

① 李俊晔:《思维导图:法官何以发掘事实——事实认知从"经验的逻辑"向"逻辑的经验"转型》，载贺荣主编:《深化司法改革与行政审判实践研究》，人民法院出版社2017年版，第1036页。

查，对关键性的定罪量刑证据通过庭审查证予以确认。庭前沟通示证提纲，庭审中引导双方围绕关键问题进行辩论，要求公诉人（检察员）对辩方提出的异议当庭发表明确的质证意见。

3. 法律事实的转化——证据采信

在对单个证据的证明力审查判断的基础上，采用印证规则综合全案证据指向认定案件事实。对证据材料、被告人辩解反映出来的疑点，通过排除合理怀疑规则准确评价。使用经验法则完成事实推定，用高度盖然的逻辑推理架起间接证据与法律事实之间的桥梁。

完成事实认定后，需将案件事实归入各个争议焦点，必要时打破政策理性、法律理性、价值理性原有边界，使所有理性因素均得到事实支撑，为共同决策、准确评价打下基础。

（二）法律适用：“多元参与＋反向规制”完成刑罚裁量

根据所认定事实，查找并准确适用相关法律规范（大前提），最终推导出裁判结果。按照层层递进的思路，在“比对要件→评估性质→合理裁量”的路径中充分权衡、取舍各项理性因素，准确评价犯罪行为。

1. 构成要件的比对——罪名确定（法律理性）

将查证的案件事实与犯罪构成要件相比对，准确把握罪与非罪、此罪与彼罪的界限，完成法律事实与法律规范的连接。

犯罪构成要件来源于中世纪意大利刑法诉讼程序中的“犯罪的确证”，德国法学家费尔巴哈将其引入刑法，[①] 并经后世不断完善，成为各国和地区刑法理论的基础性概念。“构成要件为犯罪提供客观外在轮廓”，[②] 符合犯罪构成要件是行为成立犯罪的必要条件，通过比对法律规定的主客观要素，可对行为形式违法性作出判断。

2. 犯罪性质的评估——危害程度（政策理性／价值理性）

确定行为符合犯罪构成要件后，根据国家政策、社会主流价值观等评估

① 参见申来津、谌艳：《行政违法构成要件：基于犯罪构成的借鉴与比较》，载《行政与法》2023 年第 8 期。

② 陈兴良：《刑法教义学中的价值判断》，载《清华法学》2022 年第 6 期。

其主观恶性、社会危害性，是否达到使行为人需承担刑事责任的程度。

行为构成犯罪需达到一定危害程度，通过对法益侵害程度的评价，判断“行为的违法性是否达到当罚程度及行为人是否有必要进行刑法惩罚”，[①] 排除刑罚阻却事由，确定行为实质违法性，实现行为从一般违法向犯罪之间的过渡。

3. 理性因素的取舍——合理裁量

刑罚裁量需融合支撑裁判结果的诸多理性因素，同时避免对外部环境造成严重负面影响。行为构成犯罪的，需根据案件整体事实结合天理国法人情，依据罪责刑相适应原则合理裁量刑罚，如果突破法定刑幅度，可依法在法定刑以下量刑并层报最高人民法院核准。

政策理性：将政治考量融入法律精神或原则，在现有法律框架内贯彻执行党的政策，确保司法裁判与党的政策的目标一致性，使法律适用与政策执行紧密结合，依法严惩人民群众深恶痛绝的犯罪，维护经济社会生活秩序。

法律理性：准确认定核心事实、前因事实、边际事实基础上，全面评价量刑情节。严格执行存疑有利于被告人原则，妥善评价被害人过错，贯彻宽严相济刑事政策，实现罪责刑相适应。

价值理性：运用社会主义核心价值观正确理解立法精神和立法目的，充分考虑传统道德、社会共识、公序良俗等，通过整体利益最大化或损害最小化标准，协调好国家、社会、个人等不同位阶利益以及同位阶利益之间的冲突。[②]

禁止规则：预判裁判结果对外部环境影响程度，防止出现严重负面影响。禁止片面、孤立地从个案正义层面处理案件，不考虑结果是否有利于巩固党的执政基础和地位、是否有利于维护司法和法律权威，是否有利于社会稳定和经济发展。

---

① 陈少青：《罪量与可罚性》，载《中国刑事法杂志》2017 年第 1 期。

② 参见胡田野：《论“三个效果”有机统一的司法理念与裁判方法》，载《中国应用法学》2022 年第 3 期。

（三）文书制作：精准表达展现情理法的结合

文书是裁判观点的集中展示，通过涵摄法律事实完成逻辑推演，得出最终结论。裁判文书既要符合规范性要求，逻辑通顺，用语规范，表达准确；还要充分阐明事理、释明法理、说明情理，使文书既有深度，又有力度，还有温度。

政策理性：深入阐释司法裁判背后所执行的党的政策，在说理中融入政治分析，体现司法与政策目的一致性。对于涉政因素突出的热点刑事案件，应将对政治影响的考量以及对相关行为政治目的的考察置于一般刑事问题的分析之前，[①] 对于带有政治敏感性的问题妥善回应，运用法律手段维护意识形态稳定。

法律理性：对于所认定的事实和适用的法律依据能够准确描述，三段论推理的演绎过程完备，前提与结论之间逻辑严密、推理充分。对于审理查明的事实应区分罪前、罪中和罪后，证据的列载应围绕所认定的案件事实，与案件事实无关或证明力相反的证据不应罗列。

价值理性：需将社会主义核心价值观融入裁判说理，在说理中着力体现打击非法利益、保护合法利益的价值取向，注重人文关怀，树立正向引导的社会标杆。要把握好一般与个别、共性与个性的关系，以案件的具体情景为切入点，将社会主义核心价值观的内涵具象化，避免抽象教条式的说理，将文书写成“道德判决”。

禁止规则：避免裁判文书中出现与国家政策不符，与依法办案底线相悖，与社会朴素价值观相斥的内容。对于无罪辩护案件，必须从证据、事实、法律适用、排除合理怀疑、量刑等方面全方位说理，防止因说理不充分造成回应不力，舆情进一步发酵。

（四）配套保障：抓实“一种能力 + 三项制度”建设

1.“匠心”铸造：提升执法司法能力

落实好“让审理者裁判、由裁判者负责”这一司法责任制改革核心要

① 参见黎宏：《复杂敏感刑事案件的裁判及释法说理》，载《环球法律评论》2022 年第 6 期。

义，[①] 加快司法人员职业养成，为“三个效果”有机统一提供智力支持。树牢政治意识，提升政治素养，抵制不良言论侵蚀，认清西方所谓“司法独立”谎言本质，[②] 坚决与西方“宪政民主”“三权分立”等错误思潮划清界限。锤炼专业技能，抓实能力提升，不断积累审判经验，提升法学理论水平；重特大案件必要时采取七人合议庭，发挥审判委员会、专业法官会议作用，凝聚审判合力。厚植为民情怀，加强对社情民意、道德规范、公序良俗的把握，善于从社会主义核心价值观、中国传统优秀文化中汲取力量；乐于且善于做群众工作，言行多考虑当事人的感受，注重司法涵养，保持良好形象。[③]

2.“利剑”出鞘：健全挂牌督办制度

通过对热点刑事案件挂牌督办，发挥上级机关监督指导作用，督促下级机关依法高效履职，协调不同部门之间通力合作，推动堵点、难点问题顺利解决。发挥督导“利剑”作用，对庭审、宣判等关键环节加强指导，必要时指派办案专家亲临现场，就地解决。改变“坐堂问案”、被动履职传统观念，充分利用提前介入机制和重大案件会商制度，积极引导侦查。对案件办理进展密切关注、定期跟进，必要时派出督导组驻地指导，对于工作不力、推诿扯皮情况，适时监督问责，推动问题整改。

3.“焦点”过滤：强化宣传引导制度

随着互联网技术广泛应用和自媒体行业蓬勃发展，信息传播速度加快，各类主体参与迅速，案件短时间内即可成为“爆款”新闻，缺乏有效监管引导，会使网络舆论陷入“霍布斯丛林”。适当限制媒体报道司法案件内容尺度是各国和地区通行惯例，英国专门设立藐视法庭罪，新闻报道恶意干扰审判行为也在处罚之列；美国通过限制司法人员及陪审团过度接受案件报道，减少舆情对司法的干预。法院需提高对违规信息的发现识别能力，对曲解事

① 参见胡仕浩：《关于全面落实司法责任制综合配套改革的若干思考》，载《中国应用法学》2019 年第 4 期。

② 参见孙晓勇主编：《西方错误法治思潮批判》，人民法院出版社 2021 年版，第 107 ~ 129 页。

③ 参见胡田野：《法官应是一个怎样的人》，载《人民法院报》2012 年 5 月 23 日。

实、过度解读的言论及时制止，引导新闻媒体客观、公正、全面报道案件事实。对猎奇炒作、恶意造谣等干预司法行为强化打击力度，情节严重的追究责任。

4.“阳光”回应：完善信息发布制度

传统办案理念过分注重审理阶段信息保密性，加之审理周期普遍较长，犯罪主体身份、作案手段等关注点缺乏官方及时回应，舆情反馈机制与公众知情权的不匹配，增加舆情化解难度。[①] 需确保信息发布与主流观点充分沟通，注重矛盾疏导、化解，力争实现良性互动、“同频共振”，使热点刑事案件成为一堂生动的法治公开课。注重时效性，结合舆情传播规律，把握有利时机，尽可能将舆情控制在萌芽状态；注重针对性，对话题焦点正向发声、表明立场，变被动为主动；注重专业性，建立健全热点案件新闻发言人制度，提高信息发布质量；注重协同性，信息发布应尽量避免不同办案机关相互矛盾，必要时可通过联席会议或上级机关协调。

（五）小结

经上文论证，在案件裁判中实现“三个效果”有机统一的流程见图 3。

操作指引：

1. 事实认定

1.1 归纳争议焦点，分别归入政策理性、法律理性、社会理性。

1.2 初步审查证据，提取证明要点予以归类。

1.3 完成证据采信，认定法律事实，将理性因素交互后与案件事实相匹配。

2. 法律适用

2.1 衡量法律理性，通过比对犯罪构成要件确定罪名。

2.2 衡量政策理性 / 价值理性，评估犯罪性质是否达到使行为人需承担刑事责任的程度。

2.3 完成理性因素的权衡、取舍，结合天理国法人情，合理裁量刑罚。

---

① 参见崔凯、何丹阳：《刑事热点案件舆情传播风险研判及排解研究》，载《科技传播》2021 年第 9 期。

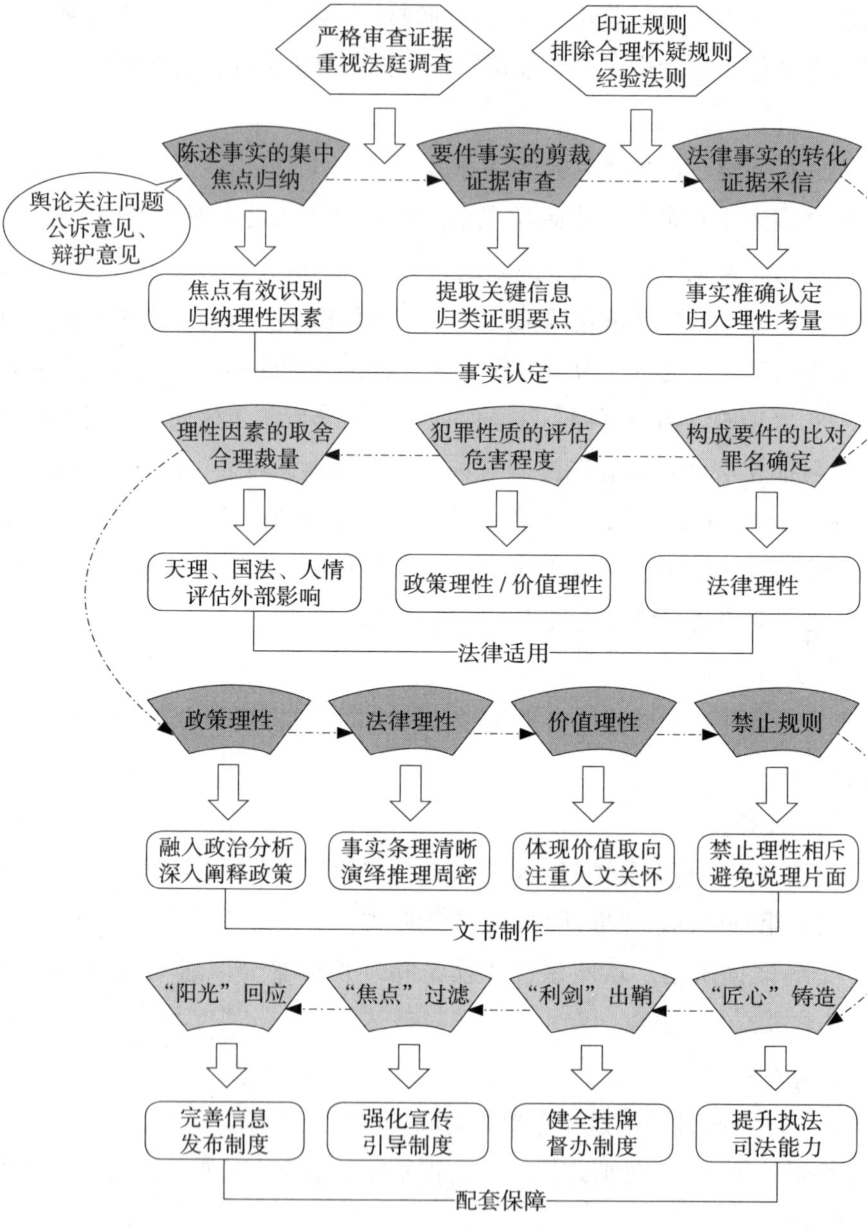

图3 “三个效果”有机统一流程

2.4 预判裁判结果对外部环境影响，反向规制量刑选择。

3. 文书制作

充分展示政策理性、法律理性、价值理性，避免出现不当论述。

4. 配套保障

提升执法司法能力，完善挂牌督办、宣传引导、信息发布制度。

结 语

面对司法裁判关注度、敏感性、影响力不断增强的局面，需通过实现“三个效果”有机统一，贯彻总体国家安全观，坚守法律底线，提高公众认同度。要将“三个效果”有机统一贯穿于办案全过程，在事实认定、法律适用、文书制作、配套保障层面，通过借鉴“三螺旋”理论“打破边界→多元参与→递归影响”思路，为实现“三个效果”有机统一工作机制提供完善路径。

"追缴等值财产"理念的扩展适用：以非法吸收公众存款犯罪追赃挽损的特殊性为视角

河南法官进修学院　聂振华
郑州高新技术产业开发区人民法院　张豪男*

引　言

追缴乃刑事法律中适用频次较高的一项涉案财物处理措施，在剥夺犯罪行为人非法收益方面起到了重要的作用，且贯穿于侦查、审判、判后处置的全流程，其跨度之广泛、涵盖之复杂、争议之集聚由来已久。其中，查明确有违法所得，但审判时仍未控制在案的判后"继续追缴"难题尤为突出。[①]因此，在非法吸收公众存款犯罪（以下简称"非吸犯罪"）涉财产部分的执行中，需要在现有制度框架下寻求一种方案，既能回应集资参与人"追赃挽损"的诉求，又能衡平各方主体的利益，由此达到法律效果与社会效果相统一的目的。

一、问题现状：判后继续追缴的实务困惑

《刑法》第64条是刑事涉案财物处理制度的基础规范，其他司法解释及规范性文件均是围绕该规范展开。其中，判后继续追缴程序的直接法律渊源

---

* 聂振华，河南法官进修学院科研处处长。张豪男，河南省郑州高新技术产业开发区人民法院执行局法官助理。

① 参见彭新林：《非法集资犯罪司法疑难问题探讨》，载《东南大学学报（哲学社会科学版）》2020年第1期。

是《刑事诉讼法解释》第445条。关于刑事裁判涉财产部分的执行，最高人民法院于2014年11月6日正式施行了《关于刑事裁判涉财产部分执行的若干规定》（以下简称《刑事财产部分执行规定》），该司法解释第1条列举了人民法院执行机构负责执行的具体事项，如处置随案移送的赃款赃物，明确了在诉讼程序终结后，已经完成查控措施并经审理认定的赃款赃物应随案移送至执行机构处置，而未规定判前未追及但仍需判后继续追缴的执行主体及相关程序。为解决这一问题，2015年1月，中共中央办公厅与国务院办公厅共同下发了《关于进一步规范刑事诉讼涉案财物处置工作的意见》，该意见第9条基本确立了以人民法院作为继续追缴程序主体的规则。随后，2021年发布的《刑事诉讼法解释》第521条，以司法解释的形式正式将追缴纳入刑事裁判涉财产部分执行的体系中。由于配套规范层面和当前信息技术条件的不足，一定程度上削弱了继续追缴程序预防犯罪的效果，具体体现如下。

（一）“对物之诉”裁判形态尚不完善

1. 侦查机关层面

过往刑事司法理念的一个突出特点为“重人轻物”，裁判活动一般不会围绕涉案财物的性质认定及处置展开。“刑事诉讼程序主要关注对犯罪嫌疑人、被告人的追诉与处罚，涉案财物处置问题只是被附带解决，并无独立的程序保障。”[①] 侦查机关因同样面临着人员与案件比例不协调的巨大压力，往往把工作重心放在对犯罪行为侦查及证据固定等方面。除此之外，侦查机关尚不具备较为完备的财产网络查控系统，尤其在涉众型经济犯罪中，侦查机关面临着追赃时机的把握、跨区域的协调、多方信息的同步等一系列问题。因此，对于违法所得的控制、追溯、梳理往往是“有心无力”，甚至“漫不经心”。由于缺少对涉案财物来源、流转、孳息现状等方面的深度挖掘，也间接导致公诉机关难以向审判部门提出具体的处理建议。[②]

---

① 高洁：《刑事对物之诉的程序构造》，载《法学论坛》2020年第5期。

② 参见梁健：《刑事涉案财物处置的失范与规范》，载《中国刑事法杂志》2022年第5期。

2. 审判组织层面

在实践中，后续的审判程序同样围绕定罪量刑展开，虽然《刑事财产部分执行规定》第6条已经规定了追缴、退赔等事项均应依法移送执行且执行内容应当具体明确，《刑事诉讼法解释》也设置了“独立没收程序”，积累了有益探索的经验，同时刑罚执行机关也一并将执行情况纳入减刑、假释的考量因素，但总体而言，仍缺少相对独立且适用于各类犯罪的“对物之诉”构造。例如，复杂争议事项的分层次处理及利害关系人的准确引入。因此，“为规避错误裁判的风险，有些审判人员对涉案财物的处理采用概括式、宣言式的方式。”[①] 由于是笼统地判决继续追缴或退赔，因此时常缺少对涉案财物性质及归属的明确判断和充分说理，“重人身轻财产”的刑事司法困境仍未获得根本性的改善。

3. 执行机构层面

审判程序终结后，执行机构尤其是基层法院的执行机构，大多未专门配置刑事裁判涉财产部分执行的团队，其主要原因是此类团队的人员必须具备全面的法律业务素养以及丰富的执行经验，才能应对刑、民、执交叉的复杂问题。另外，刑事案件历经侦查、公诉、审判，耗时日久，能够追缴的财产大多已由侦查机关查控在案，当时转移、隐匿而未能有效控制的财产，执行机构判后查找的客观难度较大。因此，在执行实务中，由于缺乏明确的方向，除随案移送赃款赃物的处置外，在实践中，判后继续追缴往往难以取得理想的效果。

（二）审执分离架构下的执行权难以对财物性质直接认定

由于违法所得与犯罪行为具有直接相关性，最常见的违法所得就是犯罪行为获取之物或犯罪行为产生之物。[②] 继续追缴过程中发现的财物与被执行人的犯罪行为能否建立起因果关系，这属于审判权判断的范畴，执行机

---

① 尹振国、方明：《我国特别没收手段的反思与重构——兼论〈刑法〉第64条的完善》，载《法律适用》2019年第5期。

② 尹振国、方明：《我国特别没收手段的反思与重构——兼论〈刑法〉第64条的完善》，载《法律适用》2019年第5期。

构无法予以直接认定。虽然《刑事财产部分执行规定》第15条提供了从执行程序发起的补充认定路径，但刑事诉讼程序已然终结，对当时未做判断或不曾知晓的财产进行定性缺乏扎实的证据，缺少充分的攻防质辩。[①]

二、梳理检视：刑事涉案财物处理措施的解构及继续追缴的独有价值

我国《刑法》第64条规定："犯罪分子违法所得的一切财物，应当予以追缴或者责令退赔；对被害人的合法财产，应当及时返还；违禁品和供犯罪所用的本人财物，应当予以没收。没收的财物和罚金，一律上缴国库，不得挪用和自行处理。"上述规定对于刑事涉案财物的处置提供了基本遵循，但规定本身过于原则，且各处理措施之间未能明确界分，影响了司法适用的统一性。在相当程度上，判后继续追缴程序的困难与此问题有关，那么是否可以进行技术性处理，在审判时尽量避免对于判后继续追缴的适用？比如仅判决责令退赔，或者判决追缴的同时责令退赔。为解决这一问题，需要探明追缴制度的功能和性质，以及追缴制度与其他刑事涉案财物处理措施的区别。

（一）追缴

除上述条文外，我国《刑法》中另有五处规定涉及追缴制度，但均缺乏对其内涵和外延的明确界定。追缴从其形式特征上表现为一种对犯罪行为人违法获利财产的剥夺，此为追缴的刑事属性，从实质特征上又表现为该财产属于不当得利，被剥夺的财产原属受害人的个人财产，仍需返还受害人，乃民事侵权意义上的救济恢复，此为追缴的民事属性，由此可见追缴兼具双重属性。[②] 因此，有学者主张应从广义上来理解追缴制度，认为追缴既包含程序性控制又涵盖实体性处理，从比较法上看，具有标杆意义的《英国犯罪收益追缴法》也采广义说，但如此理解则无法与《刑法》第64条规定的"没收""上缴"等措施适配，甚至挤占了后者的空间，这显然冲击了法律规范

① 参见李长坤、张亚男：《一审对违法所得财物未判决的纠正路径》，载《人民司法》2021年第29期。

② 参见付云飞：《犯罪所得的追缴与退赔研究》，西南财经大学2020年博士学位论文。

的协调秩序。[①] 除此之外，如果认为追缴属于实体性的处理措施，则侦查、移送审查起诉环节采取的查封、扣押、冻结措施也将失去正当性基础，故需从狭义上来把握，将追缴视为一项程序性控制措施。所以，追缴是指有权机关对违法所得及收益的强制追回，作为没收或者返还前的前置性措施，强调其对于涉案财物的收集和实际控制，而不包括对财物的最终处理。

（二）退赔

从语义结构上看，退赔包括“退还”和“赔偿”两部分，但“退还”与追缴后的“返还”在功能上有重复的嫌疑，这也是追缴易与退赔发生混用的一个因素，因此实务中更加关注的是“赔偿”的部分。在《刑法》第 64 条的结构安排上，退赔又与追缴并列，故在性质上也应解释为程序性处理措施，而并非追缴后的实体处理方法。[②] 因为责令退赔是法院对犯罪行为人的命令，犯罪行为人在收到命令后也并非直接向被害人履行，而是向法院完成相应的缴纳，法院再根据执行依据的安排向被害人完成最终的返还。综上所述，退赔是指在违法所得已不存在时，法院命令犯罪行为人用其合法财产对被害人的损失予以赔偿，具体要点如下：

1. 违法所得已不存在

由上述定义可以看出，追缴与退赔的第一个衔接点就是违法所得是否尚存。根据《全国法院维护农村稳定刑事审判工作座谈会纪要》第 3 条第 5 项的规定，如果犯罪行为人获取的赃款赃物尚存，则应当适用追缴程序；反之，如果查明赃款赃物因各种原因已不存在，就应当转而责令退赔。可见，适用责令退赔的一个前提是违法所得及收益已不存在，否则只能判处追缴，而刑事案件由于受限于主客观条件，即使在已经审明确有违法所得的情况下，对于尚未及时到案的赃款赃物的流向、形态的变化以及与其他合法财产发生何种结合等问题，也一时难以得出确定的结论。因此，在审

---

① 张磊：《〈刑法〉第 64 条财物处理措施的反思与完善》，载《现代法学》2016 年第 6 期。

② 参见王莉：《我国刑法第 64 条“特别没收”相关制度适用辨析》，载《中国人民公安大学学报（社会科学版）》2022 年第 5 期。

判程序中，尤其是在一些涉众型经济犯罪中，这些犯罪的目的本就是通过不法行为攫取大量经济利益，这些经济利益往往会转化成为各种形式的财物，不能仅仅因为追溯困难，就在审判程序中直接得出违法所得以及相应收益已不存在的结论。

2. 存在具体的被害人

追缴与退赔的另一区别是退赔需与被害人这一主体资格锚定，而“无论是有被害人的案件，还是无被害人的案件的涉案财物均能适用追缴”。[①] 从法益保护的角度观察，退赔程序中的被害人是指“犯罪所侵犯具体法益的保有人。”[②] 有些犯罪所侵犯的法益是相应的社会、经济管理秩序，不存在具体的被害人，此时就不存在退赔适用的空间。相反，从制度目的上看，追缴程序着力于违法所得的追回与控制，只要能达到犯罪行为人不因犯罪而获益的效果即可。所以，即使在无被害人的场合，也能适用追缴。

（三）没收

除此之外，没收与追缴也时常在实务中混用，因为两者均指向赃款赃物的构成部分，但两者在性质及适用对象上均有很大不同。首先，没收与追缴的性质不同，没收应理解为一种实体性处理措施，是指将已经到案的违法所得及相关财物，强制收归国有的一个过程[③]；其次，从其衔接上也能看出，没收适用于涉案财物已经控制在案的情况，而对于尚未到案的财物，则应予以追缴；最后，没收适用的对象准确地说是指违禁品、供犯罪所用的本人财物以及不需要返还被害人或者不存在被害人的违法所得。[④] 同时，不能局限于《刑法》第 64 条的语义表述，因为对于被害人的合法财产，在追缴后应衔接向相应被害人的返还，但有一些犯罪不存在被害人如非吸犯罪，还有一些犯罪不存在所谓的返还问题，如受贿罪或贩卖毒品罪的违法所得，在此情形

① 何鑫:《刑事追缴的教义学构造》，载《法律方法》2021 年第 4 期。

② 王佳明:《互动之中的犯罪与被告——刑法领域中的被害人责任研究》，北京大学出版社 2007 年版，第 16 页。

③ 参见万志鹏:《论犯罪所得之没收》，载《法商研究》2018 年第 3 期。

④ 参见缪文权:《刑事特别没收程序处理措施的困局与重构——以我国〈刑法〉第 64 条为切入点》，载《辽宁公安司法管理干部学院学报》2023 年第 2 期。

下，仍需对其没收并上缴国库。

综上所述，《刑法》第64条应理解为：对于行为人通过犯罪活动获取的全部财物，均需予以追缴；追缴完成后，对于属于被害人的合法财产，均应予以返还；而对于违禁品、供犯罪所用的本人财物以及其他不存在被害人或不需要返还被害人的违法所得，应当予以没收；如果有证据证明违法所得已被挥霍、转移或被第三人善意取得的，应责令犯罪行为人退赔，并由法院向被害人完成返还。

（四）从非吸犯罪的特殊性分析继续追缴程序的独有价值

通过对追缴与其他刑事涉案财物处理措施的对比分析，可以看出，虽然判后的继续追缴存在诸多困难，但从适用对象及本身性质的角度上看，确有其他刑事涉案财物处理措施无法取代之功用。笔者认为，继续追缴程序将长期存在，且在非吸犯罪中的作用尤为突出。

1. 在审判程序中不宜径直得出违法所得不存在的结论

在非吸犯罪中，虽然非法控制及吸收的财物众多、流向复杂，并且形态变化多样，在侦查过程中追溯的客观难度较大，但也不宜径直得出违法所得均已不存在的结论，因为非吸犯罪属于涉众型经济犯罪，存在大量的违法所得本是常态，只不过受限于系统性因素或技术手段的发展水平，在审判中难以逐一查明违法所得的现实形态及相关依据，因此需要通过执行程序进一步查证。

2. 不宜将集资参与人与被害人同等保护

在非吸犯罪中，集资参与人作为一类特殊地位的主体存在，这一称谓是从实践中总结出的政策性概念，相对被害人而言，“其法情感色彩相对中性”。[①] 集资参与人的称谓首见于2014年最高人民法院、最高人民检察院与公安部联合发布的《关于办理非法集资刑事案件适用法律若干问题的意见》，但并未就其内涵予以进一步规定。2019年最高人民法院、最高人民检察院与公安部再次联合出台的《关于办理非法集资刑事案件若干问题的意见》，将

---

① 董文蕙:《P2P模式下非法集资犯罪参与人与被害人之界分》，载《环球法律评论》2020年第1期。

其正式定义为向非法集资活动投入资金的单位和个人。一般认为，“集资参与人在非法集资活动中兼具犯罪催化与损害承受的‘双重身份’”。[①] 加入集资活动本身就是对正常金融管理秩序的冲击，在主观上具有可非难性。因此，现有的刑事法律规范无论是关于诉讼参与人的地位认定，还是关于“追赃挽损”的尺度把握，均体现出集资参与人与被害人的区别。因此，只能通过继续追缴程序来推进未兑付资金的清偿。

3. 各共犯的违法所得与造成的财产损失不可简单等同

退赔是由犯罪行为人就被害人的财产损失予以赔偿，被执行人的责任范围是被害人的损失，但在非吸犯罪中，因为每个犯罪行为人在组织架构中的地位不同，所以违法所得相差极大，进而每个犯罪行为人具体的违法所得又与整个非吸犯罪造成的财产损失不相等同，若简单以财产损失这一标准为犯罪行为人统一设定责任，容易产生不适当的责任分配结果，下文也将对此问题做进一步论述。

所以，在理论与制度层面上弥补继续追缴的缺陷，寻求补充认定赃款赃物之外的新路径，这一做法将更具有实践意义，也是执行机构破解继续追缴“执行难”的关键。

三、理论探寻:“追缴等值财产”理念扩展适用的正当性基础

追缴等值财产，是指对原标的物的追缴已难以实现时，转而追缴犯罪行为人相应的合法财产。[②] 2012 年“两高两部”发布的《关于办理黑社会性质组织犯罪案件若干问题的规定》首次在我国刑事司法实践中引入了“追缴等值财产”的理念，2018 年“两高两部”印发的《关于办理黑恶势力犯罪案件若干问题的指导意见》，将“追缴等值财产”适用的范围从办理黑社会性质组织案件扩展至黑恶势力犯罪，2019 年“两高两部”出台的《关于办理黑恶

---

① 时方:《非法集资犯罪中的被害人认定——兼论刑法对金融投机者的保护界限》，载《政治与法律》2017 年第 11 期。

② 参见黄风:《等值没收及可追缴资产评估规则探析》，载《比较法研究》2015 年第 5 期。

势力刑事案件中财产处置若干问题的意见》（以下简称《财产处置意见》）第19条第1款对于追缴、没收等值财产的起因条件予以明确规定，提供了更为具体的操作标准，2021年施行的《反有组织犯罪法》，系统总结了过往的实务经验，正式以法律的形式对“追缴等值财产”制度予以明确规定。

从比较法上看，“追缴等值财产主要在狭义上使用，与追缴等值财产类似的概念被称为‘追征’”。[①] 是指在事实上追缴不能时，命令犯罪行为人缴纳相应额度的金钱，实质上是追缴不能的一种替代手段，此处的等值财产应理解为犯罪行为人的个人合法财产。根据《反有组织犯罪法》第45条及相关司法解释，“追征”的本土化改造仅限于黑恶势力刑事案件，其目的在于彻底摧毁黑恶势力的经济来源，在客观上也确实起到了“打财断血”的良好效果，同时促进了受损法益的有效恢复。鉴于此，可以考虑将其扩展适用至其他刑事犯罪，尤其是非吸犯罪。

（一）符合有效剥夺犯罪收益的刑事司法目的

“不因犯罪而获益”是刑法领域古老的正义理念，无论是出于公正理念的价值考量，还是基于预防犯罪的实务需求，“禁止行为人从犯罪行为中获利”是一个不证自明、不言而喻的正义法则。在犯罪所得已被挥霍或转移，或者存在其他法律上无法追缴的原因，如违法所得被第三人善意取得、犯罪行为人为第三人设定权利负担、与他人的合法财产附和或混合并难以分离等，此时若不去追缴其他等值合法财产，犯罪行为人最终仍可从犯罪行为中获利，同时也会引诱公众实施可获利的犯罪行为，上述理念在非吸犯罪中也不应例外。

（二）纾解涉案财物定性难的系统性困境

1. 当前未能搭建起普遍和有效的“对物之诉”制度

从另一个层面上看，传统的刑事诉讼以解决刑事被告的刑事责任为主要线索，即“对犯罪行为是否成立做一决定，并且要确定对有罪之判决应判以

① 毕清辉：《等值财产没收研究——从黑恶势力犯罪涉案财产处置谈起》，载《西部法学评论》2021年第1期。

何种适当的刑罚的活动。"[①] 体现出明显的"对人之诉"的特征，在 2012 年《刑事诉讼法》施行之前的很长一段时间，侦查机关和公诉机关事实上行使着涉案财物的处置权，法院仅在审判过程中附带地对涉案财物作出概括性的宣告。"独立没收程序"的出现在一定程度缓解了这一状态，该制度有较为完整的诉讼程序，也赋予了涉案财物利害关系人明确的诉讼地位，但是，该制度的适用范围较窄，仅限于贪污贿赂犯罪、恐怖活动犯罪等，无法回应绝大多数刑事审判中对涉案财物处理的需要。[②] 因此，其他刑事案件中涉案财物的定性问题一直困扰着审判程序，进而影响到后续的执行程序。

2. 执行程序中补充认定的路径效果不佳

在执行过程中，根据《刑事财产部分执行规定》第 15 条的规定，如果查控到新的财产，执行机构可将相关情况告知审判部门，由审判部门进行研判。虽然该条提出了一种补充认定路径，但实务中的效果同样有限，因为问题的核心仍是缺乏明确、普遍的"对物之诉"制度供给，难以对涉案财物的性质进行充分、有效地审查，而上述补充认定路径仅仅是更换了发起的主体，由公诉机关变为执行机构，并未进行实质性的改变，同时，该规范缺乏相关配套程序，可操作性不强。

但是，"追缴等值财产"理念却可以提供另外一种思路：对被执行人名下的合法财产无须再行认定，只需在违法所得的范围内予以变价执行即可。而且，追缴措施甚至可以及于案外人，这也是"追缴等值财产"相较于刑罚的最大优势，因为作为一项刑事涉案财物处理措施，只关注非法收益的流向，谁保有非法收益便可向谁追缴，不受主体资格的限制。[③] 比如，当审理中查明了犯罪行为人吸收的资金辗转流入其他民事主体，但难以判断所转

---

① [德]克劳思·罗科信：《刑事诉讼法》，吴丽琪译，法律出版社 2003 年版，第 7 页。

② 参见韩笑：《人财并重程序保障观：困境、破解与出路——基于刑事涉案财物处理的反思》，载《法大研究生》2019 年第 2 辑。

③ 参见石经海、魏艺山：《"等值追缴及没收"规则的规范考察与优化适用——以〈反有组织犯罪法〉第 45 条第 2 款为中心》，载《安徽大学学报（哲学社会科学版）》2023 年第 4 期。

化财产的具体形态时，那么可将其视为被执行人的一项“到期债权”，在违法所得与流入资金额的双重范围限制下直接执行案外人名下的合法财产。应当注意的是，此时应当包括案外人名下的、取得资金流入之前的各项财产。

（三）拓宽集资参与人的救济途径

1. 现有的诉讼程序难以引入刑事附带民事诉讼

在现有的法律体系和政策下，集资参与人的损失挽回一般只能通过追缴后的财产返还来实现。国务院在 2021 年颁布的《防范和处置非法集资条例》中，在沿用《非法金融机构和非法金融业务活动取缔办法》（已失效）确立的集资参与人“损失自负”原则的基础上，明确了犯罪行为人的“清退义务”。由此，在政策上基本上“形成了非法集资案件‘清退义务’与‘损失自负’并立的行政强制模式”。[①] 司法实务中，虽然对集资参与人的权利保障进行了一定调整，如《最高人民法院、最高人民检察院、公安部关于办理非法集资刑事案件若干问题的意见》第 10 条规定法院可根据案件审理情况，决定集资参与人的代表人参加或者旁听庭审，但总体上仍会对集资参与人与一般受害人作明确区分。

从《刑法》第 36 条的语义上看，该条并未限定刑事附带民事诉讼的范围，但《全国法院维护农村稳定刑事审判工作座谈会纪要》第 3 部分第 5 项规定：“……附带民事诉讼案件的受案范围，应只限于被害人因人身权利受到犯罪行为侵犯和财物被犯罪行为毁损而遭受的物质损失，不包括因犯罪人非法占有、处置被害人财产而遭受的物质损失。对因犯罪人非法占有、处置被害人财产而使其遭受的物质损失，应当根据刑法第六十四条的规定处理，即通过追缴赃款赃物、责令退赔的途径解决……”此后，《刑法》第 36 条基本上就适用于侵犯公民人身权益犯罪，与《刑法》第 64 条形成体系配合。[②] 之

① 庄绪龙：《集资犯罪追赃挽损诉求与“法益恢复”方案》，载《政治与法律》2021 年第 9 期。

② 参见王明森：《共同犯罪中从犯赔偿责任的厘定——以非法集资犯罪为切入点》，载《青少年犯罪问题》2022 年第 5 期。

后的《最高人民法院关于刑事附带民事诉讼范围问题的规定》第1条、第5条的规定，以及《最高人民法院、最高人民检察院、公安部关于办理非法集资刑事案件若干问题的意见》第10条的规定再次强化了集资参与人不得提起刑事附带民事诉讼的理念。

经过追缴或者退赔仍不能弥补损失的，虽然可以另行提起民事诉讼寻求救济，但诉讼主体依然限制在被害人层面，不应包括非吸犯罪的集资参与人。退一步讲，即使允许其在刑事判决后另行提起民事诉讼，集资参与人也要冒着预交诉讼费而难以执行到位的风险，这在实务中的意义不大。①

2.“追缴等值财产”的起因条件较易在执行程序中证成

根据《财产处置意见》第20条对于“财产无法找到”这一起因条件的规定，需要有证据证明：虽然存在依法应当追缴、没收的财产，但无法准确查证财产的下落。在执行程序中，执行机构可以依托被执行人财产报告制度、法院网络执行查控系统等相关制度与技术措施，完成对赃款赃物是否存在及最终流向的进一步查证。之后，可以依据《最高人民法院关于人民法院立案、审判与执行工作协调运行的意见》第15条的规定，将调查结果交审判部门研判，如果最终仍无法明确赃款赃物的去向并完成控制，那么经过侦查、审判、执行三个阶段的反复确认后，完全可以在形式上得出“财产无法找到”的结论。因此，“追缴等值财产”的起因要件在执行程序中较易证成，这一结论就不难得出。

综上所述，在刑事涉案财物处理措施中，有必要将继续追缴作为一项长期措施，尤其在非吸犯罪中。由于追缴关联的对象是违法所得，而违法所得的认定又属于审判权的范围，加之对于判后发现的涉案财物，目前缺乏稳定、有效的认定程序，所以，在“对物之诉”制度未能有效建立之前，将“追缴等值财产”的理念扩展并适用于其他犯罪，尤其是非吸犯罪的审执程序中，将是解决这一实务难题的有效途径。

① 参见蔡一博、陈帅：《刑事责令退赔后被害人提起民事诉讼的类型分析与处理规则》，载《人民司法》2021年第7期。

四、权利衡平："追缴等值财产"过程中非吸犯罪共犯间责任的分担模式

"在民间融资发展的土壤上，相伴衍生出非法集资的异化产物，并且呈现日趋严峻的态势。"[①] 非法集资犯罪属于涉众型经济犯罪，近年来呈高发态势，此类案件牵连范围广、涉及金额大，给社会维稳工作造成了极大的挑战，其中，非吸犯罪尤具代表性。该类犯罪中的集资形式不断翻新，不仅大量资金被挥霍、转移，还有相当比例的资金通过洗钱、置产等手段发生形态变化，赃款在多个领域、以多种渠道进行了流通，大量的资金难以查明去向，最终导致在案的可控财物与所需兑付金额不成比例，给追赃挽损工作带来了较大的困难。由此可见，赃款流向查明难和赃物及时控制难是非吸犯罪判后继续追缴程序困难的主要原因。在此情形下，"追缴等值财产"理念的引入能够形成有力的补充，被执行人的个人合法财产以及其对共同财产中享有的份额都能被纳入进来。

（一）厘清违法所得与财产损失之间的关系

非吸犯罪往往是以共同犯罪的形式出现，有明确的组织架构和分工，且成员复杂。定罪量刑后，在共犯之间对集资参与人的"赔偿"责任划分问题，目前仍缺乏明确的规则供给。"如何兼顾集资参与人利益保护与共同犯罪人之间赔偿责任的合理分配，已经成为司法机关面临的两难抉择。"[②] 其中，"完全连带责任"即各共犯对共同犯罪造成的损失承担连带责任是比较常见的一种责任模式，但非吸犯罪的成员大多是业务员、出纳、工勤人员等基层员工，这些人员往往不能控制和支配资金的流向，并且实际获益较少，但却要承担与其责任完全不成比例的赔偿责任，这种情况在实务中产生了很大的争议。因此，在司法实践中，一些地方法院开始尝试精准剥夺各共犯的违法所得，避免一概适用连带责任，但由于事实查明较为困难，往往难以取

---

① 王新：《民间融资的刑事法律风险界限》，载《当代法学》2021 年第 1 期。

② 任志中、郭冰冰：《非法集资案件中共同犯罪违法所得处置的反思与重构——以共犯之间退赔责任的承担为切入点》，载《法律适用》2022 年第 7 期。

得较好的效果，对集资参与人财产损失的救济和非吸共犯间退还责任的平衡取舍难题直接影响了法律适用的统一性和严肃性。[①] 因此，在非吸犯罪的判后继续追缴程序中，如果适用“追缴等值财产”的理念，则首先要明确追缴合法财产的范围。

在一起非吸犯罪涉财产部分的执行案件中，就存在上述问题：该案被执行人为王某和左某，两人所在的“投资管理公司”为郭某和李某开办。该公司以高息为诱饵，以签订借款担保合同等方式，向不特定人员吸收资金，截至案发，共向 159 名理财客户吸储 95290021.9 元，其中，共支付理财客户本息 54163881.69 元，未兑付金额 41713776.29 元。上述未兑付资金由郭某实际控制，用于炒股和投资，郭某已被另案处理。被执行人王某系公司“管理人员”，直接参与宣传、吸储，被执行人左某系公司“客户经理”，直接参与宣传、吸储。经司法审计：被执行人王某向张某吸储，实收金额 465600 元，已兑付金额 33104 元，未结清金额 432496 元，被执行人左某共向 3 人吸储，实收金额 1673306 元，已兑付金额 997579 元，未结清金额 675727 元。除判决有期徒刑和罚金外，另判决“涉案赃款赃物依法予以追缴并发还集资参与人”，进入执行程序后，刑事审判部门向执行机构补充说明本案并无随案移送的赃款赃物，但经过执行程序中的查控，发现被执行人王某名下有房产两套，被其吸储的集资参与人张某遂要求执行法院拍卖王某名下房产用以退还未兑付资金，但王某主张其并未实际占用吸收后的资金，获取的收益仅为少量抽成且已于判前退赃。

如前所述，大多数案例要求各共犯在集资参与人遭受损失的范围内承担连带责任，其原因主要是将违法所得与财产损失混同。《刑法》关于违法所得的规定见第 64 条、第 191 条、第 312 条、第 349 条，主要是指犯罪行为人通过采取犯罪行为，导致相关财产的权属发生变动，或导致产生收益及报

① 参见王明森：《共同犯罪中从犯赔偿责任的厘定——以非法集资犯罪为切入点》，载《青少年犯罪问题》2022 年第 5 期。

酬，具有违法性、经济性、可占有性的特征。[①] 主要体现为犯罪行为产生之物、犯罪行为取得之物、犯罪行为衍生之物即报酬和孳息等，其重点在“得”，而财产损失是被害人因犯罪行为遭受的损失，其重点在“失”，前者是通过犯罪人的视角对犯罪行为的结果进行概括，后者是通过被害人的视角对其受到全部物质损失的总结，两者的评价对象不同，在范围上也有所区别。有的犯罪不存在违法所得，例如一些侵犯人身权益的犯罪，被害人的身体受到侵害，仅存在医疗费、误工费等物质损失；有的犯罪违法所得大于经济损失，因为违法所得不仅包括占用的财物本身，也包括其产生的孳息；有的犯罪违法所得小于经济损失，比如在非吸犯罪中，共犯间一般是根据组织架构和相应层级来确定款项分配的比例，整个犯罪组织共同挥霍吸收资金的情形极少。因此，具体到每个犯罪行为人尤其是从犯，其违法所得必然与集资参与人的损失不相同。

（二）明晰共犯理论并非连带责任的外部依据

在实践中，“部分实行全部责任”的刑事归责原则和民法上共同侵权后承担连带责任的理论较易混淆，前者是为了解决“行为人各自采取的侵害法益的行为与危害结果能否建立因果关系的问题”。[②] 简言之，“部分实行全部责任”的刑事归责原则是为了解决定罪量刑的刑事责任问题，而追缴、退赔、没收违法所得等既非财产刑，亦非民事赔偿责任，仅是刑事涉案财物的处理措施，其目的是排除犯罪行为人的获益。连带责任既强调以整体责任为前提，即对外是一个概括的整体，同时也重视内部的责任划分，承担责任后还存在内部追偿的问题，之所以要求共同侵权人对外承担连带责任，目的是优先填平被害人的损失，在最大限度上解决民事赔偿问题。因此，两者简单地照搬适用必然会形成错位，造成实质结果的不公正。

---

① 参见陈卫东:《涉案财产处置程序的完善——以审前程序为视角的分析》，载《法学杂志》2020 年第 3 期。

② 梅传强、欧明艳:《共同犯罪违法所得处理研究——以共同犯罪人之间是否负连带责任为焦点》，载《中国人民公安大学学报（社会科学版）》2020 年第 1 期。

（三）追缴等值财产的范围应兼顾理论应然与实务需求

1. 精准剥夺与有效剥夺的客观两难

如上所述，绝对的独立责任在理论上最为符合精准剥夺违法所得的目的，但在实践中，非吸犯罪的证据账册极易被销毁，即使通过司法审计也很难查明具体的违法所得和资金流向，各共犯之间往往也会形成攻守同盟来对抗侦查，尤其是主、从犯到案时间不一致时，上述情况使事实查明的难度加大。如果严格按照绝对独立责任的模式归责，不仅精准剥夺违法所得的预期设想落空，甚至还达不到有效剥夺违法所得的效果。① 所以，应将罪责自负的归责理念与挽回集资参与人财产损失的社会需求相结合，以实际违法所得作为追缴的基础，同时考虑犯罪行为人的客观行为、主观恶性、在共同犯罪中的作用等因素，从而对非吸犯罪中各共犯的追缴范围进行合理界分。

2. 责任分担应与犯罪行为的性质相匹配

非吸犯罪的案发，多数是由于集资参与人先前承诺的利息未能兑付甚至无法收回本金而引起，进而催化成群体事件，冲击了社会经济秩序的稳定。因此，根据刑法理论，非吸犯罪所保护的法益是市场参与者资金的安全性和正常的金融管理秩序，那么非吸犯罪的实行行为就应是危害市场参与者资金安全性的行为。② 根据案情的发展，整个犯罪活动大致分为两个部分：吸取资金和控制、支配资金。前者大多由线下的员工或业务员完成，其吸取资金后根据组织架构的安排，将资金集中交由组织者或领导者，再由其进行经营、生产或挥霍。可见，真正威胁市场参与者资金安全的行为是后者，只有实施控制、支配资金行为时，才会造成不能返还的后果，而员工或业务员等实施的是帮助行为。

如前所述，作为主犯的组织者或领导者实施的行为产生了违法所得及收益，主犯获取的违法所得与集资参与人的经济损失基本等同，因为只有极少

---

① 梅传强、欧明艳：《共同犯罪违法所得处理研究——以共同犯罪人之间是否负连带责任为焦点》，载《中国人民公安大学学报（社会科学版）》2020 年第 1 期。

② 参见高铭暄、马克昌：《刑法学》（第 10 版），北京大学出版社 2022 年版，第 173 页。

部分的资金以固定工资或报酬的形式分配给了非吸犯罪的从犯，其违法所得的比例较低。因此，在集资参与人未受兑付范围内追缴主犯的等值合法财产，由主犯承担事实上的“连带责任”，在违法所得的范围内追缴从犯的等值合法财产，由从犯承担独立责任的模式，既符合追赃挽损的现实需要，也与罪责刑相适应的刑法原则相呼应。

五、体系融贯：“追缴等值财产”后执行竞合的处理

（一）追缴等值财产后的实体处理是处理执行竞合的关键

法院认定赃款赃物后，因相关财产不属于被执行人的合法财产，不会与被执行人普通民事债务的执行竞合。在赃款赃物不存在或不明确的情况下，可以追缴被执行人的等值合法财产。以被执行人的合法财产为执行标的时，将会与普通民事债权的执行及其他财产刑的执行产生竞合，《刑事财产部分执行规定》第 13 条以及《最高人民法院、最高人民检察院、公安部关于办理非法集资刑事案件若干问题的意见》第 9 条第 4 款规定了被执行人同时承担民事责任、刑事责任，当其财产不足以全部支付时，清偿顺序具体如下：人身损害赔偿中医疗费用 > 优先受偿权 > 退赔 > 退还非法集资案件中的集资参与人的损失 > 一般民事债务 > 罚金 > 没收财产，上述规则未对追缴等值财产的顺位进行规定。

如前所述，追缴仅是一项程序性处理措施，后续的实体处理方式是返还、没收或上缴，这需要根据具体案情而定。因此，需要关注的是追缴等值财产后的实体处理方式，比如非吸犯罪中“追缴等值财产”后，下一步就需要向集资参与人按照比例返还，在明确后续的实体处理方式后，就可直接根据上述规则确定相应的坐标位置。

（二）追缴等值财产后的没收与没收财产刑的区分

需要注意的是，追缴等值财产后的没收与《刑事财产部分执行规定》第 13 条中规定的没收财产刑不同，后者在学理中称为一般没收，是一种刑罚方式，它指向犯罪行为人的全部合法财产，而追缴等值财产后的没收指向的是违禁品、供犯罪所用的本人财物以及不应返还被害人的违法犯罪所得，其仍然是一种刑事涉案财物处理措施，因此，在顺位处理上不能简单等同。根据

前述规则，刑事涉案财物处理措施的执行一般优先于财产刑，因为刑事涉案财物处理措施在于强调对违法所得的剥夺，而财产刑作为一种附加刑，是剥夺犯罪所得后的另行惩罚与制裁。[①] 如果两者混同，则会使财产刑的目的不能实现。

结 语

在继续追缴程序中，"追缴等值财产"是发现赃款赃物难以追回或相关线索难以认定时的替代手段，其在涉黑恶势力等有组织犯罪的适用中初显成效。在当前刑事案件的审理中，往往偏重"对人之诉"，而欠缺"对物之诉"，同时，在前期侦查阶段，侦查机关往往对涉案财物控制和取证意识不强，在此背景下，将"追缴等值财产"的理念扩展适用至其他犯罪涉财产部分的执行，尤其是非吸犯罪，具有很强的现实意义。由此，可以形成一个较为完整的体系，发挥与现有规范相顺洽而又便捷高效的补充效果，更符合当前人民法院工作高质量发展，切实解决执行难的导向需求。

---

① 参见刘贵祥、闫燕:《〈关于刑事裁判涉财产部分执行的若干规定〉的理解与适用》，载《人民司法》2015 年第 1 期。

帮助信息网络犯罪活动罪的补充性定位重塑
——以双重属性为论证分析视角

郑州市中级人民法院　陈殿福　宋应红　赵　健*

引　言

近几年，帮助信息网络犯罪活动罪随着案件量的大幅增加引起了理论界和实务界的广泛关注和热烈讨论。作为信息网络犯罪中的帮助行为，对被帮助犯罪的从属性是其本质属性，对其本应沿袭共犯中从犯或胁从犯的认定路径，以正犯的实行行为为评价前提和入罪基础，却由于信息网络犯罪的特殊性，基于网络帮助行为的泛滥与累进式增长亟须严厉打击的现实迫切性，以立法单独入罪的形式赋予其独立性，将帮助行为的刑法评价延伸，以解决对网络犯罪治理漏洞的专项规制。帮助信息网络犯罪活动罪虽有效发挥了对信息网络犯罪帮助行为的刑罚惩治作用，但其本身兼具从属性与独立性的内在冲突却极易引发实务上的定位混淆。笔者尝试以丰富的样本文书为论证基础，以一斑窥全豹，对该罪截至目前的适用现状、凸显的问题以及解决路径进行梳理探析。

* 陈殿福，郑州市中级人民法院党组书记、院长、审判委员会委员、审判员。宋应红，郑州市中级人民法院刑二庭庭长、审判委员会委员。赵健，郑州市中级人民法院法官助理。

一、历程：帮助信息网络犯罪活动罪的规范梳理

帮助信息网络犯罪活动罪（以下简称“帮信罪”）从入罪至今还不到十年时间，却在近几年实现案件量的不断跃升。在该罪被大量适用的过程中，出现的相关法律适用方面的问题也倒逼司法解释和指导意见的出台。通过梳理该罪规范的制定进程，可以看出该罪在相关规范内容被不断修正完善的过程中逐步适应司法实务需求、回应社会关切的情况，详见表 1。

表 1 “帮信罪”规范梳理

时间	类型	名称	内容
2015 年 11 月	法律	《刑法修正案（九）》第 287 条之二	对明知他人利用信息网络实施犯罪，提供帮助的行为单独入罪
2016 年 12 月	司法规范性文件	《最高人民法院、最高人民检察院、公安部关于办理电信网络诈骗等刑事案件适用法律若干问题的意见》（以下简称《电诈意见》）第 3 条第 7 项	同时构成本罪和诈骗罪的，依照处罚较重的规定定罪处罚
2019 年 11 月	司法解释	《最高人民法院、最高人民检察院关于办理非法利用信息网络、帮助信息网络犯罪活动等刑事案件适用法律若干问题的解释》（以下简称《帮信司法解释》）第 11 条至第 18 条	1. 明确了行为人“主观明知”的情形； 2. 明确了“情节严重”的情形； 3. 明确被帮助对象未查实不影响本罪认定的情形； 4. 其他
2021 年 6 月	司法规范性文件	《最高人民法院、最高人民检察院、公安部关于办理电信网络诈骗等刑事案件适用法律若干问题的意见（二）》（以下简称《电诈意见（二）》）第 7 条至第 10 条	1. 明确了“帮助”行为的具体类型； 2. 明确了“其他足以认定行为人明知的情形”； 3. 明确了“其他情节严重的情形”； 4. 其他

通过对该罪法律规范的梳理，可以对该罪的相关规制依据的发展变化有一个大致的了解，同时，该罪立法规范的发展历程对于该罪在实务中的适用也有着很明显的影响。该罪自 2015 年《刑法修正案（九）》入罪之初，因缺乏针对性的司法解释，在法律适用上并未受到青睐，相当长时间都处于坐冷板凳的角色。直到 2019 年《帮信司法解释》的出台，其中第 12 条针对帮助

信息网络犯罪活动罪“情节严重”的情形做了具体规定，对该罪名的条文适用、情节判定予以明确。2021 年 6 月 17 日《电诈意见（二）》中“对上下游关联犯罪实行全链条、全方位打击”的指导思想，更是为帮助信息网络犯罪活动罪的进一步广泛适用提供了政策指引。

二、现状：帮助信息网络犯罪活动案件的样本剖析

（一）样本选取

笔者在中国裁判文书网上以全文包含“帮助信息网络犯罪活动罪”、法院省份为“H 省”、案由为“刑事案由”、文书类型为“判决书”为条件进行检索，截至 2023 年 8 月 31 日，共得到刑事判决书 4649 份。其中，可能涉及极小部分无关和重复文书，因数量较少，不影响样本所涉及统计要素，便忽略不计。

（二）问题筛查

受立法影响，帮信罪在具体适用方面存在很明显的特点，包括案件量升幅明显、案件大量适用认罪认罚从宽制度、快审快判，等等。具体如下：

1. 罪名适用率明显升高，案件量连续激增

将样本文书根据不同年份进行统计[①]，得出 2017 年 5 份、2018 年 8 份、2019 年 18 份、2020 年 848 份、2021 年 3014 份、2022 年 692 份[②]，反映了自 2020 年“断卡行动”开展以来，帮信罪作为“打击两卡犯罪”的核心罪名，开始在司法实务中得到广泛应用，案件数量急剧递增。该罪设置的初衷本应是弥补现有信息网络犯罪规制体系的漏洞，对该罪的大规模应用难免有扩张适用之嫌。详见图 1。

① 截至 2023 年 8 月 31 日，因 2023 年度该类案件在裁判文书网上录入较少，仅有 63 份，与实际不符，不具有比较参考价值，故未在图中显示。

② 该数据仅是中国裁判文书网显示的案件数，根据 2023 年 H 省高级人民法院工作报告内容，2022 年 H 省审结帮助信息网络犯罪活动案件共计 9168 件，远高于中国裁判文书网数据，案件数仍有明显增加。

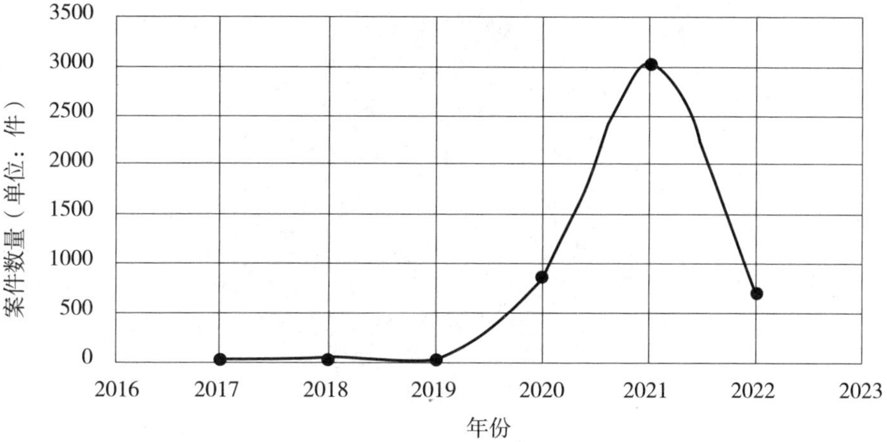

图 1　中国裁判文书网“帮信罪”案件数量变化情况

2. 量刑整体偏轻，且大范围适用认罪认罚从宽

笔者通过对样本文书以关键词“认罪认罚”进行搜索，显示文书数量共计 4215 份，占全部样本文书的 91%；分别搜索关键词“单处罚金”“拘役”“缓刑”等，得出相应文书数量及所占比例，可以看出该罪在大量适用认罪认罚从宽制度的同时，绝大多数被判处二年以下有期徒刑的刑罚，其中适用缓刑的情形也不在少数，导致该罪整体量刑偏轻。详见图 2、图 3。

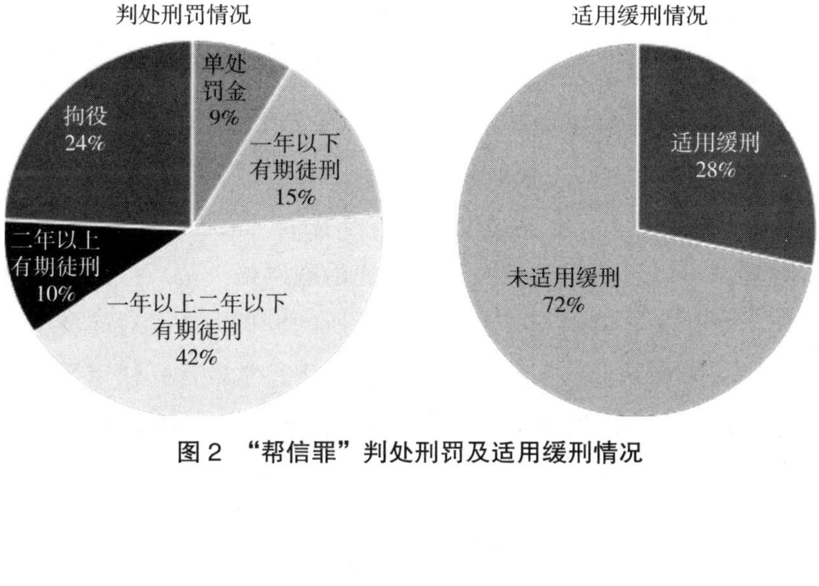

图 2　“帮信罪”判处刑罚及适用缓刑情况

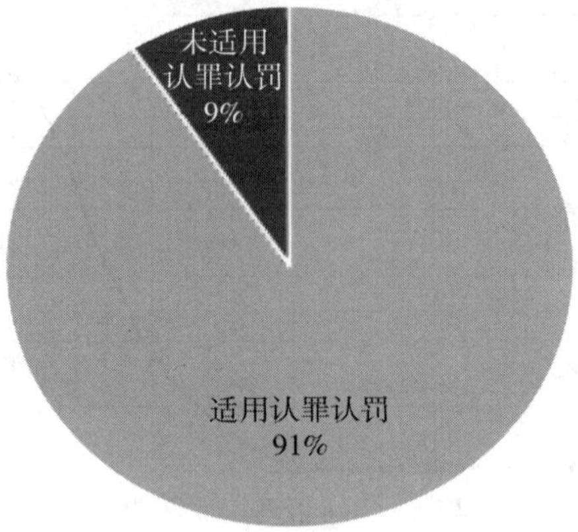

图 3 “帮信罪”适用认罪认罚情况

3. 与部分关联犯罪存在竞合

通过对样本文书搜索关键字“罪名不当”，共检索出 28 份刑事判决书，其中一审改变罪名 25 份，二审改变罪名 3 份。“帮信罪”虽是针对网络犯罪的帮助行为进行专项规制的罪名，但作为“帮信罪”实行行为的互联网接入、服务器托管、支付结算等行为方式，本身与开设赌场罪、利用电信网络实施的诈骗罪等共犯的实行行为趋同，故在罪名适用上还是容易与其他相关联罪名产生竞合，尤其与掩饰、隐瞒犯罪所得罪和诈骗罪帮助犯等罪名在法律适用上仍然存在一定的模糊地带。详见图 4。

4. 关联上游犯罪查实较少

通过对样本文书搜索关键字“已判决”，仅检索出 140 份刑事判决书，其中在文书中显示已查实关联犯罪的只有 91 份，分别涉及（网络）诈骗、开设（网络）赌场和赌博、在网络上传播淫秽物品、侵犯公民个人信息和网络传销等罪名。可以看出司法机关出于快速治理网络失范、打击信息网络犯罪的现实需求，犯罪者出于寻求轻罪庇护所的投机需要，对涉及本罪的绝大多数案件在采用认罪认罚从宽制度的情况下，常常选择快审快判，在关联上游犯罪未经查实的情况下对已到案的帮助行为人一判了之、案结事了。详见图 5。

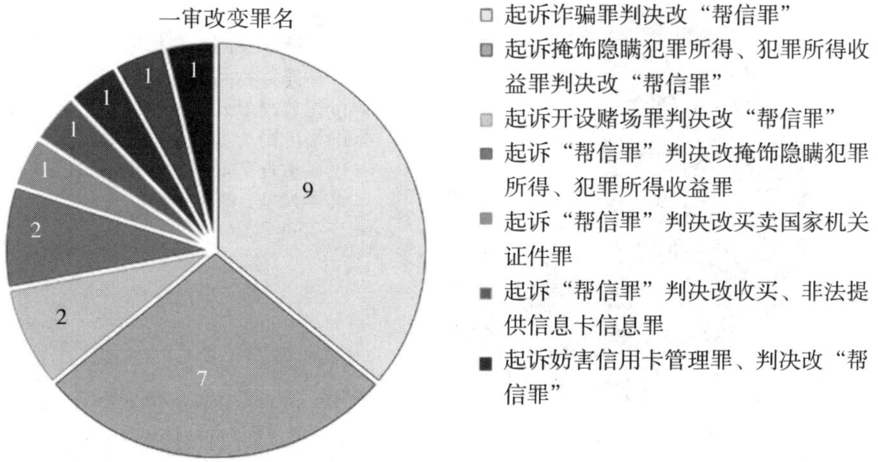

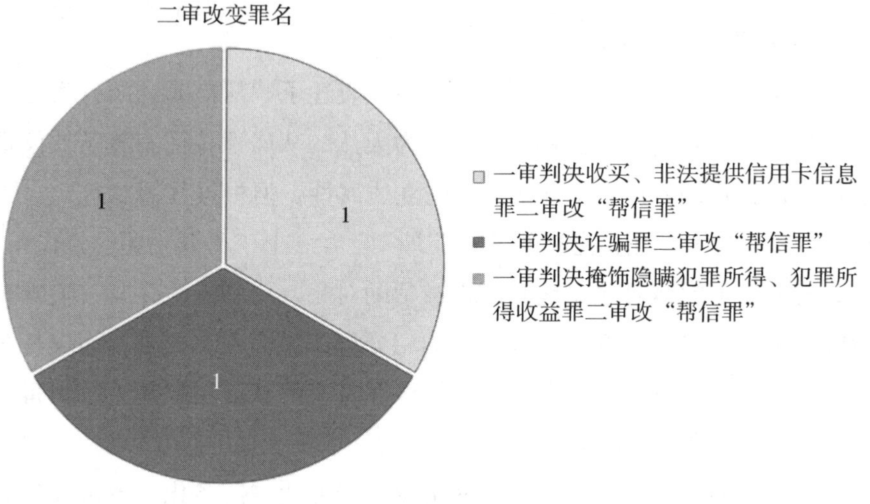

图 4　改变罪名情况（单位：份）

三、冲突：双重属性的原生牵制

“帮信罪”虽名为帮助犯，但在实务中却已经很大程度上摆脱了定罪处罚上对于正犯的附属，具有鲜明的独立性。但与此同时，该罪的成立也必然地依附于网络犯罪链条上的关联犯罪，本质上仍不能丢掉从属性。这种兼具从属性和独立性双重属性的特性决定了该罪本身的内在冲突和原生牵制。

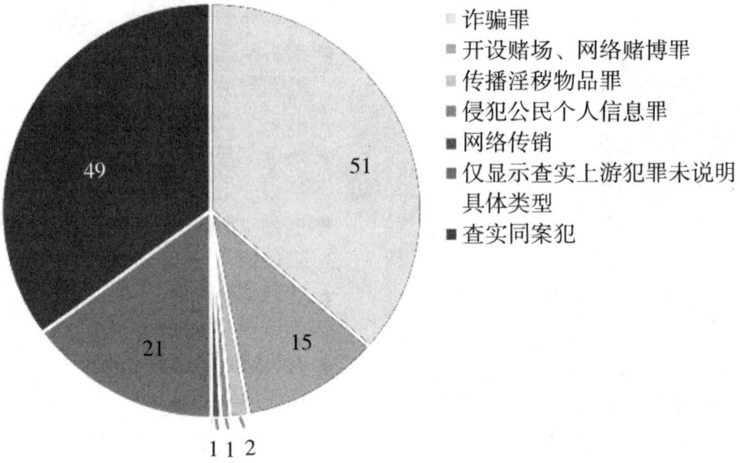

图 5　已查实关联犯罪或同案犯情况

（一）从属性：必然依附

我国《刑法》第 287 条之二第一款明文表述了“帮信罪”的行为是“帮助”行为，这表明其本质上具有帮助行为天然的从属性特征。该条款仅是形式上符合正犯化的立法，具有独立化的立法属性，但根据其罪状规定，要求主观上“明知他人利用信息网络实施犯罪”、客观上“为其犯罪”提供帮助。故该罪的成立不能绝对独立地脱离于被帮助对象，更不能抛弃或否定既有的被帮助对象。该罪也并不是对被帮助的犯罪行为完全不作要求，而仅是对帮助行为从属于正犯行为的要求降低。故该罪特有的从属性是其无法消弭的特质，并集中体现在以下两个方面。

1. 对被帮助对象的依附性。在网络犯罪产业化、链条化、流水线化的发展趋势下，帮助行为对被帮助对象的依附性主要体现为网络犯罪链上相互支撑、紧密关联的关系，帮助行为依托被帮助对象的指令而存在，被帮助对象决定帮助行为的行为定义，对帮助行为有事实上的操控能力。二者看似为相互独立的单一环节，但是内在却是环环相扣，任何一个环节的脱钩都会影响犯罪目的的最终实现，虽在形式上彼此独立，却在功能上紧密关联，尽管各谋其利，彼此却缺一不可、相互依托和牵制，脱离了被帮助对象，帮助行为也就无从谈起。

2. 罪行认定的从属性。帮助行为的正犯化并不完全等同于帮助犯的独立性，本质上作为帮助行为的帮助犯本质上仍是一种共犯，而共犯是不具有独立性的，其若想成立犯罪则要求正犯起码已着手实施了犯罪。[①] 这就要求该罪在定罪处罚上不能脱离帮助犯形态，仍然要受从属性的制约，其行为的成立必须依赖于正犯。作为信息网络犯罪链条上的必要环节，帮信罪的司法认定并不因独立构罪就可以径行认定，而是仍然需要依附于被帮助的信息网络犯罪。根据《帮信司法解释》的相关规定，对“帮信罪”认定的前提是被帮助对象的犯罪行为可以确认。而该解释对于主观上“明知”他人“犯罪”的情形，以及推定“为其犯罪”提供帮助“情节严重”的情形分别予以规定，即通过强调帮信行为入罪门槛的方式强调其本质的从属性特征。故对该罪的罪行认定与评价必须要以被帮助犯罪的确认为基础，通过综合考虑其所涉关联犯罪情况，对其所造成的社会危害后果进行客观评价。

对于该罪来说，独立化的立法并未改变其帮助行为的本质，其虽已作为针对性规制网络犯罪帮助行为的标准罪名，被单独纳入刑法立法体系中，但其身为帮助行为所具有的从属性和依附性的本质属性却仍然突出，对其定罪处罚仍然要以被帮助的信息网络犯罪为评价前提。

（二）独立性：专项规制

“刑法应依据一定的规则控制处罚范围与处罚程度，即凡是适用其他法律足以抑止某种违法行为、足以保护合法权益时，就不要将其规定为犯罪。”“只有当其他法律不足以抑止违法行为时，才能适用刑法，这就决定了必须适当控制刑法的处罚范围。”[②] 谦抑性原则本质上体现了入罪的必要性。随着信息网络犯罪的更新迭代，在先进技术的支持下信息网络犯罪具有了一对多、多对多的特点，全面撒网而又无孔不入的帮助行为使得网络犯罪行为的危害性呈现难以预估的爆发式扩大，此种情形下若还适用传统的帮助犯理论进行被动归罪，则无法满足对于及时遏制犯罪、阻断网络犯罪利益链、修弥被侵害法益的现实需求。故对该罪作为独立正犯评价单独入罪，形成对信

① 参见张明楷：《论帮助信息网络犯罪活动罪》，载《政治与法律》2016 年第 2 期。

② 张明楷：《论刑法的谦抑性》，载《法商研究——中南政法大学学报》1995 年第 4 期。

息网络犯罪的积极预防，既提高了打击信息网络犯罪的效力，也安抚了一般民众面对风险社会出现的各种新型风险的焦虑，回应了社会要求周延保护法益的需求。[①] 立法赋予其独立性也就显得十分必要。

1. 处罚对象独立。作为单独入罪的罪名，该罪的规制行为是网络犯罪帮助行为，由于网络犯罪的阶段性、环节性明显清晰，导致各个犯罪对象分工明确，犯罪行为具体独立，帮助行为与主体对象之间的联系只是形式上的，无须严密的交流机制和意思联络，各自的行为自成体系，网络犯罪的帮助行为变成一种主观独立性的参与模式。其本身的法益侵害性也可以单独评价，不必依附于上游或者关联犯罪，这就决定了其与关联犯罪如诈骗罪、开设赌场罪、掩饰、隐瞒犯罪所得罪等正犯侵犯的法益相互区别、相互独立，可以单独进行评价和处罚。

2. 主观犯意独立。与传统的共犯不同，信息网络犯罪的帮助行为人与实行行为人往往没有意思联络。信息网络犯罪链条各环节对应特定的角色和行为内容，所处环节上的行为人可以不问前因后果，只做好“分内的”任务即可，其犯罪环节的具体化和内容的固定性决定了帮助者既无须知道被帮助对象是谁，也不必与被帮助对象产生任何回应或反馈。另外，各环节的角色极其固定，对具体行为个体不具有依赖性和捆绑性，人员的流动性和可替代性都很强，此种情形下不可能，也不必要在双方之间产生犯意联络，故帮助行为的主观犯意是单一且独立的。

3. 行为方式独立。该罪的具象化规定已经将行为方式限定为具体且明确的类型，摆脱了传统的、以正犯行为为中心评价帮助犯的认定规则的限制，赋予了该罪独立的行为特征。相应的帮助行为不必再依赖于被帮助对象的行为才能认定，而是具备了独立的客观构成要件，客观上只要符合规定的行为特征即可认定该罪，不必等待正犯的实行行为认定后再进行评价，在实践中的可操作性更强，更有利于该罪的大规模适用。

---

① 王兵兵:《“共犯正犯化”立法质疑——以帮助信息网络犯罪活动罪的增设为视角》，载《苏州大学学报》2017 年第 1 期。

（三）内在冲突：独立的构罪模式冲击从属性的功能

“帮信罪”的从属性和独立性并不是相辅相成的，而是极有可能出现“此消彼长”的状况，导致二者相互牵制。独立的犯罪构成将网络犯罪的帮助行为“一揽子”纳入刑法打击半径，使信息网络犯罪帮助行为具有了独立的构罪要件，而无须再受制于传统共犯理论进行共犯认定。

该罪的独立入罪虽顺应了现实的立法需求，但其与从属性本质的内在冲突也开始凸显。这是因为司法实践往往过于关注其独立性的适用，而忽视对其从属性的限制功能，使该罪与被帮助对象联系的割裂，导致司法实务对该罪作扩大化的理解，忽略对上游犯罪行为的确认，不当扩大了“帮信罪”的外延，对该罪的证据标准降低、处罚标准随意，最终造成对从属性的抛弃，导致该罪的极度“口袋化”。而本身作为天然属性的从属性，在“帮信罪”独立入罪以后，却不得不退居其后，时常处于“隐身”状态。

四、困境：双重属性冲突引发的定性混淆与量刑失衡

“帮信罪”作为打击信息网络犯罪的核心罪名，无法避免大规模适用以打击网络犯罪的现实需求，但实务中对其内在双重属性冲突的忽略导致在效率主义和实用主义的主导下不断扩大该罪的适用范围，使该罪有沦为“口袋罪”之嫌，进而导致对该罪的定性混淆和量刑失衡问题。

（一）定性混淆：与关联犯罪存在界分模糊

“帮信罪”之所以独立成罪，旨在有效抑制日渐猖獗的网络犯罪，实现此目的的路径便在于切断帮助行为对上游犯罪的依附，进而实现对此类行为的立法独立。故立法者对其规定独立的构成要件和法定刑期，将此类具有严重法益侵害行为的类型化确定，以期实现打击信息网络犯罪的目标，摆脱对下游犯罪成罪与否及刑罚轻重的依赖。但独立立法的初衷并未在司法活动中实现，在“帮信罪”的司法适用中，此罪与彼罪的界分、共犯与正犯的划分和罪名之间的法条竞合等罪名适用问题仍然存在认定混乱等问题。此类问题在一审和二审改变罪名案件中可见一斑。详见表2、表3。

表2　一审改变罪名理由统计

序号	主要案情	检察院指控罪名	判决认定罪名	变更理由
案例1 案例9	将多张银行卡多次租赁给他人使用，转移网络犯罪资金	帮助信息网络犯罪活动罪	掩饰、隐瞒犯罪所得罪	明知是犯罪所得而帮助转移
案例2 案例8	使用银行卡和支付宝为赌博平台提供资金流转服务，获取佣金	掩饰、隐瞒犯罪所得罪	帮助信息网络犯罪活动罪	1. 发生于信息网络领域；2. 获利较低
案例3 案例4 案例5 案例6 案例7	提供银行卡转移网络犯罪资金	掩饰、隐瞒犯罪所得罪	帮助信息网络犯罪活动罪	帮助行为发生在上游犯罪着手实施之后到行为实施完毕之前
案例10 案例14 案例15	提供银行卡等转移网络平台诈骗资金	诈骗罪	帮助信息网络犯罪活动罪	明知他人利用信息网络实施犯罪而提供帮助
案例11	提供通信设备，帮助实施电信诈骗	诈骗罪	帮助信息网络犯罪活动罪	1. 无诈骗的共谋；2. 未直接实施诈骗活动；3. 仅领取工资，获利较少
案例12	为电信诈骗提供通信传输技术帮助	诈骗罪	帮助信息网络犯罪活动罪	无诈骗的共谋
案例13	办理银行套卡提供给他人，后被用于实施电信诈骗	诈骗罪	帮助信息网络犯罪活动罪	1. 与上线缺少意思联络，无诈骗的主观故意；2. 未实际操作卡内资金
案例15	网络赌博平台提供账户、支付结算服务，收取佣金	开设赌场罪	帮助信息网络犯罪活动罪	1. 对平台流程不知情，与上线无联系共谋，达不到共犯的认知程度；2. 资金不受其控制；3. 获利较少；4. 本质是为信息网络犯罪提供帮助
案例16	为网络赌博提供平台运营服务	开设赌场罪	帮助信息网络犯罪活动罪	无开设赌场行为，仅是提供帮助
案例17	收购他人手机卡，贩卖给他人，被用于事实信息网络犯罪	侵犯公民个人信息罪	帮助信息网络犯罪活动罪	行为侵犯了国家对信息网络的管理秩序
案例18	为传销平台开发软件、维护运营	组织、领导传销活动罪	帮助信息网络犯罪活动罪	1. 未直接参与经营活动；2. 获利模式不同
案例19	办理营业执照、对公账户出售给他人	帮助信息网络犯罪活动罪	买卖国家机关证件罪	为谋取非法利益，买卖国家机关证件

表 3　二审改变罪名理由统计

序号	主要案情	一审认定罪名	二审认定罪名	变更理由
案例 20	出租银行卡等转移网络犯罪资金	掩饰、隐瞒犯罪所得罪	帮助信息网络犯罪活动罪	法律适用错误
案例 21	将银行卡提供给网络犯罪团伙实施转账、取现	诈骗罪	帮助信息网络犯罪活动罪	无证据证明事前有通谋、事中明知是诈骗款
案例 22	收购、提供银行卡，后被用于电信诈骗	收买、非法提供信用卡信息罪	帮助信息网络犯罪活动罪	法律适用错误

可以看出，法检对于该罪与诈骗罪、开设赌场等罪名的认定仍然存在争议。而由于该罪所涉案件大多适用认罪认罚程序，上诉及抗诉案件数量较少，二审可参考案例也较少，但均集中于他罪改“帮信罪”的情形。详见表 2。

可以看出，实务适用中，与该罪发生混淆的主要是掩饰、隐瞒犯罪所得罪和诈骗罪、开设赌场罪等。而从变更理由中可以窥见，实务中对相关联罪名的区分的把握标准和考量因素并不统一。具体总结为以下三点。

1. 对该罪存在倾向性认定。一方面，该罪作为针对信息网络领域的规制罪名，具有惩治特定领域犯罪的指向性，故在办理信息网络犯罪领域的相关犯罪时，极易引发对该罪的关注。另一方面，该罪虽名为帮助行为，却具有独立入罪的特殊属性，对关联上下游犯罪是否查实的依赖性不强，能够很大程度上实现惩治网络犯罪的效率性要求，往往也为实务所青睐。故在该罪的实行行为与电信网络诈骗、开设网络赌场等共犯的实行行为发生重合的情况下，司法裁判者过度关注其独立性的思路，导致忽视该罪事实认定和证据查实方面对被帮助犯罪的依附性，导致优先适用该罪。如上文所示，检察机关指控的多起罪名，均在审判阶段变更为“帮信罪”，体现了司法实务中对该罪的适用有很强的倾向性。

2. 与关联犯罪的共犯如何区分标准不一。帮助信息网络犯罪活动罪作为独立构罪的罪名，其成立不以关联犯罪的共同犯罪成立为前提已是毋庸置疑。但“帮信罪”所涉行为，相当部分是从原来的共犯之中切割出来的，成立“帮信罪”的网络犯罪帮助行为是否仍然可能同时构成关联犯罪的共同犯罪，正犯性是否意味着非共犯性，仍有争议。[①] 有学者认为该罪的实行行为与关联犯罪的共犯行为存在重合，则必然地存在法律适用上的重合情形。该罪作为兜底罪名，既涵盖能够构成关联犯罪共犯的行为，也涵盖无法构成共犯的行为。[②] 也有学者认为该罪的法益侵害与行为结构均具有独立性，因此该罪行为不符合共犯的要求，具有非共犯性。[③] 具体到实践中，作为“帮信罪”实行行为的互联网接入、服务器托管、支付结算等行为方式，本身与开设（网络）赌场罪、利用电信网络实施的诈骗罪等共犯的实行行为趋同，会导致该罪在司法认定过程中存在一定模糊性，出现“同案不同判”的情形。

3. 对《刑法》第 287 条之二第 3 款的适用标准亦不明确。根据该条款规定，对于该罪与其他共同犯罪产生竞合的情况下，应“择一重处罚”，优先适用重法[④]，只有不存在其他处罚较重的罪名适用空间的情况下，才可以适用该罪。但司法实践的做法有时却较为混乱，常常会出于司法效率理念的实用主义原则，依据特殊优于一般的逻辑优先适用该罪，影响全部犯罪的综合量刑以及被害人合法权益的保护。如案例 10 中，被告人陈某某明知妻子王某某利用“微淘”App 进行刷单诈骗的违法活动，仍帮助王某某管理参与微淘刷单的人员，并为王某某提供银行卡或支付宝账户，将王某某非法获得的资金 40 余万元转至其个人名下的支付结算账户后，用于家庭消费。对于陈某某的行为，检察院以诈骗罪进行指控，但一审最终是以帮助信息网络犯罪活动罪对其定罪处罚。笔者认为，二人作为夫妻，在共同犯罪中很明显存在形成合意、相互配合的情形，单独将陈某某的行为剥离出来，以独立帮助犯的帮信罪进行评价，这种单纯优先适用“帮信罪”的做法一定程度上可能影响罪

---

① 陈毅坚、陈梓翰：《帮助信息网络犯罪活动罪的司法适用——基于正犯性视角的教义学展开》，载《地方立法研究》2021 年第 6 卷第 5 期。

② 参见江溯：《帮助信息网络犯罪活动罪的解释方向》，载《中国刑事法杂志》2020 年第 5 期。

③ 参见王肃之：《论网络犯罪参与行为的正犯性》，载《比较法研究》2020 年第 1 期。

④ 参见江溯：《帮助信息网络犯罪活动罪的解释方向》，载《中国刑事法杂志》2020 年第 5 期。

责刑相适应的刑法原则。

（二）量刑失衡：扩张适用违背罪责刑相适应原则

网络犯罪正犯难以查明是常态，且单个正犯往往达不到罪量要求，而单独评价帮助信息网络犯罪行为，却很容易达到"情节严重"可受刑罚处罚的程度。[①] 而该罪本身所具有的独立性特征，导致对该罪的扩张适用，进而导致对于该罪的判处常常先于被帮助行为被查实之前，一方面，会造成对于已查实的"情节严重"的帮助行为的处罚高于后查实的"情节一般"的信息网络犯罪共犯的刑罚；另一方面，或产生对帮助行为的该罪处刑高于后经查实的网络犯罪正犯的刑罚的情形。

1. 忽视对被帮助对象犯罪行为的确认使该罪成为入罪"避风港"。刑罚的轻重应当与犯罪的社会危害性、犯罪人的人身危险性相适应。然而，由于该罪本身的刑罚配置为"三年以下有期徒刑或者拘役"，通常轻于被帮助对象所实施的网络犯罪或者所关涉的掩饰、隐瞒犯罪所得罪等其他犯罪的法定刑，[②] 司法机关出于快速治理网络失范、打击信息网络犯罪的现实需求，犯罪者出于寻求轻罪庇护所的投机需要，形成大量认罪认罚案件，在关联上游犯罪未经查实的情况下对已到案的帮助犯一判了之、案结事了。这种情况下很容易使该罪成为诸多网络犯罪帮助行为的"避风港"，使已查实的帮助行为在情节严重的情况下，量刑反而低于未来到案的可能成立其他信息网络犯罪的一般共犯，形成"罪刑倒挂"，违背罪责刑相适应原则。

2. 片面化认定帮助行为难以使被告人服判。对于该罪的适用本应以信息网络犯罪活动的犯罪行为可以确认为前提进行入罪评判，但现实中却常常对此要求予以忽略。其原因在于何种情形下属于"可以确认"不够明确，很多情形下要依赖于裁判者的主观判断，从而造成该项要求对于该罪现实应用的限制和束缚也就十分有限。具体到实践中，对于"主观明知"的过度推定导

---

① 参见陈洪兵：《帮助信息网络犯罪活动罪的"口袋化"纠偏》，载《湖南大学学报》2023年3月。

② 喻海松：《入罪范围妥当与处罚幅度均衡》，载《检察日报》2023年2月18日，第3版。

致帮助行为的片面化认定，大量适用认罪认罚从宽制度导致对涉及该罪案件的速审快判，案件办理流于效率主义，导致出现对帮助行为的该罪处刑高于后经查实的网络犯罪正犯的刑罚的情形，造成刑责不相匹配，影响裁判效果，难以使被告人服判。

五、出路：重塑“帮信罪”的补充性定位

该罪的立法本意就是弥补原有立法规范的不足，对刑罚规制系统也只是起到补充和完善的作用，绝不是代替某些罪名本身的规制作用。故而在对该罪单独入罪时，并无同时宣布某罪名废止的条款，这决定了该罪在立法上的补充性定位。补充性定位源于法律解释方法上的漏洞补充。由于现实情况的瞬息万变和错综复杂，固守静态的立法很多时候无法满足司法实践的现实需求，故需要对原有的立法规范在坚持立法本意的基础上进行目的性限缩或扩张，以实现对现有立法体系漏洞的补充。[①]“帮信罪”的独立入罪，在提高了司法惩治犯罪效率的同时，其不断高涨的适用率暴露了“越打越多”的尴尬处境。要改变这一现状，就要回归立法本意，在该罪罪名适用上一方面是要审慎规范适用，严格把握核心要件，避免罪名滥用；另一方面是均衡判处刑罚，实现罚当其罪、量刑均衡。具体来说，应从细化行为特征和全面评价刑罚判处要素方面来为实务应用提供指引，同时通过增设禁止性处罚规定实现长效规制。

（一）层层递进：细化行为特征

“帮信罪”在实践中的扩张适用，常常表现为“明知”认定标准的模糊化、“利用信息网络实施犯罪”要件的矮化、“帮助”行为的扩大化以及“情节严重”的虚置化。[②] 根据我国刑法条文的规定，构成该罪需满足“主观明知被帮助对象存在信息网络犯罪活动”+“提供帮助行为”+“情节严重”三个构成要

① 参见孙光宁：《漏洞补充的理论定位——法律方法论的视角》，载《法律方法》2010 年第 1 期。

② 莫洪宪、吕行：《论帮助信息网络犯罪活动罪的司法扩张与规范适用》，载《贵州师范大学学报》2023 年第 1 期。

件；2019年的《帮信司法解释》明确了“情节严重”的七种情形；2021年《电诈意见（二）》基于主客观相一致的原则提高了“主观明知”的认定标准。在理论上，我们可以认定在帮助信息网络犯罪活动罪中，行为人明知的内容是他人利用信息网络实施犯罪，主观上对自己的行为将促进他人行为危害结果的发生至少持放任态度。客观上，帮助行为与被帮助对象实施的犯罪行为，是一种帮助与被帮助的关系，帮助行为对被帮助行为危害结果的发生起促进作用。“帮信罪”的行为本质，是上游犯罪的帮助犯，若行为人没有提供支付结算的帮助，上游犯罪缺乏收取犯罪所得的通道，上游犯罪则无法既遂。[①] 具体到实践中，笔者认为可以从以下几个方面来具体把握。

1. 有无共谋。首先要把握行为人主观上与被帮助对象是否具有意思联络，对整个犯罪流程和犯罪目的是否知悉，是否有意识地实施帮助行为。根据现有法律规定，该罪以行为人明知他人利用信息网络实施犯罪为前提。而按照相关司法解释的规定，是以一般性的认知水平和行为人的认知能力、是否因同类行为受过处罚等来确定“帮信罪”主观明知的认定。以下两个案例均为行为人对主观明知进行辩解，而法院通过客观行为特征综合进行认定的情况。

案例23[②]：2022年4月至5月，被告人房某某在明知他人利用信息网络实施犯罪的情况下，仍安排储某等人（另案处理）分别在H省多个地方以本人身份办理公司营业执照、公章、对公账户银行卡和U盾等公司材料予以出售，后储某办理了3套公司营业执照、对公账户银行卡和U盾等，并将上述整套公司材料交由被告人房某某予以出售。其间，李某2被他人以网上投资理财的方式骗取钱款，其中有305790元转入储某办理的某公司账户内。经鉴定，某公司账户内共转入非法资金183574292.83元。

本案中，被告人房某某辩称其主观上不明知涉案账户转移的系非法资金；客观上未带领他人办理对公账户。对其主观上是否明知进行认定是该案及此类案件的焦点。

---

① 参见刘志超：《帮助信息网络犯罪活动罪和掩饰、隐瞒犯罪所得罪的法律适用问题》，载《上海法学研究》2023年第6期。

② 参见河南省鹤壁市淇滨区人民法院（2023）豫0611刑初42号刑事判决书。

法院经审理认为，根据在案证据，证人李某、王某、储某的证言对被告人房某某带领储某等人办理对公账户供上家使用的情况和细节能够相互印证。证人李某称“帮助房某某去办理我们个人的银行账户，他说公司成立以后用来转账和取钱用。我帮助房某某办理公司、注册对公账户、办理个人账户，并帮助房某某取现，他说挣钱了不会亏待我们，到时候会给我们分红”；证人王某称“办理完公司之后过了几天，房某某和储某就又带着我去工商银行注册了对公账户，去农业银行、建设银行、邮政银行、工商银行注册个人账户，办理过银行账户之后，U盾和我的银行卡他们立即就拿走了，去过银行流水了，还给我说用我注册公司的银行账户过流水的话，20万元以上的金额给我20%的提成，如果没有过流水的话，就给我3万元注册公司费用”证人储某称“房某某让我帮他办过4个个人账户，称公司转钱需要用公司的法人的个人账户，我还帮助他取过钱”。三名证人证实内容一致，对房某某带领三人多次办理对公账户、个人银行账户供上线过账的情况表述客观，并有工商登记资料、银行卡交易明细等证据证实，足以认定被告人房某某对办理账户转移非法资金系明知。后法院以被告人房某某犯帮助信息网络犯罪活动罪，判处有期徒刑二年十个月，并处罚金人民币四万元。

案例24①：2022年12月，被告人黄某某在明知使用银行账户刷流水系违法的情况下，经被告人李某某介绍，将其名下Z市某公司对公账户U盾邮寄给他人进行刷流水，并将其开户信息、支付密码通过微信由被告人李某某转发给上线。经鉴定，自12月8日至12月21日，黄某某名下某公司农业银行卡总收入40076141.50元，落实上游犯罪被害人金额294000元。李某某到案后如实供述自己的罪行。

被告人黄某某辩称自己不明知是违法，联系李某某是为了贷款，刷流水有提成的事情李某某没有给其说过，其不知道刷流水是违法的，只是一心办贷款。其辩护人亦提出黄某某对刷流水涉嫌犯罪不明知，该案证据无法证明黄某某主观明知他人利用信息网络实施犯罪。

① 参见河南省郑州市中级人民法院（2023）豫01刑终655号刑事裁定书。

法院经审理认为，黄某某供述与李某某供述虽然关于刷流水的目的是为获取贷款还是获利不一致，但均供述二人对用公司银行账户刷流水的违法性明知。根据《电诈意见（二）》规定，结合黄某某认知能力、该案交易方式，黄某某将单位银行结算账户提供给他人使用的行为，亦符合最高人民法院、最高人民检察院《帮信司法解释》第11条第7项规定的“其他足以认定行为人明知的情形”。该案另有鉴定意见、转账记录等证据予以印证，能够证明黄某某的行为构成帮助信息网络犯罪活动罪。后法院以被告人黄某某犯帮助信息网络犯罪活动罪，判处有期徒刑二年零三个月，并处罚金人民币二万元。

以上两个案例中，针对行为人辩解不是明知的情形，法院根据行为人的主观认知能力及证人所证实的行为人的客观行为综合予以认定，契合了司法解释关于“主观明知”的认定标准的规定。

2. 实施行为。该罪的实施行为必须是帮助行为而不能是主导行为，片面性、辅助性、单一环节性应是其最明显的特征。这也是作为该罪的帮助行为区别于正犯行为的最直观的特征。“帮信罪”的参与程度不同于共犯，客观上具有很强的独立性和单一性，对于犯罪主线的实行具有辅助性而非替代性功能。若行为人能够主导犯罪流程，且在犯罪各环节举足轻重，则无法以该罪进行评价。

3. 参与节点。该罪作为正犯化了的帮助行为，其对被帮助对象的功能或作用要比普通的帮助犯更为广泛，故对于该罪的帮助行为的限定需要在认定行为性质的基础上考虑时间节点，既可以是在网络犯罪行为实施过程中，也可以是在信息网络犯罪行为完成后，但财产尚未完全被上游犯罪人控制前。作为该罪的帮助行为人的行为，是犯罪能够达成最终目标的必要环节和组成部分，也是信息网络犯罪行为成功实施不可或缺的部分。这也是该罪区别于掩饰、隐瞒犯罪所得罪的最主要的特征。

4. 获利情况。对于该罪的实施行为人，其行为的辅助性、从属性决定了其在信息网络犯罪链条中的可替代性地位，基于劳动成本与劳动者资源的可得性成反比的理论，该罪行为人的获利数额应远远低于被帮助犯罪行为的犯罪所得，且由于帮助行为被不断分化为数量巨大且极小的单元，其谋利性也被不断弱化和分割。这也是现实中很多犯罪行为人将该帮助行为错误认定为合法行为的原因。

5. 对赃款有无控制和支配能力。该罪的行为虽与犯罪所涉钱款密不可分，但却无控制和支配权，行为人涉案资金仅是经手，起到单一流转的作用，其本身无法也不可能实际取得犯罪款项。否则便不是单纯的帮助行为而是正犯的实行行为，理应要为其正犯权利埋单。

通过细化上述行为特征，可以更好把握帮信罪罪名的适用，也只有上述要素形成封闭链条，才能有针对性地区分本罪与关联犯罪，详见图 6。

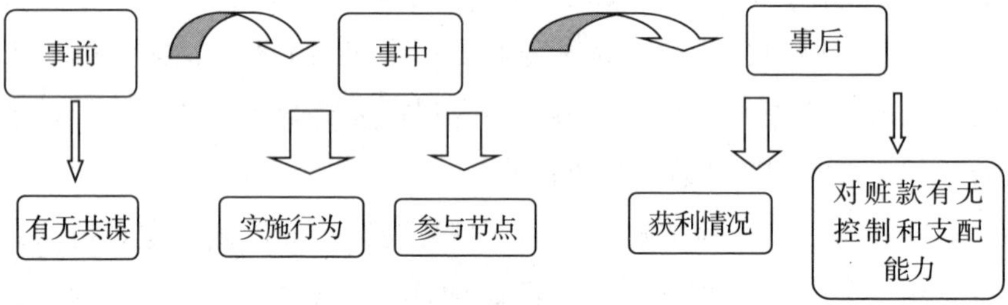

图 6 “帮信罪”行为特征要素

（二）完善要素：全面评价刑罚判处情节

刑法是用刑罚这种最具严厉制裁性的措施，针对某一行为进行的威慑和预防，其设置的必要性不仅包括法益侵害性，也包括犯罪行为的可谴责性。信息网络犯罪日益严重的社会危害性最终导致了对帮助行为以正犯化的形式立法，但相较于网络上游犯罪的隐蔽性和复杂性，帮助信息网络犯罪活动罪的行为人通过提供支付结算的帮助行为，获取一定比例的收益，其行为的可谴责性相较于上游犯罪要轻很多。同时，对于信息网络犯罪来说，帮助行为对正犯完成犯罪具有促进作用，部分帮助行为在整个共同犯罪中的危害甚至超越了正犯的实行行为，全部按从犯处理也会出现量刑畸轻。① 故要严格按照罪责刑相适应的原则，从以下几个方面进行全面衡量，在量刑方面做好区分。

1. 主体身份。近几年来，随着信息网络犯罪的普及，帮助行为人的身份

① 王爱鲜：《帮助行为正犯化视野下的帮助信息网络犯罪活动罪研究》，载《河南大学学报》2017 年第 2 期。

类型也变得多元化，出于法律知识的欠缺和牟利的心理，不少犯罪主体涉及老年人和在校学生。那么考虑到该罪实行行为的门槛较低，对于行为人因缺乏防范心理导致施行帮助犯罪的，应考虑由社会承担一部分侵害后果，对此类犯罪行为人应考虑从轻处罚。

2. 主观恶意。“帮信罪”作为贪利型轻罪，以提供银行卡为他人提供结算为例，多数被告人为牟利而将其银行卡出售从中赚取好处费，有些被告人在将其银行卡予以出售后可能对其银行卡的交易来往数额并不知情，关注点在于他人允诺的好处费是否能及时兑现，其本身的社会危害性以及主观恶性并不是很大。此时，需考虑其行为范围和帮助行为所持续的时间。若其仅限于自身，出于一时贪小便宜的心理而偶尔涉罪，则即使经其帮助行为所涉钱款巨大，也应认定其主观恶性不大；而若是行为人不仅自己提供帮助行为，还广为宣传，从中介绍并长期以业务性标准进行实施，则哪怕查实的犯罪数额不高也应认定其主观恶性较大。

3. 悔罪程度。该罪既然属贪利型犯罪，那么就可依据行为人案发后是否积极退赃退赔并缴纳罚金，以及是否愿意以大于甚至倍于自身获利数额来加大自身犯罪成本，从而弥补被侵害的社会正当性损失，来认定其悔罪态度和非再犯的决心，进而决定对其的打击力度，实现精准适当的规范化量刑。详见图 7。

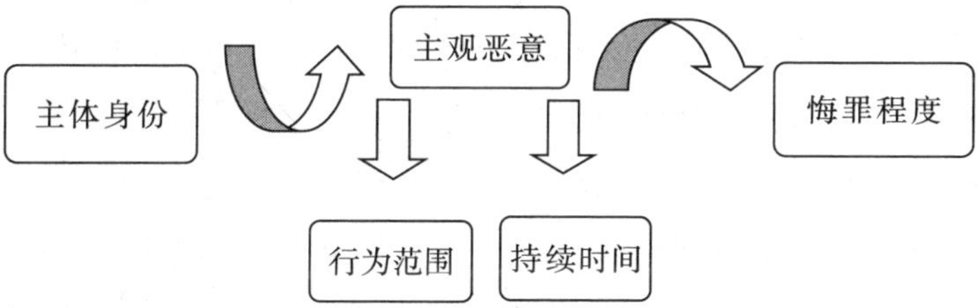

图 7　刑罚判处要素

（三）长效规制：增设禁止性处罚规定

随着信息网络对于大众生活的普遍性渗透，人们的生活与网络息息相关，且联系越来越紧密。在这样的发展趋势下，对于信息网络犯罪帮助行为要做好持续防范的准备，形成长效性规制。信息网络犯罪帮助行为本身具有很强的灵活性和实施的便捷性，从而使得该类犯罪行为在信息网络空间无孔不入，难以根本性杜绝。该罪作为补充性罪名，要考虑其在堵塞网络治理漏洞的防治作用，不能仅对犯罪分子作单一性短效处罚，还要考虑对网络犯罪帮助行为产生长效的规制作用。《帮信司法解释》第 17 条已经提出了对犯罪分子宣告行业禁止和禁止令的设置。故笔者认为，可以通过司法解释或指导意见的方式，对该罪行业禁止或禁止令的处罚方式进行明确规定，从时间限制、行业限制、地域限制等方面细化禁止性的处罚措施，针对有职业便利性的信息网络犯罪帮助行为人设置二次犯罪的障碍，使刑罚的震慑功能得以长期显现，从而防止犯罪分子重操旧业。

对该罪通过层层递进、精准定位行为特征和全面评价刑罚判处要素，可以在新型网络犯罪帮助行为呈现复杂样态的情形下，更好地把握该罪的入罪门槛和行为人的情节评价，从而对该罪实现规范适用。同时增设附加性的禁止性处罚措施，以达到对该罪的长效规制和对网络空间安全秩序的长久维护的效果。

结　语

帮助信息网络犯罪活动罪的出现，回应了社会公众对于预防和治理信息网络犯罪的呼声，其在特殊的时代背景下产生，有效打击了网络空间违法犯罪活动，有力保障了信息网络安全和社会管理秩序，对于该罪的大量适用符合立法预期。[①] 但与此同时，该罪内在的双重属性冲突也使该罪的适用出现扩张，进而导致罪名失当以及量刑失衡。在此情形下，通过回归该罪的立法本意，重塑该罪在刑法规制系统的补充性定位，既能实现对该罪的规范适用，同时又形成对网络空间失范行为的长效规制，进而在更大程度上发挥本罪专项规制的作用和功能，为依法惩治信息网络犯罪活动、维护信息网络安全发挥更大效用。

---

① 参见喻海松:《帮助信息网络犯罪活动罪的司法限定与具体展开》，载《国家检察官学院学报》2022 年第 6 期。

醉驾型危险驾驶罪附随后果的检视与修正
——以H省司法实践为样本

郑州市中原区人民法院　刘艳荣　王　楠*

引　言

“醉驾”入刑十余年，引发各界对醉驾型危险驾驶罪量刑调整、限制入罪、扩大出罪甚至废除的广泛讨论。但不论如何调整、修改，基于当代社会经济文化的发展，醉驾型危险驾驶罪必将在一定时期内成为较为稳定的高发型犯罪，其犯罪附随后果过重问题仍无法消解。刑罚和犯罪附随后果同属于一体化刑事政策，若犯罪附随后果未跟上刑法理论及其观念的变更，便会呈现明显的严重后果，使得刑法“又严又厉”①，进而引发社会治理难题。本文以近七年来H省三级人民法院审理的醉驾案件为样本进行考察，以醉驾型危险驾驶罪案件的司法透视为切入点，以期为消解犯罪附随后果的弊端提供规制路径，实现推进醉驾犯罪的创新治理。

---

* 刘艳荣，郑州市中原区人民法院刑事审判庭法官助理。王楠，郑州市中原区人民法院审判管理办公室（研究室）副主任。

① 张明楷:《轻刑化是实现严而不厉的关键》，载梁根林主编:《刑事一体化：源流、传承与发展——储槐植先生九秩华诞祝贺文集》，北京大学出版社2022年版，第256～261页。

一、现状审视：醉驾型危险驾驶罪附随后果弊端的表征

醉驾型危险驾驶罪作为典型轻罪[①]，我国刑法对其设置拘役并处罚金的法定刑，这在全世界范围内绝不算严厉，更何况其刑罚之适用在司法实践中呈轻缓化趋势。自2011年以来，每年都会新增数量庞大的该类型犯罪人，这引发了犯罪附随后果在量上的泛化。对于被科处刑罚的醉驾行为人来说，刑罚的执行只是一个开始，如影随形的犯罪附随后果才是其及其亲属“不能承受之重”。

（一）局部采样：H省醉驾型危险驾驶罪案件特征透视

基于中国裁判文书网2013年7月1日正式开通、2015年6月底起实现案件类型和法院全覆盖的考量，本文通过“中国裁判文书网”检索，案由设定“危险驾驶罪”，地域及法院设定“H省”，裁判年份设定“2016 ~ 2022年”，设定审判程序“刑事案件”，关键词“醉酒”共获得107594份裁判文书。通过设置变量进行数据分析，从而总结出该类案件在办理中所呈现的突出特征。

1. 案件数量异常增长，呈高发态势

H省数据显示，2016年至2019年醉驾案件数量暴增，增长率高达48.3%（见图1）。2019年至2022年呈负增长，受多方面因素影响。一是人民群众在当地防疫防控政策影响下被限制出行，外出饮酒机会明显减少；二是法院普遍适用刑事速裁程序审理醉驾案件，且随着认罪认罚从宽制度的贯彻落实，检察院对大部分情节轻微的醉驾案件决定不起诉，推行诉源治理，使得进行审理阶段的醉驾案件大多具有7种法定从重情节，如酒精含量达到200mg/ml以上、造成交通事故且负全责等从重情形，法院对此依法判处拘役实刑。

醉驾案件数量受多种因素影响，如打击“酒驾”政策影响、普法宣传力度、法律实施状况、汽车保有量、公民生活活跃度等。H省不仅是人口大省，

---

① 我国刑法中未使用“重罪”“轻罪”概念，它们只是我国学理和司法上的称谓。本文中“轻罪”是指法定最高刑为三年以下有期徒刑或以下刑罚的犯罪。

更是交通大省。通过检索车型可以发现，摩托车占比 26.9%、货车占比 4.4%，而汽车占比高达 68.7%。根据 H 省人民政府公布的统计数据（见图 1），汽车保有量总体呈上升趋势。随着社会经济发展，H 省的汽车保有量保持年均 34.89% 高速增长态势情有可原，醉驾案件在未来一定时期内仍成为体量庞大的犯罪之一不可避免。

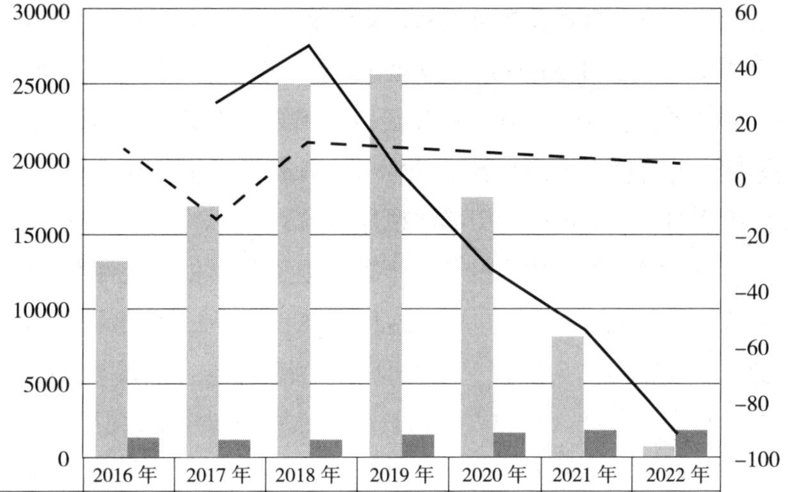

	2016 年	2017 年	2018 年	2019 年	2020 年	2021 年	2022 年
案件总量（单位：件）	13244	16892	25059	25668	17545	8157	821
汽车保有量（单位：万辆）	1481.66	1286.02	1327.36	1620.6	1759.17	1890.61	1996.65
案件年增长率（单位：%）		27.5	48.3	2.43	−31.6	−53.6	−89.9
汽车年增长率（单位：%）	10.4	−13.2	13.8	11.1	8.6	7.5	5.6

图 1　2016—2022 年 H 省醉驾型危险驾驶罪

2. 行为人特征明显

通过检索，笔者发现醉驾型危险驾驶犯罪案件的被告人有三个比较明显的特征：

（1）以 31 ～ 50 岁为主

通过检索年龄可知，醉驾型危险驾驶罪的年龄大多数处在 31 ～ 50 岁，其中 31 ～ 40 岁的被告人占比 33%，41 ～ 50 岁的被告人占比 39%。此类人群处于青年的尾巴、中年的开始，这本身是一个很有意思的现象。通过样本案例可知：一是绝大多数被告人都是自有车辆，此类人员具有一定的经济基础，为满足工作和生活的现实需求，因此购车数量远超30岁以下人员；二是随着年龄的增长，人的心智、生理发生重大改变，年龄越大责任越重，他们对于社会、家庭、工作的责任感强于更年轻的自己，不会轻易以身犯险，故超过50岁的占比较低。

（2）文化程度偏低

被告人绝大多数没有接受过高等教育，高中及以下文化程度占比84.6%，其中初中文化占比51.3%。主要原因有：一是我国教育水平虽已显著提高，但是高等教育在31 ~ 50岁的年龄段中尚未全面覆盖；二是相较而言，受过高等教育的群体掌握更广泛、更深入的知识和技能，在法律知识储备和对社会责任感的认识上较低学历群体稍好。①

这类人群，能够成为醉驾犯罪的主要人群，也间接性反映了醉驾型危险驾驶罪高发的内在原因：一是法律意识淡薄。他们对事物的认知能力较差，接受普法教育的机会也较少，因而对“酒驾”与“醉驾”、交通法规与刑法一时之间难以分辨。有的人认为自己虽然喝酒开车了，但是没有造成交通事故，不是犯罪；有的人认为自己酒量大，虽喝了酒，但意识清醒，不是犯罪；还有的人认为隔夜酒没事儿，不是犯罪。二是存在侥幸心理。囿于公安查处醉驾时间的限制，强化了机动车驾驶员的侥幸心理，要么认为“下半夜了，没交警”铤而走险开车，要么就是宿醉、隔夜酒，认为“过了这么久应该没事了”疏忽大意开车。

（3）以无固定职业为主

无固定职业中，农民占比31.7%、无业人员占比15.2%；而公职人员占比最少，仅为0.06%。自“醉驾”入刑以来，一旦有体制内机关、企业、事业单位的工作人员醉酒驾驶机动车，他们不仅要承担被判刑的严苛刑罚，还面临被用人单位辞退，公职人员被开除公职的风险。党的十八大以来，国家加强对公职人员的作风建设，尤其是杜绝公款吃喝，这已成为不可触碰的

① 参见王敏远：《“醉驾”型危险驾驶罪综合治理的实证研究——以浙江省司法实践为研究样本》，载《法学》2020年第3期。

"高压线"，在一定程度上起到了"加强针"作用，使公职人员高度警惕、不敢逾越。相较而言，无固定职业人员在其生活工作中很少接触培训、讲座，更没有对法律知识的系统认识，因而对醉酒驾驶机动车没有正确的认知，缺乏对自由刑的正确认知，才导致他们对此顾忌不足。

3. 被告人认罪具有彻底性

一是通过检索审判程序可知，适用刑事一审程序的案件占比 98.97%，适用二审和审判监督程序的案件仅占比 1.03%。由此可知，被告人上诉率极低，绝大多数被告人均能服判息诉，即使上诉也主要是对量刑情节存有异议，对事实有异议的极少。二是通过检索关键词认罪认罚，发现有 63.7% 的被告人均能表示认罪认罚，悔罪表现突出。2018 年 10 月，认罪认罚从宽制度正式确立，自此以后《刑事诉讼法》第 15 条被广泛运用。

（二）醉驾型危险驾驶罪附随后果泛滥化

根据海恩法则推算[①]，在 H 省查处 10 万余件醉驾案件，相当于避免了三四百场严重交通事故的发生，挽救了上千个家庭。同时必须承认，每年将上万个醉驾行为人打上"罪犯"的烙印，势必使数万个家庭陷入困境。从国家和社会的角度看，这并不是一件好事。犯罪附随后果缺乏合理性，"普遍存在'轻罪不轻'的现象，甚至出现了刑罚与犯罪附随后果轻重'倒挂'的不正常现象。"[②]

1. 行为人获罪认同感较低

《刑法修正案（八）》出台之前，对于没有造成危害结果的醉驾行为，通常给予行政拘留、罚款、暂扣机动车驾驶证等行政处罚。[③] 从"酒驾"到"醉驾"，现实中认为喝酒开车违法、但不犯罪的思想根深蒂固。若醉驾行为人对其"罪犯"身份不能有一个正确的认识，那谈何让其接受这严而又严的犯罪附随后果呢？

---

① 海恩法则，即 300 次交通违法或 300 起交通安全隐患必然会造成一件有人员伤亡的交通事故。

② 张明楷：《轻罪立法的推进与附随后果的变更》，载《比较法研究》2023 年第 4 期。

③ 参见解志勇、雷雨薇：《基于"醉驾刑"的"行政罚"之正当性反思与重构》，载《比较法研究》2020 年第 6 期。

实务中，醉酒型危险驾驶罪行为人普遍对自己“罪犯”的身份认同感不高。[①] 在醉驾入刑的初期和当今提高缓刑适用率呼声居高不下的情况下，在认罪认罚从宽制度的影响下，表现尤为明显。他们通常认为，自己只是一时糊涂贪杯而已，并非是杀人放火般十恶不赦的罪犯，对于自己被判处拘役且适用缓刑的处境，不以为然。实际上，即使是被判处拘役实刑，他们还是认为“不就是一个月，两个月的事儿吗”，不能直接、深刻地感受到刑罚之严苛，更不能了解、感受到潜在的犯罪附随后果影响之大、后果之重。司法机关通过让醉驾行为人在侦查、起诉、审判阶段书面认罪认罚具结书的方式，使其对自己犯罪人身份的认同感有所提高。但总体来说，虽有一定程度的改善，但收效甚微。

2. 犯罪附随后果内容繁杂

我国《刑法》中并无犯罪附随后果的概念，相关司法解释中亦无明确规定。实务中，犯罪附随后果的有关文件、规范的制定是以《刑法》第 37 条、第 37 条之一、第 38 条、第 72 条的规定为渊源。2015 年，《刑法修正案（九）》增加了职业禁止的规定，不仅使《刑法》外的相关规定得到立法层级上的提升，还是犯罪行为与附随后果存在重要关联的体现。然而，现实中的法律、行政法规之外的其他限制、禁止和剥夺性的规定并未失效，并且排斥性的新规定还在不断出台，出现了梳理难、处置不公的问题。

按照适用对象，我国犯罪附随后果可划分为针对犯罪人本人与犯罪人亲属的犯罪附随后果；按照适用内容，可将对犯罪人适用的犯罪附随后果大致划分为三类：（1）权能型犯罪附随后果，“主要是指国家机关、企业、事业单位以及人民团体等实施的与权利和职能相关的犯罪附随后果”。[②] 这种权能型犯罪附随后果又可分为入行的从业禁止和从原岗位上开除，前者如行为人服兵役受到影响；后者如用人单位单方面解除劳动合同、对犯罪人开除公职。这两类限制内容在实践中可谓是并行不悖。（2）利益型犯罪附随后果，

① 参见梁云宝：《积极刑法观视野下微罪扩张的后果及应对》，载《政治与法律》2021 年第 7 期。

② 彭文华：《我国犯罪附随后果制度规范化研究》，载《法学研究》2022 年第 6 期。

是指限制、禁止或者剥夺能满足生存和发展需要的各种物质性或者精神性事物，其内容涉及社会福利、保险、救济、名誉等方面。（3）资质型犯罪附随后果，是指因犯罪而被限制、禁止或者剥夺颁发、授予或者取得从事某种工作或者活动等的资格和能力。与此同时，根据我国前科报告制度的规定，犯罪人在入伍、就业时有义务向有关单位报告其前科情况，这种变相式地将前科及相关情况进行公示、公开的行为，不仅对犯罪人贴上“罪犯”标签，产生污名化效果，也为附加适用其他犯罪附随后果提供指导方向，故该内容通常被纳入犯罪附随后果的范畴。此外，犯罪附随后果在实践中往往自动适用，加之后续无任何审查、考核的制度安排，其适用期限往往并不受限。

笔者以“受过刑事处罚”“受到刑事处罚”“被判处刑罚”“被依法追究刑事责任”为检索项①，检索出2017—2022年现行有效的犯罪附随后果规定的数量（见表1）。由此可见，我国犯罪附随后果不仅设置广泛，还呈明显的逐年扩张趋势。犯罪附随后果散见于法律法规、规章制度、行业性规定以及单位内部的管理制度等，其内容之杂、数量之大、表述之乱，甚至面临着随意扩展的风险。可想而知，司法机关办案人员、辩护人想要厘清该后果的范围和类型难度指数之高，更何况是“不太专业”的潜在醉驾者或者有醉驾犯罪风险的人。②

表1　2018—2022年有关犯罪附随后果的规定情况①　　（单位：件）

发布年份	检索关键词	法律和司法解释	法规	规章	行业规定	共计
2018	受过刑事处罚	4	3	9	0	74
	受到刑事处罚	2	1	6	11	
	被判处刑罚	3	2	8	12	
	被追究刑事责任	4	0	8	1	

① 这四个检索项虽不能做到绝对准确，但法律法规、规章等规定的犯罪附随后果通常以这四个检索项为前缀性规定，因而能在很大程度上揭示并反映我国犯罪附随后果规定的基本状况。

② 表1数据检索来源于“小包公·法律AI”。数据统计单位为法律法规等的具体数量，而非命中次数。法规包含行政法规和地方性法规，规章包含部门规章和地方政府规章。统计时间截至2023年7月2日。

续表

发布年份	检索关键词	法律和司法解释	法规	规章	行业规定	共计
2019	受过刑事处罚	5	6	11	1	95
	受到刑事处罚	1	8	8	11	
	被判处刑罚	5	11	7	6	
	被追究刑事责任	7	3	4	1	
2020	受过刑事处罚	5	11	9	0	95
	受到刑事处罚	4	6	11	4	
	被判处刑罚	3	19	7	0	
	被追究刑事责任	6	3	6	1	
2021	受过刑事处罚	6	7	11	1	107
	受到刑事处罚	4	5	10	8	
	被判处刑罚	4	9	8	0	
	被追究刑事责任	11	10	12	1	
2022	受过刑事处罚	6	12	12	0	116
	受到刑事处罚	5	14	3	10	
	被判处刑罚	7	8	7	3	
	被追究刑事责任	10	8	6	5	
合计						487

3.“罪犯”标签效应加剧治理风险

“初次越轨者”一旦被贴上犯罪人的标签，便会产生“污名”和“追溯的会意”，待这两个过程完成，行为人也与标签上的标示合二为一。醉酒驾驶不仅招致刑罚，还招致其他犯罪附随后果，而且这种附随后果不仅作用于醉驾行为人，甚至还适用于其家庭成员或者亲属。在醉驾犯罪案件数量激增的形势下，犯罪附随后果泛化问题尤为突出，严重影响醉驾型危险驾驶犯罪治理的成效。

犯罪标签产生“寒蝉效应”，行为人不仅受到法律规范的否定评价，还在社会生活领域中受到排斥、谴责甚至歧视；不仅影响其本人的就业、生活，还会对其亲属教育、就业、任职等产生影响。如此“软制裁”，相较刑罚而言可谓是有过之而无不及。例如，一些司机若因醉驾获罪不仅要失去赖以生存的工作，还要承担刑罚及其刑罚之外的次生惩罚，容易使其乃至其家庭成员陷入“亚生存危机”。

二、抽丝剥茧：醉驾型危险驾驶罪附随后果弊端的症结

在我国，储槐植教授率先提出了刑事一体化命题。[①] 犯罪附随后果作为刑罚的补充，通过加重刑罚之“恶”，强化对醉驾型危险驾驶罪行为人的预防与威慑效果，有利于遏制再犯风险。犯罪附随后果毕竟是对公民权利的限制和剥夺，必须恪守相应规则的约束，以规范而克制的态度发挥良好效用。但遗憾的是，“我国现行有关犯罪附随后果的规定已经出现了失控，明显突破了自身功能的边界，乃至于与其要实现的功能并不协调甚至存在冲突”。[②] 究其原因，既有指导理念的偏差，也有立法层面的限制。

（一）指导理念的偏颇：犯罪附随后果存在不当联结

不当联结，是指行为人所犯罪名与其犯罪附随后果之间不存在具有直接因果关系的关联。诸多犯罪附随后果的设定与醉驾犯罪行为之间不具有因果关联性。简单的类型化思维导致醉驾行为与其犯罪附随后果之间缺乏逻辑关联性，表现为要么“全部”、要么“全不”。即使设置了限制条件，也不具有明显的针对性。这是犯罪附随后果泛化的通病，就醉驾型危险驾驶犯罪而言，其犯罪附随后果不当联结问题尤为突出。

禁止不当联结，作为一项普遍适用的基本原则，在司法环节处处可见。反观醉驾型危险驾驶罪溢出的非刑事处罚，其适用范围之广涉及社会生活的方方面面，如平等就业权、生存权、受教育权、荣誉权等。换言之，不管是何种主体，只要因醉驾驾驶机动车被法院定罪的，都将被限制、禁止或者剥夺前述权利或者资质。例如，根据《执业医师法》第16条之规定，因醉驾而被处以刑罚的医生，会被吊销执业医师资格；根据《成都市婚姻介绍机构管理办法》第5条之规定，因醉驾而被处以刑罚的人，一律不得在本市婚姻介绍机构中直接从事婚姻介绍业务。醉驾行为与醉驾行为人的职业关联度不高，但同样会产生职业禁止后果。对于此种无视醉驾犯罪行为本身

① 参见储槐植、闫雨：《刑事一体化践行》，载《中国法学》2013年第2期。

② 彭文华：《我国犯罪附随后果制度规范化研究》，载《法学研究》2022年第6期。

与犯罪附随后果之间的联系，与其他犯罪“一视同仁”地适用所有犯罪附随后果的情形，显然正是“无端联结、层层加码的方式限制或剥夺公民的权利”的体现。[①]

醉驾型危险驾驶罪的犯罪附随后果对犯罪人所限制、禁止或者剥夺的资质、权利的内容和范围过于宽泛，且大多与醉驾行为本身没有直接因果关系。这恐怕背离了设置犯罪附随后果制度的初衷，不仅不能实现有效控制和预防犯罪的特殊目的，甚至还可能使犯罪人在“罪犯”的阴影下陷入生存危机，成为社会潜在的不稳定因素，更有甚者破釜沉舟、破罐破摔再次走上犯罪之路。醉驾型危险驾驶罪犯罪附随后果为人所诟病的一个典型例子就是因醉驾而被附随剥夺公职。诚然，公职人员由于工作性质的特殊，被行业赋予更高的职业和素质要求，但仅此而已。若因此认为其二者之间具有直接的因果关系，直接被开除公职，毫无缓和的余地，恐难以服众。因此，只关注、只重视这一理念难免有失偏颇。

（二）立法的客观缺憾：犯罪附随后果适用条件不明确

如前所述，我国本就存在大量的包括“职业禁止”“资格限制”等在内的犯罪附随后果，其散见于不同层级的体系和制度，前置条件多样、种类繁多。加上制度的不断扩张，加剧了醉驾治理困境，使醉驾行为人回归社会面临更多难题。

1. 犯罪附随后果“刑上加刑”有违罪刑均衡原则

绝大部分犯罪附随后果存在于《刑法》之外，如其他法律、行政法规、部门规章，乃至各类招聘文件，但其却是以《刑法》为依据而制定，从而“抬高身价”。同时，实务中出现与醉驾型危险驾驶罪刑罚相同但犯罪附随后果严重程度不同，甚至是刑罚重于醉驾型危险驾驶罪的犯罪却有较轻犯罪附随后果的情况，这与罪刑相适应原则相抵触。

一是犯罪附随后果的内容具有不确定性。我国关于犯罪附随后果的规定虽然注意到作为前置条件的犯罪性质与犯罪附随后果之间存在联系，但却未

① 胡建森：《防止不当联结现象抬头（上）——从不当联结原则谈起》，载《法制日报》2019 年 4 月 17 日。

对之进行详细的、类型化的规定，甚至出现各地规定和做法差异较大的现象，围绕着醉驾犯罪的适用表现更为明显。如《刑法》第37条之一、第38条、第72条对剥夺政治权利、从业禁止的期限和种类作出了相关规定，实践中醉驾者被判刑后被广泛地适用从业限制。“犯罪附随后果往往伴随犯罪产生而自动适用，无须经过行政性、事务性程序，更不用说需要经过司法部门的裁决。”①

二是犯罪附随后果的处罚对象具有不特定性。不论是何种犯罪，只要被定罪追究刑事责任者，不加区分地“平等”适用各种犯罪附随后果。例如，根据《律师法》第7条之规定，受过刑事处罚的人不得从事律师职业，但过失犯罪的除外。若一个因醉驾发生重大交通事故而构成交通肇事罪的人，在刑满释放后仍可从事律师职业，而作为故意犯、刑罚明显较轻的醉酒型危险驾驶罪的犯罪人却再也没有资格从事律师职业。两者之区别显而易见，仅因故意与过失这一念之差，而让单纯型醉驾者承受比肇事者更重的犯罪附随后果，是否合理值得深思。

2. 犯罪附随后果“连坐”有违罪责自负原则

醉驾型危险驾驶罪是典型的轻罪，其严重的犯罪附随后果不仅使醉驾者本身不堪其重，甚至出现“外溢”现象，牵连其家庭成员和亲属，雪上加霜。人无法选择自己的父母，因醉驾而殃及甚至剥夺其亲属或者对其有重大影响的人的就业、入伍和生存的权利，这虽不是刑罚的“连坐”，在某种意义上可以说是犯罪附随后果的“连坐”，其合理性受到严重质疑。

（1）消极责任主义主张没有责任就没有刑罚

部分犯罪附随后果与其本人犯罪行为之间的关联性尚有争议，更何况是其亲属呢？个体不能脱离社会而独立存在，但实践中这种无视联结、恣意扩大适用、“连坐”不相关主体等情形，忽视对个体的价值评价，还会产生责任主义倒退的负面影响。醉驾型危险驾驶罪溢出的附随后果具有“连坐”性质，违背了罪责自负原则。

① 彭文华：《我国犯罪附随后果制度规范化研究》，载《法学研究》2022年第6期。

（2）社会防卫理论也不能突破罪责自负原则

众所周知，行为人因醉驾而被判刑，这与其亲属并不具有直接的因果关系，但实际却对其上学、就业等产生重大影响。例如，我国部分省份要求报考公安院校的考生的直系亲属不得有治安拘留记录[①]，若有犯罪记录，其结果不言而喻；更有甚者，部分地区将父母的犯罪记录作为扣减其子女入学积分的理由。即使某些犯罪附随后果从形式上来看，明显轻于刑罚处罚方式，但从实质上看，这些附随后果对犯罪人及其亲属的实际利益产生的不利影响更为严重。因此，不能因醉驾行为人个人的罪行而使其亲属遭受不公正待遇，限制、禁止或者剥夺行使各项社会生活权利；不能让其亲属因其个人先前的行为承担社会上的不平等对待，付出特别大的代价，有碍于刑罚和犯罪附随后果改造功能的实现。[②]

三、修正规制：醉驾型危险驾驶罪附随后果弊端的消解

随着醉驾案件的大量涌现，犯罪附随后果过重、泛化、无序化问题愈加凸显，“这不论是对于国家、社会，还是醉驾者本人来说，都是巨大的损失，属于司法和个人的‘两败俱伤’”。[③] 基于此，诸多学者建议限缩醉驾型危险驾驶罪从重情节的解释、提高入罪门槛、扩大出罪，此举虽降低了检察院的起诉率、提高了缓刑宣告率[④]，但仍不能从根本上解决醉驾型犯罪附随后果总体过重的弊端。因此，在保持治理醉驾犯罪刑罚积极功能的前提下，在通过严控醉酒型危险驾驶罪的犯罪人数来消除犯罪附随后果弊端基本行不通后，就亟须寻求新的方法来解决。对此，笔者认为，可从以下四个方面循序渐进地缓解行为人因犯罪所带来的过重附随后果。

---

① 《公安院校招生政审工作暂行规定》第4条中规定，直系亲属和关系密切的旁系亲属中有因犯罪正在服刑的，为政审不合格。

② 李翔：《论微罪体系的构建——以醉酒驾驶型危险驾驶罪研究为切入点》，载《政治与法律》2022年第1期。

③ 参见周光权：《论刑事一体化视角的危险驾驶罪》，载《政治与法律》2022年第1期。

④ 参见刘嫚：《每年30万人醉驾入刑，人大代表周光权呼吁修法提高入罪门槛》，载https：//www.163.com/dy/article/G4LHVHGJ05129QAF.html，2023年6月19日访问。

（一）理念重塑：建立有直接因果关系的联结点，增强针对性

周光权教授提出，要确保立法上的犯罪化思路得到贯彻，必须将犯罪附随惩罚性措施的严厉性降下来。而建立联结点，不但可以实现其惩治犯罪和预防犯罪的目的，还可以在最大限度上缩小醉驾型危险驾驶罪的犯罪附随后果的打击面。为了纠正本罪犯罪附随后果指导理念的偏颇，引导其进入正轨，必须建立具有直接因果关系的联结点。

在醉驾型危险驾驶罪与其犯罪附随后果之间建立连接的“桥梁”，体现关联性。职业禁止在犯罪附随后果中占据相当重要的地位，因此可参照《刑法》中关于职业禁止的适用条件来建立联结点，即犯罪情况和预防再犯罪的需要，二者缺一不可。[①] “犯罪情况”是为了厘清行为人的醉驾行为与其将被限制、禁止和剥夺的资质、权利之间是否具有内在关联性，即行为人实施醉驾犯罪时利用了该资质、权利的何种便利、利用的方式等；“预防再犯罪的需要”，即行为人未被限制、禁止和剥夺某种资质、权利时，其再次利用该资质、权利实施醉驾犯罪的可能性。醉驾型危险驾驶罪溢出的犯罪附随后果的内容应当与醉驾行为密切相关，其处罚范围亦应考虑与醉驾相关的合理充分和实质上的要素。此外，从法律经济学角度而言，一个人的专业程度越高，其付出的时间和精力也就越多，甚至社会、国家也会对此付出很多的资源。

（二）立法完善：明确适用条件，增加排除适用情形

我国犯罪附随后果设置如果没有救济制度和措施的跟进，那么其预期效果可能事与愿违。笔者认为，可参照《刑法》第 37 条之一增加职业禁止这一特殊犯罪附随后果的做法，通过刑法修正案增设犯罪附随后果之规定，对刑法内外犯罪附随后果同质竞合的现象，遵循司法优先原则，明确本罪犯罪附随后果的适用条件及范围，从国家制度层面对犯罪附随后果进行松绑。

1. 明确适用犯罪附随后果的犯罪的性质和类型

根据学界普遍认可的轻罪与重罪作为划分标准，即以宣告刑为 3 年有期徒刑作为标准。一是内容上，体现出轻罪与重罪犯罪附随后果的较大区分

---

① 参见高铭暄主编：《当代刑法前沿问题研究》，人民法院出版社 2019 年版，第 190 页。

度，犯罪人被剥夺、禁止或者限制的权益与其犯罪性质和类型相匹配，更具有合理性；二是操作性上，划分标准简单，可操作性强；三是犯罪预防与威慑上，醉驾型危险驾驶罪作为典型轻罪，才能在犯罪附随后果适用更凸显其罪之“轻”，改变“轻罪不轻”的现状，落实“轻轻重重”的刑事政策。[①]

2. 明确犯罪附随后果的具体适用期限

改变“一次犯罪，终身伴随”的局面，可以参照刑事追诉时效的规定，根据不同的犯罪类型适用不同的期限，期满后应禁止犯罪附随后果的适用。（1）宣告刑为3年以下有期徒刑及以下刑罚的，自犯罪人刑满释放或者赦免之日起，其适用期限不得超过3年；（2）宣告刑为3年以上10年以下有期徒刑的，自犯罪人刑满释放或者赦免之日起，其适用期限不得超过10年；（3）宣告刑为10年以上有期徒刑的，自犯罪人刑满释放或者赦免之日起，其适用期限不得超过15年；（4）宣告刑为无期徒刑和死刑的，自犯罪人刑满释放或者赦免之日起，其适用期限不得超过20年。[②] 因此，醉驾型危险驾驶罪适用3年的适用期限。

3. 明确排除适用犯罪附随后果的情形

一是排除醉驾罪犯的犯罪人亲属，明确犯罪附随后果适用主体仅限于醉驾行为人本人；二是排除超法规的违法阻却事由，如“隔夜酒”、挪车、救治病人等超法规阻却违法事由，可以排除适用犯罪附随后果。对于其他犯罪而言，应当排除防卫过当、避险过当与过失犯罪适用犯罪附随性后果。此种特殊情形具有主观正当性，不应以客观结果为导向而加以适用。

（三）技术升级：构建犯罪附随后果数据库，整合不同层级规范

醉驾型危险驾驶罪犯罪附随后果弊病凸显，与其一劳永逸地删除现行其他法律、法规等有关犯罪附随后果的规定，不如在保留且适用条件明确的前提下，“遵循司法优先原则，整合不同层级犯罪附随性后果的规范”[③]，技术

① 陈兴良：《轻罪治理的理论思考》，载《中国刑事法杂志》2023年第3期。

② 参见崔志伟：《积极刑法立法背景下前科消灭制度之构建》，载《现代法学》2021年第6期。

③ 彭文华、傅亮：《犯罪结构变迁背景下犯罪刑事治理的目标与路径》，载《中国人民公安大学学报》2023年第2期。

性构建犯罪附随后果体系，这样也更符合我国立法循序渐进的理念和实践。

笔者认为，应以醉驾型危险驾驶罪治理为契机，立足于我国基本国情，同时借鉴域外有益经验，对我国犯罪附随后果进行系统性的清理和整理，参照最高人民法院近日研究部署的人民法院案例库的建设工作[①]，制定《全国犯罪附随后果清单》。一是制定目的。为实现体系性构建犯罪附随后果，遵循地方服从中央、地方与地方相协调、行业协规服从法律法规的原则，规范不同地区、不同层级以及不同领域等的犯罪附随后果，避免其无序扩张、恣意适用。同时，该清单的制定也为构建犯罪附随后果救济机制奠定基础。二是制定主体和内容。由有关单位对我国现行有效的所有犯罪附随后果的类型、内容、数量等进行摸底，并负责具体的摸排、查证、编纂等事宜。此后在办理醉驾案件时，犯罪附随后果可以被更快、更准确地识别和分析，可以帮助犯罪嫌疑人、被告人及其辩护人、司法办案人员检索和确定定罪将带来的犯罪附随后果。

（四）配套延伸：建立轻罪犯罪记录封存制度，助推犯罪人权利恢复与保障

犯罪记录应该保存多久？醉驾者是否一辈子都要贴上“罪犯”标签？信息化时代下，一日“醉驾”，终身“罪犯”，不仅面临个人信息泄露的问题，还可能有无限放大污名化的风险。目前，我国成年人犯罪记录“只做加法、不做减法”，“醉驾”出刑，不切实际。若想从根本上改变这种局面，必须建立轻罪犯罪记录封存制度。

1. 犯罪记录封存具有可行性

一是具备社会认同基础。近年来，部分全国人大代表、政协委员及专家学者陆续提出针对危险驾驶罪等轻罪设立前科消灭制度的建议。例如，全国政协委员朱征文自 2020 年起连续四年提出建立前科消灭制度的提案，全国政协委员谢文敏建议对情节轻微的醉驾者设立前科消灭制度。笔者认为，为保持立法的延续性，并照顾民众的接受度，在立法用语上宜参照未成年人轻罪

---

① 参见韩芳:《“老百姓能看明白”的案例怎么写?》，载《人民法院报》2023 年 9 月 8 日。

犯罪记录封存的相关规定[①]，使用“犯罪记录封存”而非“前科消灭”。由此可见，对醉驾型危险驾驶犯罪记录进行封存，已经在社会各界形成了一定共识，具备了一定的社会认同基础。

二是具有犯罪记录封存经验。我国对未成年人的轻罪犯罪记录封存、轻罪记录归零的经验可以为醉驾型危险驾驶犯罪提供借鉴。[②] 2010 年 1 月 7 日，由山东省日照市东港区政法委牵头，区法院、区检察院、区公安分局等发布了《日照市东港区未成年人轻罪记录归零制度》，对在日照市东港区范围内被判处 3 年以下有期徒刑刑罚的 14 ~ 18 周岁的未成年人适用犯罪记录予以有条件归零制度。由法院为未成年人发放《轻罪记录归零证明书》，将其犯罪记录封存、“清零”。2022 年 5 月 30 日，《最高人民法院、最高人民检察院、公安部、司法部关于未成年人犯罪记录封存的实施办法》颁布实施，自此在全国范围内实施统一的前科封存方法。

因此，醉驾犯罪记录封存的试点工作可以借鉴未成年人犯罪记录封存、轻罪记录归零试点经验，在充分调研、论证的基础上，采取循序渐进的立法策略，先在一定范围开展试点探索，积累一定经验后逐步全国推广，形成全国适用的成熟经验后可进一步推动在《刑事诉讼法》中确立轻罪记录封存。当然，根据我国国情，将来可考虑建立特定重罪记录封存甚至是前科消灭制度。

2. 犯罪记录封存模式构建

目前，我国未成年人犯罪记录封存制度已形成发放前科消灭证明、轻罪记录归零、前科封存和刑事污点限制公开四种模式。醉驾犯罪记录封存可借鉴未成年人轻罪记录归零的模式，即对醉驾犯罪记录附条件地“清零”。具体如下：

一是适用对象，即仅适用于《刑法》第 133 条之一规定的醉驾型危险驾驶犯罪人，且为初犯。二是适用地域，即选择条件成熟的特定区域先行开展

---

① 参见周强：《最高人民法院工作报告——2023 年 3 月 7 日在第十四届全国人大第一次会议上》，载 https：//www.court.gov.cn/zixun-xiangqing-393751.html，2023 年 7 月 6 日访问。

② 参见王雪松、张欣瑞：《积极刑法观下我国犯罪记录制度的梳理与完善——基于未成年人与成年人犯罪二分的视角》，载《少年儿童研究》2022 年第 9 期。

试点探索。例如，可优先考虑具有未成年人犯罪记录封存丰富经验且醉驾案件较多的地区进行试点，非试点区域不予封存。

3. 犯罪记录封存方法构建

借鉴未成年人犯罪记录封存经验，醉驾犯罪记录封存可以采取以下封存方法：

一是封存内容力求全面。封存的犯罪记录囊括侦查、起诉、审判及刑事执行过程中形成的有关醉驾犯罪或者涉嫌醉驾犯罪的全部案卷材料与电子档案信息。人民法院在作出封存决定后，应及时报送检察机关备案并接受其监督，交由社区矫正机构执行，最终由公安机关建立专门的醉驾犯罪档案库。对被封存的案卷材料及电子档案信息加设封存标记，未经法定许可，不得查询、共享及复用。

二是封存措施力求有效。根据上述关于犯罪附随后果适用条件的规定，对初次犯醉驾型危险驾驶罪的行为人，被不起诉、不予刑事处罚、不追究刑事责任、刑满释放或者赦免之日起 3 年内没有再犯新罪的，可封存其犯罪记录；已被封存犯罪记录的醉驾行为人，再次犯罪或被发现漏罪的，应解除封存，且永久不再封存。具体而言，醉驾罪犯在考验期内表现合格的，社区矫正机关应向人民法院反馈该结果，由人民法院作出犯罪记录封存决定并移交公安机关进行犯罪记录封存。此时，行为人可向公安机关申请开具“无犯罪记录证明”；在考验期内表现不合格的，社区矫正机关亦应向人民法院反馈该结果，由人民法院对此入卷归档。

三是查询程序力求严格。一方面，严格限制查询主体和内容。只有符合法律、行政法规关于从业禁止规定的查询单位和组织，才可查询，且查询范围仅限于醉驾犯罪人本人，不得查询亲属的醉驾犯罪记录；另一方面，免除醉驾犯罪人的前科报告义务。贯彻及时、有效的原则，免除其《刑法》《刑事诉讼法》中所规定的前科报告义务，即醉驾犯罪人在入伍、就业或者参加其他活动时，除涉及国家安全外，可以不报告前科。

四是责任追究力求到位。将封存的醉驾犯罪记录纳入公民个人信息进行保护，“任何个人擅自提供、出售等，轻则以民事侵权处理，重则以侵犯公民个人信息罪处理”。[①] 救济机制是在最后一道防线的角度助推恢复醉驾行为人的合法权益，给醉驾者重燃生活之希望，真正实现犯罪人的再社会化。

结 语

“一个负有社会国家原则义务的国家，不能仅满足于对违法者的处罚，而且还必须考虑到，在刑罚执行完毕后，他能够在社会上重新找到一个适当的位置。”[②] 降低醉驾型危险驾驶罪附随后果，使之与该罪本身的惩罚、预防相适应，让人民有尊严地活着；降低醉驾型危险驾驶罪附随后果，从刑事一体化的理念出发，实现醉驾型危险驾驶罪的体系化治理，是犯罪治理现代化的必然要求。醉驾型危险驾驶罪附随后果的问题及化解具有“标本意义”，从中所得的经验教训将来亦可辐射至其他轻罪的治理之中。希望本文的探讨对醉驾型危险驾驶犯罪治理有所裨益。

---

① 唐淑臣、许林逸、胡峰:《国家犯罪记录信息系统构建研究》，载《中国人民公安大学学报》2023 年第 1 期。

② 转引自姚建龙:《长大成人：少年司法制度的建构》，中国人民公安大学出版社 2003 年版，第 157 页。

金融借款合同纠纷多元化解机制困境与重塑
——以五地法院三类金融解纷模式为切入点

河南自由贸易试验区郑州片区人民法院　葛韦言　陈阿娟*

引　言

“金融的本质是资金融通，任何一项金融工具都可以直接或间接分解为资金富裕方向、资金短缺方的交易，都具有借贷的特征”。[①] 现代金融借款合同并非单纯借贷关系，杂糅了买卖合同和委托代理、担保合同等多种法律关系，但法院在“金融审判理念、审判能力、审判质效等方面还存在不适应的地方”[②]。自2017年以来，最高人民法院不断推进金融纠纷“诉源治理”建设，依此定位，法院探索了多种金融借款合同纠纷解决模式。但上述实践缺少对现代金融借贷市场治理的深层次探讨，相关纠纷数量持续攀升。如何在已有建制上有效回应解纷需求与解纷手段的适配，现代金融借贷市场对此提出了更高要求。

一、五地金融借款合同纠纷解纷现状及实践困境

根据金融市场活跃地区发布的《金融审判白皮书》，选取了S区金融法院、B市C区法院、G市区法院、H省地区法院、S省Z区法院3年至5年

*葛韦言，河南自由贸易试验区郑州片区人民法院分党组书记、院长。陈阿娟，河南自由贸易试验区郑州片区人民法院研究室法官助理。

① 潘修平:《金融民商事审判工作中需要关注的若干法律问题》，载《民主与法制时报》2023年6月1日。

② 周强:《建设公正高效权威的中国特色现代金融审判体系，为推进中国式现代化提供有力司法服务》，载《法律适用》2023年第1期。

金融借款合同纠纷的审理情况为研究样本①，整理、分析收案情况、常见问题及解纷模式等情况，以期发现存在的共性问题。

（一）五地金融借款合同纠纷的多重面相

1. 纠纷体量大，金融借款合同纠纷多数为金融类纠纷收案第一大类。B市C区法院、H省地区法院及S省Z区法院数量占比均超过半数，可谓“半壁江山”（见图1）。

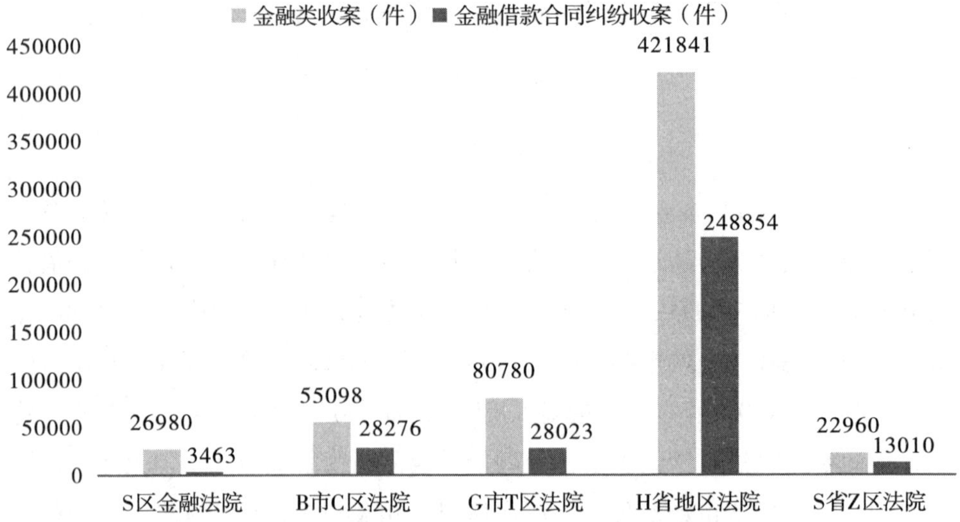

图1　样本法院金融借款合同纠纷占金融类收案量的对比

2. 涉案标的金额高，系标的金额最大类型。因S市地区金融市场繁华，S市金融法院涉及标的金额2614.17亿元②，相比其他地区而言，看着金额大，但仅占比25.4%。而内陆地区涉案标的额可谓“独占鳌头”，H省地区法院

① 参见《上海金融法院审判工作情况通报（2018—2023年）》、北京朝阳区人民法院《金融审判白皮书（2019—2021年度）》《广州市天河区人民法院金融审判白皮书（2018—2020年）》《河南法院金融审判白皮书（2018—2021）》、四川自由贸易试验区人民法院《金融审判白皮书（2019—2022年）》金融审判白皮书。

② 金融类案件涉案标的金额10274.82元。按照收案数量排名：证券虚假陈述责任纠纷16435件，标的额67.15亿元；金融借款合同纠纷3463件，标的额2614.17亿元；融资租赁合同纠纷2423件，标的额434.10元；票据追索权纠纷1525件，标的额38.15亿元，其他合同纠纷896件，标的额1237亿元。

一审金融借款合同纠纷涉及标的金额3436.29亿元①，占比93.2%，S省Z区法院金融借款合同纠纷标的额为56.5亿元②，占比64.7%。

3. 疑难问题不断涌现，担保法律关系日益复杂。样本显示，该类纠纷的案均审理天数虽然逐年缩短，但结案方式仍以判决为主，调撤率均未超过20%。疑难问题具体表现为：

从金融机构方面来说：（1）存在逃避监管情况，违约风控机制不完善；（2）担保结构日益复杂。多种担保方式、增信措施并存或连环贷等情况增加，担保人、反担保人与借款人角色功能混乱的时常出现；（3）内部调解政策严格，通常采用诉讼或者债权转让等方式，不利于提高实际清偿效率；（4）刑民交错特点突出。一些金融机构负责人，以自己或机构名义借款或为借款提供担保，合同效力和责任认定争议较大。

从贷款方面来说：（1）以担保物权名义登记，引发案外人异议的情况陆续出现；（2）对金融消费者权益保护不足，部分金融机构通过不法方式诱使消费者陷入认识误区，如通过隐藏选项、诱骗消费者，或"银保协同"③搭售类等情况；（3）涉众批量案件增加，逃废债现象突出，存在消费贷流入房地产现象；（4）交易模式日益复杂，个人助贷机构、担保公司、保险公司介入，交易链条拉长、融资成本增加；（5）涉刑事因素明显增多。部分不符合资质的当事人与金融机构工作人员串通提供虚假材料套贷、骗贷的行为。部分典型问题（详见表1）。

---

① 全省法院审结一审金融案件涉及标的金额共3684.08亿元。前四名分别为：金融借款合同纠纷3436.29亿元；保险纠纷86.5亿元；银行卡纠纷55.67亿元；票据纠纷25.6亿元。

② 四川自由贸易试验区人民法院从收案标的额来看，金融借款合同纠纷标的额为56.5亿元，票据追索权纠纷为7.99亿元，信用卡纠纷为3.34亿元，小额借款合同纠纷为0.47亿元。立案标的额排名前十的案件总计83.48亿元，占全部案件立案标的额的95.59%。

③ 即商业银行个人贷款业务重，同时要求客户购买其所属金融集团发行的保险产品或理财产品；对公贷款业务重，要求客户接受所属集团提供的年金管理服务、团体保险服务作为放款条件。

表 1　部分金融借款纠纷常见问题展示

案号	当事人	认定事实	相关法律法规	结果
(2021)京民终403号	西藏信托有限公司与彭某等	案涉借款目的系支付股票认购款，借款人将符合监管要求列明在《贷款合同》中，将监管部门明令禁止的内容规定在《框架协议》《贷款合同之补充协议》《合伙协议之补充协议》等“抽屉协议”之中，存在为了规避禁止信贷资金违规流入股市的监管规定	《关于规范金融机构资产管理业务的指导意见》第27条第2项规定，对资产管理业务实施监督遵循以下原则，实行穿透式监管，对于多层嵌套资产管理产品向上识别产品的最终投资者向下识别产品的底层资产	案涉《贷款合同》及一系列“抽屉协议”均无效
(2019)最高法民再381号	夏邑县农村信用合作联社等	涉案的借款是以夏邑农信社为牵头社和代理社，另外五家农信社为成员社，签订社团贷款成员间协议书。在贷款申请阶段、贷款调查、审批、筹备组织、签订借款合同阶段，均显示贷款数额为1亿元，不存在贷款2亿元的借贷合意	《银团贷款业务指引》第11条第2款规定，对担保结构比较复杂的银团贷款，可以指定担保代理行，由其负责落实银团贷款的各项担保及抵（质）押物登记、管理等工作	抵押担保有效
(2019)最高法民终70号	重庆瑞富行投资有限公司等	四川信托公司在本案中所主张的案涉贷款的逾期利息（逾期复利与逾期罚息之和）超出年利率24%的部分，缺乏事实与法律依据，难以施以法律强制力保护	《关于进一步加强金融审判工作的若干意见》第2条第2项规定，金融借款合同的借款人以贷款人同时主张的利息、复利、罚息、违约金和其他费用过高，显著背离实际损失为由，请求对总计超过年利率24%的部分予以调减的，应予支持，以有效降低实体经济的融资成本	利息予以核减
(2021)最高法民终859号	中信银行股份有限公司厦门分行与厦门鑫达济贸易有限公司等	担保人分别为卢某山控制的多家企业向中信银行厦门分行借款提供担保，且先前存在实际使用借款的事实。因此，刑事案件待查明事实可能影响案涉贷款及担保合同效力，进而影响各民事主体责任的认定与承担	《关于在审理经济纠纷案件中涉及经济犯罪嫌疑若干问题的规定》第11条规定：“人民法院作为经济纠纷受理的案件，经审理认为不属经济纠纷案件而有经济犯罪嫌疑的，应当裁定驳回起诉，将有关材料移送公安机关或检察机关。”	移送公安机关并驳回起诉

（二）基于金融借款合同纠纷现实需求的模式选择

基于该类纠纷数量的高位运转，法院在“分解诉讼压力”导向下，建立要素式审判、双轨道调解机制等模式。根据样本法院实践情况，大致分为内销型、前置型、外援型三类模式。具体分析如下：

1. 内销型——快审快结模式。该类模式得益于约定送达条款及繁简分流改革试点红利释放，既减轻法院负担，又减少当事人诉累的快审快结的模式。以“金融智审平台”为代表，可一键收案、调解、立案、分案、送达、文书生成、结案、执行智能查控及智能化数据分析。通过网上信息检索，全国大部分省会或经济较大市均开始探索该类模式，尤其上海、广州、郑州等经济较为活跃地区开设端口较多（见图 2）。

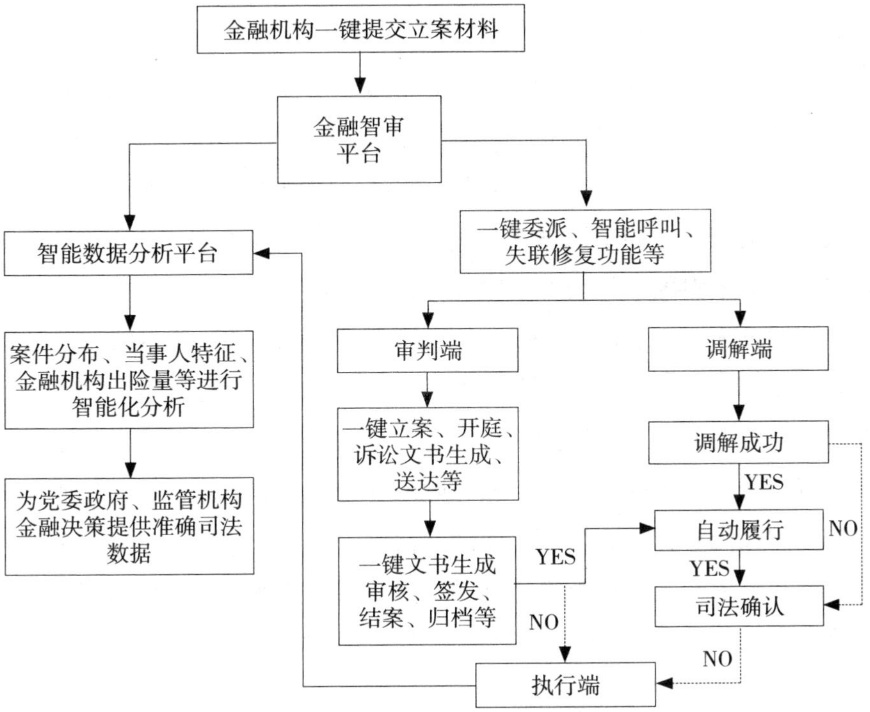

图 2　金融智审平台的功能展示

该类模式根据开设端口情况，在此范围内可极大地缩短办案时长、提高办案效率，法官人均月办案量可达几百甚至上千件[①]。但依然存在不少问题：

系统方面的问题：（1）由于系统开发程度不同，要素输入、审查等前期资料需要人工筛查，人力成本依然很高；（2）部分公司开发的系统存在两被告时必须立两个案件，否则立案不予通过；（3）若被告到庭或者提交书面答辩意见，必须手动修改、添加；（4）失联修复功能效果有限。查询一次费用过高，且多数查询的电话号码、地址不是最新地址，无法直接使用。

法院使用方面问题：主要表现在适用案件类型范围较为狭窄，主要为小额金融借款纠纷、信用贷等法律关系简单且单一的案件，但缺席审判率高。

2. 前置型——诉调快审模式。该模式系“分调裁审”机制改革下的诉讼与非诉分流机制建设成果，但前提是当事人均需出席。为了让“诉调”“快审”无缝衔接，主要方式是“诉前调解 + 速裁快审”“特邀调解 + 司法确认”等。

该模式可实现简案快审快结，缩短办案周期，减少诉讼成本。但其：（1）仅善于解决“个案式”的金融纠纷，出席率和偿还能力决定了“诉调”的数量；（2）调解能力决定了“快审”数量。选聘调解员专业和法官调解能力，决定了前期相关固定证据和事实工作的质量，也决定了“快审”速度和质量；（3）经费保障是该类模式持续的重要因素。

3. 外援型——“法院 +”模式。该模式以“菜单式、集约式、一站式服务”构建目标，系法院探索诉源治理下阶段性成果。与上述解纷模式相比，摒弃了“司法一元”价值取向，转而融合行政、行业、市场解纷因子，构建多元化解决机制。主要是法院与相关职能部门、专业机构签订合作协议等形式，构建“鉴定、公证、诉讼、仲裁、调解、保全、执行”一体化金融案件多元化解决服务平台。该类模式可涵盖所有类型金融纠纷，全国多地法院逐步完善推进该种模式，东部沿海地区相较于其他地区更为完善。

---

① 《珠海市香洲区人民法院工作报告——2021 年 2 月 24 日在珠海市香洲区》，载 https://www.zhxzcourt.gov.cn/index.php/%22/source/ewebeditor/skins/upload/2023-02-24/upload/2023-05-19/upload/2023-06-01/ewupload/index.php?ac=info&cid=4015&do=news，2023 年 7 月 18 日访问。

该模式为法院分解了诉讼压力，起到诉前化解部分批量金融纠纷的效果。司法实践中，各级法院非常认同该类模式建设，但其未统筹联合成立体式解纷模式，解纷资源碎片化。大部分法院仅有“法院+”行业调解，或鉴定或公证，形式不稳定且缺乏长效机制。以H省Z市基层法院金融案件调解运用平台为例（见表2）。

表2　H省Z市基层法院金融案件调解运用平台情况

平台名称	性质	指导单位	费用	人员	运行情况
金融纠纷调解中心	行业调解	省人民银行	免费	银行高管、律师专家学者	选择性委派调解率100%
省投融资协会诉讼调解中心	社团法人	省银保监会	免费	律师	几乎不用
省证券期货基金业协会	商事调解	证监局	免费	证券公司高管	几乎不用
省非公有制青年企业家联合会经济纠纷调解中心	行业调解	省工商联	诉讼费0.30%	选聘退休专业人士（法官、银行高管等）	中立调解无催收行为
省银行保险行业纠纷调解中心	行业调解	省银保监会	免费	省银协，省保协人员兼职	会员服务保险调解率较高

（三）基于三类金融解纷模式的实践困境

上述三种模式系法院根据辖区的金融借款合同纠纷探索运行，或独立设置或叠加运行，与传统审判程序一同构成金融司法体系。但解纷作用有限，未能触及金融借贷市场的深层次问题。

1. 资源密集投入而效果有限

从数量上，金融借款合同纠纷是金融类纠纷“半壁江山”，三类模式构建过于偏重解决体量大且法律关系简单的案件，对常见的纠纷疑难问题，缺乏突破性解决。

（1）“一网通办”智审模式解决纠纷多、速度慢的问题，但其运行需要大量经费支撑，不适用于经济欠发达地区。

（2）诉调对接模式可减少诉讼成本，但存在诉调机制衔接不畅。

（3）“法院+”模式，一方面，多数吸收了行业调解或商业调解组织，未与金融监管部门形成真正联动，将金融借款合同纠纷中的裁判规则作为“活的法律”融入金融机构日常经营范围内。另一方面，诉前批量保全措施在实施过程中，缺乏相应配套流程及限度，易引发舆情（见表3）。

表3 三类金融解纷模式的对比

模式	资源投入	人员配比	部门联动	优点	缺点	适用地区
内销型	●●●●●	●●○○○	○○○○○	速度快人力成本低	经费过高出席率低	北京、上海、广州、浙江等经济活跃地
前置型	●●●○○	●●●●○	●●○○○	解纷能力较强	资源有限出席率低	全国几乎所有基层人民法院
外援型	●●○○○	●○○○○	●●●●●	解纷能力强审判压力轻	联动性不足	全国多地法院逐步完善推进该种模式

2. 模式多元联动而形式化严重

三类金融解纷模式发展方向及运行逻辑，确实分解了诉讼压力。但总体呈现严重的形式化。

（1）化解措施表现为生硬化。金融机构通常缺乏调解意愿，其出具的调解方案过于生硬，一般要求贷款方一次性还清，对于标的金额较大的借款展期最多一年，一般是三期或六期。在前期催收无果情况下，不愿意根据当事人违约的具体情形，采取延长期限、减免部分费用、失信修复等激励措施，提高债权清偿率。

（2）落实方式表现为指标化。各地法院将年度收结案件下降率、调撤率、结案率、案均审理时长减少率等指标，作为三类金融解纷模式的成效体现。但上述考核指标未涉及金融借款合同核心要素，例如金融风险预防、金融消费者权益保护、预防金融犯罪等方面考核。

（3）效果体现表现为“数字化”。法院在“大调解”的机制上，吸收行业协会、综治办及金融调解中心，但效果体现为挂牌率、入驻率，“非诉解决资源仍存在缺位、虚化、闲置和司法资源的短缺、低效等不合理的现象”[①] 未实际得到改善。

① 四川省成都市中级人民法院编著:《诉源治理——新时代“枫桥经验”的成都实践》，人民法院出版社2019年版，第59页。

二、金融借款合同纠纷多元化解机制能力的局限性

“人民法院在金融解纷、规则引领、服务引导金融发展的功能行使与改革开放以来的金融产业发展与现代金融体系建设相伴而行的”[①]。从三类金融解纷模式看，其未完全融合金融司法中“公平、安全和效率”价值理念，也未回应金融市场上的政策松紧度、基础资产多元化、互联网金融技术深化等因素给金融借款合同纠纷带来“溢出效果”。

（一）立场设定偏颇，难从源头解决困境

司法在金融借贷纠纷中被赋予了更多期待：一是金融机构期待诉讼解决“逃废债”问题，或者应付年度审计的凭证；二是金融消费者期待审判消除信息不对称来减少道德风险和逆向选择问题[②]；三是金融借贷市场期待司法化解金融借款合同纠纷的“脱实向虚”、金融风险外溢的危机及金融犯罪等问题，参与推动金融治理体系的不断完善。

金融纠纷增长与法院收案增长成正比，司法实践也进一步表明诉讼是相当长时间金融借贷纠纷主要选择甚至是唯一选择。故金融借款合同解纷理念屈从于“分解诉讼压力”，解纷逻辑也倾向于“事后管控”为导向，且仍处于不断强化中。

1. 以“分解诉讼压力”为立场设定，难以回应金融借贷市场期待。近五年来，最高人民法院的政策意见多数对人民法院推进金融诉源治理工作，提出工作重心前移、审判力量下沉、衔接内外资源等要求，从源头上减少初生案件及衍生案件。具体政策规定（见表4）。

从一审受理案件数量、配备法官人数、司法辅助人员配置等方面对比，法院受理金融借款合同纠纷的数量远超司法资源负荷能力。“10年来，全国法院审结各类金融民商事案件1518.3万件，占全国法院一审民商事结案总数

---

① 王锐:《金融司法的发展——基于制度变迁的历史逻辑》，载《中国应用法学》2020年第3期。

② 参见曾威:《网络金融消费者认知偏差的法律应对》，载《法商研究》2023年第4期。

表 4　近五年内关于金融纠纷多元化解决机制的部分政策意见

时间	印发单位	名称	针对金融类案化解措施
2017	最高人民法院	《关于进一步加强金融审判工作的若干意见》	1. 建立和完善适应金融审判工作需要的新机制。 2. 监督和促进金融监管机构依法行政。 3. 推动完善金融法治体系。 4. 探索完善金融案件的多元化纠纷解决机制。 5. 建立金融审判信息平台
2019	最高人民法院、中国人民银行、中国银行保险监督管理委员会①	《关于全面推进金融纠纷多元化解机制建设的意见》	1. 扎实推进金融纠纷多元化解工作。 2. 推动金融纠纷非诉第三方解决机制建设。 3. 加强与有关部门沟通协调，解决金融纠纷多元化解机制建设中的困难
2020	最高人民法院	《关于人民法院贯彻落实党的十九届四中全会精神推进审判体系和审判能力现代化的意见》	1. 完善金融审判领域风险监测预警机制。 2. 依法妥善审理金融纠纷案件。 3. 积极防范化解金融风险
2021	最高人民法院	《关于深化人民法院一站式多元解纷机制建设推动矛盾纠纷源头化解的实施意见》	1. 积极会同行业主管部门研究源头治理举措，建立信息共享、业务协同和诉非衔接机制。 2. 完善各类调解联动工作体系。 3. 合力推进商会调解，支持工商联、商协会调解组织化解涉企纠纷

的 12.9%，在法官人数没有明显增加的情况，金融民商事案件结案数增长了 3.5 倍”②。故多数法院模式探索均着眼于此。

2. 以“事后管控”为解纷逻辑，难以回应金融机构和消费者期待。金融借款合同纠纷基本法律关系虽未发生根本性变化，但法律行为特征、表现形式及社会风险系数都有显著改变。部分“民营企业在利益驱使下，利用监管缺失和漏洞，大搞虚假注资、循环注资、关联交易等违规行为，‘掏空’金

① 2023 年 3 月，中共中央、国务院印发了《党和国家机构改革方案》。在中国银行保险监督管理委员会基础上组建国家金融监督管理总局，不再保留中国银行保险监督管理委员会。

②《最高法：四个“坚定不移”推进金融审判工作高质量发展》，载 https：//finance.sina.com.cn/wm/2023-01-10/doc-imxztruc8933496.shtml，2023 年 7 月 12 日访问。

融机构”[①]，甚至成为地方政府“无法承受之重”。仅以审判、调解的手段难以从源头上解决金融借贷市场困境。

（二）解纷供需失衡，风险预测不足

金融纠纷产生有其特定的社会背景与历史原因，案涉主体多元、利益连锁、历史包袱沉重、问题解决牵一发而动全身等特征明显。

1. 行政解纷力量联动不足。金融借贷纠纷治理更多是司法与金融监管的深度融合，这就意味着金融行政部门要投入一定资源和精力，但该部分工作体现不了经济效益，与一贯的绩效导向理念是不符的。从实践效果来看，金融行政解纷力量未参与金融借款类解纷体系之中，调解体系与诉调对接体系也缺此一环，行业调解功能弱化，导致其无法提前预判、防范、化解重大金融风险。

2. 非诉解纷资源参与较少。对于人民调解、行政调解、行业调解、商事调解等组织，“当事人申请各渠道受理矛盾纠纷的重要来源，除法律规定须依申请提起的外，各解纷主体主动履职率偏低，其中行政调解、行业调解主动履职率低于20%”[②]。部分商业调解的组织收费较高，影响当事人申请的积极性。

3. 解纷流程风险预测不足。金融机构为获得市场优势、攫取利润，“从分业经营走向事实上的混业经营，实现旗下银行、保险、投资业务的全牌照经营”[③]“金融产品不断创新，各种资产收益权、担保结构多层嵌套，证券化、表外化共同作用，非标融资、资金池、循环交易、债务加入等交易结构眼花缭乱”[④]，使得金融借贷活动的风险增加，而这些风险通常是在批量案件审理过程中发现。

① 徐忠：《金融乱象频发，应进一步强化央行的统筹作用》，载 https：//www.financialnews.com.cn/ll/sx/201802/t20180212_133212.html，2023 年 7 月 15 日访问。

② 四川省成都市中级人民法院编著：《诉源治理——新时代“枫桥经验”的成都实践》，人民法院出版社 2019 年版，第 40 页。

③ 孙依凡、安悦齐：《论金融产品搭售行为的违法性认定及其规制路径》，载《福建金融管理干部学院学报》2023 年第 2 期。

④ 张阳：《金融司法监管化的边界约束》，载《清华法学》2023 年第 2 期。

三、金融借款合同纠纷多元化解机制优化的三重考量

“公平、安全和效率的三足理念具有金融适用的广泛性”[①]，公平是金融市场和金融管理所追求的价值要素，安全是金融机构和消费者所追求的价值要素，效率是金融市场和消费者所追求的价值要素。现代金融借贷市场的治理，应当回应“至少有时，市场本身就可以有效解决一些我们之前通常认为需要政府立法干预的问题”[②]，又应有效防范金融犯罪，促进金融借贷关系的良性发展。

（一）根本考量：在形式审查与实质审判间寻求公平

公平是金融司法核心价值，其要求对同样事务需要同等对待，不同事务应当区别对待。金融市场活动不同于传统民商事领域中平等性，“金融消费者在金融信息的收集、掌握、理解、辨别等方面本身处于弱势地位”[③]，因此“法院必须‘注意自己的判决能否得到执行，判决能否获得社会的认可’”[④]。

金融借贷类审判不仅需要更为公平、更符合正义的裁判理念，还要统一裁判尺度，回应金融市场对司法公正的期待：

1. 发挥规则供给功能。立足于国家金融稳定和发展大局，探索“金融专审”机制，合理分配交易双方的举证责任，在保护金融债权的同时，对其不合法、不合规的行为予以纠正。无论金融监管政策如何灵活变动，都应基于司法判断权、个案正义的本质特征，保持司法裁判的定力，以法律逻辑和标准引领社会正义，在金融借贷合同效力等认定上，保持立场的一致性和连贯性。

---

① 上海市虹口区人民法院课题组:《关于互联网金融所涉及法律适用问题的调研》，载最高人民法院研究室编:《最高人民法院司法研究重大课题报告（商事审判卷）》（上册），人民法院出版社 2019 年版，第 40 页。

② 苏力:《法治及其本土资源》，北京大学出版社 2022 年版，第 98 页。

③ 上海市虹口区人民法院课题组:《关于互联网金融所涉及法律适用问题的调研》，载最高人民法院研究室编:《最高人民法院司法研究重大课题报告（商事审判卷）》（上册），人民法院出版社 2019 年版，第 22 页。

④ 苏力:《送法下乡——中国基层司法制度研究》，北京大学出版社 2022 年版，第 151 页。

2. 保护金融消费者合法权益。金融借贷另一社会功能是调节财富分配，关注社会整体利益。“我国司法改革也愈发注重通过增加司法资源供给、降低运转成本等多维举措，将程序正义与实体正义予以统筹考虑，以保障民众能够平等分享司法资源”[①]，适当突破经济利益局限，加强对弱势群体帮扶，促进农业、交通运输、教育、环境保护等产业发展，实现社会福祉。

（二）整体考量：在意思自治与防范风险之间寻求弥合

“金融司法努力在政府干预与市场自由博弈之间形成金融效力和金融公平并蒂局面，但金融实践证明，金融法治并未很好解决效率与公平二元经济结构的平衡问题”[②]。我国金融借贷治理，一方面，表现出行政强有力主导的、短期的、阶段性特性，但也伴生着仓促性、被动性、易反弹性；另一方面，金融司法存在呈现解纷形式化、非诉资源碎片化的情况。

从解纷能力而言，司法无疑是性价比最高的，它有精心设计的诉讼程序、终局性的裁决结果和强制执行的效力。但如何发挥司法解纷的最大效果？

除了“2008 年全球金融危机以来，‘大而不倒’的系统性危机已备受关注；如今，互联网金融又催生了两个新的系统性金融危机的爆发因素——‘太关联而不倒’和‘太迅捷而难防’”[③] 的系统性风险，金融借款合同纠纷的风险聚焦于：（1）不良贷款清收问题；（2）清收措施引发社会舆情；（3）放贷审核不严可能导致刑事风险。而金融消费者风险聚焦于：（1）社会信用风险；（2）因此遭受的限制性措施，造成生活、工作不便利；（3）金融诈骗等刑事风险。

“任何一个社会都不可能通过不断增加司法的供给量，来满足社会无限

---

① 董储超、舒瑶芝：《诉源治理导向下的纠纷解决：理念澄清与范式革新》，载《交大法学》2023 年第 4 期。

② 上海市虹口区人民法院课题组：《关于互联网金融所涉及法律适用问题的调研》，载最高人民法院研究室编：《最高人民法院司法研究重大课题报告（商事审判卷）》（上册），人民法院出版社 2019 年版，第 38 页。

③ 宋寒亮：《风险化解目标下互联网金融监管机制创新研究》，载《大连理工大学学报（社会科学版）》2022 年第 43 卷第 2 期。

增长的解纷需求”[①]，并且该类纠纷化解非法院一家之功，往往需要动用各行业、部门诸多资源，因此其运行逻辑应在尊重意思自治前提下，以风险防范为整体考量：

1. 推进诉前多元化解决机制衔接，降低诉讼成本，提高实际清偿率。（1）基于已有诉调、委派调解机制，提高联合调解、自行申请调解和委托调解的适用率，破除形式化运行；（2）主动协同金融机构与非诉对接机制，建立在线争议调解平台，降低当事人诉讼成本，提高当事人出席率；（3）加强与金融监管部门沟通协调，强化司法数据统计运用，促进金融行业进行风险预判，为党委政府预判金融市场风险提供参考。

2. 完善金融借贷类解纷规则，使其保持对可能产生金融风险的敏锐视角。一方面，应该在尊重金融市场交易规则和行业惯例前提下，完善解纷原则、申请流程及措施限度，保证解纷合法又合理；另一方面，当出现无法可依、无惯例可循时，应当遵循和体现金融商事理念和商法思维，以交易安全为价值追求，正确解释行为效力、合同效力，打击金融犯罪，维护交易稳定和安全。

（三）重点考量：在协同高效与统筹推进中寻求平衡

“艾森伯格说，必须要注意法院在纠纷解决（resolving disputes）与最终解决冲突（resolving conflict）之间的区别，法院可以解决纠纷（disputes）但不一定可以解决双方的隐形冲突（conflict）”[②]，也就是说，如果仅依靠数字化、指标化体现金融借款合同纠纷的治理成效，则可能出现“终审不终”局面，“有的案件依程序办的，为什么社会公众却不接受”“消极审判、机械司法、就案办案”等问题。“一国金融治理存在多级力量，司法需要秉持协同治理与整体治理理念，与其他金融治理力量形成合力”[③]，这些解纷资源，可

---

① 龙飞：《论国家治理视角下我国多元化纠纷解决机制建设》，载《法律适用》2015年第7期。

② 转引自［美］迈尔文·艾隆·艾森伯格：《普通法的本质》，张曙光等译，法律出版社2004年版，第9页。

③ 王锐：《金融司法的发展——基于制度变迁的历史逻辑》，载《中国应用法学》2020年第3期。

以尽快使得金融借款合同纠纷之间的权利义务从对抗冲突回归正常金融市场交易行为。

从本质上，金融借款合同纠纷是一个社会问题，社会问题的解决不能单靠司法手段，其实质性化解方法具有社会性，解决逻辑也在于多元化。为了统筹诉讼外的解纷资源，必须找到调动各类金融解纷资源的着力点，解决考核指标化、入驻形式化等问题，尤其是“如何调动和发挥行政机关解决纠纷意愿和能力是当下中国多元解纷机制建设中最重要的一环。实际上，这些年政府正在逐步把解纷责任外推，这种外推趋势并不符合纠纷解决的世界潮流”。[①] 将金融多元化解机制嵌入“系统治理、依法治理、综合治理、源头治理”理念中：

1. 加强顶层设计，实现自上而下机制构建。实践中，各地法院探索多种金融借款合同纠纷解决机制，对此，最高人民法院应当在实践探索的基础上，深入探究金融借贷纠纷背后存在的治理逻辑，与金融监管部门、金融机构构建相应的解决机制，使其形成常态化机制。

2. 科学设置考核体系，破除“数字游戏”僵局。考核指标决定了金融借款合同纠纷多元化解决机制贯彻落地，现有的考核指标贯彻到金融纠纷的方方面面，但是缺乏日常配套的检查机制，难以从解决表层矛盾向深层次问题转变，发挥柔性与刚性并重多元化解决机制的效能，保障金融机构、市场、个人三方的合法权益，从而影响和约束金融机构的思维和行为模式，以防止金融脱实向虚，促进金融回归服务实体经济的本源。

四、金融借款合同纠纷多元化解机制的再塑路径

美国经济学家舒尔茨认为“任何制度都是对实际生活中已经存在的需求的响应”[②]。法治社会应当具有矛盾消化和自我修复能力，所有金融借款合同纠纷

---

① 李少平、李卓彬:《涉侨纠纷：多元化解工作指南》，人民法院出版社 2019 年版，第 206 页。

② 李乾坤:《舒尔茨〈生成的运动〉：青年马克思生产范畴形成的重要坐标》，载《哲学研究》2017 年第 11 期。

从一开始就流向法院不是法治应然状态，亦非都适合诉讼化解。法院在三类金融解纷模式上，寻找诉讼与非诉解纷机制之间的着力点，进行功能、机制和考核机制的再造，形成公平、安全、高效的金融借款合同纠纷多元化解机制。

（一）功能再造：从居中裁判到规则引领，传递秩序公平

随着市场融资需求提高，金融借贷交易活动频次增加，交易类型日益复杂，社会期待司法以一种积极态度介入居中裁判。司法实践中，法院在处理金融借款合同纠纷时，充分体现了维护金融债权的合法利益。然而，金融借款的交易实践、交易结构和交易范式始终不断创新，当事人之间的权利义务设定日益复杂难懂，其涉及《民法典》《公司法》等多个法律规范，纠纷处理上也存在金融监管政策与各部门法律交织融合的特点，给法院适用法律、统一裁判尺度提出了新的要求。

1. 坚守司法公正的底线。公正是金融行业的生命线，因此，维护金融司法公正是金融借款合同纠纷审判的首要价值理念。从商事领域来看，金融借款合同主要适用意思自治原则，但私法领域的意思自治并非为所欲为、毫无节制地使用“格式条款”，法院居中裁决时，应从信息不对称、免责条款转嫁风险、格式条款、夸大诱导、怠于行使说明和告知义务等情节综合认定，使之符合金融审判公平之要义。

2. 慎用“穿透式”审判理念。在金融借款合同纠纷中基本事实认定、合同效力、是否涉及刑民交叉等问题，适用“穿透式”理念，有助于法官发现事实“真相”。但“近些年，司法审判中‘穿透式审判’之风盛起，有些基层法院越来越多将金融行业的交易结构安排‘穿透式审判’……认定当事人之间的合同因虚假的意思表示而自始无效”[①]，不利于维护金融借贷交易的行业秩序。法院应当坚持审慎立场，避免司法与金融监管界限模糊，防止金融司法监管化。

3. 融入社会公正的考量。面对金融市场与裁判尺度的冲突时，法院应当运用司法裁量权，以公平正义为原则，充分衡量金融机构和市场主体之间利

---

① 潘修平：《金融民商事审判工作中需要关注的若干法律问题》，载《民主与法制时报》2023年6月1日。

益结构，尊重金融监管规则的专业性，通过批量案件的处理，使金融借款合同纠纷的裁判要旨达到政治效果、法律效果和社会效果的三统一，为金融行业提供稳定统一的行为规则。

（二）机制再造：从形式参与到实质解纷，维护市场安全

金融借贷解纷模式既受到顶层制度设计的强有力推动，又不断根据现实需求中进行总结探索，呈现“自上而下”与“自下而上”相结合的发展特征。但“要求法院重新安排社会结构，并重新组织社会的有限次序，则司法途径是低效益的、不划算的”①。依托三类金融解纷模式，完善法院与非诉讼纠纷解决机制的相互对接，形成解决方式与解决效果上的优势互补。

1. 加强顶层设计，构建金融借款合同多元化解决机制。依托“总对总”或全面的“点对点”双方协议，与行业调解、商事调解的指导单位联动、协同，实现全国范围基层法院覆盖相应的行业调解、商业调解组织及第三方专业机构，解决各地法院“单打独斗”的情况，稳定调解人员与经费支持，降低当事人解纷成本，提高清偿率，为当事人提供自行解决空间与渠道，促使其从对抗走向对话、从单一渠道走向多元化解决，从而促进金融市场的健康发展。

2. 强化科技支撑，建设安全、高效多元化解决平台。在现有“金融智审”平台的基础上，从简单的审判端、诉内调解端实现“数据流转、信息共享、资源聚合”的综合性平台转变，“形成集在线申请、在线调解、异步调解、司法确认、数字认证、人脸识别、智能语音外呼一站式工作平台”②，同时完善失联修复功能的应用，减少缺席审判率，保障解纷的效果。

3. 善用联席会议，延伸审判职能的规则触角。与金融机构、金融监管部门的联席会议构建常态化沟通机制，通过日常沟通、专业征询程序、司法建议等方式，促使金融机构在合规的范围内，设置分层次、多类型的调解政策，降低维权成本，提高债权清偿率。同时，针对调解、审判过程中发现的问题，及时研讨，共同促进金融行业稳定发展。

① 转引自［美］戴维·奥布莱恩:《法官能为法治做什么》，何帆等译，北京大学出版社 2015 年版，第 178 ～ 179 页。

② 车晋刚:《金融纠纷调解多元对接机制研究》，载《中国银行业》2022 年第 3 期。

（三）考核再造：从单方要求到双重考核，提升解纷效率

指挥体系的设置要坚持实事求是，无论是基于规范主义的审视，还是功能主义的实现，解纷机制需要发挥什么样的功能并非由其自身决定的，而是由考核机制决定。

1. 建立双重考核机制。（1）在原有审判质效考核评价机制上，增加对金融纠纷多元化解决机制产生积极影响的指标，激励人民法院在“法院 +”模式上走深走实；（2）在单纯的调撤率、结案率、案均审理天数等指标上，增加体现调解方式、是否引入专业机构、发送司法建议、批量案件存在问题是否解决、解决方式等核心指标；（3）设置防“恶性”竞争指标。设置指标相对合理的参考区间，并防止层层加码、盲目追求质效排名。既能够调动积极性，又不需要让大家对数据进行造假。

2. 摒弃单方数据追求。完善金融借贷解纷的流程、跟踪、评估的管理，做到有序解纷、全面提效。在审理过程中发现的问题应及时反馈给金融机构、金融监管部门，对其回复、落实情况予以跟踪，并纳入考评指标体系，最大效力释放司法延伸职能，督促当事人规范行为，提升解纷效能。

结　语

对现有金融借款合同纠纷多元化解机制发展程度而言，传统金融治理惯性正一步步得到纠正，现代金融治理理念也逐步得到认可，但要形成真正有效多元化解纷机制，达到“诉源治理”目的，还有一段距离，也存在不少问题。通过优化三类金融解纷模式，在诉讼与非诉解纷机制之间找寻着力点，回应现在金融解纷单一司法化、规范供给不足及缺乏强有力外部统筹部门的问题，也期待其他社会主体主动承载推动金融借贷解纷机制现代化与破除金融行业治理难题的重任，完善金融借贷活动的预警机制，防止金融脱实向虚，促进金融回归服务实体经济的本源。

醉驾型抽象危险犯嵌入价值判断的出罪路径
——《刑法》第133条之1第2项规范指引及分层递进式价值判断

开封市中级人民法院　高新峰*

近年来醉驾犯罪数量"不降反升"、附随后果弊端凸显，"醉驾一律入刑"标签化处理、"不能安全驾驶"单一化判断、"情节显著轻微"被动化适用等实践误区，亟待司法矫正。

一、实践弊端：醉驾型抽象危险犯入罪的形式判断误区

学术界与实务界主流观点普遍认为醉驾一律入罪并非科学合理，尤其是司法实践中对《刑法》第133条之1第2项的适用存在若干形式判断误区。

（一）"醉驾一律入罪"的标签化处理

《刑法》第133条之1第2项及相关法律法规、司法解释大致构成醉驾罪刑规范体系①，从刑事一体化体系视角来看，醉驾标签化处理误区主要由醉驾形式判断的线性缺陷所导致（见图1）。

* 高新峰，开封市中级人民法院减刑假释庭副庭长。

① 主要有：《刑法》第133条、第13条，《刑事诉讼法》第16条、第200条，《最高人民法院关于适用〈中华人民共和国刑事诉讼法〉的解释》第85条，《公安部关于公安机关办理醉酒驾驶机动车犯罪案件的指导意见》第2条、第5条、第22条、第241条，公安部《道路交通安全违法行为处理程序规定》第四章第34条，公安部《公安机关办理刑事案件程序规定》第241条，《道路交通安全法》第91条第2款、第4款，《最高人民法院关于常见犯罪的量刑指导意见（二）（试行）》《最高人民法院、最高人民检察院、公安部关于办理醉酒驾驶机动车刑事案件适用法律若干问题的意见》。

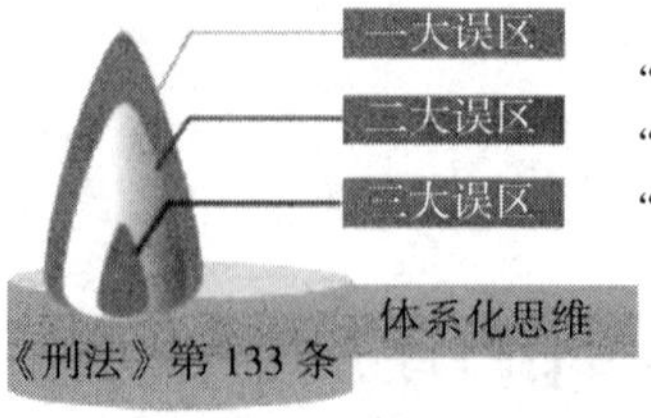

图1 《刑法》第133条之1第2项适用形式判断误区示意图

1. "醉驾一律入罪"标签化处理的附随效果

一是造成司法资源浪费。将醉驾一律入罪处罚，可能导致监狱拥挤、司法资源紧张等问题。对于一些情节较轻、未造成实际危害的醉驾行为，可以考虑采取行政处罚等方式。二是忽略醉驾行为的个体差异。一些醉驾行为可能并未造成实际危害，且主观上并无明显恶意，一律入罪的处理方式可能造成个体不公。三是负面社会效应。全国每年大约30万人因醉驾入罪，且醉驾行为人系农民工身份的居多，对家庭、社会、个人造成"三败俱伤"，甚至一部分成为社会对立面[①]，导致社会不稳定。四是预防与治理醉驾的效果不理想。过于严厉的刑事处罚可能导致一些醉驾者产生逆反心理，不配合执法者的检查和处罚，从而影响对醉驾行为的预防和治理。

2. "醉驾一律入罪"标签化处理的一果多因

一是社会舆论压力。醉驾行为导致交通事故频发，引起社会广泛关注和强烈愤慨。正是这种背景，《刑法修正案（八）》将醉驾行为作为犯罪处理，醉驾入罪实施十年，被贴上一律入罪的标签。二是重视刑罚的传统思想。认为严厉的刑事处罚能够更好地震慑醉驾行为，预防醉驾行为发生[②]。然而，这种重视刑罚的传统思想忽略了醉驾行为的个体差异，可能导致某些轻微的醉驾行为入罪受罚。三是办案的惯性思维。在处理醉驾案件时，办案人员过于相信鉴定结论的科学合理性，而忽视对醉驾行为进行细致评估和区分。四

① 参见周光权:《论刑事一体化视角的危险驾驶罪》，载《政治与法律》2022年第1期。

② 参见张明楷:《危险驾驶罪的基本问题——与冯军教授商榷》，载《政法论坛》第2021年第6期。

是社会治理的需要。为维护保障公共安全，严厉打击醉驾行为，采取一律入罪标签化处理方式，提高公众对醉驾入罪的认知度和支持度[①]。

（二）“不能安全驾驶”的单一化判断

根据《刑法》第133条之1第2项的规定，“醉酒”是判断醉驾行为入罪关键因素，“不能安全驾驶”单一化判断误区主要由血液酒精含量标准固有缺陷以及鉴定程序现有局限所导致。

1.“不能安全驾驶”的单一化判断误区

一是将酒精浓度作为唯一标准。行为人血液酒精含量高于80毫克/100毫升，则认定不能安全驾驶。实际上，酒精浓度只是衡量醉驾程度的一个指标，不能作为判断行为人是否安全驾驶的唯一依据。因为每个人的酒精代谢能力和耐受程度不同，相同的酒精含量对不同人的影响差别较大。二是过分依赖酒精鉴定结论。行为人酒精含量会随着时间推移逐渐降低，不同时间点进行检测，可能得到不同结论。设备只能检测血液酒精含量，却无法分析其他代谢物或相关因素，导致无法全面评估。三是未考虑不同环境作用力。不同交通环境对行为人要求不同。例如，空旷无人通过的路况下，即使酒精含量超标，因不会对他人生命财产造成危险，则不宜界定为不能安全驾驶。四是未充分考虑其他因素的影响。不能安全驾驶受到多种因素影响，例如行为人若具备丰富驾驶经验与技能，即使酒精含量超标，也能保持平衡感、控制能力强仍能够安全驾驶；反之，酒精含量低于标准，若缺乏驾驶技能与经验不足或者情绪不稳、过度疲劳，也可能导致交通隐患。

2.“不能安全驾驶”单一化判断的技术根源

一是血液鉴定结论的固有缺陷。鉴定机构以血液酒精含量的检测和定量方法为主，其他物质的定性和定量方法为辅，血液酒精含量测定标准和鉴定

① 参见王亮：《醉驾一律入刑的标签化误区与法律应对》，载《现代法学》2019年第4期；参见李明：《醉驾一律入刑的标签化误区及其法律思考》，载《中国法学》2017年第3期；参见张伟：《醉驾一律入刑的标签化误区及其法律改革研究》，载《法律科学》2018年第2期。

程序并未区分个体之间的体质差异，这是鉴定程序固有缺陷[①]。二是鉴定机构可选择性差。鉴定机构是办案机关单方委托，鉴定程序相对固定，程序缺乏抗辩性，即使行为人申请重新鉴定，一些鉴定机构仍然只进行血液乙醇含量的例行鉴定，而未考虑乙醇的其他代谢物以及其他因素的存在。三是目前血液酒精浓度检测技术规范和行业标准相对僵化。一些鉴定机构并不考虑两个平行结果的平均值，忽略相对差异对结果影响，轻微的技术操作错误均可能导致严重的结果错误。四是鉴定机构技术规范和行业标准陈旧。在鉴定过程中未充分考虑血液乙醇含量的其他代谢物和相关因素，不能确保鉴定过程的准确性和可靠性。

（三）“情节显著轻微”的被动化适用

根据学术界“出罪标准说”观点[②]，但书规定可以作为醉驾出罪路径，但书规定适用被动化误区主要由“情节显著轻微”认定标准不明确、办案机关担心说理不足或涉嫌违反罪刑法定原则所导致[③]。

1.“情节显著轻微”的被动化适用误区

一是忽视酒精含量以外因素。在判断“情节显著轻微”时，过分关注行为人的血液酒精含量，认为酒精含量低于标准，就属于情节显著轻微。除酒精含量之外，判断“情节显著轻微”需要综合考虑驾驶行为、车速、交通事故后果等因素。二是忽视驾驶行为的危险性。忽视驾驶行为的危险性，例如酒精含量超过法定标准，但如果驾驶行为根本不会对公共安全造成任何危险，则可以认定为“情节显著轻微”。三是对“情节显著轻微”的误解。对“情节显著轻微”的判断标准产生误解，“情节显著轻微”需要综合考虑多个因素才能准确评估情节的轻微程度。四是忽视行为人的醉驾情节。行为人的认罪、悔罪表现是衡量情节显著轻微的重要因素之一，如果犯罪嫌疑人积极认罪、悔罪，且案发后采取措施减轻危险结果，亦可以认定为情节显

---

① 参见周光权：《论刑事一体化视角的危险驾驶罪》，载《政治与法律》2022 年第 1 期。

② 参见杜治晗：《但书规定的司法功能考察及重述》，载《法学家》2021 年第 3 期。

③ 参见周光权：《论刑事一体化视角的危险驾驶罪》，载《政治与法律》2022 年第 1 期。

著轻微。

2.“情节显著轻微”被动化适用的司法溯源

一是担心说理不足。适用“情节显著轻微”规定出罪，往往需要作出充分的说理，否则就有放纵醉驾的嫌疑，因担心说理不足而不愿主动适用“情节显著轻微”。二是认定标准不明。对“情节显著轻微”的判断标准和适用条件存在认识分歧，理论上担心适用“但书”规定出罪违反罪刑法定原则，宁愿适用减轻或免除刑事责任而不考虑出罪处理。三是裁量空间大。由于情节显著轻微的认定标准不明，裁判的主观判断空间大，但书规定适用情形不具体，不能客观、主动地适用但书规定，导致醉驾案件的入罪率非常高，无罪案件占比不足千分之一。四是案件处理压力。由于醉驾案件存在办案时限，为尽快结案，办案人员不愿主动投入足够时间对案件进行充分审查。

二、司法矫正：醉驾型抽象危险犯实践误区的定向纠偏

实践表明,将醉驾一律视为犯罪有违刑法谦抑原则[①]，而打破醉驾型抽象危险犯“唯酒精论”的标签化入罪方式已迫在眉睫，亟待从刑事一体化视角嵌入实质化、多元化、能动化的价值判断进行定向纠偏（见图2），使之契合目前刑法体系与司法实践。

图2 醉驾型抽象危险犯实践误区定向纠偏示意图

---

① 刑法谦抑性原则强调追究刑事责任必须遵循合理、必要、适度的原则，不能滥用刑罚，应当尽量避免采取不必要、过度的限制行为人人身自由的刑罚措施。

（一）实质化价值判断："醉驾一律入罪"的法益考量

从法益考量角度看，《刑法》对醉驾型抽象危险的干预前置化是保护抽象危险的法益而预设，应将标签化处理转变实质化价值判断，有效制约不合理的罪刑扩张[①]。

1."醉驾一律入罪"的法益考量

在法益考量下，醉驾型抽象危险的实质化价值判断主要涉及以下几个方面：一是保障公共安全。醉驾行为具有较高危险性，可能危及不特定多人的生命、健康和财产安全。因此，在实质化价值判断中，保障公共安全应当作为首要目标。二是预防和遏制犯罪。通过依法惩处醉驾行为，起到震慑和预防犯罪的作用，促使公众自觉遵守法律法规，减少醉驾行为发生。三是维护公平正义。对醉驾行为的处罚应当适度，在具体案件处理中，必须根据案件实际情况，依法进行全面、客观、公正的评估和判断，实现个案公正和社会秩序的维护。四是维护社会秩序稳定。通过依法惩处醉驾行为，减少因醉驾引发的社会矛盾和纠纷，促进社会秩序稳定。

2.标签化处理转变实质化价值判断

实现上述法益保护目的，应将标签化处理转变实质化价值判断：一是判断行为人在醉酒状态下的驾驶表现和对他人安全潜在危险程度。若行为人并未对他人安全造成实际危险，可以考虑将其醉驾行为定性为轻微违法行为而出罪处理。二是判断行为人醉驾的动机和态度。若行为人是在紧急情况下被迫醉驾，或者是出于人之常情而醉驾，可以考虑出罪处理。三是判断个案处理结果对社会公共安全和道德风尚影响。对醉驾案件过于宽容或严厉，均可能对社会治安和道德风尚造成不良影响，必须采取恰当处理措施，引领社会价值观向好发展。四是判断醉驾行为的实际危险程度。酒精含量超标准不一定意味行为人不能安全驾驶，也不一定意味对公共安全构成现实危险。应当根据具体情况进行区分，对于情节较轻、未造成实际危险的醉驾行为，可以考虑行政处罚等方式达到惩戒和教育的目的。

---

① 参见王强军：《刑法干预前置化的理性反思》，载《中国法学》2021年第3期。

（二）多元化价值判断："不能安全驾驶"的证据裁量

从证据裁量角度看，血样酒精含量鉴定对入罪判断具有决定性作用①，应将单一化判断转变多元化价值判断，科学区分个体之间酒精耐受度体质差异，拓宽"不能安全驾驶"的证据裁量范围与标准。

1."不能安全驾驶"的证据裁量

在证据裁量下，醉驾型抽象危险的多元化价值判断主要涉及以下几个方面：一是证据确实充分。对于醉驾行为需要收集、固定相关证据，如酒精鉴定结论、现场勘查笔录、证人证言等，在证据确实、充分的基础上，判断醉驾行为是否"不能安全驾驶"。二是定性和定量分析。严格按照法律程序规定，对醉驾行为进行定性和定量分析，精准判断是否"不能安全驾驶"。三是综合考虑案件情况。综合考虑案件具体情况，如醉驾行为的时间、地点、道路条件、行为人酒精含量等因素，以及醉驾行为对公共安全、人身安全、财产安全等方面的影响。四是保障行为人正当权利。对于醉驾行为人正当权利予以保障，例如行为人提出辩护、辩证、质证或重新鉴定等权利。五是公开透明原则。在案件处理过程中，收集、固定、鉴定证据应公开透明，接受社会监督，以确保司法公正。

2.单一化判断转变多元化价值判断

实现上述证据裁量目的，应将单一化判断转变多元化价值判断：一是注重证据的收集、固定和运用。严格遵循法定程序，鉴定人的专业素质和道德水平直接关系到鉴定结果的准确性和公正性，应当对司法鉴定人加强监督，以确保鉴定过程不受任何干扰。二是对重新鉴定理由、期限、次数等相应放宽。司法鉴定人的意见若受到外界因素影响，难以避免一些瑕疵或错误，对此行为人及其辩护人有权申请重新鉴定。三是鉴定人有义务出庭②。行为人及其辩护人对鉴定结论提出质疑，有申请司法鉴定人出庭作证的权利，消除其合理性怀疑。四是对血样鉴定结论加强审查。鉴定结论作为证据应经过严

---

① 参见田旭：《河北省醉酒型危险驾驶罪量刑实证研究》，载《河北法学》2023年第6期。

② 参见黎宏：《刑法学各论》，法律出版社2022年版，第77～78页。

格审查，确保非法证据得到及时排除。五是保障行为无罪辩护的权利。一些行为人担心重罚或其他原因而选择认罪认罚，在这种情况下，限制了其提供有效的辩护或无罪辩护空间。

（三）能动化价值判断："情节显著轻微"的程序衡量

从程序衡量角度看，应将被动化适用转变能动化价值判断，合理区分醉驾行为、自首、积极赔偿等不同情节，主动适用但书规定。

1."情节显著轻微"的程序衡量

在程序衡量下，醉驾型抽象危险的能动化价值判断主要涉及以下几个方面：一是严格法定程序和步骤。在合法的程序框架内进行，遵循法定程序和步骤，对"情节显著轻微"作出合理判断。二是鉴定过程公开。包括案件鉴定过程公开、鉴定结论公开，以便社会各界对执法和司法活动进行监督。三是保障程序权利。给予醉驾行为人充分陈述、申辩和质证机会，保证办案程序的合法性[①]。四是提高办案效率。醉驾案件属于轻微犯罪，应当及时处理，若办案拖延或久拖不决，势必影响案件公正。五是灵活适用程序。根据醉驾型抽象危险的特点，适应不同案件和情况的需要，应灵活适用程序，主动判断是否符合"情节显著轻微"。

2.被动化适用转变能动化价值判断

实现上述程序衡量目的，应将被动化适用转变能动化价值判断：一是树立能动办案理念[②]。醉驾并非一律入罪，根据案件的具体情况，若能够判断案情符合"情节显著轻微"，应考虑出罪处理。二是综合判断六个方面的因素。充分考虑醉酒程度、车辆种类、通行路线、车辆时速以及是否造成实际伤害和悔罪情况等，并根据具体案件情况进行权衡和判断行为人的个性因素、客观行为和实际危险结果。三是注重程序的规范运作。在具体案件处理中，判断是否严格遵循法定程序的公平透明、规范高效等要求，确保对"情节显著轻微"的判断更有实践性和操作性。四是准确把握判断标准。准确把

① 参见周光权：《刑法修正案（九）（草案）的若干争议问题》，载《法学杂志》2021年第5期。

② 参见敦宁：《醉驾治理的司法困境及其破解之策》，载《法商研究》2021年第4期。

握醉驾出罪的类型化要素及阻却事由成立的判断标准，正确判断醉驾行为是否符合出罪情节、情形等，确保公正裁判。五是应主动适用但书规定。判断醉驾行为的客观表现、具体情节反映行为人醉驾时的主观心态，对于能够认定“情节显著轻微”的，做好刑行衔接，建议作出警告、罚款、吊销驾驶证等行政处罚。

三、类型化分析:《刑法》第133条之1第2项的规范指引

大数据筛选2021年7月至2023年7月中国裁判文书网208316件醉驾案件中的4805件出罪典型案例，其中2005件因不符合罪刑规范禁止性而出罪、1480件因不符合抽象危险证成闭合性而出罪、1320件因不符合抽象危险结果现实性而出罪，概括醉驾型抽象危险犯出罪必须符合的类型化要素：罪刑规范禁止性、抽象危险证成闭合性、抽象危险结果现实性，并基于此明确《刑法》第133条之1第2项的规范指引。

（一）法益考量下醉驾性抽象危险的罪刑规范禁止性

在行为无价值二元论视角下[①]，醉驾型抽象危险犯的逻辑起点是醉驾行为[②]，法益考量下的醉驾型抽象危险犯，最典型的就是“醉酒+驾驶+机动车+道路”模式。

1.法益考量下的典型出罪案例

一是因缺乏真正的“醉酒”而出罪。例如，陈某某醉驾案，由于陈某某食用葡萄而血液中乙醇酒精浓度超标，但是由于其缺乏真正的醉酒，因此也未被认定为犯罪行为。二是因缺乏“驾驶”的故意而出罪。例如，王某醉驾案[③]，尽管行为人驾驶的电动车被鉴定为机动车，在国家将此类超标电动车纳入统筹管理、需要缴纳交强险和商业险之前，行为人并未意识到“驾驶”车辆，因为公众对此类车辆的认知标准并不明确，行为人缺乏主观故意，而

① 参见刘文莉、张超:《论“醉酒型”危险驾驶罪的主观罪过——以行为无价值二元论为视角》，载《湖南警察学院学报》2021年第4期。

② 参见李鑫:《“醉驾”出罪理由的教义学形塑》，载《西部法学评论》2020年第4期。

③ 中国裁判文书网王某危险驾驶（2020）宁0425刑初68号刑事判决书案。

未被定罪。三是因涉案车辆未被鉴定为“机动车”而出罪。例如，张某军醉驾案[①]，电动汽车与普通汽车相比，在最大速度和车辆质量方面存在显著差异，电动汽车的最大速度普遍较低，而且车辆质量也相对较轻。在醉酒驾驶电动三轮车的情况下，根据《刑法》规定，电动三轮车未被鉴定为机动车的情况下，因电动三轮车不属于《刑法》上的“机动车”，因此，张某军醉驾行为不构成犯罪。四是因不属于《刑法》上的“道路”而出罪。例如，黎某强醉驾案[②]。非道路上行驶的车辆的危害较小，由于非机动车道上行驶的车辆通常重量轻、速度慢，醉驾车辆造成的危害如果不足以对公共安全构成危险，则不宜定罪。

2. 类型化出罪要素之一：抽象危险的罪刑规范禁止性

抽象危险犯具有先天的扩张性倾向[③]，因此，针对《刑法》第133条之1第2项规定的醉驾型抽象危险犯，必须围绕“道路+机动车+醉酒+驾驶”模式进行限缩性解释，避免醉驾入罪的扩大化趋势。刑事一体化视角下，“醉酒+驾驶+机动车+道路”模式中的四个要素必须同时具备且缺一不可，否则将阻碍醉驾行为构成犯罪。上述分析的典型出罪案例可概括为抽象危险行为的罪刑规范禁止性，醉驾行为是否具有罪刑规范禁止性是一个复杂的问题，据法律规定确定醉驾是否符合犯罪构成的法定要件，需要综合考虑醉酒、驾驶、机动车、道路等入罪要素并作实质化价值判断。一般情况下，醉驾的犯罪构成要素包括道路、机动车、醉酒等形式要素，行为主体、客观要素和客体要素等。只有当这些要素都满足时，才能判定醉驾入罪。醉驾行为的罪刑规范禁止性还需要考虑其他相关要素，例如综合考虑行为人精神状态是否异常、行为人是否符合普通人认知标准、行为人是否有符合情理法理特殊情节等。如果行为人能够提供证据证明上述因素不符合罪刑规范禁止性，裁判者均将根据刑事法律和相关司法解释进行实质化价值判断，并依据综合

① 中国裁判文书网张某军危险驾驶案（2019）吉0881刑初71号刑事判决书。

② 中国裁判文书网黎某强危险驾驶案（2018）川0703刑初333号刑事判决书。

③ 参见王飞跃：《论抽象危险犯个罪裁判规范的续造》，载《中国法学》2022年第2期。

案情、生活常识和逻辑判断等作出裁判[①]。

（二）证据裁量下醉驾型抽象危险的证成闭合性

以审判为中心的刑事诉讼结构下，醉驾行为入罪的判断须以证据裁量为中心，证据裁量下的醉驾型抽象危险犯，最典型的就是“鉴材 + 保管 + 鉴定 + 程序”模式[②]。

1. 证据裁量下的典型出罪案例

一是因“鉴材”可能会受到污染而出罪。例如，马某军危险驾驶案[③]，医护人员在对被告人马某军进行血液提取过程中使用了安尔碘醇类消毒液，导致鉴材受到污染。因此，公诉机关提供的血醇检验鉴定意见存在程序违法情形，应根据法律排除该鉴定意见。二是因血液鉴材“保管”存在问题而出罪。例如，陈某华危险驾驶案[④]，陈某华血液鉴材的提取或保管过程中，办案机关未严格遵循鉴定程序规定，未确保鉴材的纯净性和真实性，从而导致鉴定意见被排除。三是因“鉴定”程序违反规定导致法院不采纳鉴定意见作为证据而出罪。例如，王某某危险驾驶案[⑤]，王某某在驾车现场被民警查获，当庭提出鉴定程序违反规定，法院查明鉴定程序确实存在违法情形因此未采纳鉴定意见作为证据而无罪。理由是现有证据无法证明行为人在驾驶时是否受到酒精的影响。四是因血液酒精含量鉴定“程序”存疑而出罪。例如，张某某危险驾驶案[⑥]，张某某在驾车现场被民警查获，其到案后提出离开现场后饮酒的辩解。法院判决其无罪，理由是现有证据无法证明行为人在驾驶时是否受到酒精的影响。

2. 类型化出罪要素之二：抽象危险的证成闭合性

从刑法教义学视角看，根据证据规则血液酒精浓度鉴定结论是醉驾行为

---

① 参见周光权：《论刑法所固有的违法性》，载《政法论坛》2021 年总 39 期第 5 期。

② 参见周长军、芮秀秀：《“醉驾”案件中强制提取血样行为的性质与规制——以刑行衔接为视角》，载《法学论坛》2022 年第 3 期。

③ 中国裁判文书网马某军危险驾驶案（2019）宁 0104 刑初 156 号刑事判决书。

④ 中国裁判文书网陈建华危险驾驶案（2019）宁 0104 刑初 119 号刑事判决书。

⑤ 中国裁判文书网王某某危险驾驶案（2014）忻中刑终字第 134 号刑事判决书。

⑥ 中国裁判文书网张某某危险驾驶案（2014）忻中刑终字第 134 号刑事判决书。

入罪的最关键证据甚至是唯一标准，涉嫌违反“无罪推定”“排除合理性怀疑”原则[①]。《刑法》第133条之1第2项规定涉及的“醉酒”判断，主要依赖于血液酒精含量的鉴定，超过100毫克/100毫升的酒精含量就符合入罪门槛。上述分析的典型出罪案例可概括为抽象危险的证成闭合性，在醉驾案件中，抽象危险的证成闭合性重要性不容忽视，证成闭合性包括事实清楚认定和证据确实充分两个层面。证成闭合性在司法程序的公正性和司法实践的准确性中至关重要，在判断醉驾入罪时几乎完全依赖鉴定结论，然而，鉴定本身存在缺陷可能导致误判。法院在审理醉驾案件时应重点判断醉驾行为是否符合抽象危险的证成闭合性，具言之，判断公安机关收集的证据来源、获取、保存、送检等程序是否符合规范以及鉴定过程和方法是否符合相关专业规范要求；判断公诉方指控醉驾入罪包括对鉴定方法、鉴定过程、鉴定机构合法性等证据是否构成闭合性证据环。如果公诉方未能证明醉驾行为形成闭合性证据环，法院将无法认定醉驾行为构成犯罪。应当保障行为人作为亲历者的反驳权利，包括对鉴定机构、鉴定方法或鉴定程序等证据质疑，如果能够证明案件证据存在矛盾，法院就可能根据“非法证据必须排除”原则排除该证据，如果能够使法官对抽象危险的证成闭合性产生合理性怀疑，就可能推翻公诉方指控。

（三）程序衡量下醉驾型抽象危险的结果现实性

在公安机关“二元一体”结构和刑事立案程序一体化视角下，醉驾行为入罪的判断须以存在“抽象危险”为前提，程序衡量下的醉驾型抽象危险犯，最典型的就是“结果+情形+客观+情节”模式[②]。

1. 程序衡量下的典型出罪案例

一是因根本不存在危及生命财产安全的“结果”而出罪。例如，张某某宿醉，但已约好司机代驾，次日早晨仅将车辆移动至5米外小区门口显眼

---

① 参见刘磊：《认定醉酒驾驶行为的抽象危险应排除合理怀疑——兼谈认定醉酒驾驶行为的证明方法及证明规则》，载《法商研究》2014年第4期。

② 参见周长军、芮秀秀：《“醉驾”案件中强制提取血样行为的性质与规制——以刑行衔接为视角》，载《法学论坛》2022年第3期。

地方，经鉴定张某某血液酒精含量符合醉驾标准，但是考虑张某某行为不存在危害结果现实性，因此未以犯罪处理。二是符合法定“情形”而无罪，例如，程某某醉驾案，程某某在打车或找代驾无果的情况下，由于救治突发病人等特殊情况而出现醉驾，这种醉驾行为是违反法律的，但考虑到醉驾行为人具有紧急避险情形，程某某醉驾事出有因且符合人情法理，因此未以犯罪处理。三是因基于通常人的生活经验判断且“客观”基本上不会造成危害公共安全的现实可能性而出罪，例如，岳某某危险驾驶案[①]，岳某某的血液中乙醇酒精浓度超过了血液酒精浓度高于100毫克/100毫升，符合醉驾入罪的规定，但在交通警察的指导下，岳某某以较低的速度行驶，没有发生事故也没有造成财物经济损失或身体损害，驾驶持续时间和路程非常短，根据通常人的实际经验来判断，基本上不会造成事故的现实性、客观可能性，因此未作犯罪处理。四是醉驾行为人具备积极赔偿并取得被害人谅解，有自首、坦白、立即停止醉驾等“情节”并且无逃逸等从重情节而出罪[②]，例如，张某某醉驾案，张某某饮酒后驾驶车辆造成他人停放路边车辆被刮擦，张某某主动联系车主并积极赔偿取得谅解，后张某某打电话报警如实说明案情，因此未作犯罪处理。

2. 类型化出罪要素之三：抽象危险的结果现实性

醉驾被视为抽象危险犯已经成为学界共识，对抽象危险法益遭受可能的侵害或危险判断显得尤为重要，实践中往往将抽象危险程度量化从而导致入罪范围扩大化。事实上，醉驾型抽象危险犯的结果应当限缩解释为抽象危险结果现实性，否则不易区分刑事责任与行政责任的界限[③]。《刑法》第133条之1第2项规定涉及“抽象危险”的价值判断，关键在于醉酒行为人的醉驾行为是否会危害公共安全的现实性、紧迫性和客观可能性。上述分析的典型出罪案例可概括为抽象危险的结果现实性，醉驾行为的抽象危险的结果现实

---

① 中国裁判文书网岳某某危险驾驶案（2016）新22刑终113号刑事判决书。

② 最高人民法院研究室刑事处处长俞海松归纳危险驾驶罪裁判规则。例如，最高人民法院刑事审判庭指导案例第899号黄某忠危险驾驶案。

③ 参见王永茜：《抽象危险犯立法技术探讨——以传统“结果”概念的眼神解释为切入点》，载《政治与法律》2013年第8期。

性问题上，需要根据实际情况合理判断每个案件的危害公共安全的现实性，全面、客观地考虑各种情况和因素。对没有造成危害后果现实性的个别情况进行出罪处理。不能简单地将所有醉驾的情况一概而论，需要明确的是，醉驾行为是违反法律和法规明确规定的行为，行政规章和地方性法规并不能直接作为醉驾行为的评判依据。因此，在对醉驾行为进行价值判断时，应以法律法规为准绳，不能将地方性规定作为直接的判断标准。虽然醉驾行为被法律定义为一种抽象危险犯，但不能忽视实际情况中的各种特殊情况。从刑法教义上看，醉驾行为仅仅发生在特定的时间空间，必须产生对交通安全造成危害的客观可能性、紧迫性，对没有造成任何交通事故可能性且行为属于特殊情形的，不宜作犯罪处理[①]。

四、出罪路径:《刑法》第 133 条之 1 第 2 项分层递进式判断

基于上述实证类型化分析以及续造的《刑法》第 133 条之 1 第 2 项的规范指引，醉驾出罪必须分层递进式价值判断（见图 3）：一阶判断醉驾行为是否符合罪刑规范禁止性，不符合则出罪，符合但存在“紧急避险”等阻却事由则出罪；其他递进二阶判断是否符合抽象危险证成闭合性，不符合则出罪，符合但存在血样“鉴定程序违法”等阻却事由则出罪；其他递进三阶判断醉驾行为是否符合抽象危险的结果现实性，不符合则出罪，符合但存在“情节显著轻微”等阻却事由则出罪。

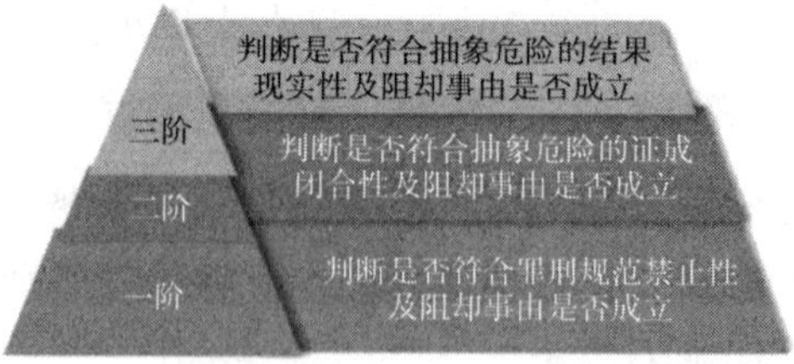

图 3　醉驾出罪分层递进式判断路径示意图

① 参见黄绍坤:《场外配资合同效力认定的反思与重构》，载《华东政法大学学报》2021 年第 1 期。

（一）一阶价值判断：罪刑规范禁止性及阻却事由

一阶主要判断是否符合“醉酒 + 驾驶 + 机动车 + 道路”模式的罪刑规范禁止性，不符合则出罪，符合但存在“紧急避险”等阻却事由则出罪；其他递进二阶判断。

1. 罪刑规范禁止性的实质化价值判断

司法实践中，常见几种不符合抽象危险的罪刑规范禁止性的模式：第一，“醉酒 + 驾驶 + 机动车 + 非道路”模式。公众交通需求和潜在危害性是判断道路的两个主要因素，道路是否满足公众的交通需求，可以从交通流量、通行时间和交通工具的需求等方面进行价值判断。如果一个道路没有满足公众交通需求的功能，那么它不能被认定为刑法上的道路。道路是否具有潜在的危害性也是判断是否为刑法上的道路的关键，醉驾型抽象危险必须是在该路段上行驶并对公共安全造成抽象的威胁。对于道路上的交通行为，尤其是机动车驾驶行为，如果不存在潜在危险性，这个道路就不能被认定为《刑法》上的道路。例如，在一条荒野路段上醉酒驾驶机动车的行为，由于没有其他交通工具和行人，没有对公共安全造成抽象的威胁，因此不应被视为《刑法》上的道路。同样地，在封闭区域内酒后挪动机动车也不构成《刑法》上的道路①。小区停车场并不具备公众交通需求，而且在这个区域内醉驾也不会像在公共道路上那样对公共安全造成潜在危险，均不应被视为《刑法》上的道路。第二，“醉酒 + 驾驶 + 非机动车 + 道路”模式。《道路交通安全法》对机动车的定义也比较明确，一个人是否能意识到自己驾驶的超标电动自行车在司法上被视为机动车，需要综合考虑该人的日常生活经验、认知水平和理解能力，目前我国法律还未明确电动自行车的法律属性，管理不够严格，但是与常规机动车相比，电动自行车的时速较低，社会危害性较小，在这种情况下，对于超标电动自行车驾驶行为的刑事处罚应该根据个案中是否造成了抽象危险后果以及危害公共安全法益进行价值判断，

① 最高人民法院研究室刑事处处长俞海松归纳危险驾驶罪裁判规则，例如，最高人民法院刑事审判庭指导案例第 895 号唐某彬危险驾驶案。

亦不构成危险驾驶罪[①]。“非醉酒 + 驾驶 + 机动车 + 道路”“醉酒 + 非驾驶 + 机动车 + 道路”等出罪模式不再赘述，均必须综合考虑个案具体情况来判断是否符合罪刑规范禁止性[②]。

2. 罪刑规范禁止性阻却事由的判断因素

判断罪刑规范禁止性阻却事由是否成立时，需要实质化价值判断权衡各种因素[③]。第一种因素，判断醉驾行为人是否存在“见义勇为”“紧急避险”等阻却事由。醉驾行为人因为紧急情况而违反交通规则，这时候应该根据情节的轻重和危害程度来判断是否适用阻却事由。如果醉驾行为人能够证明其行为是出于保护自己或他人的目的，并且未造成严重危害，可以考虑不作为犯罪处理。第二种因素，判断行为人是否存在不知情饮用含酒精饮料或服用药物而导致酒精含量超标等阻却事由。醉驾行为人无饮酒记录但饮用含酒精饮料或服用药物的情况，如果行为人不知晓饮料中的确含有酒精或服用药物，并且行为人主观上当然无法意料到影响驾驶能力，因缺失“醉酒”意识则可能成立阻却事由。其他因素，认定罪刑规范禁止性阻却事由是否成立，要根据实际情况进行实质化价值判断，裁判者不能局限于依赖法律条文字面意义，认定标准应当宽松，行为人只要能够证明阻却事由符合普通人的常识和逻辑，就可以认定阻却事由成立。

（二）二阶价值判断：抽象危险证成闭合性及阻却事由

二阶主要判断是否符合“鉴材 + 保管 + 鉴定 + 程序”模式的抽象危险证成闭合性，不符合则出罪，符合但存在“鉴定程序违法”等阻却事由则出罪；

---

① 最高人民法院研究室刑事处处长俞海松归纳危险驾驶罪裁判规则，例如最高人民法院刑事审判庭指导案例第 894 号林某危险驾驶案。

② 参见张明楷：《刑法学》，法律出版社 2011 年版，第 638 页；参见张明楷：《刑法学（第五版）》，法律出版社 2016 年版，第 156 ~ 160 页。

③ 将一种紧迫存在的生命安全与醉驾行为可能造成的危险相比显然是生命权益更值得保护，可以认为被告人的利益具有优先性，属于为了保护较大的利益而牺牲较小的利益的避险措施，应当认为其符合紧急避险这一违法阻却事由。在实践中，行为人能够以此作为违法阻却事由的情形，除上述“送医就诊”外，还包括醉酒后被追杀驾车逃命、醉酒后为患病亲属购药、因其他危急情况而不得已选择驾车等，以上情况均都要根据《刑法》第 21 条的规定具体问题具体分析。

其他递进三阶判断。

1. 抽象危险证成闭合性的多元化价值判断

司法实践中，常见几种不符合抽象危险的证成闭合性的模式：第一，“违法鉴材 + 保管 + 鉴定 + 程序”模式。血液酒精含量鉴定结论作为判断行为人是否构成危险驾驶罪关键甚至唯一证据，办理醉驾案件必须严格执行鉴定程序，必须按照法律严格规范的送检程序，确保鉴定结论的合法性和可信度。例如，血液酒精浓度检测时，应确保血样鉴材及时送检，若未经上级公安交通管理部门主管批准，未能及时送检血液鉴材，则属于严重违反办理醉驾案件检验期限的规定，作出的鉴定结论不能作为证明行为人危险驾驶罪的证据。第二，“鉴材 + 违法保管 + 鉴定 + 程序”模式。办案机关在调查过程中，必须围绕以证据为中心，排除各种主观干扰因素，确保鉴定过程公正透明，妥善保存血液鉴材，确保其在规定温度下储存、保管，确保鉴定的完整性和可靠性，否则就会影响认定抽象危险的证成闭合性[①]。例如，公诉机关提供的证据不能证明血液鉴材是在规定温度下保管的，不规范保管、储存行为属于严重违反办理醉驾案件程序的情形，这样的鉴定结论同样不能作为入罪证据采用。“鉴材 + 保管 + 违法鉴定 + 程序”“鉴材 + 保管 + 鉴定 + 违法程序”等出罪模式不再赘述，均必须综合考虑个案具体情况来判断是否符合抽象危险证成闭合性。

2. 抽象危险证成闭合性阻却事由的判断因素

判断抽象危险证成闭合性阻却事由是否成立时，需要多元化价值判断权衡各种因素。第一种因素，判断血样鉴材是否存在“送检不规范”“鉴定程序违法”等阻却事由。鉴材提取过程中消毒使用复方清洁灵、碘酒等消毒液时，可能会对血液鉴材的酒精浓度鉴定和结论材料的客观真实性产生一定影响，必然导致无法准确判断行为人是否确实醉驾。第二种因素，判断鉴定结论是否存在过于晦涩难懂或无法清晰阐明鉴定结论的依据等阻却事由。鉴定

---

① 参见滕西凤：《醉驾案件侦查取证及相关证据法问题研究》，载《西南政法大学学报》2015 年第 3 期；参见姜智：《论醉酒型危险驾驶罪的证据认定》，载《南京师范大学学报》2016 年第 2 期。

过程中专家专业水平和鉴定方法的科学性也是影响鉴定结果的重要因素，如果鉴定结论不可解释或不可信，必然招致醉驾行为人对鉴定结论的质疑。其他因素，抽象危险犯证成闭合性的阻却事由是否成立，需要多元化价值判断醉驾发生的原因、行为、结果以及因果关系等方面的证据，通过现场勘查、证人证言、鉴定报告等来确定，并结合具体案件的直接或间接证据对“零口供”醉驾行为人进行综合判断是否成立阻却事由[①]。如果有任何介入因素影响血液酒精含量的鉴定结论的准确性，均应排除非法证据，并成立阻却事由。

（三）三阶价值判断：抽象危险结果现实性及阻却事由

三阶主要判断是否符合“结果＋情形＋客观＋情节”模式的抽象危险结果现实性，符合但存在“情节显著轻微”“附条件不起诉”等阻却事由则出罪。

1. 抽象危险结果现实性的能动化价值判断

司法实践中，常见几种不符合抽象危险结果现实性的模式：第一，“结果＋情形＋客观＋情节显著轻微”模式。在判断是否符合抽象危险结果现实性的醉驾行为时，不仅需要依据法律和法规，还需要考虑具体情况进行价值判断。醉驾案件中，应该以法益侵害的实际结果或危险结果作为判断抽象危险结果现实性的依据。通过能动化价值判断确定醉驾行为是否具有抽象危险结果现实性，醉驾行为是否可能导致交通事故，是否可能对公共安全造成现实而紧迫的抽象危险。例如，行为人醉酒后在道路上挪动车位行为，时间和距离都很短，也没有发生任何实际危害结果，可以认定情节显著轻微，不宜作犯罪处理[②]。第二，“结果缺乏现实性＋情形＋客观＋情节”模式。从抽象危险犯结果的现实性角度来看，如果行为人醉驾行为与一般醉驾行为存在显著区别，侵害法益的现实风险低，应避免将无抽象危险结果现实性的醉驾行为认定为刑事犯罪。例如，醉驾行为人在移动汽车之前已经约好代驾，仅仅

---

① 最高人民法院研究室刑事处处长俞海松通过大量案例归纳危险驾驶罪裁判规则，例如，最高人民法院刑事审判庭指导案例第 903 号王某宝危险驾驶案。

② 最高人民法院研究室刑事处处长俞海松通过大量案例归纳危险驾驶罪裁判规则，例如，最高人民法院刑事审判庭指导案例第 895 号唐某彬危险驾驶案。

短距离移动车辆到显眼地方，根本不会危及生命财产安全或未造成任何抽象危险的结果现实性，可处以吊销驾驶证、罚款等行政处罚代替入罪。“结果 + 情形特殊 + 客观 + 情节”“结果 + 情形 + 客观不危险 + 情节”等出罪模式不再赘述，均必须综合考虑个案具体情况来判断是否符合抽象危险结果现实性。

2. 抽象危险结果现实性阻却事由的判断因素

判断抽象危险结果现实性阻却事由是否成立，需要能动化价值判断权衡各种因素。第一种因素，判断是否存在“情节显著轻微”“附条件不起诉”等阻却事由。如果醉驾行为人因他人劝酒而一时醉驾，未造成任何现实的财产或人身损害，并且行为人平时表现良好，在这种情况下可以认定情节显著轻微，附条件不起诉或不作犯罪处理。第二种因素，判断行为人是否存在“边缘”醉驾行为等阻却事由。如果醉驾行为人血液酒精含量处于 100 毫克 / 100 毫升的违法“边缘”“定性 + 定量”测试的结果显示不影响安全驾驶，可以认定“情节显著轻微”[①]。其他因素，认定抽象危险的结果现实性阻却事由是否成立，需要根据实际情况进行能动化价值判断，准确把握“情节显著轻微”的裁量标准，不能仅仅依赖于过于僵硬严苛的标准，而应根据实际情况和具体情节作出合理区分，能够通过行刑衔接处罚达到惩戒和预防醉驾行为目的，就不必过分强调刑事惩罚，应主动适用但书规定，作出罪处理。

结　语

针对“醉驾一律入罪”的司法弊端，刑法学者们提出诸多建议，例如醉驾入罪门槛降低、建立前科消灭制度、完善醉驾配套法律等，但醉驾的刑法体系构建绝非一日之功，更不可能一蹴而就。实现醉驾入罪“罪当其责、罚当其罪”的立法初衷及预防犯罪目的，必须迅速打破醉驾型抽象危险犯“唯酒精论”的标签化入罪困局。相较而言，醉驾出罪的规范指引及分层递进式价值判断路径，更契合现实刑法体系及实践迫切需求。

---

① 最高人民法院研究室刑事处处长俞海松通过大量案例归纳危险驾驶罪裁判规则，例如，最高人民法院刑事审判庭指导案例第 896 号吴某明危险驾驶案。

审判品质再升级：法院案件质量评价的完善路径
——以 ISO 9001 标准为视角

平顶山市石龙区人民法院　李　波　谢纪澳
平顶山市中级人民法院　刘　鑫*

引　言

标准是管理的基石，更是人类创造历史的功臣。

—西蒙·韦尔

2023 年 6 月 20 日，最高人民法院党组研究建立审判质量管理指标体系，张军院长强调，建立健全全国统一的案件审判质量管理指标体系要重点围绕质量、效率、效果三个维度。其中，法院案件质量管理是司法体系中至关重要的一环，直接关系到司法公正和可信度，因此寻找一种科学有效的方法来提升法院案件质量评价，成为当下的迫切需求[①]。ISO 9001 质量标准作为 ISO（国际标准化组织）最新标准，起初是面向企业、工厂设计的，目的是通过改善管理能力，提高运营效率以及减少流程误差，从而提升客户的满意度，增强长远竞争力。对于法院而言，案件判决书其实就是它的“产品”，该产品的质量事关法院的审判水平和社会正义的实现情况，审判虽作为一种

* 李波，河南省平顶山市石龙区人民法院院长。谢纪澳，河南省平顶山市石龙区人民法院科员。刘鑫，河南省平顶山市中级人民法院研究室科员。

① 参见白龙飞：《新鲜出炉！审判质量管理指标体系》，载 https：//www.chinacourt.org/article/detail/2023/06/id/7351565.shtml，2023 年 8 月 12 日访问。

特殊行业，但就其向社会公益提供产品和服务的运作方式来讲，其运作无异于其他行业。本文将 ISO 9001 标准的理念和方法应用于法院案件质量管理当中，尝试助推提升法院案件质量评价水平，进而增强法院的公信力和可持续发展能力。

一、“搭桥”：ISO 9001 标准与法院案件质量评价之间契合度分析

2023 年，中共中央、国务院印发了《质量强国建设纲要》，明确提出“建设质量强国是推动高质量发展、促进我国经济由大向强转变的重要举措，是满足人民美好生活需要的重要途径”。在这一背景下，ISO 9001 质量标准恰逢其会，与法院的案件质量评价也确有诸多契合，这是提升我国司法质量的现实途径[①]。

（一）ISO 9001 标准

中国国家标准化管理委员会（原国家市场监督管理总局管理）于 1978 年加入 ISO，在 2008 年第 31 届国际化标准组织大会上，中国正式成为 ISO 的常任理事国。ISO 9001 标准则是一个体系化、程序化和文件化的管理体系，强调“职、责、权”的统一，以及满足参与人的需求，涉及的评价要素是质效比、持续性，追求的是意识、结构、策略、过程、结果以及各要素内部及相互之间的匹配性、优异性、可靠性、成长性。现阶段的 ISO 9001 标准中包含有适用于公共管理的标准模式，已经广泛应用于政府等公益机构的评价当中，并且切实有效地改善了政府等机构的工作效率。

在法院案件质量管理体系中借鉴和应用 ISO 9001 标准，这与审管办的相关指标相得益彰。将现行审管办的审判流程管理，审判质效通报、态势分析，案件质量评价、卷宗和结案文书评价工作假设是完美的，就不易跳出来思考问题，因为仅仅依赖质量检验和运用统计方法是很难保证提高法院质量的，也不会进一步地去修正和完善审管办的相关标准。不破不立，ISO 9001 标准应是全新、全面的，最终目的是实现“凡事有人负责、凡事有章可循、

① 韦群林、茅正明：《基于质量管理理念的我国司法质量的提高》，载《常熟理工学院学报》2007 年第 3 期。

凡事有据可查、凡事有人监督、凡事都有结果”的理想模式。

试点是真抓实干的头一脚，2022 年年中，龙口法院就已经率先完成 ISO 9001 质量管理体系的认证，形成了较为系统的案件管理规范，各种量化指标得到很好完成，社会和诉讼参与人在得知龙口法院按照国际标准实行管理后，迅速与其建立起信任关系。龙口法院的工作得到了极高的评价，《人民日报》等官方媒体对其进行突出报道。可见，法院借鉴 ISO 9001 质量管理是可以充分发挥效果的，并经得起实践检验的。

（二）应用层面的契合：系统化的质量管理

ISO 9001 标准要求组织建立一套完善的质量管理体系（见图 1），包括质量目标的设定、质量政策的制定、质量手册和程序文件的编制等。将 ISO 9001 标准应用在法院案件质量提升中，可以助推法院建立起一套系统化的案件质量管理体系，确保每个环节都经过明确规范的程序和流程。合理的案件质量管理体系亦有助于保障事实审判，合理压缩争点，促进当事人

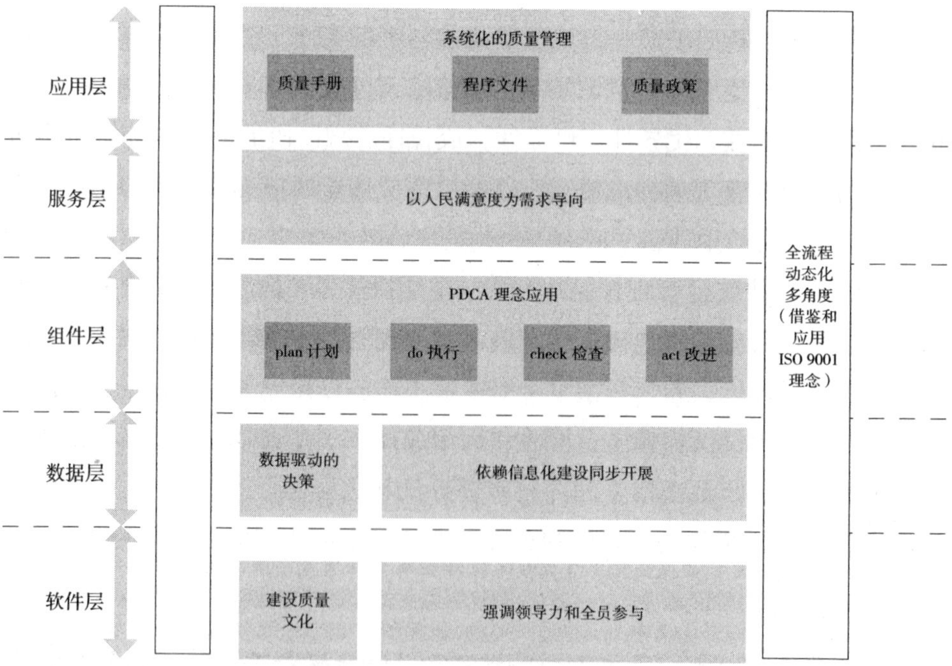

图 1　ISO 9001 理论与法院案件质量管理契合度示意图

主义诉讼体制的转型[①]。

至少要制定三项文件：一是质量手册，它包含了组织的质量政策、质量目标、质量管理体系的范围和互动过程等信息。对于法院案件质量管理来说，质量手册能够指导法院明确自身的质量管理目标和方向，确保案件审理过程中遵循质量管理体系要求。质量手册严格遵循“六何分析 5W1H”来进行，“做的原因（Why）、什么时间做（When）、什么地方做（Where）、由谁做（Who）做何（What）、操作的方式（How）”。

二是程序文件，ISO 9001 标准要求组织建立程序文件，包括各个关键过程的规范、流程和操作指南等。对于法院案件质量管理，程序文件能够规范法院各个环节的工作流程，确保审理程序的合规性、规范性和一致性。程序文件还包括工作指导书，其作用在于帮助法官和相关司法人员了解具体的工作要求和标准，提高案件审理的准确性和效率。程序文件还包括记录文件，ISO 9001 要求组织建立记录文件，用于记录质量管理活动的执行情况和结果。对于法院案件质量管理，记录文件则能提供案件审理过程中的关键数据和信息，帮助法院进行案件质量的监控和评估，持续修正。

三是质量政策。对于法院案件质量管理而言，质量政策可以明确法院对于案件质量的要求和期望，为全体干警提供明确的工作导向。质量政策的编写则是依据 SMART 原则（具体 Specific：具体情况具体分析，适中准确，因势而变；可衡量 Measurable：数据源要具象化，行为化，并保障有可得性，目标完成与否有可衡量的尺度；可达到 Attainable：通过努力挑战，是切实可行能够达到的；现实性 / 相关性 Realistic：可证明是符合实际的，与工作密切相关的，具有可视性；时间 Time-bound：时间划分明确，有完成期限，注重效率）。

（三）服务层面的契合：客户需求的关注

“努力让人民群众在每一个司法案件中感受到公平正义”这与 ISO 9001 标准倡导的“顾客即上帝”等观念是完全契合的。ISO 9001 标准强调满足客

① 沈冠伶：《民事诉讼之适时审判与案件管理》，载我国台湾地区《台湾大学法学论丛》2010 年第 2 期。

户需求，其中客户不仅指外部客户即当事人、律师、公众等，也包括内部客户即法院各部门之间的需求关系。通过借鉴 ISO 9001 标准的理念“以客户为中心”有助于法院更好地满足当事人的合理诉求和权益，提高司法服务的质量，人本色彩也可以促使法官们贯彻精准务实的工作态度，确保人民客户的满意度，进而更高效地让司法服务社会。

（四）组织层面的契合：PDCA 的应用

PLAN（计划）–DO（执行）–CHECK（检查）–ACT（处理）的动态循环是采用过程管理的方法，通过对关键过程进行监控和改进，提高组织的整体绩效。在法院案件质量提升中，可以借鉴和应用 ISO 9001 标准的过程管理思想，对案件审理流程进行优化和持续改进，提高审理效率，减少错误和失误，确保案件质量的稳定提升。

计划（Plan）：确定实施的范围和目标，明确法院案件质量评价管理的范围，确定应用 ISO 9001 标准的目标和期望的结果。制订详细的实施计划，包括时间表、资源需求、责任分配和关键里程碑。执行（Do）：根据 ISO 9001 标准的要求和法院的实际情况，编制适用的案件质量评价文件，开展针对法院干警 ISO 9001 培训和意识提升活动，确保其理解 ISO 9001 标准的实施目的，能够积极参与和支持。检查（Check）：建立合适的数据采集和分析机制，收集与案件质量相关的数据。通过数据的分析和监控，评估实施效果，发现问题和改进机会，确认评估 ISO 9001 标准的实施是否符合要求，是否能够满足法院的案件质量评价需求。改进（Act）：根据检查阶段的结果，制订具体的改进计划，明确改进的目标、措施和时间规划。执行改进计划，采取必要的措施来解决问题和改进审判质效管理，跟踪改进措施的实施情况，监督改进的成效。

（五）数据、软件层面的契合

ISO 9001 标准强调数据的分析和使用，例如，设定适当代码和识别模式，利用计算机技术对积案信息进行可视化梳理，图文并茂的报告无疑比长篇大论的文字报告更具有吸引力和结构化。[①] ISO 9001 标准可以促使法院更加注重数据的收集、分析和利用，借助数据驱动的决策，会更充分考虑当前大数据平台实现指标生成的可能性，针对数据提取存在的不适应性问题及时形成改造需求，提起信息中心优化申请升级后台，采取有效措施进行持续改进。

在软件层面上，ISO 9001 标准强调领导力的重要性。在法院案件审理中，法官和相关司法人员的领导力至关重要，直接关系到团队的凝聚力和执行力。ISO 9001 标准还强调组织全员参与质量管理，形成共同关注质量的文化氛围。司法数据的公开流动提高了社会公众参与司法评议的可能性。[②] 只有形成注重质量、追求卓越的司法文化，才能提高法院整体的判决质量。

二、"开路"：基于 ISO 9001 标准的法院案件质量评价完善路径

在完善路径上分为三个层次，宏观设计上侧重于分级构建，解决案件质量评价单一化难题，在中观细化指标上倾向于处理案件质量评价的静态思维，在微观操作上加强 ISO 9001 高阶思想在法院中的实践。

（一）ISO 9001 标准在法院案件质量评价的宏观分级设计

增添当事人满意度分级：将当事人的满意度作为重要评估指标，可以将满意度分为满意、基本满意和不满意等级别。当事人满意度分级主要根据当事人的反馈和评价进行评估，以确保法院的服务质量得到客观反映和评估，指标设置必须避免在法院内部评价高，人民群众认可度低的矛盾现象。

注重审理时效性、准确性分级：设置案件比，诉讼链均时间等指标，其中把案件的审理时效作为一个重要指标，可将案件分为不同级别，如优秀、良好、一般和不合格等。审理时效性分级主要根据案件的审理周期和是否超期进行评估，以确保案件在合理的时间内得到审理和判决。将判决准确性作为另一个关键性指标，可以将判决分为准确、基本准确、存在错误和严重错误等级

① See Kemp, J.（1993）. Managing computerized case management. *Clearinghouse Review*, 26（11）: 1446–1449.

② 郑智航、曹永海：《大数据在司法质量评估中的运用》，载《吉林大学社会科学学报》2023 年第 2 期。

别。判决准确性分级主要根据判决结果的合法性、法官审判的道德性、事实认定的准确性等进行评估，以确保判决符合法律和事实的实际情况。

把握诉讼成本合理性分级：诉讼费用合理性分级主要根据案件审理过程中产生的费用是否合理进行评估，以确保当事人不因诉讼费用过高而受损。

开设质量改进措施评估：对于法院已经采取的质量改进措施，可以对其效果进行评估，分为有效、基本有效和无效等级别。质量改进措施评估主要根据改进措施对案件质量的实际影响进行评估，以持续改进案件质量管理体系。

（二）ISO 9001 标准在法院案件质量指标的中观量化

中观侧重于解决现行案件质量评价的静态化特征。质量指标的确定与量化是至关重要的环节，这些指标应该是客观、可量化的，能够准确反映案件质量的多个维度。①

坚持以评价指标作为统领，参考指标作为扩展，赋予不同指标不同分量，让评价有更多视角分析引起案件质量变化，而非仅凭单一指标评判法院司法审判工作的优劣。指标还要尽量涵盖整个体系，延展到立案和执行，充分考虑刑民行赔四类案件，依照案件办理全周期编排。要考虑指标之间的内在逻辑性，强调案件评价指标的逻辑自洽，防止出现监管盲区，避免重复设置，造成指标之间层层嵌套，叠床架屋，甚至相互冲突，顾此失彼。在成熟的案件管理中有良性指标，法官的作用更加积极、主动，若无法掌控程序或其行为的界限和尺度不明，则程序分类的目的必定无法实现。②

对于每个评估标准，需要确定相应的量化方法，指标之间要尽可能相互配合：例如，审理时效性可以用平均审理周期来衡量，判决准确性可以用错误率或撤诉率来衡量，诉讼费用合理性可以用案件费用与争议金额的比率来衡量，当事人满意度可以通过调查问卷来衡量。遵循司法规律分类设置指标运行方式，依据历史数据科学测定指标区间，还要明确功能定位充分发挥指标体系评价作用。

---

① 董开军：《加强审判管理 提升案件质效》，载《法律适用》2011 年第 12 期。
② 纪格非：《民事程序类型化的基础与逻辑》载《社会科学辑刊》2022 年第 3 期。

在实际应用中，可能会发现一些指标的量化方法并不完全准确和客观，这就需要不断调整和完善，以确保质量指标能够准确反映案件质量的情况。质量指标的确定与量化需在法院内部公正透明中进行，相关数据和评估结果应当向全体干警和当事人进行公开，以确保评估结果的客观性和可信度，增强公信力。[①]

（三）ISO 9001 标准在法院案件质量评价微观应用：以民事案件质量评价审理流程的优化为切入点

选取 H 省 P 市 S 区法院为样本，该法院在民事案件审理过程中，发现存在审理时间长、办案效率低、当事人满意度不高等问题。为了提升案件审理质量，该法院决定借鉴应用 ISO 9001 标准的相关理念，对民事案件审理流程进行优化，以提高审理效率和质量，增强当事人的满意度。

H 省 P 市 S 区法院成立了一个改进小组，对民事案件审理流程进行详细分析，小组成员包括法官、律师、书记员等相关人员。主要指标包括审理时效性、判决准确性、诉讼成本合理性等，评估指标确保客观、全面、科学。以审理时效性为例，划分为优秀、良好、一般和不合格四个等级，并分别对应不同的审理周期。在评价开始前，收集与案件相关的各种信息，包括案件材料、证据、法律条文等，这些信息将为评价过程提供必要的基础。[②]

为了进行民事案件质量评估，法院改进小组建立了相应的数据采集和量化机制，通过数据系统记录案件的审理时效、判决结果等信息，对各个指标进行建模。对于优秀和良好等级的案件，进一步加强监督和复核，提高审理效率；对于一般和不合格等级的案件，找出问题原因，采取针对性措施进行改进。对改进措施的实施效果进行再次监测和评估，确保问题得到解决并达到预期效果。类似实践环节可借鉴美国案件管理的核心要素，根据不同类型

① 纪格非：《案件管理与一体化背景下的欧洲大陆法系民事诉讼发展动向》，载《东方法学》2019 年第 4 期。

② See Tuckova, Z. & Tucek, D.（2008）. New trends in the quality management. *Lex ET Scientia International Journal,* 15（1）: 76–83.

化梳理此类案件特征，并广泛吸收利益相关者参与诉讼进程。[①]

在流程分析的基础上明确改进目标，包括减短案件审理周期、提高审理效率、增加判决准确性和增强当事人满意度等。首创满意度评价，满意度=（a×20%）+（b ×20%）+（c×20%）+（d×20%）+（e×20%），a代表本地市人大的执法检查，满分为100分。在人大组织的检查中取得评选的第一名为满分，每往后一个名次，依次减5分。直至扣完本项全部分值。b代表纪检组的抽查，满分为100分。纪检组的定期检查每查出一个问题扣5分直至扣完本项全部分值。c代表上级法院的评价，满分为100分，本院如果被上级法院评为本地市法院系统的先进单位，本项得满分，如果没有评上，本项扣20分。d代表本院督查的监督，满分为100分。督查每提出一个审判、执行人员的执法与服务的失误或缺陷并经查属实的扣5分直至扣完本项全部分值。e代表案件当事人投诉，满分为100分。对于每次投诉经查属实的扣5分直至扣完本项全部分值。

为防止出现“新瓶装旧酒”，该法院改进小组借鉴ISO 9001标准的内审原理，创新建立自评制度，使传统的案后监督“审前预防、审中监督、审后评价”的全程监控转为“内部自评—管理评审—数据分析—纠正—预防”模式。内审制度在企业、工厂中体现为发现不合格的次品和潜在有问题的产品，并采取适当的纠正和预防措施。法院则对应为自评员负责不合格项的确认、原因分析、纠正措施计划。

案件自评制度能够促进案件智能分流，保障分案结果的公开性[②]，还有利于解决好人主义盛行，出了案件质量问题不批评、没人管的问题，推动案件质量管理工作日常化；有利于解决干好干坏一个样，实现案件质量管理考评有形化；有利于实现案件质量管理效果的最大化。

针对民事环节存在重复操作和冗余流程，导致案件审理时间长，改进小

---

① 美国民事司法改进委员会（the CCJ Civil Justice Improvements Committee）经过实证研究，得出案件管理的5个核心要素：1. 领导与协作；2. 积极主动和灵活分流；3. 有效的资源分配；4. 以用户为中心的流程；5. 注重结果的绩效管理。See Hannaford-Agor, P.（2022）. Reimaging Civil Case Management. *Trends in State Courts*, 2022：79-90.

② 石春雷：《民事案件程序分流诸问题》，载《甘肃政法大学学报》2021年第6期。

组简化了审理流程，减少不必要的步骤和环节，收集审理时效、判决准确性和当事人满意度等数据，并对这些数据进行定期分析。还依据ISO 9001标准，引入听证和申辩机制并推行宣判答疑制度，最大限度地消除当事人的误解，还不忘对法官和相关干警进行培训，提高他们的质量意识和审理水平。

最终，H省P市S区法院成功优化了民事案件审理流程，实现了审理效率和质量的双重提升，当事人满意度显著提升，得到了更好的司法服务体验。同时，法官和相关司法人员的质量意识和责任感得到增强，整个法院的工作氛围也得到了改善，这为司法服务的优化和完善树立了良好的示范。该案例表明ISO 9001标准在法院民事案件审理中的实际应用价值，可以为其他类似的法院提供借鉴和参考。

三、检验：ISO 9001标准在法院案件质量提升的成效评估

将ISO 9001标准应用于法院案件质量管理是一个复杂的过程，需要细化定制、因地制宜，以适应法院的特定环境和要求。同时，绩效评估需要进行周期检验，以便收集足够的数据来进行有意义的分析。

（一）实施效果的定性评估

通过向当事人发送问卷或进行访谈，了解他们对法院司法服务的满意度和感受。通过客观的调查数据，定性评估当事人对于ISO 9001标准应用于法院案件质量提升的感知和反馈，评估其满意度是否得到提高。还要定期收集法官、书记员等司法人员的意见和建议，了解他们对于ISO 9001标准应用在质量管理体系的认知和理解。

加强典型案例的分析，定性评估案件审理过程中是否遵循了ISO 9001标准的要求，包括流程的规范性、文件的完备性、记录的准确性等。案例分析有助于发现案件审理中的问题和瑕疵，为改进措施提供依据，并可助推构建分级管理、一体推进的案件质量管理体系。①

案件质量评价不能缺少评查分析，应分为定期评查、重点评查和专项评

① 张燕飞、周宏强：《以系统观念构建多层次一体化案件管理体系》，载《人民检察》2021年第16期。

查三种。定期评查是对各个审判庭报结的案件每季度组织一次质量抽查，抽查案件数不应少于各庭报结案件数的30%；重点评查是对上级法院改判、发回的案件，检察院抗诉的案件等进行重点评价；专项评查是对党委、人大等领导机关督办的案件，群众反映强烈的案件等组成专案组进行专项评价，同时要注重评价的规范性、标准化[①]。针对评查分析，在评价内容上不但包括对裁判结果是否正确的评判，还要包括对审判行为、审判活动的评判。评查报告则应对所评价案件在实体裁判、办案程序、裁判文书制作、办案社会效果等方面是否存在质量问题以及问题的程度、性质，应承担责任的部门、审判组织及个人等做出明确的评判。总之，综合评查是案件质量管理的重要一环。[②]

通过法院的数据系统，还可对相关质量指标进行适度的定量评估。如成本效益分析，通过评估 ISO 9001 标准应用后的成本和效益，判断其对法院运作的经济效益；对于裁判文书而言，可以通过 ISO 9001 标准应用后是否符合最高人民法院颁布的裁判文书式样，叙述事实是否清楚，前后是否一致，裁判理由和依据是否充分来评估等。最后可对比ISO 9001标准应用前后的数据，进行趋势分析，得出 ISO 9001 标准应用对于案件质量的实际改进效果。

（二）实施效果的定位评估

法律体系是一种以法律规范为核心的组织体系，用于管理社会关系和维护社会秩序。ISO 9001 标准的定位问题涉及法律体系和 ISO 9001 标准之间的相互关系和适用性。

法律合规性：借鉴和应用 ISO 9001 标准时，必须确保其与国家法律法规的合规性。法律体系的运作必须符合国家法律的规范，不得违反法律要求。必须审视其要求是否与法律法规相符，并进行相应的调整和适应。其中，法律体系和 ISO 9001 标准可能存在不同的术语和定义。法院在应用 ISO 9001 标准时，需要对标准中的审判专业化术语进行解释和界定，以确保各方对其含

---

① 曹化、诸春燕、陈思彤：《强化案件质量监督管理的路径》，载《山西省政法管理干部学院学报》2022 年第 3 期。

② See Neubauer, D.（1978）. Judicial role and case management. *Justice System Journal*, 4（2）：223–232.

义的理解一致。

法律要求的优先性：如果 ISO 9001 标准与国家法律存在冲突或矛盾，法律应优先遵守。ISO 9001 标准不能与法律的个案适用相冲突，司法的首要目标在于个案的公平正义而非裁判的效率。[①] 法院在借鉴和应用 ISO 9001 标准的过程中，需要对涉及法律风险的领域进行重点关注和风险评估，确保 ISO 9001 标准的实施不会引发法律纠纷或违规行为。

法律程序的适应性：ISO 9001 标准通常关注流程和程序的规范性和效率，但法律体系中涉及的程序可能会更为复杂。在法院应用 ISO 9001 标准时，需要考虑法律程序的特殊性，确保其适应性和实施的可行性。具体而言，以案件类型占比最大的民事诉讼与刑事诉讼为例：在民事诉讼中，应当兼容 ISO 9001 标准与当事人的程序利益保护，在辩论主义与当事人处分权主义的框架下适用该标准；[②] 在刑事诉讼中，最重要者乃不得以任何技术要求破坏被告人之人权。[③]

（三）实施效果的综合评估

更加优化的 ISO 9001 标准就是为了给法官们减负，能够让他们在合理的标准上用心判案，理性思考、摒弃浅尝辄止，进而提高司法的公正性和专业性。

同时，ISO 9001 标准在全球范围内具有较高的认可度，这些标准将有助于增强法院的公信力和可信度。借鉴和应用 ISO 9001 标准将促进法院之

---

① 丁晓东：《人机交互决策下的智慧司法》，载《法律科学（西北政法大学学报）》2023 年第 4 期。

② 民事诉讼程序保障论的发展动向大致经历了三个浪潮，最近的一波程序保障探讨以德日学者观点为代表，认为程序保障本身即为目的。ISO 9001 标准的引入亦应顺应程序保障理论的发展，着力于尊重当事人主体性，并防止突袭裁判。关于程序保障论的发展，见段文波：《程序保障第三波的理论解析与制度安排》，载《法制与社会发展》2015 年第 2 期。

③ 依照美国刑事诉讼学者帕卡达马斯卡正当程序模式，毋宁说刑事诉讼的核心就是致力于防免公权力对被告人人权的侵害。在适用任何质量管理体系的同时，都应当考虑该模式是否对被告人的程序基本权造成影响，是否造成了被告人人权的侵害。See Packer, H. L.（1971）. The aims of the criminal law revisited: plea for new look at substantive due process. *Southern California Law Review*, 44（2）: 490–498.

间的国际交流与合作，我国法院可以加强学习与互鉴，优化自身的质量管理实践。

总体而言，借鉴和应用 ISO 9001 标准对法院案件质量管理会有极为重要的推动作用。应用 ISO 9001 标准将推动法院优化内部流程和管理机制，加强对案件的质量管理和控制，从而提高审理案件的质量和效率；ISO 9001 标准所强调的持续改进的理念，将激发法院内部的质量意识提高和自我完善的动力，法院的工作将不断寻求提高和创新，不断提升案件质量和服务水平；借鉴 ISO 9001 标准还会整体推动法院的法治建设，法院将更加注重法治理念的贯彻落实，加强法律意识和法律程序的规范性，进一步提高司法正义性和权威性。

结　语

应当注意的是，法院案件质量管理借鉴和应用 ISO 9001 标准以谋求跨越式发展，是一个从模糊到清楚、从畏难到接受、从尝试到施行的过程。但历史是勇敢者创造的，这是伟大事业的逻辑起点，也是最深厚的价值底色，毕竟做难事必有所得，在理性人为自身所确立的最大的平等自由的协议中，法治具有坚实的基础。为了保障公民确实拥有并运用这些自由，司法制度亦应与时俱进，以维持最大程度的社会公益。[①] 人民法院借鉴和应用 ISO 9001 标准是一条提高法院案件质量，提升服务意识，为民提供司法服务的可行之路。我们要坚信，这条路会越走越宽广，也会越走越阳光。

---

① ［美］罗尔斯:《正义论》，何怀宏、何包钢、廖申白译，中国社会科学出版社 2009 年版，第 190 页。

数字经济下平台算法决策侵权的司法审查优化
——以解耦平台算法要素为视角

平顶山市新华区人民法院　王全胜
平顶山市中级人民法院　王子璜　赵启辉*

引　言

数字经济时代下 R-CNN、SPP-Net 等深度学习算法的提出使硬件效能得以充分发挥，更为各互联网平台[①]带来了可观效益。然而受逐利心态驱使，平台经营者往往基于算法超限的数据分析处理能力以及黑箱的“庇护”，逐渐突破底线，做出不当算法决策导致各类侵权行为的发生，如针对商家的歧视性差异推广、针对消费者的大数据“杀熟”等。随着此类民事侵权行为频繁诉诸法院，算法所具备的高度专业性与内部隐蔽性导致个案中技术因素过度影响甚至左右裁判结果的弊端越发凸显，亟须优化对算法决策侵权的司法审查来强化“司法主导”。结合算法的固有要素，可以从算法的数据对象和控制结构着手探索对算法决策侵权司法审查的优化路径，使其能够破除审判中的“专业壁垒”，加强司法领域对算法决策侵权行为的规制。

---

* 王全胜，河南省平顶山市新华区人民法院党组书记、院长。王子璜，河南省平顶山市中级人民法院民一庭。赵启辉，河南省平顶山市中级人民法院民三庭法官助理。

① 本文所称的“互联网平台”主要指基于互联网，向用户提供商品、服务等，以追求经济效益的包含 b2c、c2c 等形式的各类平台。

一、平台算法不当决策下的侵权行为现状

互联网平台经营者通过算法决策对平台用户产生着潜移默化的影响，利用这种影响，能够为平台经营者带来更大的经济效益，这就反推平台经营者不断“优化”算法决策。当利益追求下的算法决策在迭代中突破了合理限度，就可能形成歧视性算法决策，进而导致一系列侵害民事权益行为的发生，且往往具有较高的隐蔽性。

（一）电商经营中的歧视性差异推广

以不同的标准检索、筛选数据，进而向用户提供推广服务，是各互联网平台的必备功能，使得琳琅满目的商品信息经过提前过滤展示给用户。① 此时若平台使用者自主增加额外检索、筛选条件形成差异推广，即可变相控制用户的浏览乃至购买行为，但这种差异推广并非竞争良态，可能伴随着算法歧视现象。

【案例一】许某泉诉杭州阿里妈妈公司网络服务合同纠纷案中，② 许某泉主张阿里妈妈公司通过判断是否“流量异常”进而冻结其淘宝账户，属于对许某泉使用平台经营推广的不当限制。而杭州互联网法院在判决书中载明是通过算法司法审查判断阿里妈妈公司认定“流量异常”而冻结账户的行为是否构成不当限制，以大数据分析推广链接返回值的不同占比，明确许某泉是否构成“流量异常”，是否可以将其账户冻结。

值得注意的是，杭州互联网法院在本案中并非将大数据分析等价于司法审查，而是以《司法鉴定意见书》的鉴定内容对算法功能模块的逻辑构成进行梳理，为通过大数据分析推广链接返回值占比判断“流量异常”提供正当性证成，将算法司法审查引入实践。

【案例二】在2018年洛阳卡宾商贸公司诉浙江天猫网络公司网络服务合同纠纷案中，③ 杭州互联网法院便对淘宝（天猫）研发利用大数据技术基于

---

① 参见熊琦:《“算法推送”与网络服务提供者共同侵权认定规则》，载《中国应用法学》2020年第4期。

② 参见杭州互联网法院（2020）浙0192民初3081号民事判决书。

③ 参见杭州互联网法院（2018）浙0192民初8906号民事判决书。

概率学开展判定的“虚假交易模型”系统的运行逻辑进行审查，认为该系统通过交易账号、交易行为、发货信息等多个因素排查维度异常交易数据具有现实可行性。结合案涉订单信息，法院同样认为洛阳卡宾商贸公司构成虚假交易，天猫网络公司对其进行“搜索降权”处理并无不当。法院对“虚假交易模型”系统运行逻辑的判断，本质上仍然是对算法进行的司法审查活动，只是并未在判决书中点明。

【案例三】又如陈某平、陈某佳等诉广州批批网公司网络服务合同纠纷案，① 陈某平等作为“批批网”平台的店铺经营者，在购买了广告推广服务套餐后，意图通过平台推广增加直播热度，进而提升相关排名顺序，吸引客流。然而“批批网”平台在一次更新后，将排名方式更改为以用户喜好、关注等确定顺序，导致推广效果受到影响，法院审理后认为“批批网”平台推广排序要素的更改使陈某平等购买的推广服务未能达到预期效果，判决其应赔偿相应的经济损失。本案中“批批网”平台便是通过排序推广标准的变动实现对不同商家的引流，影响商家的经济效益。

与使用互联网平台的商家、消费者相比，平台经营者占据得天独厚的优势地位。客观来看，基于平台的管理维护或必要的注意义务，都使得平台经营者不可能保持绝对的第三方独立地位，其对商家、消费者的干预不可避免。一方是直接使用平台从事经营活动的用户群体，一方是具备潜在消费能力的用户群体，平台通过对双方的直接或间接干预不断使自身的利益更大化，当这种干预突破了诚信原则赋予的行为底线，就可能构成歧视性差异推广。

这类推广并非数字经济时代下的特有产物，即使是在互联网使用并不普遍的时期，各类大中型超市也可能基于类似的原因，对其内的不同摊位进行干预。只是在解放数字生产力的当下，运用算法的歧视性差异推广能够更精确地满足平台利益需求并具有相当的隐蔽性。

（二）大数据下的消费者“杀熟”

把视角集中于互联网平台的消费者，他们因购买偏好、购买力的不同会

---

① 参见广州互联网法院（2021）粤 0192 民初 13932 号民事判决书。

被平台打上“标签”。对不同购买偏好的消费者们提供不同的产品和服务推广自然不属于“杀熟”，但在同等条件下对消费者们提供相同的产品和服务却制定不同的价格，就是典型的大数据“杀熟”现象。平台将之前为完成消费服务而收集的消费者个人数据信息，用于对消费者精准“画像”并据此攫取“价格剩余”，最终实现“千人千价”“看人下菜”。[①]

大数据“杀熟”源于平台经营者通过对用户的个性化分析精准榨取全部或大部分消费者剩余价值，通过算法进行个性化定价拓展经营者灵活制定定价策略的空间[②]，主要包含两个特征：一是基于大数据的精准“侧写”，为用户提供与之相契合的消费环境，放大其消费欲望；二是针对不同的购买力“适度”地加价，不触及用户的消费底线，令其难以察觉。这类现象在2000年亚马逊“差别定价实验”后逐渐引起了大众的关注。

【案例一】如在胡某芳诉上海携程公司侵权责任纠纷案中，[③] 携程公司对作为星级客户的胡某芳提供了溢价率超过100%的酒店房价，基于胡某芳之前在携程平台的消费水平，该高额房价并未引起其注意，直到胡某芳在住宿完毕退房要求开具发票时发现了这一情况。本案中携程公司基于大数据分析塑造不同消费偏好、消费能力的用户画像，再针对性地在同等条件下为不同用户提供同一产品或服务的不同价格，即为利用算法进行的大数据“杀熟”行为。这类“杀熟”行为往往针对消费水平相对较高的用户群体，溢价价格也在其接受范围内，具有相当的隐蔽性，用户在算法的针对性适用情境下，极易陷入“信息茧房”而无从察觉。[④] 而被发现后，面对平台经营者的退款和赔偿，也鲜有再付出一定时间成本通过诉讼渠道“争口气”的用户。

【案例二】但需要注意大数据“杀熟”必须是为用户提供相同条件下产

① 参见韩世鹏：《算法价格歧视的规制困境与治理新解——基于算法解释权的视角》，载《科技与法律（中英文）》2022年第6期。

② 参见许身健、郜庆：《反垄断视阈下的算法价格歧视问题》，载《中国法律评论》2022年第3期。

③ 参见浙江省绍兴市中级人民法院（2021）浙06民终3129号民事判决书。

④ 参见王鹏飞：《电商平台算法歧视法律救济的困境与出路》，载《科学决策》2023年第5期。

品或服务的不同价格，如在郑某高诉上海携程公司侵权责任纠纷案中，[①] 虽然携程公司为郑某高提供了相同航班同类座位的不同价格，但郑某高是在同一天的不同时间点进行的购票，不能认为两次购买行为是针对相同条件下的产品或服务，法院认为不同时间点的机票价格存在一定价格浮动属于正常现象，不能认定携程属于大数据“杀熟”。

大数据“杀熟”所基于的算法技术相对单一，即基于用户群体大数据分析用户的消费偏好、消费水平，形成不同消费能力的用户阶梯，反映不同用户对价格的接受水平，针对性进行“适当”溢价，以实现平台利益的更大化。这类新型“杀熟”行为的数据基础广泛、用户画像准确、溢价幅度“适当”，使相应用户在不知不觉间就落入了“杀熟”陷阱。但由于消费者的维权成本较高，鲜有较真的消费者提起诉讼，[②] 且平台经营者在“杀熟”情况被发现后往往积极主动退款、赔偿，使此类案件实际进入诉讼阶段的并不多。

（三）“避风港”后的著作权侵权

1998 年美国《数字千年版权法》（Digital Millennium Copyright Act）首次提出“避风港原则”，明确在网络服务提供者不存在恶意且及时删除侵权信息或中断相关链接的情况下，网络服务提供者不对上述可能侵害他人著作权的行为承担赔偿责任。作为处理网络服务提供者与著作权人之间纠纷的核心原则，其在我国首见于 2006 年 7 月 1 日施行的《信息网络传播权保护条例》。

随着数据检索、抓取算法的不断优化，网络服务提供者进行信息处理的数据源规模越发庞大，在为服务对象提供更加契合的个性化信息时，也更容易以多种形式突破著作权保护边界。此时在“避风港原则”的庇护下，网络服务提供者应当在何种情况承担侵权责任就成为具有实践争议的问题。

（四）“红旗”外的其他显著侵权

作为“避风港原则”的例外规定，“红旗原则”指侵权行为如“红旗”

---

① 参见上海市长宁区人民法院（2020）沪 0105 民初 9010 号民事判决书。

② 参见孟勤国：《治理算法歧视侵害消费者权益的关键问题——以大数据杀熟为视角》，载《法律适用》2023 年第 3 期。

般明显时，则网络服务提供者就不得以“未知晓侵权”或“未接到通知”为由而规避侵权责任。[①] “红旗原则”同样在1998年美国《数字千年版权法》被首次提出，在我国则首见于2006年《信息网络传播权保护条例》第22条第3款“不知道也没有合理的理由应当知道服务对象提供的作品、表演、录音录像制品侵权”。

从立法层面来看，“红旗原则”和“避风港原则”都仅适用于“提供作品、表演、录音录像制品”的行为，但作为网络侵权中的重要原则，二者所确立的侵权判定思路同样可以运用于平台算法决策的其他侵权行为中。

【案例一】当“避风港原则”的判定思路运用于其他侵权行为时，其运用的并非“避风港原则”本身。如在重庆市蚂蚁小微小额贷款公司等诉苏州朗动公司商业诋毁纠纷案中，[②] 杭州铁路运输法院认为朗动公司通过多种渠道抓取公共数据中涉及蚂蚁小微小额贷款公司的企业数据，经过分类整理供平台用户查询，属于通过抓取算法自动获取数据。由于受到数据共享范围、获取成本以及数据有效抓取技术的限制，在司法裁判上，不宜为互联网征信企业赋予过高的注意义务，对于普通的信息偏差，应当允许其通过事后救济的方式进行修正，但仍然应尽到必要的注意义务。结合朗动公司所使用的抓取、查询算法，其未对敏感负面信息尽到必要的审慎义务，针对这类关乎企业生存的敏感负面信息，其应当通过交叉核验等方式予以必要验证，而非简单地抓取并向用户推送。

法院最终认为朗动公司构成了商业诋毁，应当承担消除影响、赔偿损失等侵权责任。此处的交叉核验就相当于“避风港原则”中的“通知－删除”，只是基于具体侵权行为的不同被赋予了不同的外在表现形式。而法院认为朗动公司未尽到必要的审慎义务去核验企业数据故需要承担商业诋毁的相应责任，跟“红旗原则”所确立的侵权行为不能以“避风港原则”规避责任的认定逻辑也是一致的。

---

① 参见王雪蕾：《我国网络平台版权过滤义务的引入与构建》，载《电子知识产权》2023年第2期。

② 参见杭州铁路运输法院（2019）浙8601民初1594号民事判决书。

二、平台算法特殊性质造成司法审查困境

数字社会与人类社会实际上是一种镜像关系，即人类社会无法避免的歧视问题，在数字社会也同样无法避免，甚至在数字空间中愈演愈烈。[①] 源于算法自身的专业性、隐蔽性、复杂性，导致了对不当算法决策引发的民事侵权行为司法审查的困境，平台算法更是如此。算法较高的专业性使法院难以查明算法自身的逻辑缺陷，算法“黑箱”的隐蔽性使得法院介入并分解算法内部结构繁难，算法设计和功能的复杂性使得裁判中难以明确对合理差异与不当决策的区分标准。

（一）专业性：难以查明算法自身的逻辑缺陷

算法所具有的较高专业性毋庸置疑，但事实上算法自身并不具有价值判断能力。在性质上，算法具有科技的中立性，其符号系统只有“0”和“1”的区别，自身并无偏向性或歧视性。[②] 而算法模型由人为设计主导完成，算法的价值体现之一便是给算法使用者带来足够的“价值”，故而在算法运作过程中所涉及判断、决策等需要作出主观评价和选择的情形中，算法设计者的主观意图融入了算法逻辑，进而构造出歧视性算法，[③] 这就形成了逐利视角下的人工智能操纵。查明算法自身是否具有逻辑缺陷，对平台算法决策的侵权判定具有重要作用。

若平台算法出现不当决策构成侵权，显然存在两种情况：一是算法自身受逐利影响在设计与实现中便存在逻辑缺陷，不能全部归因于算法运用中的问题；二是算法自身逻辑完备，不存在侵权倾向，只是因运用不当才构成侵权。判定算法运用得恰当与否对审判工作而言并非难点，对算法自身是否存在逻辑缺陷及侵权倾向的判定却往往需要具备较高的专业性。如许某泉诉阿里妈妈案中，平台算法对“流量异常”的判断；卡宾公司诉天猫案中，平

① 参见石颖:《算法歧视的发生逻辑与法律规制》，载《理论探索》2022 年第 3 期。

② 参见李锦、刘雷:《论算法差异性影响及评价机制的构建》，载《湘潭大学学报（哲学社会科学版）》2022 年第 5 期。

③ 参见袁文全:《算法歧视的侵权责任治理》，载《兰州大学学报》2023 年第 2 期。

台算法对“虚假交易”的判断等。法院基于司法鉴定意见以及概率学从不同角度分别认定上述平台算法自身并无逻辑缺陷，进而认为平台的冻结账户和“搜索降权”处理并无不当。

值得注意的是，上述两案均由杭州互联网法院进行审理，作为全国首家集中审理涉网案件的试点法院，杭州互联网法院审理涉网案件具有相当的专业性，可在全国仅有三家互联网法院的情况下，平台算法侵权案件并不限于由互联网法院审理。此时若由其他法院审理专业性较强的平台算法侵权案件，能否顺利查明算法自身是否具有逻辑缺陷便是个值得思考的问题。归根结底，法院审理平台算法侵权案件缺少具有普适性的司法审查逻辑，算法具有共性，算法侵权同样具有共性，目前亟须根据这些共性探索出能够助力算法侵权案件审理的新路径。

（二）隐蔽性：“黑箱”内算法结构分解繁难

黑箱理论源于控制论，是指在人类对系统开展研究时，不针对系统，而仅仅依据输入和输出结论分析相关规律，即人类把系统作为一个看不透的黑色箱子，该系统为人不知、不能打开也不能从外部察知。[①] 封装下的类与函数为脱离底层代码的编程赋予了可能，“黑箱”下的功能模块同样为算法实现提供了便利。

基于算法的技术特性，社会公众在享受平台算法带来便利的同时，很难了解算法背后的运作方式和目的意图，更难以发现平台算法背后所隐藏的侵权行为，[②] 对于并非互联网平台使用者却受到平台算法影响的其他主体，其遭受算法歧视更是难以察觉。2022 年 3 月施行的《互联网信息服务算法推荐管理规定》中明确要求算法使用者要公示算法推荐服务的基本原理、目的意图和主要运行机制，体现了对公众知情权的保障，但这类基础的算法信息远远不可能揭开算法的“神秘面纱”。

① 参见谭九生、范晓韵：《算法“黑箱”的成因、风险及其治理》，载《湖南科技大学学报（社会科学版）》2020 年第 6 期。

② 参见李文超、武一帆：《算法侵害行为的事前规制与侵权救济研究》，载《法律适用》2023 年第 3 期。

从算法的原理来看，基于大数据的算法所能够提供的只是相关性结论，即通过数据表明的相关关系，[①] 此时的算法仅相当于一个“数据处理者”，但其处理数据的过程是不透明的。从数据获取到结果输出，算法内部的不透明是其作为一种智力成果所应有的保护，而这种不透明也给反对算法歧视带来了障碍。当用户仅知悉算法结果，而对初始数据的收集、自动化决策的运行规则并不知情时，此种严重的信息不对称现象会导致算法歧视更加隐蔽而不易被察知。[②] 2020 年最高人民法院发布的《最高人民法院关于审理侵犯商业秘密民事案件适用法律若干问题的规定》明确将算法纳入商业秘密的保护范畴，当算法使用者将算法智力成果作为商业秘密进行保护，打开“黑箱”就可能与保护商业秘密有所冲突，从而使平台用户或其他受算法影响的主体更难以知晓“黑箱”后的算法逻辑。将数据处理过程隐于“黑箱”之中，算法使用者主观上为实现利益更大化而赋予算法处理数据的价值判断倾向同样被高度隐蔽，使得打开“黑箱”成为算法司法审查的前提。尽管在司法实践中算法的商业秘密属性不会成为法院审理涉及算法歧视案件的阻碍，且可以通过采取司法鉴定、专家辅助人员出庭、查阅研发材料等方式变相打开“黑箱”，但面对因特定设计目的而以不同方式构成的算法内部逻辑结构，法院同样难以在介入后分解算法结构来明确算法设计是否完备。

算法内部结构代表着算法功能实现的全貌，就算法设计者而言，其所保障的是算法设计目的的实现，至于是否避免算法对他人或社会可能产生的不利影响，并非其考虑的重点。如蚂蚁小微小额贷款公司诉朗动公司商业诋毁案中，杭州铁路运输法院认为朗动公司未对可能对其他企业名誉产生不利影响的信息进行交叉核验，尽到必要的审慎义务。而从平台算法的角度而言，可以说朗动公司所依赖的数据挖掘和分析评价算法自身并不具备完善的信息

---

① 参见孟令宇:《从算法偏见到算法歧视：算法歧视的责任问题探究》，载《东北大学学报（社会科学版）》2022 年第 1 期。

② 参见谢永江、杨永兴:《人工智能时代下的算法歧视及其治理研究》，载《北京邮电大学学报（社会科学版）》2022 年第 5 期。

核验功能，其算法在设计阶段即存在侵权倾向，由此可见能否介入算法内部结构并将之分解，明确算法自身是否设计完备，对审理平台算法决策侵权案件具有重要作用。因此在算法的隐蔽性之下，如何在打开“黑箱”之后将算法内部结构分解，明确已实现的算法是否自身具备侵权倾向，是平台算法决策侵权案件的审理难点。

（三）复杂性：合理差异与不当决策标准模糊

算法蓬勃发展的内生动力是软件领域开发人员对“作品”的优化与迭代，而算法应用普及大众的外源驱使则是算法使用者追求利益的必然结果。在信息化时代，海量数据需要依赖算法进行处理，每一位用户的消费习惯、每一种群体的类型偏好、每一段时期的风向潮流等，都使得数据处理和分析算法成为互联网平台经营者所依赖的核心工具。

互联网平台经营者利用算法的初衷可能是为平台用户提供更契合的便捷服务，以此增强竞争力，但当平台使用群体被固化后，群体间的差异性就不可避免地浮现。有些群体具有更大的潜在消费能力，有些群体则与平台经营者的利益存在冲突，此时平台经营者对算法的需求会发生潜移默化的改变，向利益更大化的方向发展。由于深度学习的算法具有“预测”功能，这种预测功能类似于心理学中的“预判”，[①] 因此平台经营者可预设利益更大化的算法逻辑，进而产生算法歧视现象。不可否认的是，设计开发算法便利服务用户，追求更大化经济效益无可厚非，但超出合理限度的算法歧视便需要通过法律进行规制。

合理差异属于平台追求利益更大化而对算法的合理利用，如郑某高诉携程案中，法院认为携程对郑某高提供同一航班同类座位的不同价格，是在不同时间点提供的，对于机票这类价格与购买时间高度关联的商品属于合理差异，不属于不当决策。大数据“杀熟”类案件对合理差异与不当决策的判定标准相对明朗，但对于其他平台算法决策侵权案件，二者的判定标准就相对模糊。

---

① 参见石颖：《算法歧视的缘起、挑战与法律应对》，载《甘肃政法大学学报》2022年第3期。

“避风港原则”中的“通知–删除”规则是区分著作权侵权中合理差异与不当决策的重要标准之一。作为互联网发展早期的制度产物，“通知–删除”规则的运行是以人工操作为基础的，进入由算法主导的智能时代后，“通知–删除”规则的具体操作方式则发生了巨大变化。[①]“通知–删除”规则即先知晓侵权情况，再停止侵权行为，而上述两案是以链接指向的外部网站是否具备经营网络视听播放等许可资质为区分。若外部网站具备经营网络视听播放等许可资质，则默认为网络服务提供者不明知案涉侵权情况，因为网络服务提供者作为第三方并不具有必定知晓音像作品等著作权的现状，毕竟著作权的许可使用并不需要公开。若外部网站不具备经营网络视听播放等许可资质，则默认为网络服务提供者明知案涉侵权情况，因为网络服务提供者作为相关行业领域的专业人员有能力知晓外部链接所指向的网站是否符合相关规定。

在此种情况下，“避风港原则”中的“通知–删除”规则在算法运用领域被赋予了新型形态，这是二十多年前诞生的“避风港原则”在互联网时代的重塑，是为兼顾著作权保护与网络信息传递所找寻的新平衡点。由此可见，平台算法运用中合理差异与不当决策的判定标准因个案不同可能产生较大差异，甚至有些平台算法侵权案件的判定标准模糊，需要法院根据具体案情专门明确特有的判定标准，加大了审判工作的难度。

三、解耦平台算法要素后的司法审查优化

“解铃还须系铃人”，平台算法由于其专业性、隐蔽性、复杂性为相关侵权案件的审理带来了阻碍，其根源在于算法特有的复杂运行逻辑被设计者赋予过度逐利因素并封装于“黑箱”之中，[②] 在外部仅表现为数据的输入和结果的输出。要构建相对完善的算法司法审查以辅助此类案件的审理，还需从算法本身着手。当基于算法的共性——算法要素，即数据对象和控制结构，将算法

① 参见何炼红:《论算法时代网络著作权侵权中的通知规则》，载《法商研究》2021年第4期。

② 参见贺栩溪:《人工智能侵权的新兴责任主体研究》，载《时代法学》2023年第3期。

予以解耦，就可以为探索如何优化平台算法决策侵权的司法审查提供思路。

（一）解耦算法要素明确审查内容：数据对象和控制结构

耦合与内聚是衡量算法模块之间关联度的两个重要指标，耦合用以衡量模块间的联系，而内聚则侧重于衡量模块内部元素之间的联系。解耦算法要素即通过区分数据对象和控制结构，降低算法功能模块间的耦合度，进而实现对算法的“分割”，明确审查内容。

作为用以解决特定问题的指令集合，算法要素离不开数据对象和控制结构，数据对象包括数据对象自身以及对数据对象的处理操作，而控制结构则体现在算法内部的功能设计和逻辑设计之中，这些处理操作和功能设计形成各类功能模块，功能模块再以逻辑设计下的特定方式互相运作，输出需要的结果。

数据对象包括文件、变量等各种数据结构元素，脱离数据对象的算法就失去了其存在的意义。数据本身虽然是客观存在的，但数据的选择不可避免掺杂了人为因素，偏见和歧视可能会被带入。[①]

对算法要素而言，数据对象实质包含数据对象自身以及对数据对象的处理操作，在打开算法“黑箱”之前，算法对数据对象的处理操作隐于算法内部逻辑之中。而控制结构本质上是控制“黑箱”内数据对象的处理操作，以实现算法所设计的功能，具体如图 1 所示。

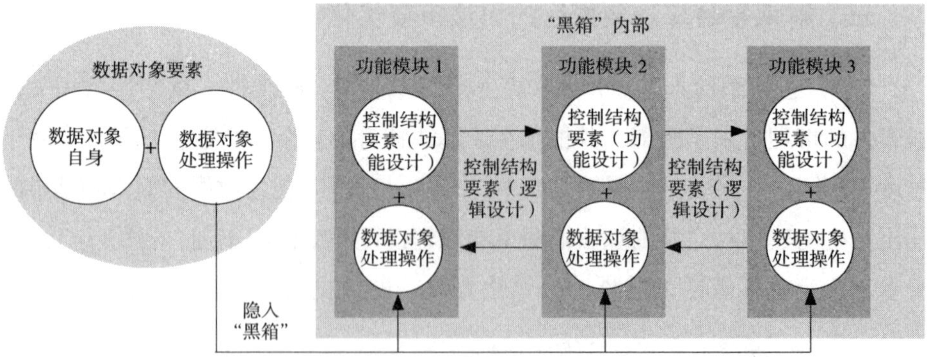

图 1 “黑箱”内外的算法要素

① 参见伊卫风：《算法自动决策中的人为歧视及规制》，载《南大法学》2021 年第 3 期。

基于各类平台算法都具备的数据对象和控制结构要素，平台算法的司法审查就具有了普适性的审查内容。面对涉及平台算法不当决策下的侵权案件，首先应通过司法鉴定、专家辅助人员出庭、查阅研发材料等方式确定该案涉平台算法的数据对象范围和控制结构组成。

需要注意的是，同样也是由于算法所具备的专业性和复杂性，此时的司法审查内容并非是要明确数据对象的精确范围与控制结构的详细组成，而是明确审查的方向。具体如何判定平台算法自身逻辑是否存在侵权倾向，则需要在不同审查阶段对数据对象自身以及控制结构功能设计和数据对象处理操作所形成的功能模块，结合普适性的具体审查标准进行判定。

（二）区分“黑箱”内外确定审查阶段：外部数据及内部模块

算法由控制结构结合数据对象操作形成各功能模块，功能模块互相协作间实现算法预先的设计目的。在审查数据对象自身的来源和范围后，对算法功能模块的司法审查需要先打开算法“黑箱”深入其内部。司法实践中通常通过第三方鉴定机构对案涉算法及其运用载体（App、Web 等）提供某类结论性意见，或是由相关开发运营人员、专家辅助人员出庭说明情况等。但打开“黑箱”并非算法司法审查在本阶段的难点，面对“黑箱”后控制结构的功能设计和数据对象的处理操作形成的各功能模块，结合算法设计初衷与功能模块配置，明确该算法从设计实现到投入使用的过程中是否存在侵权倾向，是涉算法决策侵权案件中算法司法审查的重点。

区分打开“黑箱”前后的不同阶段，对如何依据审查标准判定平台算法决策是否侵权具有关键作用。不同阶段对“解耦”后平台算法要素的审查标准是不同的，如打开“黑箱”前数据对象主要表现为算法获取、用户输入、算法输出，而打开“黑箱”后数据对象则表现为具体的处理操作方式。由于相对于受侵权方，平台对其所使用的算法具有相当的知悉与了解，受侵权方客观上也难以提供有关平台算法的内部资料和其他信息。因此，就打开“黑箱”而言，平台有义务提供资料或指派人员协助法院了解算法外部数据及内部功能模块，否则应当承担相应不利后果。

算法“黑箱”中的内部功能模块由控制结构的功能设计和对数据对象的处理操作共同组成，基于互联网时代各平台对算法功能需求的不断提高，平台算法内部功能模块数量不等且绝非唯一。各功能模块之间以实现算法设计需求的特定逻辑而相联，形成不同的配置情况。而对平台算法进行司法审查，便是依据具有普适性的审查标准对内部功能模块逻辑构成与配置情况进行审查，这也是打开“黑箱”的意义所在，具体如表 1 所示。

表 1　打开“黑箱”前后阶段的审查内容

<table>
<tr><th colspan="4">算法要素</th><th colspan="2">打开“黑箱”前</th><th>打开“黑箱”后</th></tr>
<tr><td rowspan="2">数据对象</td><td colspan="3">数据对象的自身来源与范围</td><td>审查数据对象来源</td><td>审查数据对象范围</td><td></td></tr>
<tr><td>数据对象处理操作</td><td rowspan="2">算法功能模块</td><td>逻辑构成</td><td colspan="2" rowspan="2"></td><td>审查功能模块逻辑构成</td></tr>
<tr><td>控制结构</td><td>控制结构功能设计</td><td>配置情况</td><td>审查功能模块配置情况</td></tr>
</table>

（三）结合应用场景建立审查标准：数据之必要与功能之完备

算法技术的成熟与海量数据密不可分，从数据的收集到筛选都决定着算法的最终质量。[①] 在信息时代，面对巨量的数据处理需求，若赋予算法使用者过高的注意义务，将数据对象的真伪一律作为司法审查的重点，不符合信息交流的现实需求。因此，对数据对象自身不应设立过于严格的真伪审查标准，而应着重于其来源和范围。对数据对象真伪的审查则结合算法的设计目的与功能模块，赋予算法使用者适度的注意义务，但这并非平台算法司法审查的重点。

1. 必要性约束下的数据对象获取

数据对象可能源于用户渠道或其他渠道，用户渠道如在大数据“杀熟”中平台所获取的用户基本信息、消费偏好、消费能力等，进而塑造出用户画像，有针对性地进行推广和“定价”。其他渠道如涉嫌商业诋毁案件中平台抓取公共数据里的特定企业数据，经过分类整理供平台用户查询。前者往往会要求用户同意相关“隐私协议”“知情协议”，为获取用户渠道的数据对象

① 参见陈群峰、周恩惠：《数字经济时代算法价格歧视的反垄断法规制》，载《中国政法大学学报》2023 年第 3 期。

披上“正当外衣”。而后者则通过“免责声明”“仅供参考”等将所收集的数据定性为“合理使用”。

数据对象的范围并非强调变量、日志、集合等不同类型，而是数据对象所囊括的信息范围，如获取用户的身份证号码、家庭住址，获取订单的成交金额、下单时间等。数据对象的来源和范围具有高度关联性，司法审查中不须将二者割裂，对数据对象来源的司法审查实质是对算法获取数据对象方式的审查，对数据对象范围的司法审查则是对算法获取数据对象内容的审查。正如超出合理限度的算法歧视需要法律规制，数据对象来源与范围的审查标准同样应以“合理限度”为基础，即审查其必要性。

必要性约束下，算法获取数据对象的来源与范围是否超出其功能需求，是否超出社会一般人对合理限度的认知，就成为法院在打开“黑箱”之前阶段的司法审查标准。从功能需求角度看，若算法使用者获取的信息并非功能实现之必需，或者与功能本身也不存在密切关联，则应在该阶段审查中给予其偏向否定的评价。[①] 如互联网平台经营者在为用户提供商品列表的过程中，获取用户的通信录作为数据来源，显然不符合其提供商品信息的功能之必需。从社会认知角度看，算法使用者获取信息不应使社会一般人产生认知困惑，如为用户提供打车服务的互联网平台，若要收集用户的学历信息，[②] 显然使社会一般人无法理解。

打开“黑箱”之前在必要性约束下对数据对象自身来源与范围的司法审查，应当由算法使用方承担数据对象真实来源和必要范围的举证责任，因为这些内容必定被算法使用方所持有，且其他人在客观上难以获取并举证。需要明确的是，由算法使用方承担该举证责任，是进入平台算法司法审查阶段所需，而启动平台算法司法审查之前，原告方必定需要承担算法使用方构成侵权的初步举证责任，以此避免因不正当竞争而引发的恶意诉讼。

---

① 参见唐林垚:《算法应用的公共妨害及其治理路径》，载《北方法学》2020 年第 3 期。

② 参见中华人民共和国国家互联网信息办公室:《国家互联网信息办公室有关负责人就对滴滴全球股份有限公司依法作出网络安全审查相关行政处罚的决定答记者问》，载 http：//www.cac.gov.cn/2022-07/21/c_1660021534364976.htm，2022 年 7 月 21 日发布。

2. 预防负面影响的功能模块实现

法院在算法控制结构的司法审查阶段，本质上是审查算法各功能模块的逻辑构成与配置情况，以逻辑是否合理以及配置是否完备作为审查标准。从功能模块逻辑构成的角度看，各功能模块间的互相协作由实现算法设计目的的内在逻辑决定，司法审查可以对这一逻辑进行合理性判断。

如卡宾公司诉天猫公司一案中，法院对淘宝所使用的“虚假交易模型”系统进行审查，便是通过该系统利用“交易账号、商品价格、交易行为、交易资金、发货物流等”对虚假交易的判断逻辑明确天猫公司所作出的“搜索降权”处理是否合理。由于根据这些订单信息所反映出的情况，如多个买家账号下收件人姓名与电话均相同、物流签收时间早于订单完成时间等，基于概率学能够基本判断出是否为虚假交易，因此该系统所使用的相关排查算法在功能模块的逻辑构成上是合理的。

从功能模块配置情况的角度看，各功能模块为实现算法核心作用的必需内容。如蚂蚁小微诉朗动公司一案中，朗动公司所经营的企查查平台要实现向用户推送各类企业信息，其所依赖的数据挖掘和分析评价算法至少需要具备检索提取模块、关联聚类模块、检测评价模块。简单地说，检索提取模块通过抓取和筛选等操作过滤所需的各类企业信息，关联聚类模块对所获信息进行分类和预处理，检测评价模块结合需求处理信息并输出分析结果以回应用户。

此时三种功能模块共同实现了数据挖掘和分析评价算法的设计目的，能够满足使用者的需求，但就司法审查而言，该算法的功能模块配置是缺失的。因为运用该算法对企业信息进行整理、分析、评价的结果将面向不特定的社会公众，可能影响其他企业的名誉权以及用户据此类企业信息所作出的行为决策，那么算法使用者就应当对该算法输出结果承担必要责任。

这一责任在算法功能模块中应体现为配置相应功能模块以减少乃至避免使用该算法可能造成的不利影响。代入企查查平台的数据挖掘和分析评价算法中，即为该算法所缺失的核查验证模块，也如杭州铁路运输法院所认为的“针对这类关乎企业生存的敏感负面信息，其应当通过交叉核验等方式予以必要验证，而非简单地抓取并向用户推送”。

此时关于算法“黑箱”内部功能模块的逻辑构成合理与配置情况完备的

举证责任，应当由算法使用方承担，这是将功能模块引入算法“黑箱”的必然后果。结合前述的审查内容、审查阶段以及在必要性约束下对算法获取数据对象的来源与范围的审查标准，可以对平台算法决策侵权的司法审查流程进行优化，具体如图 2 所示。

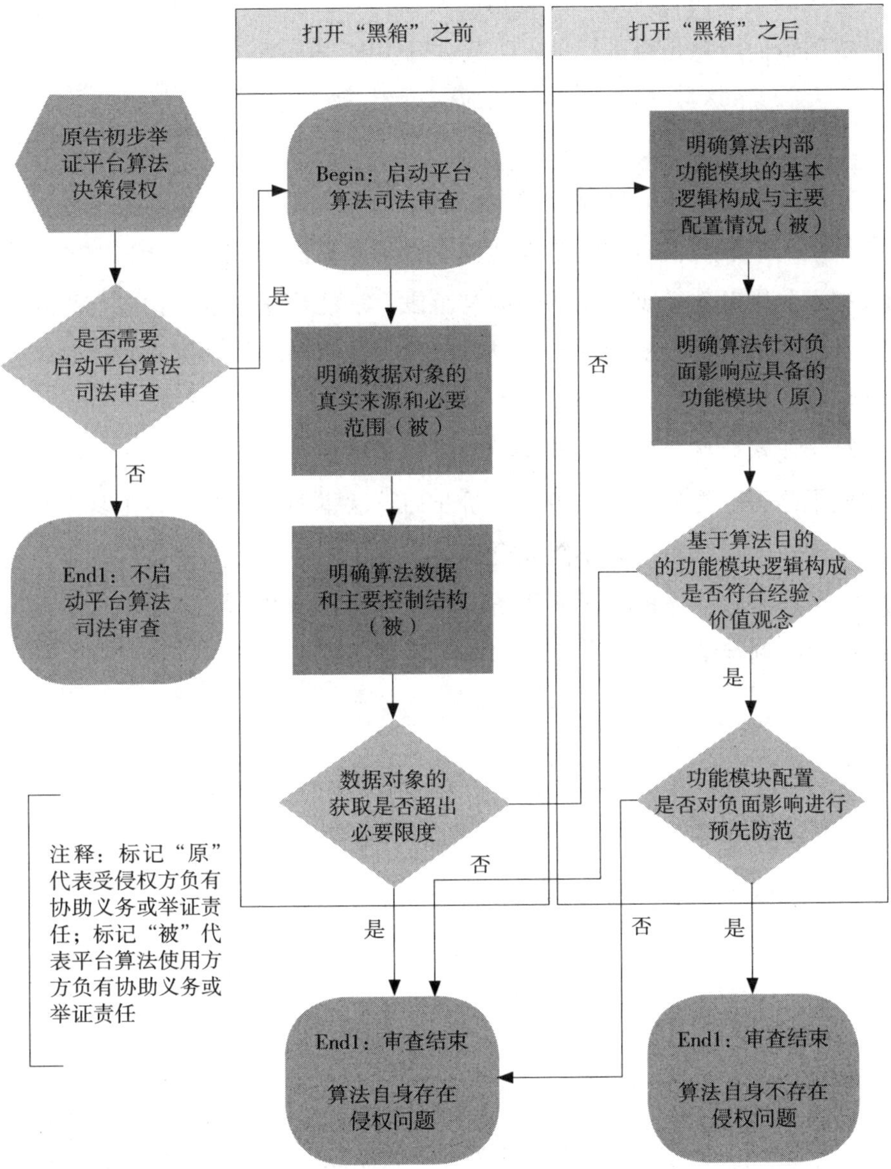

图 2　平台算法决策侵权的司法审查流程

总的来说，使用者对算法功能模块的需求仅取决于算法设计目的能否实现，而平台算法决策侵权的司法审查则不然。打开“黑箱”后的司法审查需要从算法功能模块的逻辑构成是否合理以及配置情况是否完备两个角度进行，逻辑构成的合理与否以该算法目的实现过程中各决策标准是否符合经验、价值观念等进行判断，配置情况的完备与否从该算法对设计和使用中可能造成的负面影响是否进行预先防范进行明确。

结　语

任何算法都离不开数据对象和控制结构两大要素，数据对象的处理操作与控制结构形成算法内部的各功能模块，不同算法的核心设计与实现均体现于其中。分别针对数据对象的来源与范围、功能模块的逻辑构成与配置情况对平台算法决策侵权的司法审查进行优化，能够削弱技术因素对审判工作的过度影响，加强平台算法侵权案件中的“司法主导”。但需要注意的是，“解耦”算法要素后优化的平台算法决策侵权司法审查，仅对算法自身的设计和实现成果是否存在侵权倾向予以评价。而算法本质上作为一种工具，平台算法决策侵权的司法审查并不能完全代替个案中对平台行为的侵权判定，还需要综合考虑平台算法的实际应用情况，从算法自身及算法应用两个角度得出最终的侵权判定结果。

裁判文书公开的困境反思与替代路径
——以“用户体验五层要素”下的“需求分析”为展开逻辑

平顶山市中级人民法院 王 辉 于 帆*

引 言

张军院长指出，审判现代化理念要更加关注人民群众的司法感受。① 裁判文书是具体化的司法产品，② 是人民法院审判活动的“活”名片，记载着司法活动全过程。裁判文书公开作为司法公开的关键环节，是提升司法公信力、加强司法能力建设的重要手段。③ 司法改革通过多轮密集调整，架构和完善了裁判文书公开制度，并取得了斐然成绩。然而，“互联网 +”时代到来，个人信息保护“入典”、立法，诉讼“繁简分流”改革，认罪认罚从宽制度改革等变革因素接踵而至，裁判文书公开的需求导向发生根本性改变，制度改革迟滞导致制度功能偏离与丧失，裁判文书公开陷入僵局。制度变革应如何回应司法受众的实际需求，值得深入反思与研究。

一、需求：裁判文书公开的变革动力

裁判文书公开对司法公开所作的贡献不容置疑，但目前制度功能的逐步

---

* 王辉，河南省平顶山市中级人民法院党组书记、院长，二级高级法官。于帆，河南省平顶山市中级人民法院研究室副主任。

① 出自张军院长在全国大法官研讨班开幕式上的讲话。

② 党振兴:《裁判文书当讲透法理事理和情理》，载《人民法院报》2022 年 1 月 9 日。

③ 王祎茗、田禾:《司法公开的现状与完善路径》，载《法律适用》2020 年第 13 期。

弱化亦应当引起重视，应当深入分析制度功能流失原因，探寻制度改革方向。裁判文书公开所面向的受众十分广泛，而这些受众都怀揣着特定“需求”动机接触或使用裁判文书，从而实现特定“需求”的满足。为此，借助“用户体验五层要素”这一互联网经典构建模型，[①] 能够深度挖掘裁判文书公开多类型受众差异化司法需求，分析需求之间的内在关系。

（一）工具匹配：文书公开需求适用“用户体验五层要素”分析的要素基础

1. 目标层面：符合提升司法体验感的初衷。司法要更加关注人民群众的司法感受，力求使司法裁判“文本法”的适用符合人民群众感受的“内心法”。“用户体验五层要素”以提升互联网用户的体验感为目标，裁判文书在互联网公布其本质是具有司法公开属性的互联网产品，从司法受众的现实需求入手，旨在不断提升司法用户的体验感和获得感。

2. 形式层面：契合设计数据传播网页的方式。目前，裁判文书公开以数据网页形式进行，这种方便、快捷、受众广泛的方式已经形成了良好的裁判文书传播基础，并且已经成为多数“用户”的使用习惯，为留住用户的使用黏性，应当以此为基础进行考量。“用户体验五层要素”作为互联网应用设计领域权威的归纳法和方法论，可以直接对接信息传播的设计需求，在形式上具有高度契合性。

3. 内容层面：贴合分析多元化需求的结构。裁判文书公开面临的现实环境出现了变迁，司法用户的需求在不断提升，裁判文书公开的底层逻辑发生了根本性变化，需要重新考虑裁判文书公开的内容与方式。“用户体验五层要素”可以有效实现司法需求与设计逻辑的不同层面对接，在内容上二者非常贴合，能够实现裁判文书公开功能的有效纾解。

---

① “用户体验五层要素”模型由美国 AJAX 之父 Jesse James Garrett 提出，模型设计之初是为网页设计而服务的，但模型的经典和通用性以至于它被广泛使用在很多地方。模型将产品设计和分析的过程抽象为 5 个层次，自下而上分别为战略层、范围层、结构层、框架层和表现层。

（二）需求析出：裁判文书公开变革的新牵引力

"用户体验五层要素"的底层逻辑依附于"战略层"的"用户需求"与"网站目标"。因此，找出司法用户的现实需求是制度功能替代的基础。自2016年《最高人民法院关于人民法院在互联网公布裁判文书的规定》发布后，裁判文书公开具体规范7年间未发生实质性变动。[①] 这期间法律出台修订、司法改革进展、科技发展突破等都出现较大幅度的变化，司法受众产生了新的客观需求，对裁判文书公开改革形成了新的牵引力。

1.法律修订牵引力：个人信息保护入典与立法。个人隐私权保护是裁判文书公开核心问题之一，裁判文书记载涉案人员个人信息，将其上传至互联网，难以避免对当事人相关信息的公开，公民个人信息权益保护面临挑战。为平衡裁判文书公开与个人信息保护的紧张关系，2016年《最高人民法院关于人民法院在互联网公布裁判文书的规定》中修订了公民个人信息屏蔽处理的相关规定。但随着个人信息条款被正式写入《民法典》和《个人信息保护法》的出台，个人信息处理的规则更加严苛，裁判文书公开必须兼顾并妥善处理个人信息保护问题，避免因个案对当事人日常社会经济生活产生不利影响，新制度究竟应如何对此进行回应就成为急需解决的问题。

2.司法现实牵引力：案件繁简分流与认罪认罚制度。公布裁判文书中民事文书与刑事文书占了较大比例，民事诉讼案件繁简分流机制与刑事诉讼认罪认罚制度的实施与推进，改变了公开裁判文书的格局。2020年最高人民法院印发《民事诉讼程序繁简分流改革试点方案》和《民事诉讼程序繁简分流改革试点实施办法》，开展为期2年的试点工作。为简化小额诉讼程序审理方式和裁判文书，各地法院推进小额诉讼程序与要素式庭审、要素式裁判文书，制定各类简化文书模板。[②] 目前，文书公布简易案件占比超过50%，大量文书为要素式裁判文书和模板化裁判文书。认罪认罚制度作为我国刑事司

① 2018年，最高人民法院出台《关于进一步深化司法公开的意见》要求裁判文书全面公开、规范管理、强化应用，但并未修改裁判文书公开的具体规则。

② 李明明：《繁简分流改革为民事诉讼提速增效》，载《中国审判》2021年第6期。

法制度的重大制度创新，2022年适用审结人数占同期审结人数的90%以上。[①]《刑事诉讼法》第201条与“两高三部”联合印发《关于适用认罪认罚从宽制度的指导意见》具体规定了量刑建议的提出、审查、采纳等的具体方式，规范要求法院依法审查量刑建议，并决定是否采纳。目前，大量刑事判决书将对量刑建议采纳与否作为主要内容。随着司法改革的日益深入，相关改革已经悄然影响裁判文书公开，同时伴随而来的是人民群众对每一份裁判文书的深刻检验。[②] 民事诉讼案件繁简分流与刑事诉讼认罪认罚制度的司法现实，造成了裁判文书从形式到内容的改变，裁判文书公开应当考虑到新形势的变化所产生的影响。

3. 科技发展牵引力：人工智能与大数据模型。我国裁判文书通过互联网公开，意味着该项公开“不再受时空的限制”，即任何人在任何地方都可以便捷地查询公开的裁判文书。互联网信息技术变革是当下最活跃、发展最快的科技领域，使用技术的同时就应当承担技术带来的风险。近年来，以ChatGPT为代表的自然语言处理人工智能技术快速兴起，“大数据 + 云计算”网络协同强智能时代即将到来。[③] 海量裁判文书为司法智能化应用奠定了扎实的数据基础和学习素材，文书相关信息的准确、完全自动化屏蔽成为可能。在大数据分析日益普遍的现代社会，裁判文书不单纯是一份法律文书，同时还是一个包含着多元、综合社会信息的载体，先进人工智能对文书信息梳理、整合、应用和再加工能力也为个人信息保护和数据安全提出了新的挑战。[④]

二、逻辑：裁判文书公开变革的需求分析

“用户体验五层要素”通过五个层面需求分析，将设定目标向实现功能

---

① 数据来自最高人民检察院网上发布厅：2023年3月7日发布《2022年全国检察机关主要办案数据》。

② 李俊晔：《裁判文书多元评价机制研究》，载《中国应用法学》2021年第6期。

③ 江苏省高级人民法院课题组：《数字经济背景下人工智能的司法应用》，载《法律适用》2023年第5期。

④ 参见邓恒、杨雪：《线上审判方式中信息与数据安全问题研究》，载《中国应用法学》2021年第1期。

逐层递进（见图 1）。裁判文书公开的变革新需求之间既存在联系，也存在冲突，分析不同需求的特征，整理和调和多元需求之间的关系，使各种需求可以有效实现。

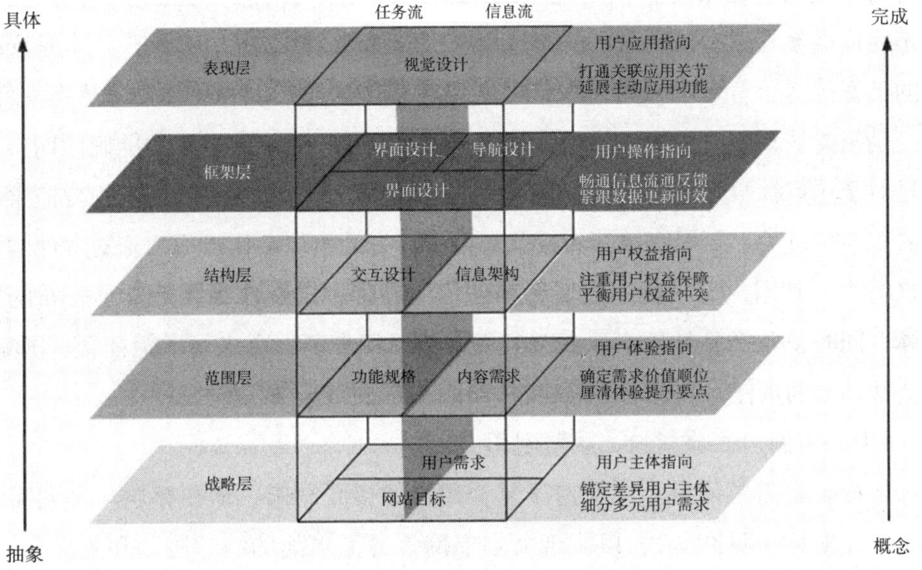

图 1 “用户体验五层要素”需求分析示意

（一）用户主体指向：从粗从精

1. 锚定差异用户主体。裁判文书公开的司法用户并非单一主体，从访问裁判文书网的主体看，至少可以分为当事人、律师、法学研究人员、法官、普通群众、有权监督主体等数个类别。当前裁判文书公开方式采用“一对多”的公开模式，即采用一个对外公开平台对所有类型用户公开相同内容。考虑不同群体对裁判文书公开的不同需求，用户主体指向要求转向用户主体精细划分方向，为不同受众根据需求提供差异化、定制化的司法服务。

2. 细分多元用户需求。司法公开受众主体的用户需求存在明显的差异，甚至同一类主体的需求也会有所不同，需要进行分类与细分。案件当事人的用户需求存在两个相反的极端，多数案件当事人担心个人信息被公布，影响个人声誉和存在个人信息泄露的风险，其用户需求是个人信息权益保障。另一部分当事人希望其案件被公开，并被广泛传播，以获得更多的关注和影响，该部分当事人的用户需求是争取案件有效监督；律师使用裁判文书网的目的主要是查阅类案裁判结论或寻找法律适用标准，帮助业务开展，其用户需求是准确查找类案裁判标准；法学研究人员多以裁判文书为对象进行实证研究，其目标需求是真实而完整的裁判文书数据与信息；法官利用裁判文书是完成类案检索要求，统一法律适用和提升裁判文书说理，其用户需求是准确的类案推送；普通群众的用户需求主要有获得法律知识和关注监督热点案件，一是想要从裁判文书中了解相关法律知识，以获得对法律后果的准确预期。二是对于热点社会案件的关注，并对其进行社会监督；人大、政协、纪检监察机关、检察机关、新闻媒体等有权监督司法行为的单位工作人员实施对案件的监督行为，其用户需求集中在监督案件依法办理；法院作为裁判文书公布的主体，同时也是产品的用户，在裁判文书公开场景下，更多是承担社会、国家、公共利益的责任，其需求重点在于对外公布文书的数据安全。

（二）用户体验指向：从量到质

1. 确定需求价值顺位。对于复合用户的多元需求，需要整合与排列需求的优先顺序（见图 2），以实现文书上网多种需求间的统一协调和主次分明。运用 KANO 模型，[①] 按照裁判文书上网制度用户需求的利益属性、保护必要性、实现的可能性等因素，将现有用户需求按照基本型需求、无差异需求、期望型需求、兴奋型需求的类型进行分类，应按照“数据安全需求—个人信息保护需求—司法监督需求—以案释法需求—类案推送需求—法学科研需求”确定需求的价值顺位。

2. 厘清体验提升要点。裁判文书网前期工作是从“0”到“1”的创制阶段，用户体验水平的增长主要依赖于裁判文书数量的增长，这也是彼时全国法院以裁判文书公开率作为主要考核指标的原因。裁判文书公开应当从注重裁判文书数量的公开到注重质量的公开，提升用户司法服务的品质，从直观上满足司法用户的现实需求。在裁判文书公开层级上，应尽量选择高层法院

① KANO 模型是东京理工大学教授狩野纪昭（Noriaki Kano）发明的对用户需求分类和优先排序的有用工具，以分析用户需求对用户满意的影响为基础，呈现出产品性能和用户满意之间的非线性关系。

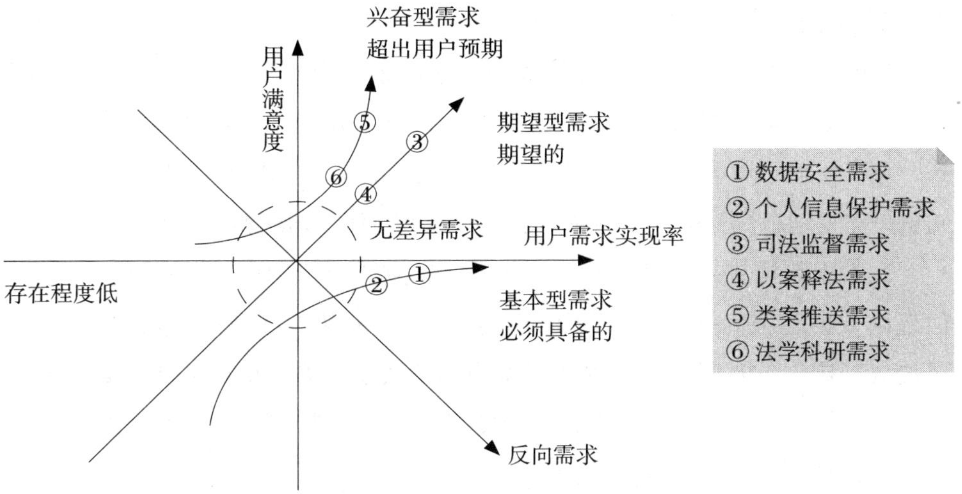

图 2　多元需求价值顺位分析示意图

生效的裁判文书，以增加裁判文书的影响范围和影响能力。取消各省裁判文书上网率考核指标，改用入选优秀裁判文书、案例数量指标，激励各级法院积极筛选典型、优秀、热点案例对外发布。

（三）用户权益指向：从缺到全

1. 注重用户权益保障。裁判文书公布是一个信息公开的过程，其形式与政府信息公开相仿，其中牵涉不同主体的相关权利保障问题。需要重点关注的用户权益有公众的知情权、当事人的隐私权和异议权、有权监督主体的监督权、法官的审核权、学者的科研权[①]等，要尽可能保障这些重要权利的实现，切实提高裁判文书公开过程中的权益保障。

2. 平衡用户权益冲突。不同裁判文书公开用户之间的需求差异必然导致其利益冲突，比较典型的就是当事人隐私权与普通民众知情权在裁判文书公开时的冲突，裁判文书中个人信息保护要求减少文书公布数量和屏蔽相关信息，实现冲突间的平衡，这往往造成了对相关用户权益保护的残缺。应当考虑通过适当的框架设置，将二者的矛盾分离，做到用户权益的全面保护。

① 李萍、张志坡:《论科研权》，载《当代法学论坛》2007 年第 1 辑。

（四）用户操作指向：从静到动

1. 畅通信息交互反馈。目前裁判文书网唯一交互功能，在“意见建议”板块，主要是对文书公布异议的意见和对网站的建议，而且是单项的提出模式，没有反馈与显示功能，基本处于静态的休眠状态。提升用户体验最好的方式就是建立动态交互平台，让用户表达其诉求，促进司法服务水平的提升。

2. 紧跟数据更新时效。在人工智能与大数据模型为支撑的新科技时代，信息以数据形态传播已经成为主流，信息传播的速度和范围呈指数级提升。司法裁判应当及时回应社会关切、紧跟热点话题，关注重点案件，提升裁判文书公开的更新速率，主动引领社会良好风气，营造浓郁的法治氛围。

（五）用户应用指向：从无到有

1. 打通关联应用关节。裁判文书公开作为司法应用终端的组成部分，共同服务于数字法院建设，但各网站、平台之间各信息、数据、应用等关键环节仍不能互联互通，徒增用户使用障碍，难以实现方便群众、服务司法的基本初衷。应有效整合审判流程信息公开、中国庭审直播公开、司法大数据服务网、人民法院调解平台、司法案例网等司法网站和应用，避免平台重复搭建，实现核心功能合理部署。

2. 延展主动应用功能。裁判文书网目前的功能是通过“查询—筛选—显示”完成的公开功能。作为应用型的司法客户端，应当主动延伸司法智能，建立主动服务、自动推送应用方式，最大限度发挥司法公开的应用价值。

三、实现：裁判文书公开的替代路径

网络技术语境下，用户需求满足要以功能的设置和运行为实现路径，但由于网络司法公开的特点，过分强调网络司法公开的工具价值，会导致其他司法价值的受损。[①] 牢牢抓住文书公开促进司法公正的核心目标，充分认识和理解司法公开对于司法公正的关键意义，通过替代路径实现和提升多元主体差异化司法需求。

---

① 相庆梅、李文超：《互联网环境下的司法公开：挑战与反思》，载《北方工业大学学报》2022 年第 4 期。

(一)数据安全需求实现：数据分层 + 权限分级

1. 数据分层：一中心、三层级（见图 3）。以裁判文书为主体的数据源是公开核心内容，对数据组织结构和数据流传输方式合理设计是满足用户多样需求的关键一步。人民法院每年受理数千万案件反映着社会矛盾纠纷的样态、特征和走势，也是经济社会活动和全社会法治运行状态的晴雨表，司法数据是国家数据安全关键的一环，在个人信息保护、数据安全保障、数据有效运用的数据交叉需求作用下，司法裁判文书数据分层模式是切实可行的方式。现行裁判文书公开数据库采用的是各法院自行筛选和屏蔽处理后，从司法专网经数据摆渡传输到裁判文书公开数据后台，存在关键数据泄露风险。因此，按照裁判文书筛选和内部屏蔽的层级可以将裁判文书数据分为三层，即原始数据库、标准数据库、通用数据库。

在最高人民法院专门网络部署裁判文书数据库中心，收集全国四级法院所有生效裁判文书，形成裁判文书原始数据库。按照现有裁判文书公布标准删除和屏蔽原始数据库，形成标准数据库。采用人工智能和大数据模型技术进行个人信息完全屏蔽处理，[①] 只保留案件关键事实、法律适用标准和裁判规则说理等具有教育、引导意义优秀案例，形成通用数据库。改变裁判文书“互联网”单一公开渠道的现状，形成原始数据库、标准数据库、通用数据库，“内网、专网、互联网”三网分级对接新格局。

2. 权限分级：实名认证、权限匹配。为防止数据泄露和流失，包括普通民众、律师、学者、法官在内的所有访问裁判文书公开系统的用户均应当进行实名认证，并且保证访问过程要全程留痕记录，以实现数据的有效溯源和安全保障。建构在最高人民法院司法大数据中心的裁判文书原始数据库，一般不允许对外访问，特殊情况下需要访问应当向最高人民法院数据管理机关进行专项审批获得访问许可。标准数据库主要面向法院工作人员、法学研究人员、有权监督机构，以数字密匙方式设置访问权限，四级法院法官可以分别访问所属区域全部裁判文书，法学研究人员、有权监督机构，可以依据申

① 参见邓恒、杨雪：《线上审判方式中信息与数据安全问题研究》，载《中国应用法学》2021 年第 1 期。

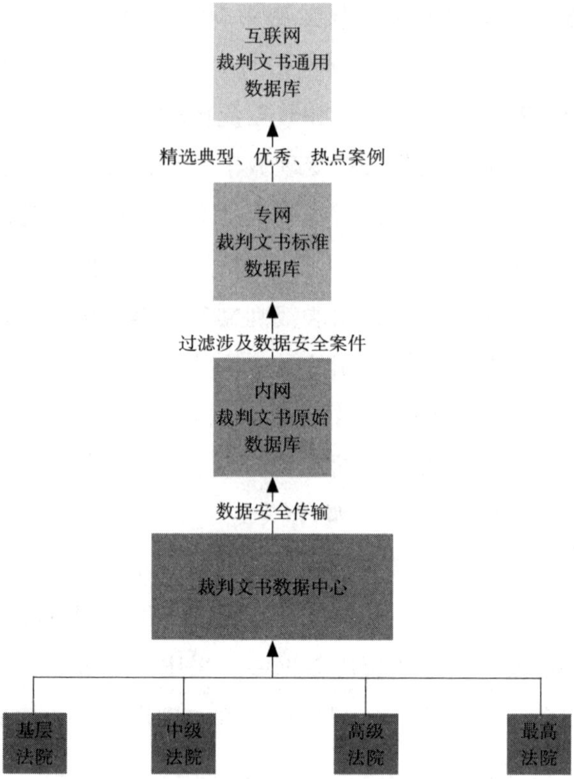

图 3　数据“一中心、三层级”示意

请获得相应裁判文书数据。通用数据库作为“裁判文书互联网公开”的数据源，面向所有进行实名认证后的用户开放，为防止数据爬虫和域外恶意访问，应当设置合理的访问、搜索、下载次数限制。

（二）公民信息保护需求实现：隐私屏蔽 + 公布异议

1. 隐私屏蔽：隐藏可识别个人的所有信息。《个人信息保护法》将可识别到自然人或可识别的自然人有关信息作为保护客体，并将匿名化处理后的信息排除在外。① 除特殊研究目标外，通常情况下屏蔽公民个人信息并不影响其法律事实到司法裁判过程中法律适用过程的展现，即司法实质公开的内容

① 《个人信息保护法》第 4 条规定：“个人信息是以电子或者其他方式记录的与已识别或者可识别的自然人有关的各种信息，不包括匿名化处理后的信息。”

和形式。[①] 出于“互联网 +”时代个人信息保护的突出意义考量，对互联网公布的裁判文书，应当经过完全的个人信息剔除。

2. 公布异议：权利人可以对案例公布提出异议。除姓名、通信信息、身份信息、住址信息、活动信息等公民基本个人信息外，公民的消费信息、信用信息、婚恋信息、交易信息都可能成为敏感且关键的个人信息，这些信息难免与案件事实相关联。因此，对决定公开的优秀案例，应当设置公开异议程序，信息权利人可以通过公布网站向文书公布法院提出异议，并说明具体理由。相关法院经过审查，认为未涉及个人信息的，通过信息化手段向权利人反馈，认为存在侵犯公民个人信息风险的，可以重新作出人工屏蔽或者撤回文书的处理。

（三）司法监督需求实现：案件信息 + 申请公开

1. 案件信息：以案件信息公开索引文书公开。由于对外公布的裁判文书并非全部的裁判文书，为有效保障群众对司法的监督权，必须将案件信息向民众公开，通过公布案号、案由、承办法官等案件关键性信息，索引裁判文书，方便当事人或相关权利关系人通过案件信息公开查询案件基本情况，以此申请裁判文书的“点对点”公开，实现个人信息保护与司法监督功能的同时实现。

2. 申请公开：以当事人申请公开促进文书质量提升。基于当事人对于案件裁判的疑虑，部分当事人要求其案件进行公开，以此引起社会的关注和监督。当事人申请案件公开，经审查不属于 2016 年《最高人民法院关于人民法院在互联网公布裁判文书的规定》第 4 条所明确类型的，一般应当公开。一方面，方便公众对司法公正的监督；另一方面，通过对不特定文书公开，作为检验裁判文书质量的“抽检”，促进裁判文书质量提升。

（四）辅助裁判需求实现：类案检索 + 主动应用

1. 类案检索：基于大数据模型的有效检索。考虑到目前裁判文书类案检索的检索范围模糊和检索标准随意的痛点，应当将类案检索范围扩大至原始

---

① 陈玉忠：《中国司法的实质公开及其保障》，载《河北大学学报（哲学社会科学版）》2021 年第 5 期。

数据库中所有文书，使用大数据模型进行比对检索。考虑法官使用习惯和操作能力，进行针对性的界面设计。注重法官使用习惯，侧重类案检索关键词标准化和通用化，关键词可以梯次深入，缩小类案范围，做到精准识别类案，一键生成类案检索报告。

2. 主动应用：为溯源治理与司法裁判提供案例支持。以数据中心为支持的裁判文书数据库，同时也兼具对外延伸应用的功能，可以集合公布的典型案例主动向申请诉前调解和诉前立案当事人推送，让将要进入诉讼程序的“当事人”对案件有一个稳定且良好的预期，促进案件的诉前化解和诉中调解，实现主动介入诉源治理和案件审理的功能。同时，要注意及时更新已经失效的优秀案例和标示已经失效的引用法规，避免因此给民众带来的误导。

（五）法学科研需求实现：样本供给 + 风险防范

1. 样本供给：依申请供给科研样本。裁判文书作为法学实证研究，尤其是案例研究的“最佳”样本，为保证法学研究的客观性，充足而完整的研究样本对研究成果的准确性尤为重要，针对法学研究的方向和内容，科研单位或个人可以向法院提交申请，明确数据的类型和特征，通过原始数据库或标准数据库数据统计分析工具，直接提供相应数据，从而避免直接提供文书带来数据安全和个人信息侵犯风险。确需提供裁判文书内容的，应当从标准数据库中提取和调用经过过滤的关联文书数据。

2. 风险防范：分析检测预警社会风险。通过添加大模型数据分析引擎，分析原始数据库中的裁判文书，可以有效支撑司法数据统计和实现各类社会风险的检测预警，原始数据库的全样本文书库，能够与司法统计数据相互检验，避免司法统计数据失真和错误，从而开展更加精细化的审判管理调度，进一步提升审判质效。通过深挖裁判文书深层次信息，进行大数据分析，能够从司法端感知社会、经济、金融、社会诚信体系、重点行业、重点领域各类风险，促进政策适当调整和风险事前化解。

结　语

改革要因时因势而易，面对裁判文书公开的运行僵局，要将其支撑公正司法的内核再解析，通过路径替代实现更高层级的价值功能。司法层面的现代化建设，就是要满足人民群众对司法服务的更高要求，需要更加关注其切身感受，区分不同司法用户的差异化需求，从优化司法体验的角度，重新设计制度架构，朝向精细化、人性化、智能化司法迈进。限于研究视角与认识层面，本文内容难免疏漏，有关论述或难免偏颇，但仍期翼为司法公开开拓有益思路。

轻罪化趋势下前科后果的双层治理模式构建
——以破产重整企业信用修复理念为借鉴

平顶山市中级人民法院　王　辉　崔天雨*

引　言

随着刑事立法的不断扩张，刑事犯罪结构发生重大变化，轻刑犯罪占比大幅攀升，轻罪化趋势明显。刑法入罪门槛的降低，使得诸如危险驾驶、高空抛物等行为都要被追究刑事责任，大量人员因轻刑犯罪留下前科记录。囿于我国刑事立法上规定的前科报告制度仅免除未成年人的前科报告义务，众多的轻刑犯罪人因犯罪需要背负前科带来的不良影响且难以消除。现有的前科制度不加区分地适用于所有犯罪行为人，甚至影响其近亲属，极大地制约相关人员社会关系的融入，进而产生再社会化难题，同时也掣肘轻罪现代化治理目标的实现。因此，亟须立足本土实践，聚焦轻刑犯罪的恢复性治理，构建符合我国当前刑事立法与司法现状的轻罪前科后果治理模式，不断完善轻罪时代下犯罪治理体系，促进犯罪人更好地回归社会。

一、抽丝剥茧：轻罪化趋势下前科制度面临的困境

“近些年，我国刑法立法实践已然呈现出一种积极化扩张的趋势，这种现象也得到了不少刑法学者的学理论证乃至倡导。”② 轻罪化的立法主张有其合

---

* 王辉，河南省平顶山市中级人民法院党组书记、院长，二级高级法官。崔天雨，平顶山市中级人民法院刑一庭法官助理。

② 张明楷:《增设新罪的观念——对积极刑法观的支持》，载《现代法学》2020 年第 5 期。

理性，但受现存的前科制度影响，轻刑犯罪导致的间接后果已超出立法本意，这种犯罪行为与处罚后果不相匹配的现象背离了民众的正义感，也一定程度影响社会的安全稳定，前科制度面临着极大的困境。

（一）轻刑犯罪扩张

当前，由于国家治理的需要，作为最后一道防线的刑法适用已成为社会治理的重要方式。越来越多的行为被认定为刑事犯罪，《刑法》规制范围也随之扩宽，我国刑法体系由起初的“厉而不严”向“严而不厉”转变。[①] 随着犯罪圈逐步扩张，法定犯比重不断增加，犯罪呈现分层结构，罪名之间的法定刑幅度有明显区分。虽然我国《刑法》对于轻重罪划分标准并没有具体的规定，但理论界的主流观点是以法定刑为标准，将法定刑最高刑为三年以下的犯罪认定为轻罪。[②] 从立法上看，自 1997 年修订《刑法》之后，全国人大常委会共通过十一部刑法修正案，刑法条文中所规定的罪名由起初的 413 个扩充到 483 个[③]，近十年以来轻罪罪名比例上升。轻罪在新增罪名中也占有较大比例，2011 年《刑法修正案（八）》新增 6 个罪名，其中 1 个为轻罪，占比 16.67%；2015《刑法修正案（九）》新增 17 个罪名，其中 14 个为轻罪，占比 82.35%；2017 年《刑法修正案（十）》新增 1 个罪名且为轻罪；2020 年《刑法修正案（十一）》新增 17 个罪名，其中 8 个为轻罪，占比 47.06%。

从司法实践上看，尤其是自 2011 年以来，轻罪案件在审结案件中占有较大比例（见图 1）。众所周知，2011 年《刑法修正案（八）》增设危险驾驶罪以来，越来越多的醉酒型危险驾驶案件进入司法程序。“据统计，目前全国危险驾驶罪案件占刑事案件总数的 30% 左右，无疑是我国的第一大刑事犯罪。”[④] 再加上电信诈骗关联犯罪之帮助信息网络犯罪活动罪案件大幅增长，

---

① 参见周峨春、郭子麟：《轻罪前科消灭制度构建》，载《重庆理工大学学报（社会科学）》2022 年第 9 期。

② 参见梁云宝：《中国式现代化背景下轻微犯罪前科消灭制度的展开》，载《政法论坛》2023 年第 5 期。

③ 2023 年 12 月 29 日第十四届全国人民代表大会常务委员会第七次会议通过《中华人民共和国刑法修正案（十二）》，目前我国刑法总共规定了 422 个罪名。

④ 闫译文：《轻罪前科消灭制度的必要性证成与路径构建》，载《西部学刊》2023 年第 12 期。

图 1　近年来轻罪占所有罪名比例变化

轻罪化趋势明显，犯罪结构已然发生变化。

（二）被科处刑罚人群扩张

犯罪圈扩张，犯罪结构变化，轻罪比例上升最直观的体现就是越来越多的行为人被判处刑罚。[①] 如危险驾驶罪，被告人醉酒后驾驶机动车被查获，血液中酒精含量达 80mg/100ml 以上，无其他情节，就已满足危险驾驶罪的犯罪构成。2022 年全年，全国被判处刑罚的人数有 171.5 万人，其中因危险驾驶罪被判处刑罚人数达 30 万人。据最高人民法院、最高人民检察院公开数据显示，近十年来被判处有期徒刑三年以下的比例基本稳定在 80% 左右，近几年逐步上升。

虽然图 2 显示的是被判处三年以下有期徒刑罪犯人数占比变化，一定程度上也体现了轻罪人数占比。犯罪人犯罪情节轻微，社会危害性较小，犯罪之后便被贴上有罪标签。既有前科制度在排除未成年人犯罪情况下，不考虑行为人犯罪的事实、性质、情节和对于社会的危害程度，对所有犯罪人适用相同标准，无疑增加了前科人员数量。

（三）犯罪附随后果影响扩张

犯罪附随后果一定程度上阻碍前科人员重返社会。犯罪附随后果的概念是指非刑法规定，而由其他法律、法规、规章及规范性文件所规定，限制或者禁止曾犯罪人员或者其近亲属等相关人员的特定权利或者资格。有观点提出，“综合考虑犯罪附随后果给行为人带来的危害，将造成的损失予以叠加，

① 参见陈小彪、刘柏宏：《轻罪扩张的现实困境与应然路径》，载《四川警察学院学报》2022 年第 3 期。

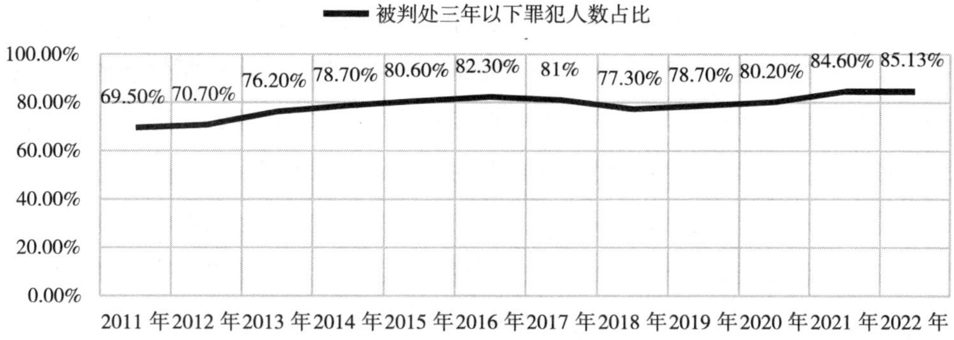

图 2　近年来被判处三年以下罪犯人数占比变化

一定程度上能够将行为人评价为‘民事死亡’。”[①] 对犯罪人的刑事处罚意味着对其人身自由的限制，轻罪犯罪人的自由刑毕竟有限，在短暂的改造后要重返社会，而前科制度由于犯罪记录的存在，给行为人及其近亲属等带来的是长期甚至是无期限的资格剥夺，两者相比，更为严厉的莫过于后者。[②]

二、理性思辨：轻罪化趋势下前科后果治理的价值取向

前科后果治理既关乎行为人本身，又影响社会的大局稳定，是轻罪治理实践中的重要一环。在轻罪化趋势下，前科后果的治理应当保持正确的价值取向，只有夯实好前科后果治理的基础，才能更好地实现犯罪治理效果。

（一）遵循刑罚正当化理论

刑罚的正当化根据在理论上被称作相对报应刑论，又称并和主义或综合主义理论，强调报应和预防。随着社会发展和犯罪结构的变化，报应刑并不单单地只注重同态复仇，而是更加强调罪刑均衡原则，将公平理念融入罪与刑的关系当中，使行为人的犯罪行为与产生的犯罪后果匹配得更加合理。这种匹配性强调的是罪与罚相称。有观点提出，前科制度的设立符合刑罚之中的报应内涵，犯罪人的前科报告义务和权利的限制是刑罚报应效果的对外延

---

① 彭文华：《我国犯罪附随后果制度规范化研究》，载《法学研究》2022 年第 6 期。

② 参见崔志伟：《积极刑法立法背景下前科消灭制度之构建》，载《现代法学》2021 年第 6 期。

伸，在惩罚犯罪人的同时一定程度上起到威慑犯罪人作用。[①] 虽然有一定道理，但是刑罚更应注重罪刑均衡，前科制度同样不能例外。“在轻罪化趋势下，我国刑法体系出现了过程与结果不相符的不足。”[②] 前科制度表现得尤为明显。前科制度是行为人受到刑事处罚后刑事责任的延续，且无时间长短限制。犯罪人的犯罪行为必然会受到《刑法》的评价，追究其刑事责任，剥夺其人身自由以及对其经济制裁都是刑法正义理念的体现。但是在行为人服刑结束之后回归社会过程中，继续面对之前犯罪行为带来的各种报复，显然有失公允。不细分犯罪的性质剥夺前科人员的各项资格违背了报应内涵的应有之义。

相对报应刑论除强调报应之外，同时还强调刑罚的预防功能。预防刑基于预防犯罪的目的，不仅作用于犯罪人，也对一般公众产生效果，即消除行为人的初犯与再犯可能性。预防刑分为一般预防与特殊预防，一般预防即是通过刑罚威慑潜在犯罪行为人，使其不敢实施犯罪。特殊预防则是针对犯罪行为人本身，通过惩罚与教育手段，使其不敢再次犯罪。前科制度确实可以推动实现一般预防之目的，因为前科带来的威慑功能并不亚于刑罚本身。“但是理性的刑罚不应只考虑威慑，用猛药治疗疾病虽能起到一定效果，但从长远来看，这种方式对社会发展并非有利。同样，刑法及刑罚也不能仅仅停留在有效，还需考虑追求处罚的必要性和效益的最大化。”[③] 随着轻罪化趋势不断凸显，越来越多的犯罪人被社会所边缘，“一刀切”的前科制度只追求威慑功能显然并不合理。前科制度为了实现特殊预防导致行为人一朝有罪，终身背负，融入社会，回归正常生活的难度加大，阻碍行为人的再社会化，与刑罚特殊预防之目的相背离。前科后果治理应当遵循刑罚的正当化理论。

（二）贯彻宽严相济刑事政策

20 世纪 80 年代，在犯罪活动猖獗，社会治安遭受严重破坏的社会背景下，为迅速打击犯罪，实现社会治理效果，我国开始实行严打的刑事政策。

① 参见王瑞君:《“刑罚附随性制裁”的功能与边界》，载《法学》2021 年第 4 期。

② 卢建平:《轻罪时代的犯罪治理方略》，载《政治与法律》2022 年第 1 期。

③ 崔志伟:《法益识别与“情节”评定：利益衡量作用于构罪判断之另种路径》，载《中国刑事法杂志》2020 年第 5 期。

在严厉打击违法犯罪的理念下，作为被社会给予否定性评价的犯罪行为人，因其实施的犯罪行为产生的不良后果故而应该由其自身承担，前科的不良信息记录也会不断伴随。这与当时严打的刑事政策相适应，同时也是时代背景下社会治理的需求。随着社会的不断发展，我国的刑事政策也不断进行调整。21 世纪初，我国开始实行宽严相济的刑事政策。宽严相济刑事政策要求要根据犯罪性质和具体情况，做到该宽则宽、当严则严、宽严相济、罚当其罪。要求在法律范围内充分体现政策精神，打击和孤立极少数，教育、感化和挽救大多数，最大限度地减少社会对立面，促进社会和谐稳定，维护国家长治久安。

宽严相济刑事政策是社会层面对于犯罪、犯罪人的反映理化表现，蕴含着刑罚的谦抑性和人道性思想。时代不断发展，理念也不断更新，20 世纪立法背景及刑事政策下建立宽严不分的前科制度已严重违反宽严相济的刑事政策。如前文所提，庞大数量的法律、法规、规章不加区分地将前科人员与正常社会予以隔离，使他们难以享受与普通公民相同的待遇，这与宽严相济的刑事政策中的"宽与济"是严重不符的。不是给予犯罪人越重的刑罚就会达到更好的效果，轻重适宜才是最恰当的。前科制度同样也应对轻罪、重罪作出区别对待，贯彻宽严相济刑事政策，助力那些主观恶性、人身危险性、社会危害性较小的轻罪人员重返社会，消除回归社会障碍，以达到良好的社会治理效果。

（三）符合恢复性司法理念

恢复性司法理念是在反思传统刑事司法基础上而产生的一项现代基本司法理念，是对犯罪所作出的一种独特反映，指将犯罪各方汇聚在一起，共同研究如何消除犯罪后果及其对未来的影响。① 其起初产生于未成年人犯罪案件，强调对于未成年人的恢复性司法理念，既要对未成年人被告人的合法权益进行充分保护，也要及时对未成年被害人给予关心和爱护。在诉讼程序中，对于部分未成年人犯罪适用附条件不起诉规定也体现着恢复性司法理

① 参见何挺、严泽岷：《恢复性司法理念在企业犯罪附条件不起诉中的引入与运用》，载《法治社会》2022 年第 6 期。

念。恢复性司法关注的不是对犯罪行为人的惩罚，而是聚焦于犯罪所造成的损害，修复损害和恢复和平是以恢复性司法理念治理犯罪应当着重考虑的因素。“恢复性司法其目的在于恢复，在对于法益保护的前提下对所造成破坏的社会关系进行修复，充分动员各方和运用社会力量消除社会中存在的影响犯罪因素，从而降低犯罪发生概率，进而促进社会稳定发展。”①

恢复性司法并不仅仅指对被害人以及社会进行恢复，也包含对犯罪行为人的一种恢复。诚然，犯罪行为人应当承担与其相应的刑事责任，积极去除因犯罪造成的损害。但是，在承担责任之后，各方也要给予犯罪人更多的关注与尊重，使其能够顺利融入社会。但是现实情况是，前科制度并未考虑对犯罪人以及犯罪人返回社会所面临的社会关系进行恢复，违反了恢复性司法理念要求。恢复性司法理念在前科制度中应当侧重于对前科人员重返社会的一种激励，帮助其修复自身社会关系，消除回归社会的阻碍，并且在恢复之后保持稳固和持久的效果。只有这样，才能一定程度上实现化解社会矛盾，保障社会平安，减少社会对抗的目的。

（四）满足轻罪治理现代化要求

随着轻型犯罪的不断增多，要积极构建与轻罪治理现代化要求相适应的轻罪治理模式，才能更好地促进社会内生稳定，维护国家长治久安。轻罪治理关注被告人人权和个人预防，强调刑罚个别化理念。回归到轻罪案件本身，被告人被判处的刑罚都比较轻，刑罚的威慑功能也相对较弱。行为人可能因一时冲动，又或者受社会因素影响，主观恶性及行为造成的社会危害均较小。这些案件中被告人被定罪量刑后，很快就要重新回归社会，继续原来的生活。但当被贴上犯罪标签之后，即便是犯罪性质、情节比较轻微，必然受到社会公众的区别对待。在公众的排斥下，可能导致前科人员对其犯罪身份的认同，长期在压抑环境中生活，自然而然走向社会对立面，重新实施违法犯罪行为。现有的前科制度并不满足轻罪治理的现代化要求，一定程度上影响轻罪犯罪人的再社会化。轻罪治理应体现尊重和保障人权、司法为民等

① 李梁、田玉明:《恢复性司法理念本土化应用的困境与对策》，载《周口师范学院学报》2022 年第 4 期。

理念，现代刑事司法制度亦应当成为权益保障和社会治理的双赢选择。轻罪化趋势下，绝大数轻罪人员不应因受到刑事制裁而失去了和其他公民平等的社会资格，被社会所排斥、疏远。“促使曾犯罪的行为人重返社会，适应社会，被社会所包容，是现代刑事政策要考虑的重点内容，也是犯罪治理现代化的必然要求。”[①] 因此，前科制度作为轻罪治理中的关键一环，理应有所区分，满足轻罪治理现代化要求，发挥着维护社会稳定的重要作用。

三、功能契合：破产重整企业信用修复理念的合理借鉴

从前文的分析来看，我国现有的前科制度确需改善以适应犯罪治理需求。理论界对该问题的关注持续很长时间，尤其在现行刑事立法扩张，犯罪结构发生变化的情况下，理论界对前科制度的改革形成了不同观点。

（一）衡量：轻罪前科一律消灭之现实局限

审视并解决前科制度存在的问题，平衡维护社会稳定与保障犯罪人权益之间关系，构建与积极刑法立法相配套的前科制度是理论界讨论的重点。有的学者认为，“前科消灭需要依附犯罪分层进行建构，对于法定刑最高刑为三年有期徒刑以下的轻罪，定罪量刑时设立前科考验期，考验期内保留前科记录，经过考验期且符合考察条件，则对其封存犯罪记录。”[②] 也有学者认为，“建立轻罪体系，将轻罪与重罪刑罚效果进行区分，对判处三年以下有期徒刑的轻罪犯罪人设立前科消灭制度，前科存续期间为三年”。[③] 还有的学者认为，“与其建立前科消灭制度，不如删除其他法律、行政法规关于犯罪的附随后果的规定，与此同时，将现行法律、法规中的附随效果变更为刑法上的资格刑内容。”[④] 在不同观点中，呼声最高的便是将法定刑最高刑为三年以下的轻罪前科予以消灭。

轻罪前科消灭是指曾经受轻罪宣告或者被判处轻罪刑罚的人在满足相应

---

① 冯卫国：《刑事执行与罪犯处遇新探索》，法律出版社 2019 年版，第 125 页。

② 刘仁文、钱蕙：《刑法扩张视角下犯罪分层的路径选择》，载《贵州民族大学学报（哲学社会科学版）》2021 年第 4 期。

③ 陈兴良：《轻罪治理的理论思考》，载《中国刑事法杂志》2023 年第 3 期。

④ 张明楷：《轻罪立法的推进与附随后果的变更》，载《比较法研究》2023 年第 4 期。

的条件后，按照法律规定的有关程序，对其之前的犯罪记录予以消除，使其能够享有与其他公民一样平等的社会权利。[①] 学者从前科处罚违反罪刑法定原则、比例原则、罪责自负的法治精神等方面论述了轻罪前科消灭的正当性。轻罪前科消灭确实具有理论上的合理性，能够促进前科人员重返社会，享受与他人公平公正的待遇，犯罪附随后果也不会存在。但是结合我国刑事立法和司法现实状况，轻罪前科一律消灭存在一定局限。首先是一定程度上冲击现有的法律制度。我国刑法总则规定的有前科报告义务、累犯制度以及《刑事诉讼法》规定的有未成年人犯罪记录封存制度等。审判实践中在对被告人定罪量刑时也要考虑前科酌情从重处罚。在此情况下对轻罪一律消灭，必然会对法律结构造成冲击，对司法实践带来困扰；其次是轻罪的评价不能完全达到消灭标准。虽然学界主流观点认为法定刑最高刑三年以下的界定为轻罪，但是不具体评价犯罪的事实、性质、情节和对于社会的危害程度，一律将轻罪前科予以消灭并不合理；最后是轻罪跨步消灭一定程度上影响社会可承受度。我国对于未成年人犯罪一直保持教育为主，惩罚为辅政策。因此，目前规定的只有未成年人犯罪记录封存和前科免除报告义务。对于未成年人的特殊身份，对其给予特殊保护在社会层面一直是被认同的。若不递进式推进前科后果治理，直接从未成年人犯罪记录封存跨越至轻罪前科一律消灭，必然会给社会秩序带来严重的冲击，不利于犯罪治理与社会稳定。

（二）借鉴：破产重整企业信用修复理念之启示

1. 修复之内涵诠释

随着优化营商环境的步伐不断推进，企业的破产重整制度作用日益凸显。通过府院联动、各部门协调配合，发挥重整制度价值，解决破产企业开展新的生产经营活动前所面临的重要问题。破产重整企业信息修复是指为了确保企业的重整程序正常进行以及重整后能够开展正常经营活动，根据法律

① 参见彭新林：《中国特色前科消灭制度构建研究》，人民法院出版社2019年版，第26页。

规定的条件和相应的法律程序，对其信用信息进行修复的一项法律制度。[①] 对于有拯救价值的企业若不提供制度保障必然导致企业走向消亡，对社会稳定与地区经济发展产生不良影响。破产重整企业信用修复从社会整体效益出发，在法律规定的范围内对破产重整企业在金融、税务等方面提供信用修复的制度保障，目的是拯救企业，实现企业复兴。但是破产重整企业信用修复并不是简单地将企业信用负面记录全部抹除，而是对企业因破产窘境所存在的信用债务信息进行附条件的修复，消除信息记录给企业带来的各种限制，帮助企业顺利完成破产重整计划，尽快恢复正常的生产经营。

2. 修复之实践运行

"破产重整企业信用修复主要包括企业金融信用修复、纳税信用修复。"[②] 实践中，人民法院裁定批准重整计划、重整计划执行完毕后，管理人或重整企业可以依据人民法院的裁定书先向信息提供者或征信分中心提出征信异议申请，申请通过后可在金融信用信息基础数据库中添加信息主体声明，及时反映重整进度，金融机构在受偿后重新上报信贷记录，展示债权债务关系，对于企业合理融资需求，参照正常企业予以审批。同样地，税务机关受偿后，在相关主体提出申请后，税务机关重新评价重整企业纳税信用级别，并向重整企业反馈信用修复结果。

（三）契合：以修复理念完善轻罪前科后果治理之理论证成

1. 修复之目的相匹配

破产重整企业信用修复的主要目的是对因失信行为受到信用惩戒的企业进行挽救，使之重获新生。修复主要围绕企业自身因经营不善导致已经破损的相互信任关系，从而重塑企业信用、恢复企业活力。而对于前科人员来讲，修复之主要目的也是使其能够顺利回归社会。现有前科制度给轻罪人员带来的前科负担已超过其因犯罪所应受到的惩罚，通过引入修复制度，转变

---

① 参见闫海、王天依：《论重整企业信用修复的特征、机制与方式》，载《征信》2021 年第 1 期。

② 徐昭、姜弘毅：《破产重整企业信用修复的实践与思考》，载《征信》2018 年第 6 期。

社会对前科人员的评价，修复前科人员所面临的社会关系，恢复其应该享有的各项权利，使前科人员更好地回归社会。

2. 修复之范围相匹配

破产重整企业信用修复有一定限度，其限度主要是指信用修复范围的有限性，并非所有的破产重整企业的失信行为均可被修复，需要考量破产企业主体以及之前的经营行为等，如要有良好的经营价值、拯救价值以及拯救可能，否则必然会浪费大量社会和司法成本。同时对于重整企业严重侵害社会公共利益和消费者权益的也应排除修复。同样地，也并不是所有的前科人员的前科后果都需要被修复，对于严重危害国家安全、社会公共安全、人身财产安全的，也不应对其前科后果进行修复，前科负担此时能起到预防犯罪行为发生的作用。适用前科修复应综合考虑前科人员的主观恶性、人身危险性、社会危害性，对轻罪人员的前科后果修复是有必要的。

3. 修复之条件相匹配

破产重整企业信用修复要满足一定的条件，即修复的条件标准。修复标准是开展信用信息修复的基础，只有具备法律规定的修复标准，才能实施具体的修复行为。破产重整企业信用修复的标准即企业重整计划满足各方债权人利益，重整计划被裁定批准或者重整计划执行完毕后。而对于前科人员的前科后果修复也要满足一定的条件，设立条件目的是确定其回归社会是否会给社会带来一定的负面影响，在其满足条件获得正向评价，同时符合相应的程序之后可以对其前科后果进行修复。

4. 修复之效果相匹配

破产重整企业信用修复之前，各方对其评价显然很低，其信用属于一种崩塌状态，社会公众对其信用评价的降低，带来的便是银行拒绝对其授信和发放贷款、税务部门降低其纳税评价等级、市场监督管理局吊销其营业执照、潜在的市场合作对象拒绝与之合作等影响。企业无法正常经营便会因市场优胜劣汰的竞争机制淘汰出局。企业信用修复之后，虽未完全消除信用惩戒，去除失信标签，但是能够起到阻断惩戒效果，消除企业正常生产经营所面临的各项阻碍，使其重获新生。“前科人员因犯罪标签面临同样是犯罪人身份产生的精神负担，社会对其人格评价的降低，潜在的各方排斥，如面临的就业歧视等。”① 不通过一定方式的治理或改变，行为人一般难建立起正常的社会关系，一直处于犯罪的亚文化群体之中。在此基础上，顺应新时代轻罪治理要求，通过对前科后果进行修复，排除社会对其负面评价，有效控制犯罪化效应和刑罚溢出效应，使轻罪前科人员排除后顾之忧，更好地回归并融入社会。

在轻罪前科后果治理中引入破产重整企业信用修复理念，能够在实现刑罚正当化根据的同时，修复轻罪给前科人员所带来的前科后果，促进前科人员更好地回归社会，符合恢复性司法理念和宽严相济刑事政策，也能更好实现现代化下轻罪治理的社会效果。

四、现实进路：轻罪化趋势下前科后果双层治理模式构建

轻罪化趋势下构建轻罪前科双层治理模式更能在惩罚犯罪与保障人权之间实现平衡。轻罪前科治理双层模式是指根据相应条件将轻罪人员前科后果的治理分为前科消灭和前科附条件修复两种模式。

（一）轻罪前科后果双层治理的基本架构

1. 轻罪前科消灭与轻罪前科附条件修复的界定

轻罪前科消灭是指曾经受轻罪宣告或者被判处轻罪刑罚的犯罪人在满足相应的条件后，按照法律规定的有关程序，对其之前的犯罪记录予以消除。轻罪前科消灭是种规范性上的消灭，前科被消灭的犯罪人，不被视为犯过罪，恢复其本因犯罪前科将要被剥夺的各项权利。“前科消灭之后，行为人在法律上就不再被当作曾经犯过罪的人。”②

轻罪前科附条件修复是指前科人员经过特定时间，在满足一定的条件，向法院提出前科修复申请，由法院裁判是否予以修复。同破产重整企业信用修复一样，前科附条件修复是激励前科人员更好回归社会的一种方式。前科

---

① 蔡淮涛：《积极刑法观视域下我国轻罪化的理论解构与规制路径》，载《天津师范大学学报（社会科学版）》2023 年第 4 期。

② 王志祥：《我国犯罪圈扩张的趋势及其合理控制——以醉驾的刑法治理为切入点的思考》，载《苏州大学学报（哲学社会科学版）》2022 年第 1 期。

修复不同于前科消灭，和破产重整企业信用修复并不消灭重整企业失信惩戒记录一样，前科修复后前科人员仍保留前科犯罪记录，只是修复后在各方协调配合下将前科人员犯罪记录对外予以屏蔽，免除其前科报告义务，消除其在回归社会过程中社会对其的负面评价。同时其又不同于未成年人犯罪记录封存，附条件修复后的前科人员在犯新罪时，仍要结合累犯、再犯以及前科量刑情节等规定对犯罪人进行处罚。

2. 轻罪前科消灭与轻罪前科附条件修复的实质划分

如图 3 所述，对于轻罪前科人员适用前科消灭还是前科附条件修复要建立相应标准。首先，要以前科人员年龄作为分类因素，我国对于未成年人保护始终以“教育为主，惩罚为辅”的方针政策，在制定法律法规、司法解释等均坚持最有利于未成年人原则。同样在前科后果治理方面，对所犯法定刑三年以下轻罪的未成年人的前科直接予以消灭。其次，对于成年人犯法定刑三年以下轻罪的，根据行为人犯罪时主观方面不同，过失犯罪行为人主观恶性较小，对于社会的危害程度相对较低，故而对过失犯罪人员的前科予以消灭。再次，综合考虑行为人犯罪的事实、性质、情节和对于社会的危害程度，根据宣告刑时间长短不同，对于经过法院审理判处有期徒刑一年以下刑期、管制或拘役、单处罚金或者适用缓刑的，对其前科予以消灭。最后，对于宣告刑是一年以上有期徒刑实刑的前科人员排除适用前科消灭，进入前科附条件修复阶段，修复阶段前科人员存在考验期。考验期就是在刑罚执行完毕或赦免后的一段时间内仍保留前科记录。前科人员受到刑事处罚后三年内没有犯新罪或发现漏罪，没有违反治安管理处罚法的，将其前科进行修复；反之，排除前科附条件修复适用。经过附条件修复之后重新犯新罪或者发现漏罪要排除其前科附条件修复的适用。

（二）轻罪前科后果双层治理的具体规则

1. 申请主体与方式

轻罪前科消灭不需要行为人申请，由法院在作出裁判的同时，根据轻罪前科消灭的条件要求，直接作出前科消灭的决定。作出决定后，各机关依法将其犯罪记录予以屏蔽，不对外公开，视为行为人未犯过罪。前科附条件修复需依申请的方式，申请主体原则上应是前科人员本人，因为其是在现有前

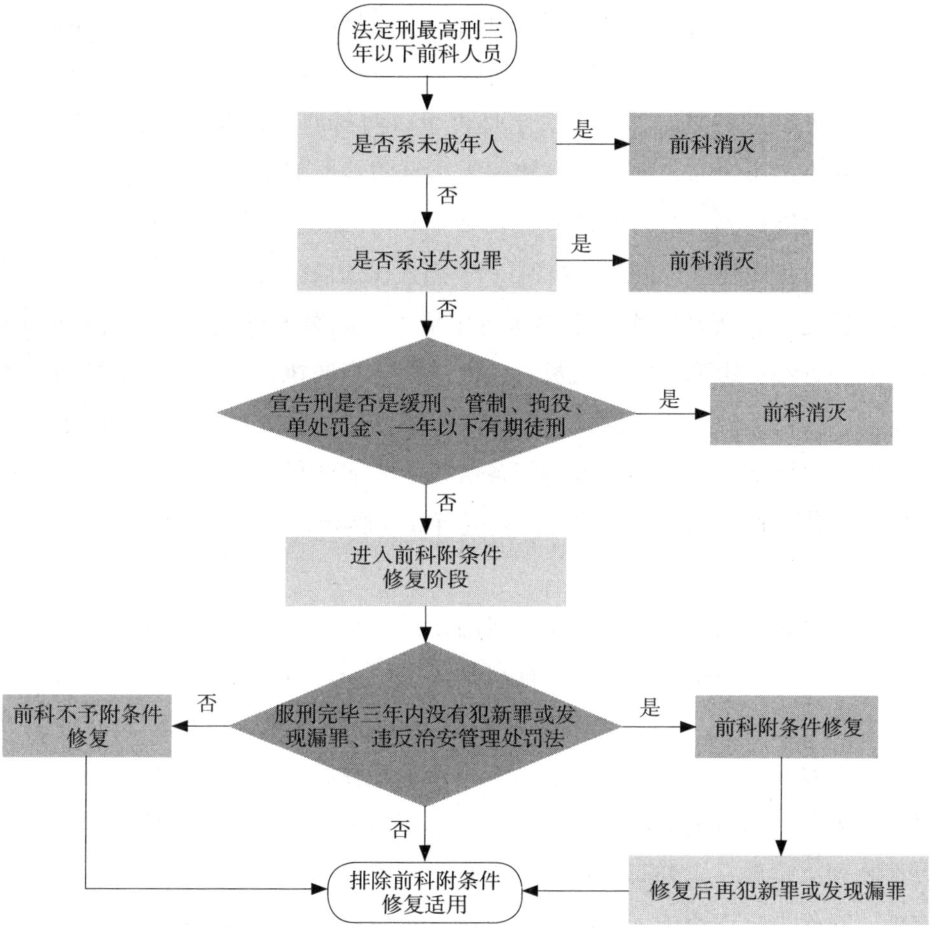

图 3　轻罪前科后果双层治理的实质划分

科制度下不利后果的直接作用对象，理应成为申请主体。同时，前科人员近亲属等因受到前科人员犯罪记录的影响，社会各项权利也会有所限制，是前科后果的间接作用对象，也有权成为申请主体。对于申请方式，轻罪前科附条件修复应当由申请主体向做出有罪判决的基层人民法院提出书面申请，书面申请上要列明身份信息、所判处的刑罚，同时提供有效身份证件及前科人员服刑完毕三年内没有发现其犯罪或违反治安管理处罚法的证明。

2. 决定机关及配合部门

申请主体提交申请材料及证明后，人民法院要结合之前作出的判决，依法审查申请主体的身份信息、书面材料、证明材料等的真实性，是否满足前科附条件修复的标准。法院依法作出轻罪前科消灭或附条件修复决定时要征求同级检察机关意见，然后再决定是否予以前科消灭或者前科附条件修复。人民法院作出决定时，要同时向相关人员释明轻罪前科消灭或轻罪前科附条件修复的制度内容，并告知相关权利义务。司法及行政机关在前科消灭及附条件修复过程中建立协同工作机制。[①] 当人民法院依法作出前科消灭或附条件修复决定时，要及时将决定书送达申请人、同级人民检察院、公安机关。对被判处管制、缓刑的前科人员，人民法院应当向执行地社区矫正机构送达决定书。人民法院在作出决定及同级人民检察院、公安机关、社区矫正机构等在收到决定文书时，要统筹内部各级机关按照前科消灭与前科附条件修复不同决定，分别对犯罪人的前科信息进行保存屏蔽。

3. 检察监督与救济途径

检察机关应当对前科消灭及前科附条件修复行使法律监督权。上述内容讲到，人民法院在依法作出轻罪前科消灭或附条件修复决定时，需征求检察机关意见，检察机关要及时审查材料并提出反馈意见，确保轻罪前科消灭或附条件修复决定依法依规开展。人民检察院在收到人民法院抄送的决定书时，如果认为前科消灭或附条件修复决定不当或者决定违反程序规定的，可以在收到决定后一定期限内提出书面意见，人民法院在收到意见后应作换人审理，并作出最终决定。同时，检察机关也应对前科人员实施监督，对于作出附条件修复之后的前科人员重新犯罪或者发现漏罪的，不论是轻罪还是重罪，对案件提起公诉后应当同时向作出前科附条件修复的人民法院提出撤销前科附条件修复申请。检察机关同时应当对犯罪记录查询、各单位保密情况等是否存在违规进行监督。申请主体向法院申请后，对人民法院作出的不予前科附条件修复决定有异议时，可以向上一级人民法院申请复议，上级人民法院依法审查并作出最终决定。

---

① 参见郑二威:《我国犯罪记录整体封存的制度构建》，载《法制与社会发展》2023年第4期。

（三）轻罪前科后果双层治理的对外延伸

经过轻罪前科消灭或附条件修复的前科人员的犯罪记录应当严格按照法定程序进行保存。相关部门要建立专门的轻罪人员犯罪档案库，执行严格的保管制度。[①] 对于被消灭或修复犯罪记录的行为人本人或者其近亲属申请出具无犯罪记录证明的，受理单位应当在规定时间内出具无犯罪记录证明。因为不论是轻罪前科消灭抑或是轻罪前科附条件修复，只是规范意义上的，所以对于有关单位需要查询犯罪人的犯罪记录时，前科消灭后的犯罪记录只在统计全国犯罪信息数据时予以提供，而附条件修复后的犯罪记录只在司法机关为办案需要或者有关部门按照国家规定查询时予以提供。[②] 查询前科人员犯罪记录的有关人员或单位，需要向掌握相关资料的司法机关提交书面申请，申请上要详细记载查询的理由、依据以及查询的犯罪记录信息所使用的范围等。申请查询时，查询人员应当出示工作证、单位公函等能够证明身份信息的材料。对申请查询予以许可的，犯罪档案管理部门对查询情况进行登记，并将申请人员提供的申请、身份材料、保密承诺书等留档保存。依法不许可查询的，应当出具不予查询决定书，并向对方说明理由。对于被许可查询的单位及人员，应当严格遵守保密义务，并签署保密承诺书。对于因工作原因获知被修复前科人员犯罪信息的司法机关人员应当做好保密工作，不得泄露被修复的犯罪记录。上述部门及人员违反保密规定的，应当依法追究其法律责任。

（四）轻罪前科后果双层治理的规范衔接

“我国刑法中的累犯制度和特殊再犯制度，都在一定程度上是以行为人具有前科为基础的。”[③] 未成年人犯罪记录封存、前科报告等制度也与前科后果治理紧密相连。实现轻罪前科后果双层治理，建立轻罪前科消灭和轻罪前科附条件修复模式必然会对现有法律规范造成冲击，需及时完善相应法律规

---

① 参见李荣胜：《轻罪治理的司法适用效果检视与困境纾解》，载《南宁师范大学学报（哲学社会科学版）》2023 年第 4 期。

② 参见曾新华：《犯罪记录封存“但书”规定的法教义学展开》，载《中国刑事法杂志》2022 年第 2 期。

③ 陈兴良：《轻罪治理的理论思考》，载《中国刑事法杂志》2023 年第 3 期。

定和司法解释内容。对于经过前科消灭的犯罪行为人应该视为重获新生，未曾犯罪；对于经过前科附条件修复的犯罪行为人虽然免除前科报告义务，但是在犯新罪或发现漏罪时便失去修复基础，不能再免除其前科报告义务，同时适用累犯、再犯以及前科量刑情节等规定。因此，以法定刑最高刑三年以下界定轻罪为基础，实体上，在《刑法》第100条前科报告制度中增设第3款“轻罪前科一旦消灭或附条件修复，免除前科报告义务，但附条件修复后犯新罪或发现漏罪的除外”。在《刑法》第65条一般累犯第1款规定中，将“过失犯罪和不满十八周岁的人犯罪的除外”修改为“过失犯罪和不满十八周岁的人犯罪以及犯轻罪但前科已消灭的除外。”同时在犯罪人再犯新罪时，经前科消灭后的犯罪人不能评价为刑法意义上的“再犯”。程序上，在《刑事诉讼法》中首先增设前科消灭和附条件修复特别程序，规定具体的概念、程序等，其次将第286条修改为“犯罪的时候不满十八周岁，犯法定最高刑三年以下的刑罚的，应当对其前科消灭，被判处五年有期徒刑又不符合消灭标准的，应当对相关犯罪记录进行封存”。通过上述法律条文的修改，完善相关制度，确保前科规范效力的统一，更好地实现轻罪犯罪治理的法制化科学化。

结　语

轻罪前科后果治理具有很强的现实意义，它既能一定程度上解决犯罪给行为人带来的过多责难，充分保障犯罪人人权，又能满足国家在轻罪治理领域不断产生的治理需求，对轻罪犯罪治理体系的发展发挥重要作用。由于在轻罪前科后果治理领域，我国目前只停留于理论探讨阶段，立法及司法实践中还存在空白，随着轻罪治理的不断推进，更多关于轻罪前科后果治理观点会陆续进入大众视野，理论研究在将来也会更加深入，轻罪化趋势下犯罪治理体系也会更加完善。

刑事治理现代化视域下前科消灭分类分级制度的构建
——为建设更高水平的平安中国建言献策

汝州市人民法院　楚军荣　张泰东　倪晓鹏*

引　言

前科制度旨在通过“震慑”与“隔离”来预防犯罪，而当下其无差别地适用于轻重犯罪违背了罪责一致原则，伴随犯罪者终生阻碍了有前科者更好地回归社会，影响亲属有悖于罪责自负的法治精神，这些基于防卫需要而进行的过度“隔离”可能会引发新的犯罪，违背前科制度构建的初衷。同时，积极刑法立法观[①]下，我国刑事立法进程加快，犯罪人数整体呈现上升态势，犯罪结构由重罪向轻罪[②]演变，犯罪类型逐渐以社会公益犯罪为主，国家整体的犯罪形势发生了明显变化，从而加剧了前科制度的负面效应，对犯罪者个人及其家庭产生巨大影响，进而形成更多的社会不稳定因素，增加国家治理难度和潜在风险，长此以往，必将影响国家安全、社会安定、人民安宁。而刑事治理现代化要求治罪与治理并重，打击犯罪与保障人权并行，构建前科消灭制度正是这一要求的体现，其“变堵为疏”“疏堵结合”，能够更有效地预防犯罪。基于此，我们有必要构建具有中国特色的前科消灭分类分级制度，以便更好地平衡社会公众利益和前科群体利益之间的冲突，减少社

*楚军荣，河南省汝州市人民法院党组书记、院长。张泰东，河南省汝州市人民法院党组副书记、副院长。倪晓鹏，河南省汝州市人民法院审管办（研究室）法官助理。

① 参见周光权:《积极刑法立法观在中国的确立》，载《法学研究》2016年第4期。

② 本文轻罪除有特别说明外一般是指法定最高刑为三年以下有期徒刑、拘役的犯罪。

会的对立面。

一、实证考察：犯罪形势的变化与前科制度存在的问题

随着改革开放的深入和经济社会的发展，刑法需要保护的法益日益增加，刑事立法积极回应国家、社会和公众的需求，频繁增设新罪。二十余年来，刑法修正案数量累计达到 11 个，新增罪名达到 70 余个，刑事法网越织越密，犯罪人数、犯罪结构、犯罪类型均发生了明显的变化。在此背景下，前科制度的负面效应愈加凸显，对国家、社会和个人都将产生不利的影响。

（一）犯罪形势发生的变化

1. 犯罪人数呈现整体上升态势

与刑事立法频繁增设新罪相对应的是，每年被法院判决有罪的被告人人数水涨船高，整体也呈现上升态势。分析近二十年全国法院司法统计数据发现，全国犯罪人数从 2003 年的约 74.2 万增长至 2022 年的约 143.1 万，其中 2021 年一度达到约 171.5 万，二十年来犯罪人数累计达 2322 万余人。[①] 可以预见，未来随着刑事立法的扩张，犯罪人数整体上升的态势将会继续维持，犯罪人数也将进一步增加。

2. 犯罪结构由重罪向轻罪演变

关于重罪与轻罪，刑法理论上存在争议。根据刑法总则关于“被判处拘役、三年以下有期徒刑的犯罪分子”具备法定条件时可适用缓刑的规定，以及刑事诉讼法关于是否应当组成合议庭以可能判处有期徒刑是否超过三年为标准的规定，可以看出，我国目前是以宣告刑三年有期徒刑作为重刑与轻刑的界限，但还没有重罪与轻罪的概念。从最高人民法院司法统计来看，有期徒刑以上刑罚的统计界限，2010 年前以五年有期徒刑为界，之后则以三年有期徒刑为界。按照五年有期徒刑的标准，二十年来刑罚在五年以下至免予处罚的人数从 2003 年的约 58.4 万增至 2022 年的约 131.3 万，其中 2021 年达到

---

① 数据来源于 2003—2022 年全国法院司法统计公报。

约156.4万，占比从78.6%增至91.8%[①]；按照三年有期徒刑的标准，十二年来刑罚在三年以下至免予处罚的人数从2011年的约80.6万增至2022年的约123万，其中2021年达到约145.9万，占比从76.7%增至85.9%[②]。可见，无论按哪种标准，轻罪犯罪人数都在急剧增加，占比也整体呈上升态势，重罪犯罪人数和占比均与之相反。依据罪责刑相适应原则，法院判决结果由重刑转向轻刑，能够证明我国的犯罪结构正在由重罪向轻罪演变。

另外，根据最高人民检察院公布的全国检察机关二十年来起诉严重暴力犯罪人数变化情况，可以看出我国故意杀人、抢劫、强奸、绑架、放火、爆炸罪等严重暴力犯罪案件的起诉人数从2002年的196150人下降至2022年的56303人，尤其是在2012年之后严重暴力犯罪的起诉人数急剧下降，结合二十年来全国刑事犯罪人数整体呈现的上升态势，能够推出我国严重暴力犯罪案件占比正在迅速降低。同时，根据最高人民检察院公布的2018—2022年起诉刑事犯罪人数[③]，起诉人数最多的前十个罪名占全部起诉人数的比例达65.2%，其中并没有严重暴力犯罪，而且法定最高刑或者第一档刑期为三年以下有期徒刑、拘役的罪名占据多数。由此也可以佐证目前我国刑事犯罪中以危险驾驶罪为代表的轻罪已经占据主导地位，犯罪结构发生了明显变化。

3. 犯罪类型逐渐以社会公益犯罪为主

根据最高人民法院司法统计数据，侵犯公民人身权利、民主权利罪和侵犯财产罪案件每年结案占比分别从2003年的29.0%、43.9%下降至2022年的11.2%、19.8%，与此同时，危害公共安全罪和妨害社会管理秩序罪案件每年结案占比分别从2003年的9.1%、12.0%上升至2022年的33.7%、28.8%[④]。其中，危害公共安全罪和妨害社会管理秩序罪案件结案占比于2013年首次超过侵犯公民人身权利、民主权利罪案件，于2017年首次超过侵犯财产罪案件。由此可以看出，我国的犯罪类型已经由以侵害公民个人利益为主

---

① 数据来源于2003—2022年全国法院司法统计公报。

② 数据来源于2011—2022年全国法院司法统计公报。

③ 数据来源于《2023年最高人民检察院工作报告（审议版）》。

④ 数据来源于2003—2022年全国法院司法统计公报。

转变为以侵害社会公共利益为主，近二十年来主要犯罪类型占比情况发生了明显的变化。

（二）前科制度存在的问题

当前我国《刑法》条文中并没有“前科”二字，但从《刑法》以及其他法律规范、行政法规、部门规章等相关条文来看，实际上已经建立了相对严厉的前科制度且已运行多年，主要包括前科从重处罚制度、前科如实报告制度以及附随的职业禁止、资格限制。不可否认，前科制度自然有其正面的价值，但在犯罪形势发生明显变化的背景下，前科制度现有的模式已经不合时宜，其负面效应越来越明显，对犯罪者个人及其家庭、社会都将产生不利的影响。

1. 适用于所有犯罪违背罪责一致原则

现代社会的犯罪者多数不再是十恶不赦之人，犯罪行为可能是酒后驾驶、高空抛物、出借银行卡等，但目前将轻重犯罪“一刀切”的前科制度，使得“轻罪不轻”，大量轻罪者在重新融入社会的过程中需要与重罪者面临同样的处境。一方面，刑法规定就业时履行前科如实报告义务，并没有区分职业和轻重犯罪，也就意味着所有前科者不论选择何种职业都必须如实报告自己曾经受过刑事处罚的事实，所有的就业机构都可以要求求职者如实报告或者提供无犯罪记录证明。换言之，一旦有前科，也就丧失了自主择业权。另一方面，其他法律、行政法规、部门规章甚至行业规范中关于资格限制和职业禁止的规定，有些与前科者曾经所犯之罪没有任何的关联性，甚至只要受过刑事处罚或者曾经故意犯罪就不得从事某一职业，这样的规定有与犯罪分子永远划清界限的嫌疑，与《监狱法》第 38 条规定的“刑满释放人员依法享有与其他公民平等的权利”相矛盾。这种无差别的防卫，明显违背罪责一致原则和“法治所要求的比例原则”①，不符合社会治理精细化的要求。

2. 伴随犯罪者终生阻碍罪犯再社会化

“每个人都是潜在的罪犯”，在刑事立法不断推进的过程中，这一论断更具有说服力。在犯罪人数整体呈现上升态势的背景下，前科伴随犯罪者终生

---

① 张明楷:《刑法的基本立场》，商务印书馆 2019 年版，第 521 页。

必然导致前科人员回归社会受阻，进而引发更多的社会不稳定因素。如前所述，二十年来罪犯人数累计达2300多万，在前科伴随犯罪者终生的制度设计下，加上刑事立法的推进，势必导致这一数据的增长越来越快。犯罪人数的增加必然导致羁押人数的增加，根据有关统计[①]，全国法院十二年来被判处实刑的人数与罪犯人数变化趋势基本一致，整体均呈上升态势，实刑人数从2011年的约68.6万人增至2022年的约101.8万人，其中2021年达到约125.3万人。而在看守所、监狱等羁押场所，罪犯之间难免会出现“交叉感染”的情况，有的视彼此为“患难知己”，一些罪犯出狱后由于资格限制与职业禁止的扩张化、无序化规定而无法及时融入社会，极有可能自暴自弃，转身利用服刑过程中学来的“新技能”或者投靠之前的“狱友”，着手实施新的犯罪。

3. 影响亲属有悖于罪责自负的法治精神

《刑法》条文并没有规定一个人被宣告有罪会对其亲属产生何种影响，毕竟让其亲属承担不利后果本身也不符合罪责自负的法治精神。按照分配正义的理念，应当按照各人应得的归于各人的原则，在社会成员之间进行权利、权力、义务和责任的配置。但我国目前的相关法律法规、政府规章、行业规范等，多将犯罪前科的附随后果不加区分地扩张至其亲属，本质上是对前科人员的亲属科处一种变相的资格刑。在现实生活中，一个人被打上犯罪标签之后，不仅整个家庭会受到周围群众的冷眼，而且其近亲属就业时都要为其曾经的犯罪行为买单，有的地方甚至将政治审查的范围扩大到旁系血亲，如个别省市在公务员、事业单位等招考过程中，政审环节不仅要求考生提供成年直系血亲的无犯罪记录证明，还要提供其三代以内旁系血亲的无犯罪记录证明。根据上述统计的二十年来的犯罪人数，保守估计每名前科者影响的亲属为四人，那么受犯罪前科影响的群体将累计近一亿人。

二、时代之需：刑事治理现代化呼唤构建前科消灭制度

刑事治理现代化“既是推进国家治理现代化的重要组成，也是建设中国

① 数据来源于2011—2022年全国法院司法统计公报。

特色社会主义法治体系的内在要求。”① 其摒弃“除恶务尽”的犯罪控制观，认为盲目的严刑峻法并不能达到预防犯罪的目的，事后过度或不力的惩罚反而有可能激发新的矛盾和犯罪，要求“形塑开放性和包容性的刑事治理理念”。② 而基于社会防卫的前科制度本质上属于刑罚的延续，其内在弊病导致自身的负面效应随着我国犯罪形势的变化而日益凸显。要解决上述问题，必须立足于刑事治理现代化的实践需求，平衡好打击犯罪和保障人权的关系，构建前科消灭分类分级制度。

（一）轻罪立法不断推进的迫切需要

“社会的不断发展变化，使得需要刑法保护的法益日益增加。”③ 从历次刑法修正案的罪名来看，我国实际上已经确立了积极刑法立法观，且增设的罪名逐渐呈现出轻罪化趋势，这也是我国犯罪形势发生变化的主要原因。在积极刑法立法观下，这种将以往的违法行为犯罪化的做法，意图通过限制行政权的滥用，进而在一定程度上实现对行为人的人权保障。④ 同时，刑法增设轻罪，并不是对国民自由和生活方式的干涉，相反，却可以避免司法机关将轻罪当作重罪处理，有利于实现处罚的公平性，使刑罚的严厉程度整体下降。⑤ 在这个意义上，刑法增设轻罪不是刑法的恣意扩张，而是法治社会发展的应然要求。

刑事立法轻缓化是由社会存在决定的，也是刑事治理现代化的体现。但是，司法实践已经证明，轻罪立法的不断推进已然导致轻罪人数的剧增，尤其是以危险驾驶罪、帮助信息网络犯罪活动罪最为典型，而在现有前科制

---

① 詹奇玮：《以习近平法治思想引领刑事治理现代化》，载《人民法院报》2021 年 9 月 2 日第 6 版。

② 高铭暄、傅跃建：《新时代刑事治理现代化研究》，载《上海政法学院学报（法治论丛）》2020 年第 4 期。

③ 张明楷：《增设新罪的观念——对积极刑法观的支持》，载《现代法学》2020 年第 5 期。

④ 参见劳东燕：《风险社会与功能主义的刑法立法观》，载《法学评论》2017 年第 6 期。

⑤ 参见张明楷：《轻罪立法的推进与附随后果的变更》，载《比较法研究》2023 年 7 月 4 日网络首发。

度的设计下，前科伴随犯罪者终生、影响亲属、限制就业资格等附随后果严重，加上轻罪前科者需要与重罪前科者面临相同的境遇，进而出现“轻罪不轻”的怪象，前科群体日益扩张、受影响的人越来越多、犯罪者回归社会的难度越来越大，进而引发更多的负面效应，增加社会治理、国家治理的难度。基于此，在刑事治理现代化视域下，伴随着刑事立法尤其是轻罪立法的不断推进，增设与之相配套的前科消灭制度已势在必行。

（二）刑事参与社会治理的应然要求

不可否认，“刑法通过增设新罪的方式参与社会治理是‘刚性’需求”[①]，但由于犯罪附随后果严重，且缺乏相应的配套机制，反过来可能还会加剧社会治理的难度。比如《刑法修正案（八）》增设的危险驾驶罪，让每年30万左右的人成为罪犯并承担严重的犯罪附随后果，甚至沦为社会的对立面，对国家、社会和个人都是巨大的损失，还增加了社会的不稳定因素。[②]刑事治理必须平衡好打击犯罪和保障人权的关系，而长期以来，我国刑事治理更多时候关注的是如何治罪，打击犯罪有余、保障人权不足，行为人一旦被贴上犯罪分子的标签，不仅可能面临一时的牢狱之灾，而且还要承受伴随一生的犯罪附随后果。

刑事治理现代化视域下，刑事参与社会治理要求治罪与治理并重、法律效果和社会效果相统一，对于有罪错的行为人，不仅要基于改造的需要，按照罪责刑相适应的原则对其科处刑罚，更要结合其身份、年龄、犯罪性质、罪错程度等情况具体分析，决定是否帮助其顺利回归社会，最大限度地降低前科者再次犯罪的可能。为此，有必要在前科从重处罚制度、前科如实报告制度的基础上，在刑法中增加前科消灭制度，有条件、附期限地消灭特定人员的前科，实现法益保护和人权保障的平衡，让有前科者重拾对生活的信心，进而减少社会的对立面，降低社会治理的成本，防范和化解社会潜

① 周光权：《论通过增设轻罪实现妥当的处罚——积极刑法立法观的再阐释》，载《比较法研究》2020年第6期。

② 参见周光权：《论刑事一体化视角的危险驾驶罪》，载《政治与法律》2022年第1期。

在的风险。

（三）恢复性司法理念的另一种体现

违法犯罪的发生一般是多种因素综合作用的结果，正如德国犯罪学家李斯特所主张的犯罪原因二元论，其认为犯罪既有个人方面的原因，也有社会方面的原因。既然如此，就不能让行为人承担全部的责任，在对其予以法的非难后，更不能让其用余生为之前的罪错行为买单，而更应该去关注如何营造良好的社会环境，尽快让“浪子”回头。尤其是在当下及未来，多数犯罪行为呈现出“相对较轻的可谴责性、行为人的易预防性、罪责的轻微性以及案件数量的巨大性”[①] 等特点，更不能一味地追求刑罚的震慑功能和隔离功能。

在刑事治理现代化视域下，犯罪治理需要秉持恢复性司法理念，而“恢复性理念主张协调各方利益，共同化解矛盾、修复社会关系。”[②] 改变以往绝对的报复性司法理念，在司法实践中引入恢复性司法理念，是我国刑事犯罪治理的一大进步。但同时也应该认识到，当前司法实务界对恢复性司法理念的践行更多关注的是犯罪行为人的积极作为，要求犯罪者在与被害人沟通和解的基础上对受害人进行赔偿补偿，或者要求犯罪者对生态环境进行修复，并根据犯罪人的责任承担情况推断其是否符合缓刑的适用条件。由于刑事立法的不足，刑事司法实践对行为人刑罚执行完毕后如何更好地回归社会关注较少。由于“高发型微罪引发了明显的犯罪标签泛化问题”[③]，仅有未成年人犯罪记录封存制度，还不足以应对当前轻罪立法不断推进和犯罪形势发生明显变化所产生的一系列效应，也无法满足刑事治理现代化的要求。前科消灭制度关注的是前科群体的利益，旨在让曾被宣告有罪的行为人在符合一定条件时无痕回归社会，给犯罪行为人一次改过自新的机会，真正地复原或抚平因行为人一时的罪错所侵害的社会关系，是恢复性司法理念的另一种体现，

① 冀莹：《美国轻罪治理体系的现状、困境与反思》，载《政治与法律》2022年第1期。

② 周峨春、郭子麟：《刑事治理现代化背景下微罪体系的构建》，载《行政与法（法学论坛）》2023年第5期。

③ 梁云宝：《我国应建立与高发型微罪惩处相配套的前科消灭制度》，载《政法论坛》2021年第4期。

有利于“彰显司法文明和司法温度，弘扬尊重与保障人权的理念，形成宽容、人道、公平、和谐的社会氛围。”①

三、现实障碍：前科消灭与现行规范及制度之间的冲突

基于国家管控社会和公民自我防护的需要，犯罪者既会受到刑罚制裁，也会受到刑罚以外的法律制裁和“社会性制裁”②，加之我国重刑主义、报应主义思想影响深远，前科从重处罚制度、前科如实报告制度能够轻易被公众认同、被立法接受；而与之相反，前科消灭制度的构建则面临诸多障碍，主要包括与现行法律规范之间的冲突、与司法公开制度之间的冲突以及与档案户籍制度之间的冲突。

（一）前科消灭与现行法律规范之间的冲突

“刑罚的正当化根据是报应的正当性与预防犯罪目的的合理性。”③ 前科制度本质上仍然属于刑罚的延续，这既是对犯罪者的一种报应，又具有天然的预防犯罪的功能。从广义上来讲，前科消灭与现行法律规范之间的冲突，既包括与刑法规定之间的冲突，也包括与其他法律、行政法规、政府规章、行业规范等相关规定之间的冲突。前者所谓的规定主要是指《刑法》总则第65条规定的一般累犯制度、第66条规定的特殊累犯制度、第100条规定的前科如实报告制度和《刑法》分则及相关司法解释、司法文件关于前科从重处罚的规定，即前科从重处罚制度、前科如实报告制度；后者所谓的规定主要是指《公务员法》《教师法》《会计法》《公司法》《商业银行法》等法律及部分行政法规、政府规章甚至行业规范对有前科者的职业禁止和资格限制。

将曾经犯罪的人贴上前科的标签，是国家和社会防卫的需要，一方面可以对潜在的犯罪者形成威慑，使其遵规守法，达到一般预防的效果；另一方面也可以让已经犯罪的人深刻体会到犯罪后果的严厉性及其高昂的成本，进而控制再犯率的上升，达到特殊预防的目的。前述规定，除了让犯罪之人获

① 刘仁文、彭新林：《前科消灭能否“全覆盖”？》，载《南方周末》2022年7月28日。

② 王瑞君：《“刑罚附随性制裁”的功能与边界》，载《法学》2021年第4期。

③ 张明楷：《责任刑与预防刑》，北京大学出版社2015年版，第94页。

得报应之外，更多的是基于社会防卫的考虑，是“重刑优于轻刑”观念的体现，企图达到“以刑去刑，刑去事成”的目的。但是，“刑罚与其严厉不如缓和”[①]，轻罪占据主导地位的形势下，前科也不应覆盖所有刑事案件。前科消灭制度意图保障前科之人的利益，使符合条件的前科者“轻装前行”更好地回归社会，因此必然需要撕掉犯罪者的前科标签，但这在一定程度上明显不利于对犯罪的有效控制，可能导致国家和社会防卫的目的落空。

（二）前科消灭与司法公开制度之间的冲突

近年来，司法公开的力度越来越大，就力度而言，庭审公开、裁判文书公开所呈现给人民群众的信息量最大，自然备受关注。但司法公开也有一定的限制，对刑事案件而言，目前涉及国家秘密、个人隐私、未成年人犯罪等案件，按照《刑事诉讼法》的规定不能对外公开，对其他案件则没有明确规定。在具体的司法实践中，法官在遵守禁止公开规定的同时，往往选择案件事实清楚、证据确实充分、被告人自愿认罪认罚的案件进行庭审直播或文书上网。

司法公开制度在促使司法公正的同时，对犯罪者而言，无疑是一种不利的刑事政策安排，其意味着被告人在刑罚执行完毕后，甚至在免予刑事处罚的情况下，自己当初的犯罪事实还要被一览无遗地呈现给不特定的每个人。在这个意义上，刑事司法公开还成为公民个人防卫最有力的武器，基于大众对犯罪分子根深蒂固的偏见，有前科者在社会生活中必然遭受更多的歧视与区别对待。同时，法官往往选择轻微犯罪进行庭审直播或文书上网，必然扩大轻微犯罪的知悉范围，影响轻微犯罪前科者更好地回归社会，造成轻重犯罪司法公开的倒置。这些都将直接影响前科消灭制度的构建，与前科消灭制度的目的截然相反。

（三）前科消灭与档案户籍制度之间的冲突

我国的人事档案制度、户籍制度可以说是相当完备，都有专门的机构负责，管理十分严格。人事档案主要负责记录个人的入学、入党、就业、犯罪情况等重大事项，其要求客观性、真实性、连续性，不能有虚假的记载或者

---

① 张明楷:《刑法格言的展开》，北京大学出版社 2013 年版，第 479 页。

隐瞒重大事项，在入伍、就业、工作变动、职务职级晋升时均需由组织人事部门进行审查。户籍制度主要是为了满足社会管理的需要，在公安机关如实记载户籍信息的同时，往往还会如实备注是否存在犯罪记录。而前科消灭制度与人事档案制度、户籍管理制度的内在要求完全相反，在符合一定条件或者达到一定期限时，犯罪前科将会被依法消灭，相应的犯罪记录将会被彻底清除，之前有前科者在入伍、就业的时候被视为无前科人员，并免除前科报告的义务，两种制度之间存在明显的对立与冲突。

四、路径探索：前科消灭分类分级制度构建的整体思路

刑法一般预防理论认为“即使承认刑罚的威慑效果，也没有将任何人当作预防他人犯罪的工具”[①]，本质上属于刑罚延续的前科制度亦应如此。当下的前科制度是基于犯罪控制和社会防卫的需要，保护的是社会公众利益，而前科消灭制度是为了让曾经犯罪的人更好地回归社会，保护的是前科者的利益，二者在一定程度上是完全对立的。“对相互对立的利益进行调整以及对他们的先后顺序予以安排，往往是依靠立法手段来实现的。”[②] 基于此，笔者从如何平衡好社会公众利益与前科群体利益的角度出发，对我国前科消灭制度构建的必要前提、具体设计和配套措施进行探讨，以期对未来的刑事立法提供参考。

（一）前科消灭制度构建的必要前提

1. 剔除缺乏根据的前科规定

我国前科制度饱受诟病的第一个问题当属不作区分的职业禁止和资格限制。《刑法》第 37 条之一关于从业禁止的规定是有严格限制的，只有“利用职业便利实施犯罪，或实施违背职业要求的特定义务的犯罪”，才会被禁止从事“相关职业”，[③] 这样的规定是合理的。反观散见于刑法之外的其他法

---

① 张明楷:《刑法学》，法律出版社 2021 年版，第 677 页。

② ［美］E. 博登海默:《法理学：法律哲学与法律方法》，邓正来译，中国政法大学出版社 2004 年版，第 416 页。

③ 《刑法》第 37 条之一第 1 款：因利用职业便利实施犯罪，或者实施违背职业要求的特定义务的犯罪被判处刑罚的，人民法院可以根据犯罪情况和预防再犯罪的需要，禁止其自刑罚执行完毕之日或者假释之日起从事相关职业，期限为三年至五年。

律、行政法规、政府规章、规范性文件、行业规范中的前科规定，只要曾经故意犯罪或受过刑事处罚，就不得从事某些职业，并扣除积分、降低信誉、禁止参加某些考试等，这些规定严重阻碍了曾经犯罪的人员回归社会。“罚与罪之间具有关联性是实现报应与预防的必要前提。”① 前科作为刑罚的延续，其附随后果与所犯之罪应当具有关联性。刑法之外的前科规定对此不作区分没有任何根据，是过度防卫的表现，应当予以纠正或直接剔除。

另一个问题是影响亲属的规定，由于其违背罪责自负的法治精神而遭到广泛的批判，毕竟没有任何证据可以证明父母犯罪其子女就一定犯罪。除了《公安机关人民警察录用办法》中有相关规定外，实践中多数省份在公务员招录过程中需要对报考人员的亲属进行政治审查，并根据需要要求出具其亲属无犯罪记录的证明，这已经成为公众的常识，这样的规定和要求同样没有任何的根据。成长环境确实会对人产生影响，但也要承认个体之间的差异。没有前科劣迹的家庭所培养出来的孩子未必就不会犯罪，公职群体每年锒铛入狱的大有人在，曾经犯罪的人也会改过自新为社会增添一份力量。株连制度作为封建残余，缺乏法治依据，在刑事治理现代化的背景下，应当立即摒弃清除。

2. 限制刑事领域的司法公开

司法公开制度旨在让权力在阳光下运行，其初衷是好的，可以促使司法公正，预防司法腐败，但是，随着“不敢腐、不能腐、不想腐”的体制机制不断推进，防止司法腐败的举措日趋多元，对司法权的监督在自媒体时代也更加便捷，刑事司法公开的价值正在大幅缩水。同时，由于社会公众历来对犯罪分子有天然的恐惧与歧视，如果将没有隐去真实姓名的庭审现场视频和刑事裁判文书公布于互联网，必然会加大被告人在刑罚执行完毕后重新融入社会的难度，进而将其推向社会的对立面。鉴于上述理由，我们有必要重新审视刑事司法公开的必要性。实际上，当前刑事案件庭审直播和裁判文书上网的数量变化情况已经表明，刑事司法公开正在被逐步限制。另外，为了防止有前科者曾经犯罪的事实被公众知晓而遭受歧视，还应该适时对已经上传

---

① 崔志伟：《积极刑法立法背景下前科消灭制度之构建》，载《现代法学》2021年第6期。

网络的庭审视频、包含真实姓名的刑事裁判文书予以撤回，确保有前科者在前科消灭后不再被区别对待。

3. 优化当前的档案户籍制度

有前科者的人事档案和户籍中往往有相关的犯罪记录，这样的制度设计同样不利于前科人员回归社会。虽然前科消灭违背了人事档案如实记载的要求，加大了公安部门进行人员管理的难度，但不能否认其在帮助大量有前科者回归社会方面的积极意义。因此，在构建前科消灭制度的同时，也应当对当前的人事档案制度、户籍制度进行改革。最简单有效的方法是，不再将前科者曾经犯罪的材料放入人事档案，也不再将前科者曾经犯罪的情况在户籍中予以记载，同时由法检协同共建全国犯罪人员信息管理系统，严格控制犯罪人员的信息查询机制，非经法定程序、非经法定事由不得随意查询。

（二）前科消灭分类分级的具体设计

1. 适用范围与刑法规定相衔接

构建前科消灭制度必须明确的首要问题是前科消灭的适用范围。“法律不是只讲宽容的柔性规则，也不是只顾施恩的救世观音，可以想象，如果每一个失败者都可以获取第二次机会，那么法律上的自律、责任、强制都将荡然无存。”① 前科消灭制度对曾经犯罪的人而言就是“第二次机会”，因此笔者认为，前科消灭不能适用于所有的案件，要与刑法基于公众利益所设置的一般累犯、特殊累犯等制度相衔接，将前科消灭分为绝对不消灭、无条件消灭、附条件消灭三种类型。首先，就绝对不消灭而言，从犯罪性质维度来看，《刑法》第 17 条第 2 款② 规定的八类重罪案件的犯罪分子不适用前科消灭；从是否再犯的维度来看，再次故意犯罪者不适用前科消灭，尤其是一般累犯、有同类犯罪前科的惯犯；从量刑结果维度来看，最终被判处五年以上有期徒刑、无期徒刑、死缓的犯罪分子不适用前科消灭。其次，就无条件消

---

① 胡玉鸿:《“失败者正义”原则与弱者权益保护》，载《中国法学》2014 年第 5 期。

② 《刑法》第 17 条第 2 款：已满十四周岁不满十六周岁的人，犯故意杀人、故意伤害致人重伤或者死亡、强奸、抢劫、贩卖毒品、放火、爆炸、投放危险物质罪的，应当负刑事责任。

灭而言，主要包括过失犯罪案件、免予刑事处罚案件的犯罪人，前者由于犯罪者的罪过形态缺乏社会防卫的必要性，后者由于犯罪者的行为缺乏继续报应的必要性，故对二者均可无条件适用前科消灭。最后，除以上情形之外的犯罪人，占故意犯罪者的比例较大，则需要根据犯罪者最终被判处的实际刑罚，分级确定前科待消灭的期间，附条件适用前科消灭（见图 1 ）。

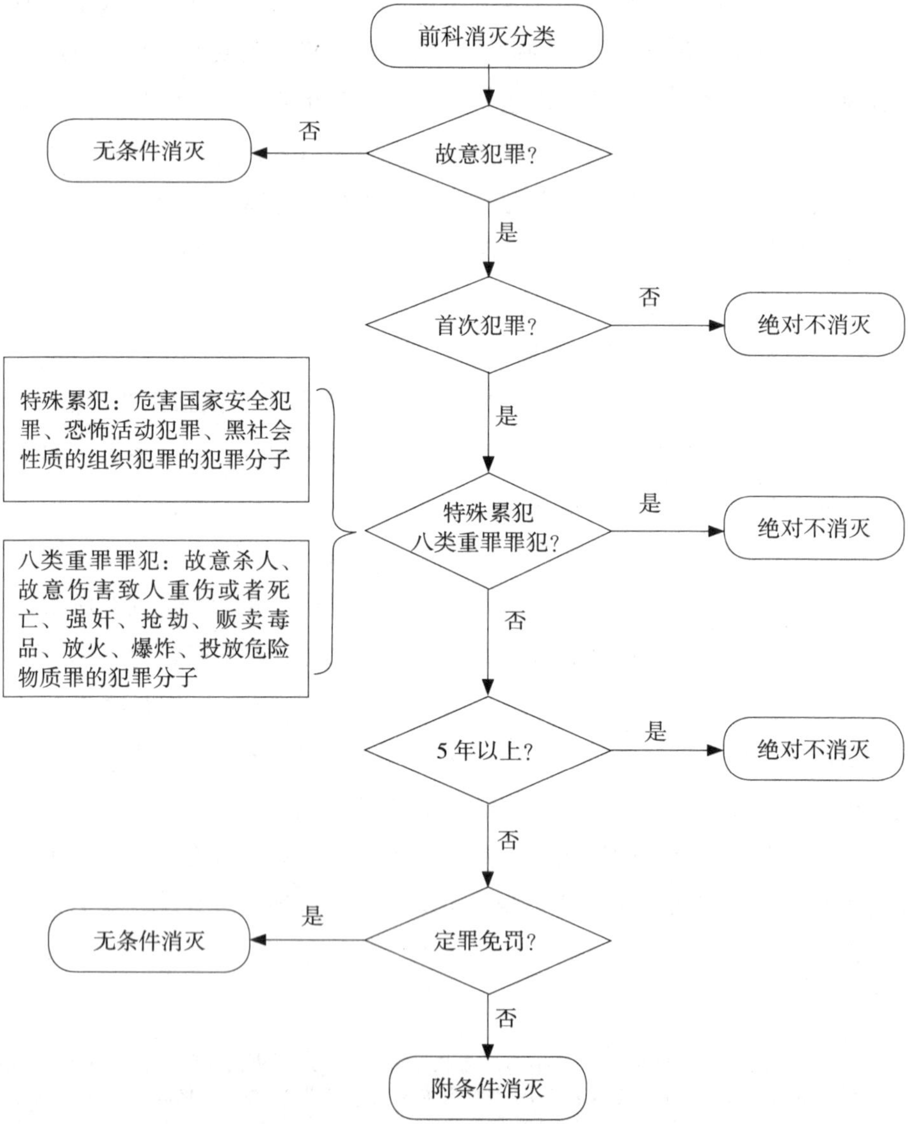

图 1　前科消灭三种类型的适用流程

2. 附条件消灭以宣告刑为基础

针对前述需要附条件适用前科消灭的犯罪人，笔者认为应当以被告人被判处的宣告刑为基础，同时参照未成年人犯罪记录封存的适用条件，犯罪分子被判处的刑罚应当以五年以下有期徒刑为限，并考虑刑罚执行完毕或赦免后经过的时间以及犯罪人在此期间是否故意实施新的犯罪行为。对于刑罚执行完毕或赦免后，未在下列期间内故意实施新的犯罪的，前科可以消灭：被判处管制、拘役、单处附加刑的，经过六个月；宣告刑为不满一年有期徒刑的，经过一年；宣告刑为一年以上不满三年有期徒刑的，经过三年；宣告刑为三年以上不满五年有期徒刑的，经过五年。对于刑罚执行完毕或赦免后，在上述期间内又故意实施新罪的，前罪与后罪均不得适用前科消灭。对于前科消灭后，又故意实施新罪的，撤销前罪前科消灭的裁定，且后罪不得适用前科消灭（见图2）。

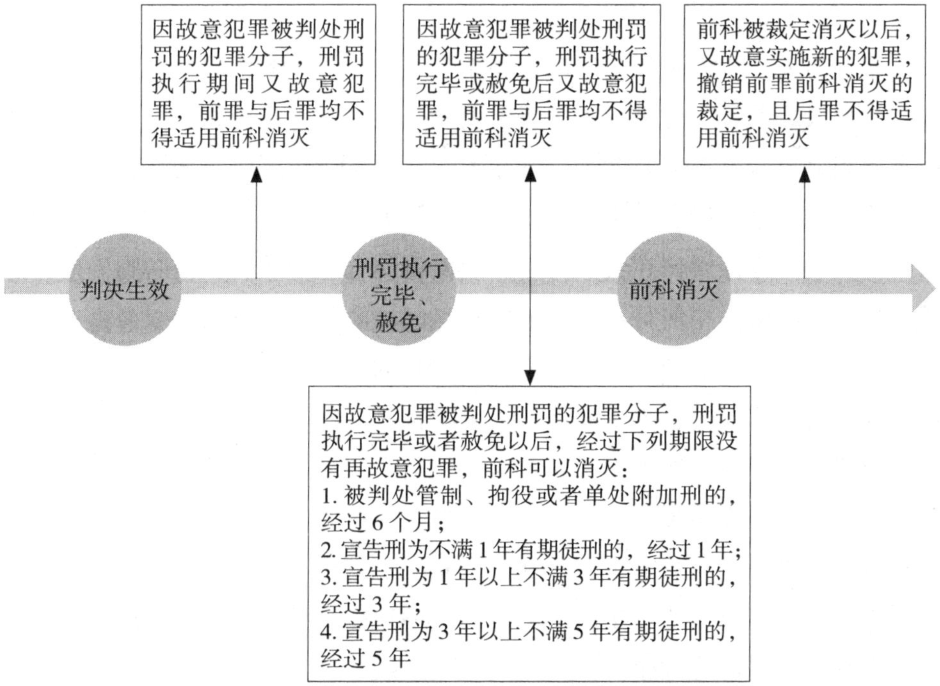

图2　前科附条件消灭的适用、待消灭期间及撤销事由

3. 消灭方式应由法院裁定为主

前科消灭的启动程序理论上应该分为三种方式，即基于法律规定的自动启动、依据当事人及其近亲属的申请而启动、作出终审判决的法院依职权而启动。笔者认为，基于法律规定的自动启动应该仅限于无条件适用前科消灭的犯罪人，即过失犯罪案件、免予刑事处罚案件的犯罪人。而附条件适用前科消灭的犯罪人，只能由当事人及其近亲属向法院提出申请，这主要是基于司法中立的考量，如果由终审法院依职权启动前科消灭程序，不仅会有损司法公信力，而且在有被害人的案件中必然会引起被害人的质疑与不满。另外，在当事人及其近亲属提出申请后，法院依法审查和作出裁定的过程中，一方面要通过更换承办人、合议庭合议，甚至法官会议研究的内部程序进行限制；另一方面还需要委托司法行政机关对犯罪者在刑罚执行完毕或赦免后的表现进行调查评估，听取检察机关对犯罪者进行前科消灭的意见建议，在必要时还可启动多方参与的听证程序。

4. 法律后果仅限于非刑事领域

前科消灭的法律后果在理论上涵盖刑事领域和非刑事领域。前者主要是指前科消灭后前罪不得再成为后罪从重处罚的情节，这与我国当下的前科制度、累犯制度存在着直接冲突。笔者认为，前科消灭作为一种全新的制度，在立法上应当循序渐进，构建之初应当主要关注如何让人生之中仅有一次犯罪的行为人更好地回归社会，对于前罪刑罚执行完毕或者赦免以后再犯新罪的被告人，不得适用前科消灭，前罪前科已经消灭的，应当予以撤销，而且可以适用前科从重处罚制度，构成一般累犯的，还应当从重处罚。从这个角度出发，前科消灭的法律后果就不能涵盖刑事领域。后者主要包括两个方面：一是前科消灭后所有相关的犯罪记录非经法定程序和事由不得查询和对外公布，否则应当追究相关人员的责任；二是有前科者在入伍、就业的时候免除前科报告的义务，相关资格不再受到限制，享有与一般公民平等的地位。笔者认为，前科消灭后所产生的非刑事领域的法律后果，正是当前构建我国前科消灭制度所追求的目标。

（三）前科消灭制度构建的配套措施

1. 细化相关帮教安置措施

根据《监狱法》第37条的规定[①]，对刑满释放人员由政府安置或救济。但在现实生活中，一方面，社会公众对该类群体存在天然的歧视，政府对该类群体进行扶持难免会引起群众的不满；另一方面，由于该类群体庞大，救济资金短缺，政府往往优先保障低保户、“五保户”群众的日常生活。由于这些主客观方面的原因，政府不愿也无力对刑满释放人员予以安置或救济。而缺乏安置救济措施必然会造成部分刑满释放人员的再次犯罪，为此，有必要探索细化对该类群体的帮教安置措施。笔者认为，可以由县级司法行政部门牵头，定期组织刑满释放人员进行思想政治教育，并给予该群体在生产生活、就业就学等方面的指导和帮助，村组社区干部要配合做好相关安置工作，刑满释放人员在前科消灭期间的表现，可以作为其申请前科消灭时法院依法审查和裁定的依据。

2. 优化犯罪附随后果制度

前科消灭制度旨在让有前科者更好地回归社会，而犯罪附随后果制度对有前科者来讲则是一种障碍。我国犯罪附随后果设置广泛，涉及相关规定随着时间的推移，呈现较为明显的增长趋势，具有无序化、分散化的特征。[②]前科消灭必然会引起犯罪附随后果的消灭，同时犯罪后果的无序扩张也必然影响有前科者在刑满释放后、前科消灭前的生产生活，甚至可能会激发刑满释放人员的再次犯罪，进而导致前科消灭制度的目的落空。“为了满足犯罪圈有序扩张和遏制犯罪附随后果无序延伸的需要，犯罪附随后果制度规范化势在必行。”[③] 笔者认为，为了防止犯罪附随后果的无序扩张，一方面我们必须按照立法法的要求，依据效力等级规则，筛除明显违背上位法的规定，确保法律法规和相关规范性文件之间的协调统一，防止层层加码压缩前科人员

---

①《监狱法》第37条：对刑满释放人员，当地人民政府帮助其安置生活。刑满释放人员丧失劳动能力又无法定赡养人、扶养人和基本生活来源的，由当地人民政府予以救济。

② 参见王瑞君：《我国刑罚附随后果制度的完善》，载《政治与法律》2018年第8期。

③ 彭文华、傅亮：《犯罪结构变迁背景下犯罪刑事治理的目标与路径》，载《中国人民公安大学学报（社会科学版）》2023年第2期。

的生存空间；另一方面可以结合《刑法》分则的规定，坚持关联性、合理性、相称性的原则，制定犯罪附随后果清单，提高国民预测犯罪附随后果的可能性。

3. 建立前科消灭互联机制

长期以来，公民有无犯罪记录的证明均由户籍地或居住地派出所出具，法院、检察院在办理刑事案件时对被告人是否有前科也需要依据公安机关出具的前科证明，这既让群众时常对作出刑事判决和出具有无犯罪记录证明的机关不一致而感到困惑，也不利于司法机关工作的开展，在前科消灭制度构建并运行之后，还不利于犯罪人员前科消灭的信息互联。为此，有必要由法检协同共建全国犯罪人员信息管理系统，对犯罪分子在其他地方的前科情况进行信息关联，对符合前科消灭条件的人员标注“前科消灭”，对被标注“前科消灭”的人，非经法定程序和事由，不得对外提供其曾经犯罪的信息，法检部门基于办案的需要可以对相关信息实现实时共享，提高案件办理的质量和效率。

结　语

“预防犯罪比惩罚犯罪更高明”①，构建前科消灭制度具有很强的现实意义，尤其是当前犯罪形势已然发生明显变化的背景下，轻微犯罪占据主导地位，犯罪附随后果又极其严重，这一制度的构建能够直接减少前科人数，让有前科者在回归社会的过程中“轻装前行”，而不是将其永远置于社会的对立面，反而更有利于预防犯罪。同时，构建前科消灭制度亦应遵循罪责刑相适应原则，对前科消灭的范围和条件进行限定，坚持“疏堵结合”，增强社会防卫的针对性，更好地平衡社会公众利益与前科群体利益之间的冲突，方能有利于建设更高水平的平安中国。

---

①［意］切萨雷·贝卡里亚：《论犯罪与刑罚》，黄风译，北京大学出版社2008年版，第102页。

独奏到合唱：少年司法语境下家庭教育指导的全流程贯穿
——以未成年人审判融入社会治理为视角

濮阳市中级人民法院　金晓华　付梦艳*

引　言

2022年起施行的《中华人民共和国家庭教育促进法》（以下简称《家庭教育促进法》）将未成年人的家庭教育责任由监护人责任提升至全社会协同的高度，使家国关系在法教育秩序中规范化。自此，在未成年人审判中开展家庭教育指导有法可依。2023年6月施行的《关于开展家庭教育指导工作的意见》（以下简称《教育指导意见》）再次明确人民法院家庭教育指导的工作原则和方式。但无论理论上还是实践中，对于个案教育指导的对象、形式与方法，对教育指导整体协同机制共建等方面的研究仍显薄弱，以致人民法院开展家庭教育指导“顾虑重重”，指导效果“参差不齐”。通过梳理一年来司法实践反映出的人民法院在开展家庭教育指导过程中的种种“掣肘”，借鉴传统法律文化及域外地区法院儿童权利保护的有益实践，明确将家庭教育指导融入社会治理的理论根基，以“最有利于未成年人”原则为出发点和落脚点探求家庭教育指导的司法特殊保护和社会治理协同路径是本文尝试解决的问题。

一、现状剖析：人民法院开展家庭教育指导的实践之困

法律是一种不断完善的实践。《家庭教育促进法》实施以来，各地法院积极实践做了许多有益尝试，但也存在诸多现实之困。

《家庭教育促进法》实施后，P市中院先行先试发出了全省首份家庭教育指导书，一年半来两级法院共发出家庭教育指导文书43份，在全省居于先进位次。但仍存在家庭教育指导整体质量不高、总体均衡度偏差、具体实效性不强等问题。

1. 整体质量不高

实践表现为:（1）总量少。在P市43份家庭教育指导文书中，2022年35份，2023年上半年8份，显著低于2022年同期水平。以2022年为例，P市法院审结涉未成年子女的离婚案件及涉未成年人刑事案件4682件，家庭教育指导总量不足1%。[①]（2）频次低。经调研，在两级法院发出的指导文书中多为载明在文书中的“一次性”指导意见，针对同一对象开展两次及以上教育指导的仅1例，教育指导频次极低。（3）内容简单。除必要元素外，文书内容多为法条的摘抄罗列和“走马观花”式的批评教育，甚少有针对性指导意见，至于惩教结合的帮扶措施更是难得一见，文书质量总体不高。

2. 总体均衡度偏差

实践表现为:（1）类型单一。《家庭教育促进法》规定，人民法院在办理涉及未成年人的离婚案件时，应当提供家庭教育指导。其他可根据案件未成年人的情况或者监护人未正确实施家庭教育的情况提供家庭教育指导。《关于认真学习〈中华人民共和国家庭教育促进法〉的通知》将适用范围拓展至对未成年人实施严重不良行为或犯罪行为的案件；监护人不正确实施家庭教育侵害未成年人合法权益的案件；因家庭教育缺失或者不当导致未成年人受侵害的案件三大类。经统计发现，P市发出的家庭教育指导文书中，涉及刑事案件39份，民事案件4份，未涉及行政执行案件。（2）案由集中。依案由统计，刑事案件中涉性侵未成年人刑事案件[②]占比74.36%（29件），其他案由较少。4份民事案件均为涉未成年子女的离婚案件。（3）分布失衡。涉未

① 本处所述未成年人案件仅包括《家庭教育促进法》明确应当提供家庭教育指导的涉未成年人刑事案件以及涉及未成年子女的离婚案件。家庭教育指导量以发出正式的家庭教育指导文书计算。

② 根据司法解释规定，性侵未成年人刑事案件包含强奸犯罪、猥亵儿童犯罪、强制猥亵犯罪、卖淫类犯罪等类型。

成年子女的离婚案件基数大且为应当提供教育指导的案件，但发出文书量却远低于案件基数小的刑事案件，民刑占比失衡；在刑事案件中涉性侵未成年人犯罪占比最重，其他犯罪较少，特别是近来年案件量、涉案人数均处前列的盗窃罪、帮信罪[①]，其教育指导量较低，指导量与案件量配比失衡（见表1、图1）。

表1　P市近一年半发出家庭教育指导情况

	涉少案件数	教育指导文书份数	指导案件类型		
			刑事	民事	行政
2022年度	4682	35	32	3	0
2023上半年	2993	8	7	1	0

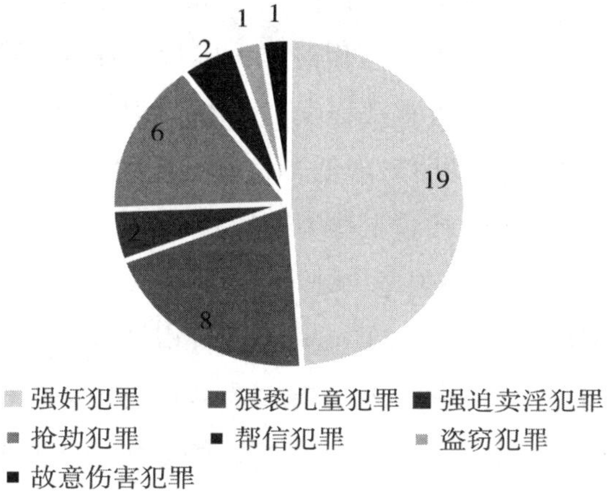

图1　P市家庭教育指导文书涉及的刑事案件类型

3. 具体实效性不强

实践表现为：（1）跟踪弱。在P市两级法院已发出的家庭教育文书中，进行后续跟踪并有反馈记录的2件，指导对象主动反馈的1件，有13件无法联系指导对象，另有27件法院未进行跟踪和回访。主动跟踪指导比例低、被

① 2022年7月22日最高人民检察院网上发布厅通报称，帮助信息网络犯罪活动罪（帮信罪）已成为继危险驾驶罪、盗窃罪之后起诉人数最多的罪名，在这类犯罪中低龄化现象突出，在校学生涉案问题值得高度关注。

动记录指导情况差，未形成有效的跟踪反馈机制。（2）协同度低。在已进行反馈跟踪的3件中，有2件涉及入学、转学安置事宜，需要与学校、教育部门协调，目前尚未协调成功，1件涉及司法救助，还未走完审批流程。（3）配合度低。部分指导对象对家庭教育的重视度低，对人民法院教育指导认同度差，经调研约三分之一的指导对象明显表示不希望法院对其跟踪服务。

（一）家庭教育指导性质定位受限

（1）《家庭教育促进法》作为“促进法”，“意为依法治国与劝善扶弱的融合，强调积极地倡导，以引导全社会共同关注家庭教育”①，故多数观点认为人民法院开展家庭教育指导不具有强制性，加之该法对于人民法院开展家庭教育指导的范围、内容、方式方法没有明确指引，对教育指导开展的数量及频次没有设定，在可发可不发的前提下，部分工作只能“浅尝辄止”“点到为止”。（2）2022年《家庭教育促进法》施行后各地法院积极参与家庭教育指导，回应社会关切，各方重视程度、宣传力度均较高，但自2023年来与家庭教育指导相关联的热度明显降低，直接反应就是指导数量的大幅下降。不管在总量、频次还是整体质量上均不理想。

（二）家庭教育指导文书规范欠缺

（1）规范性不足。2023年6月1日《教育指导意见》施行前，各地法院发出的家庭教育指导文书形式各异，有以令形式的《家庭教育令》或《家庭教育指导令》；有以通知形式的《责令接受家庭教育通知书》或《家庭教育责任告知书》，有以意见形式的《家庭教育指导意见书》，还有以决定形式的《家庭教育指导决定书》等，文书内容、适用对象和约束性措施也各不相同，使得家庭教育指导文书缺乏严肃性、规范性。（2）操作性不强。刑事案件因涉及具体犯罪事实和特定人身权利受损事实，对未成年人及监护人发送家庭教育指导文书更具应用性，文书适用率相对较高。法律虽要求对涉及未成年子女的离婚案件提供家庭教育指导，但经调研有约80%的离婚案件父母并不希望未成年子女知情，亦不同意法院听取未成年子女的意见，此种情形下法

① 华伟：《〈中华人民共和国家庭教育促进法〉的立法宗旨、法律内涵与实施要求》，载《南京师大学报（社会科学版）》2022年第3期。

院无法制作可适用的文书，无法将家庭教育指导具象化，致使指导文书类型失衡。

（三）家庭教育指导协同机制阙如

（1）考核缺位。家庭教育指导是人民法院的审判延伸服务工作，对一个案件开展家庭教育判前调查、判中指导和后续帮教需要大量的时间和精力，但这项工作并未计入工作量，不纳入绩效，极大削弱了审判团队开展家庭教育指导及后续跟踪服务的积极性。（2）协作失位。家庭教育指导关乎未成年人不良行为矫治、教育就学、心理疏导、法律援助、困境帮扶等多方面，需要经费支持、专业力量支持、需要对接协调其他部门，绝非法院一己之力就可落实。当前关于家庭教育指导的社会协作还未形成，家庭教育指导仍是法院一家独唱。（3）认同不足。家庭教育已上升至“国事”，部分群众思想仍停留在“家事”。部分指导对象对该项工作不理解、不配合，在审理中明确表示不需要法院指导或不同意对其未成年子女进行问询，部分对象则在回访时明确表示不要再与之联系，一定程度上也限制了跟踪服务的后续开展。

二、理论辨析：家庭教育指导融入社会治理之论证

孟子曰：“幼吾幼以及人之幼”，我国自古就有爱护儿童的传统。自联合国《儿童权利公约》确立“儿童最大利益”① 这一普适性国际准则以来，诸多国家和地区对儿童最大利益融入亲子教育也作了有益的尝试。吸收“传统精华”、借鉴“他山之石”或许是定准家庭教育指导基调的第一步。

（一）传统精华——古代文化对儿童教育的特别关注

我国自西周时期起就有儿童特殊保护的记录。总结起来传统文化中儿童权利的保护主要体现三个方面：

1. 对儿童刑事责任年龄的特别规定

《周礼秋官司刺》“三赦”之首就是赦免年纪幼小的儿童。《礼记·曲礼

① 《儿童权利公约》第3条第1款将这一准则表述为：“关于儿童的一切行动，不论是由公私社会福利机构、法院、行政当局或立法机构执行，均应以儿童的最大利益为一种首要考虑。”

上》规定，7岁以下的儿童就算犯罪，也可以免予追究刑事责任。秦律以身高作为确定行为人刑事责任的依据，对身高不满六尺（相当于现在一米高左右）的儿童行为，不追究刑事责任。汉律则规定："年未满八岁……非手杀人，皆不坐。"《魏书·刑罚志》记载：8～10岁的儿童，除非杀人，否则免予刑事处罚。[①]

2. 对罪错儿童及伤害儿童之处罚的区别规定

汉律规定，10周岁以下的儿童，除了杀人罪外，不必承担刑事责任，且排除适用死刑和肉刑。在唐朝10～15岁未成年人犯罪的，主要以收赎方式减轻刑事责任；7～10岁未成年人犯罪，严重的如杀人、谋逆、反叛等处以死刑，不过需要经过皇帝核准，而盗窃等采取以赎代罪。[②] 清朝中期增添了针对儿童被害人的特殊优先适用的条例。谋杀未满10岁的幼孩，首犯拟斩立决，从犯拟绞立决。

3. 对困境儿童的多方保护

春秋战国时期重视儿童基本生存权，齐桓公与诸侯盟誓约定"敬老慈幼，无忘宾旅"。南北朝时期，第一次出现了专门救助弱势儿童的机构——孤独园。宋朝实行"慈幼恤孤"的政策，官府重视保护儿童，还成立了官办儿童救助机构。明清时期各地救助弃婴的专门机构增多，育婴堂和保婴会等机构既可由官府成立，也可由民间商会组织。[③]

（二）现实转化——家庭教育指导融入社会治理的双重利益

1. 家庭教育指导融入社会治理符合儿童利益

未成年人审判特有的原则、模式和干预措施，以及其所追求的矫治和促进罪错少年回归社会的目标，符合儿童利益。少年司法从19世纪末开始就以国家亲权理论和儿童最大利益原则为理论基础和观念指导，是当时福利制度

① 刘永加：《从古代处置少年犯看少年儿童权益的保护》，载《公民与法》2020年第11期。

② 刘永加：《看唐代如何保护少年儿童权益》，载《人民法院报》2021年5月28日。

③ 钱燕：《中国古代未成年人保护制度研究》，西南政法大学2008年硕士学位论文。

的一部分。[①] 据犯罪学研究，未成年人时期是犯罪行为的显著增长期，呈现著名的年龄——犯罪二次曲线关系，[②] 这个规律在世界范围内普遍存在，故部分学者主张把未成年人犯“错误”视为一种正常的社会现象。因此，应当通过教育挽救而不是隔离性的刑罚措施，保全涉罪未成年人正常社会化进程及发展机会，帮助他们尽可能平稳度过成长“见习期”。[③] 家庭教育指导着重于矫正罪错未成年人的性格、调整其生活环境，着眼于阻断未成年人犯罪或被他人侵害的可能性，这与儿童利益的实现不谋而合。

2. 家庭教育指导融入社会治理符合整体利益

儿童利益概念所表达的不仅是儿童可欲的对象，也要求社会或他人予以承认、尊重和保护。[④] 我国未成年人刑事审判历来坚持“教育、感化、挽救”六字方针，亦针对未成年人设置了许多特别诉讼程序。从侦查起诉环节的附条件不起诉制度、到庭审阶段的不公开审理制度、合适成年人到庭制度、法律援助制度、社会调查制度再到判决下达后的犯罪记录封存制度等均是围绕恢复性司法这一目的而设计。家庭教育指导基于全社会对未成年人家庭教育责任的落实，致力于良性家庭关系的重构，从根源上修复社会关系，提升综合治理效能。故将家庭教育融入综合治理亦符合社会整体利益的需要。

三、步骤解析：构建“最有利于未成年人”的教育指导制度

《家庭教育促进法》对人民法院开展家庭教育指导仅有原则性寥寥条款，无法满足司法实践需要。本章尝试从一个原则、两条思路、三种考核几个步骤对人民法院开展家庭教育指导的方法解构，使独唱“唱出特色”。

---

① 王雪梅:《权利冲突视域下儿童最大利益原则的理解与适用》，载《政法论坛》2022 年第 4 期。

② 年龄——犯罪二次曲线关系是指进入青春期后未成年人犯罪行为迅速增长并在成年以后迅速下降。

③ 王广聪:《从犯罪学透视未成年人刑事司法的理性》，载《中国青年社会科学》2020 年第 4 期。

④ 程亮:《儿童利益及其教育意义》，载《教育研究》2018 年第 3 期。

（一）一个原则——“最有利于未成年人”的全面贯穿

1. 从儿童优先原则到最有利于未成年人原则

我国虽自古就有爱护儿童的传统，但是直到加入联合国《儿童权利公约》后，儿童权利的实践才日渐增多。从 1995 年到 2010 年 7 月，我国先后提交《关于〈儿童权利公约〉执行情况的报告》四次，儿童优先原则逐渐应用于立法、司法实践。《宪法》《婚姻法》（已失效）有“儿童优先”的体现，《中国儿童发展纲要》（2001—2010）确立“儿童优先”原则。但有学者认为“儿童优先原则本质上并未超出父母权利的规制，儿童优先要有限的多，它只是中国特定背景下新生成的一项保护儿童权利的准则。”[①] 还有学者认为“在中国法院直接适用国际人权条约，还缺乏中国立法或法律上的根据”[②]，呼吁国内法尽快与国际条约接轨。

最有利于未成年人原则的确立适用。2021 年《未成年人保护法》首次规定：“保护未成年人，应当坚持最有利于未成年人的原则。”之后，相关司法解释及司法性文件均采用了此表述。如 2022 年《最高人民法院、最高人民检察院、公安部、司法部关于印发〈关于未成年人犯罪记录封存的实施办法〉的通知》《最高人民法院、全国妇联、教育部、公安部、民政部、司法部、卫生健康委关于加强人身安全保护令制度贯彻实施的意见》，2023 年《最高人民法院、最高人民检察院、公安部、司法部关于印发〈关于办理性侵害未成年人刑事案件的意见〉的通知》及《最高人民法院、全国妇联印发〈关于开展家庭教育指导工作的意见〉的通知》等均明确办理未成年人案件应当坚持“最有利于未成年人原则”。本文认为，我国虽至今仍未引入国际条约“儿童最大利益”准则，但由于未成年人天然地包含了儿童，故我国立法所确立的“最有利于未成年人原则”实质上是对儿童最大利益的直接吸收与拓展，有力地实现了儿童最大利益原则全方位、实质化的本土转化。故该原则自然也应成为人民法院开展家庭教育指导的“帝王条款”。

---

① 王雪梅：《权利冲突视域下儿童最大利益原则的理解与适用》，载《政法论坛》2022 年第 4 期。

② 龚刃韧：《比较视野下的中国与人权公约》，法律出版社 2015 年版，第 76 页。

2. 以最有利未成年人原则对家庭教育指导定性

关于人民法院开展家庭教育指导的定位，有观点认为家庭教育指导“并非惩戒措施，而是一项福利供给；其应是支持、协助性的，而非强制性的。”[①] 本文不完全赞同。《家庭教育促进法》有关人民法院开展家庭教育的规定主要体现在两个方面：一是要求人民法院配合同级人民政府建立家庭教育工作联动机制；二是人民法院在具体民事、刑事案件中必须提供家庭教育指导的规定。《教育指导意见》第5条规定，在办理涉及未成年人的案件时，未成年人的父母或其他监护人主动请求对自己进行家庭教育指导的，人民法院应当提供。以上可以看出，开展家庭教育指导不仅仅是一项福利供给，它既是人民法院职权所在，也是职责所在；既可以依职权强制，也可以依申请指导；既是审判职责所在，亦是参与社会治理所需，具有双重性。

由于职权和职责的不同内涵使然，法院开展家庭教育也当有所区别。如同样是在刑事案件中提供家庭教育指导，对未成年被告人的监护人可以责令其接受教育指导，指导的重点应首先是训诫，其次是指导，并可以强制性要求其定期向法院汇报监护职责落实情况；对未成年被害人的监护人则可以主动通知其接受教育指导，指导时应侧重于先安抚、后辅导，并可以根据受害人的实际需要提供针对性帮扶，做好后续跟踪随访工作。再如在办案过程中，人民法院参与家庭教育指导往往发挥主动、主导地位，侧重于个案事实的个别指导；而在社会协同过程中，人民法院参与家庭教育指导则居于配合、协同地位，侧重于整体指导和机制构建。

基于此，本文尝试把人民法院开展家庭教育指导定性为：人民法院依照最有利于未成年人的原则协助未成年人监护人履行监护职责，依职权或依申请发送不同类别的教育指导，并参与家庭教育联动机制共建。

（二）两条思路——刑事指导和民事行政指导的区别适用

1. 刑事案件的适用范围与指导重点

（1）适用类型。《家庭教育促进法》及《教育指导意见》均明确将“未

---

① 李泊毅：《家庭教育指导令的规范化》，载《预防青少年犯罪研究》2022年第3期。

成年人实施犯罪行为的”列为提供家庭教育指导的案件类型。但家庭教育指导不应拘泥于此类型，而应拓展至涉未成年人刑事案件。包括被告人或者被害人一方为未成年人的“单未”刑事案件及被告、被害皆为未成年人的“双未”刑事案件。

（2）指导对象。一是未成年被告人及其监护人。未成年人实施犯罪的，无外乎主客观两方面因素。主观上未成年人处于生理、心理发展的青春期，也是未成年人犯罪行为的显著增长期，有其规律性和特定性；客观上未成年人的父母未创造良好的家庭氛围，未及时干预和制止未成年人的违法行为。此类案件应责令未成年人及其监护人接受家庭教育。

二是未成年被害人及其监护人。多数性侵案件中的被害人大多为女孩，受制于女性天生的柔弱、敏感及几千年传统对女性更高的道德要求等因素，她们的人生观、择偶观可能会在被侵犯后改变，如不及时介入帮扶，会对其造成“二次伤害”，甚至由被害人角色转变为被告人角色。

三是涉案的关键未成年证人。仍以性侵案件为例，部分性侵未成年人案件，除被害人外，其朋友同学也在现场起到“推波助澜”的作用；部分案件未成年人由于侵害他人或被侵害程度较轻被列为证人身份；还有部分案件正是由被害人的同学传播、扩散而案发。

（3）指导原则。侧重“特殊保护、优先保护”的原则。一是对罪错未成年人及其监护人提供家庭教育指导应着眼于追溯犯罪的根源，从犯罪心理产生、不良动机形成、家庭生活的负面因素及偏离的性格轨迹着手，帮教措施应当具备救助性和发展性，实质性促进涉罪未成年人的行为矫正和家庭生活环境的改善。二是对未成年被害人、未成年证人及其监护人提供家庭教育指导着眼于安全意识、权利意识、维权意识的培养，侧重于提供法律援助和心理疏导，引导未成年人疏解不良情绪，支持未成年人与监护人良好亲子关系的重建。

2. 民事、行政案件的适用范围与指导重点

（1）适用类型。民事案件主要有三类：一是涉及未成年人的离婚案件；二是涉及抚养、收养、监护权、探望权或涉及留守未成年人、困境未成年

人[①]等特殊群体案件；三是其他经未成年监护人请求指导的民事案件。行政案件主要有两类：一是涉未成年人的户籍登记、收养登记、过户登记等行政登记类案件，这类案件中对行政登记的确认或撤销会直接影响未成年人的人身、财产权利；二是行政处罚类案件，主要涉及未成年人的行政违法行为或其他不良行为。需要注意的是，由于类型和对象的不同，启动家庭教育指导的形式也应有所区分。

（2）指导原则。一是尊重未成年人格尊严。有意见中指出，如果不能保证听取儿童意见的权利，就不能认为正确地运用了儿童利益最大化原则。[②]尊重未成年人人格要求把未成年人当作独立权利主体，在诉讼活动中尤其是涉抚养权、离婚案件中充分听取未成年人意见，尊重未成年人真实意愿。二是保护未成年人隐私。保护未成年人隐私主要指对未成年人作证、出庭环节进行必要隐私保护，对涉及的未成年人个人信息、学业信息等一般不予公开。三是尊重未成年人身心发展规律。《儿童权利公约》第5条强调，以符合儿童不同阶段接受能力的方式适当指导和指引儿童行使公约所确认的权利。[③]不同阶段的未成年人身心发展规律特点不同，人民法院应创造便于未成年人表达意愿的条件，使用未成年人能够理解的语言和表达方式听取意见，更全面把握未成年人的真实意愿。

（3）指导方式。在指导方法上，应避免单纯的训斥或说教，综合运用多种形式，体现帮教结合。要求监护人学习家庭教育知识的，可以发放家庭教育读本、法律口袋书等学习资料，也可以开设线上家庭教育课程，实现“云学习”和“云考核”模式；要求为有上学意愿的未成年人办理入学手续的，可以联系教育部门协助办理，也可与未成年人所在学校建立定期回访联络制

① 2016年国务院《关于加强困境儿童保障工作的意见》指出：困境儿童包括因家庭贫困导致生活、就医、就学等困难的儿童，因自身残疾导致康复、照料、护理和社会融入困难的儿童以及因家庭监护缺失或监护不当遭受虐待、遗弃、意外伤害、不法侵害等导致人身安全受到威胁或侵害的儿童。本文认为困境未成年人同样适用该解释。

② 王广聪：《论最有利于未成年人原则的司法适用》，载《政治与法律》2022年第3期。

③ 王雪梅：《儿童权利论：一个初步的比较研究》，社会科学文献出版社2005年版，第97页。

度；要求监护人关爱被害人身心健康的，可以提供心理咨询师解疑答惑，纠正理念偏差，走出伤害阴影；针对构建良好家庭教育氛围的，可以引入家庭教育指导师参与家庭教育规划，引导家庭教育归位；而针对贫困家庭或者受侵害未获赔偿的未成年人，人民法院可以通过司法救助对接，对困境未成年人提供切实帮扶。

3. 不同审判阶段指导文书的选择适用

《教育指导意见》在附件部分明确以决定书的形式下发家庭教育指导令。本文认为，基于案件类型及接受教育指导对象的不同，应在此基础上进一步对家庭教育指导文书的制式进行规范。

（1）文书制式。①区分时间。人民法院拟作出家庭教育指导文书的，判决前应先发出具有通知性质的《接受家庭教育通知书》，类似于证人出庭作证通知，写明接受家庭教育的时间、地点、形式等内容，于会见时或庭审时送达；判决之时一并送达正式家庭教育指导文书；跟踪回访时另行制作家庭教育指导记录表。②区分对象。对有犯罪行为、行政违法行为或严重不良行为的未成年及监护人，文书具有命令性、强制性，可使用《家庭教育指导令》，对其他未成年监护人可使用《家庭教育指导意见书》，突出指导性，弱化强制性（见图 2）。

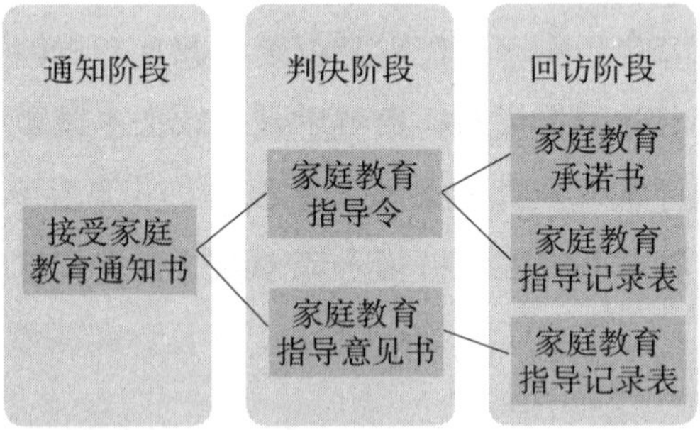

图 2　家庭教育指导文书示例（上栏适用对象为有犯罪、行政违法行为或严重不良行为的未成年人，下栏适用对象为其他未成年人）

（2）文书主要元素。文书必备要素有：案号、案由、监护人未正确履行监护职责的事实、训诫教育的依据、家庭教育的具体措施、被指导对象的救济权。可选元素有：文书有效期、违反义务的后果等。需注意，教育依据除《家庭教育促进法》之外，还有《未成年人保护法》《预防未成年人犯罪法》《民法典》等相关法律，指导措施尽力做到明确而具体，给当事人以确定指引。

（3）约束性措施。家庭教育指导文书是否具有拘束性以及人民法院是否可据此对监护人处罚等目前还存在争议。《家庭教育法》（草案）中对监护人违反家庭教育指导决定的处罚曾有过规定[①]，但在正式文本中予以删除。对此，官方解释为家庭教育的主要责任在家庭，政府特别是司法机关不宜过度干预，更不宜采取罚款、拘留等过于严厉的处罚措施。[②] 有学者进一步解释道“在家庭教育领域，家庭应该被视为自治性单元，依靠其自觉性和自主性来发挥其教育功能，而国家不宜过度干预”。[③] 鉴于司法强制措施与行政强制措施不同，且法院可直接依据《未成年人保护法》《反家庭暴力法》等法律限制或剥夺监护权，故本文亦同意除训诫外，不宜直接在指导文书中给予罚款、拘留等处罚。

（三）三种考核——家庭教育指导纳入绩效的三种路径

绩效考核是司法改革中不可或缺的构成要素。[④]《教育指导意见》第22条明确提出，开展家庭教育指导的工作情况，纳入人民法院绩效考核范围。当前多数法院仍然以办案数作为法官工作量计算依据，根据案件类型和审理程序确定个案基础分，再结合案件具体情况（如当事人数、是否系列案、是否疑难案等）确定个案最终分。这种考核测算了办案量，但对于涉未成年人案件而言，判前调查、判中指导、判后跟踪帮扶以及常态化法治教育等耗费大量的时间、精力，有时还需要多方协调，却没体现在考核中，没有将法官

① 《家庭教育法》（草案）第47条规定：未成年人的监护人违反公安机关、人民检察院、人民法院作出的责令接受家庭教育指导决定的，由公安机关予以警告，责令其改正。拒不改正的，可以根据情节轻重处以一千元以上罚款、五日以下拘留。

② 《全国人民代表大会宪法和法律委员会关于〈中华人民共和国家庭教育法（草案）修改情况的汇报〉》2021年10月23日。

③ 唐冬平：《家国关系在教育法秩序上的规范化——由〈中华人民共和国家庭教育促进法〉切入》，载《新文科教育研究》2022年第1期。

④ 阴建峰：《司法改革背景下法官绩效考核制度的回溯、困局与路径抉择》，载《河南社会科学》2021年第3期。

在审判过程中的工作进行客观化、可量化、可比化地呈现。本文认为，家庭教育指导纳入法院绩效考核有三种途径[①]：

1. 以法官办案绩效考核标准计算家庭教育指导工作量

仍以家庭教育指导依附的个案为基准，将个案基础分乘以一定系数，确定单个家庭教育指导得分。系数可根据案件类型确定，一般来说，民事案件基数大，家庭教育指导难度相对较低，可在 0.1 ~ 0.3 确定系数；刑事案件基数小，家庭教育指导工作复杂，可在 0.3 ~ 0.5 确定系数；行政案件数量和难度居中，系数可确定在 0.2 ~ 0.4。考核以发出正式家庭教育指导文书为准，口头指导不计入工作量。

2. 以综合评价考核标准折算家庭教育指导工作量

除基础办案量之外，涉及法官综合绩效的还有综合评价考核，主要包括撰写并获发表的工作信息、调研成果信息、学术讨论几项。为使家庭教育指导可量化，可以工作信息或调研成果的工作量为基准，将家庭教育指导折算成工作得分。如三份家庭教育指导文书可折算一份工作信息得分，五份指导文书可折算一份省级调研成果得分，八份指导文书折算一份国家级调研成果得分。如此，家庭教育指导工作量就可以体现在综合评价中进而提高整体绩效考核得分。

3. 以专项奖励考核制度彰显家庭教育指导工作量

《教育指导意见》规定，人民法院开展家庭教育指导工作，所需费用纳入本单位年度经费预算。在家庭教育指导无法被量化也无法折算时，可以在年度经费预算中抽出一部分设立家庭教育指导专项经费，对家庭教育指导工作突出的个人或团队评先进、树典型、予表彰，提高家庭教育指导的参与度（见图 3）。

① 此处仅以法院为例提出家庭教育指导纳入考核的路径选择。本文的观点是，为提高家庭教育指导的参与度，凡是开展该项工作的单位均应建立考核机制。

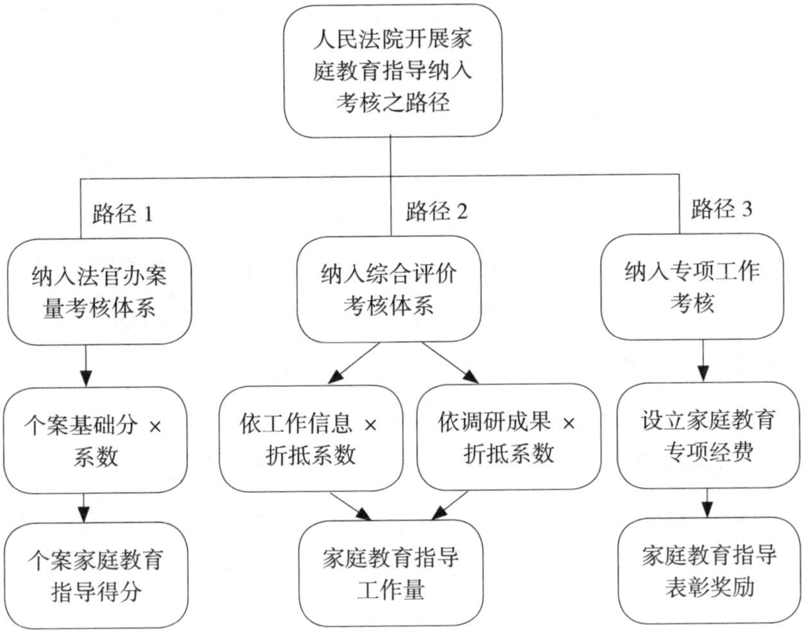

图 3　家庭教育指导工作纳入考核的三种路径

四、路径探析：寻求家庭教育融入社会治理的多方协同

2021 年《最高人民法院关于加强新时代未成年人审判工作的意见》指出，要加强协作配合，增强未成年人权益保护和犯罪预防的工作合力。对未成年人的司法保护必须融入其他五大保护，才能发挥更大的效应。除独立开展家庭教育指导外，人民法院还应将包含家庭教育指导在内的未成年人审判融入社会治理。既要独奏“唱得响”，还要合唱“唱得齐”。

（一）规范性文件制定中的多机构参与

目前，涉及家庭教育指导的规范性文件大致有三种：

1. 地方性法规及规范性文件

如《湖北省家庭教育促进条例》《重庆市人民政府办公厅关于印发重庆市家庭教育指导大纲的意见》《淄博市教育局关于进一步加强家庭教育指导工作的意见》。这类文件多形成于《家庭教育促进法》之前，发文主体是地方人大、政府或者政府职能部门，发文依据是国务院《中国儿童发展纲要》或《关于指导推进家庭教育的五年规划》等行政性文件。此类文件侧重于行政管理，强调行政机关之间的配合协作，对人民法院开展家庭教育指导协同工作的指导性不强。

2. 人民法院独立发文

如《江西省高级人民法院关于在涉未成年人案件中开展家庭教育指导的实施意见》《四川省泸州市人民法院涉未成年人案件开展家庭教育指导工作指引（试行）》等，这类文件规定了家庭教育指导的案件类型和工作办法，操作性强，但适用性有限，凭此文件对外寻求支持可能会遭遇“碰壁”。

3. 司法、行政机关联合发文

目前已出台的高级别文件有最高人民法院联合全国妇联出台的《教育指导意见》，最高人民检察院、中国关心下一代工作委员会等出台的《关于在办理涉未成年人案件中全面开展家庭教育指导工作的意见》，这些司法性文件效力高、应用范围广，但联合发文机关较少，与家庭教育需要的多机关、多部门协同还存在一定差距。对此部分地方法院有尝试，如江苏省高院、省检察院、省民政厅等五部门联合发文《关于在涉未成年人案件中开展家庭教育指导工作的实施意见（试行）》，湖北省丹江口市人民法院联合检察院、妇联、教育局等八部门发布《涉未成年人案件家庭教育指导工作办法（试行）》等。这类文件对辖区家庭教育指导的开展具有积极意义，但面对需要跨区域的指导案件如异地社区矫正、监护人异地居住案件等可能存在操作困难。

为统一家庭教育指导社会协同的依据，制定规范性文件势在必行。司法机关、行政机关联合发文应当成为家庭教育指导规范性文件的首选形式。其中，最高人民法院、最高人民检察院联合公安部、司法部、教育、妇联、团市委、民政等与未成年人利益切实相关的职能部门出台的家庭教育指导司法性文件为最优选。

（二）未成年人审判建设中的社会化助力

1. 社会力量参与未成年人审判队伍建设

少年法庭机构的专门化建设，是实现少年审判法官职业化、审判专业化的前提条件，也是整个少年审判事业整体向前推进的基础保障和前提条件。[①] 应整合优势资源，夯实未成年人审判组织，鼓励熟悉家庭教育规律且关爱、支持未成年人的干警参与家庭教育指导，保持审判队伍的稳定性。同时可以从共青团、妇联、关工委、学校等组织的工作人员中选任人民陪审员，这些熟悉未成年人身心特点，具备青少年教育学、心理学知识的人员参与未成年人案件审理可以进一步夯实未成年人审判工作基础。

2. 社会力量助力未成年人家庭教育宣教

（1）充分利用法治副校长制度，在“法制第一课”“家庭教育宣传周”等普法教育活动中融入家庭教育知识，根植正确的家庭教育理念，强化家、校责任，提升人民法院家庭教育指导的认同度与可接受度。（2）设置家庭教育回访帮教制度。家庭教育指导文书作出后，承办人与指导对象建立固定联系，实行台账式管理。对于罪错未成年人的监护人，可要求其签写家庭教育承诺书，定期汇报孩子情况，对可能存在的监护不当行为及时预警和纠正；对于未成年被害人或其他困境未成年人的监护人，应主动询问孩子学习、生活状态，做好教育指导记录，从心理疏导、身体康复治疗、司法救助等方面落实跟踪服务。

3. 社会力量助力未成年人特别程序落实

社会调查制度、合适成年人到庭制度、犯罪记录封存制度等是为未成年人特别设立的程序，应当实质落实。人民法院可以政府购买服务等方式，将社会调查、合适成年人参与刑事诉讼、心理疏导、观护帮教等工作，交由专业社会力量承担。[②] 如在听取未成年人意见时可引入心理测量、评估等手段配合听取未成年人想法，可通知具有心理、教育甚至医学等背景的专业人员以适当方式告知未成年人司法的程序及可能的结果，更全面把握未成年人的真实意愿。在社会调查时，依托专业意见制定调查方案，结合未成年人的生理、心理、智力特点全面铺开，找准症状堵点。

---

① 褚宁：《司法改革背景下的少年家事审判融合发展路径探索》，载《法律适用》2019 年第 11 期。

② 《检察机关加强未成年人司法保护八项措施》首次提出建立未成年人司法借助社会专业力量的长效机制。本文认为，人民法院在社会调查、确定合适成年人等方面可以借鉴上述做法。

适用合适成年人到庭制度时，应首先综合权衡法定代理人的情况，通过教育指导可以出庭的，优选法定代理人到庭。在选择合适成年人时，要充分尊重未成年人意愿和实际生活、学习情况，听取专业人士建议，选择其最信任或者最适合的成年人，纠正为了开庭便利而径行通知合适成年人到庭的做法。此外探索引入家事调查员、社工陪护、儿童心理专家等多种形式，不断提高家事审判的司法服务和保障水平。

（三）未成年人延伸服务中的多主体协作

1. 司法机关之间的审判全流程协作

人民法院应当围绕家庭教育指导与人民检察院、司法局、公安机关形成工作合力。（1）实现涉少刑事案件法检教育指导全覆盖，将附条件不起诉的未成年人及未达刑事责任不追究的未成年人纳入教育指导对象，就犯罪记录封存制度商讨操作细则；（2）继续完善与司法局的法律援助对接制度、社区矫正委托评估协作制度，使两部门在数据共享上更为流畅，将教育指导贯穿于矫正全过程；（3）加强线索发现、移送工作。人民法院在办案中发现未成年人监护人的监护失职行为可能涉及违法犯罪的，应及时移送公安机关侦查；对涉未成年人案件的证据采集与固定问题及时与公安机关进行交流、适时发送司法建议。

2. 法院与行政机关的数据服务对接

《家庭教育促进法》规定，省级以上人民政府应当组织有关部门统筹建设家庭教育信息化共享服务平台，提供线上家庭教育指导服务。人民法院应当为政府机关提供数据服务和法律支持，共建家庭教育信息化服务平台，实现对未成年人政府保护和司法保护的有效衔接。（1）人民法院发出《人身保护令》《从业禁止令》等禁止接触未成年人的或禁止犯罪分子从事与未成年人密切接触职业的文书的，应当及时向公安、市场监督管理、教育等部门移送，织密保护未成年人的“篱笆网”。（2）人民法院在办案中发现困境未成年人的，应当主动邀请民政、妇联、教育、团市委、关工委等部门，在做好家庭教育指导的同时一并提供必要救助，并为教育、民政等部门的履职行为提供支持。（3）人民法院对于办案中发现的对未成年人负有家庭教育职责的机构应当履行指导职责而未履行的或履行指导职责不充分、不到位的，应当向相关行政部门发送司法建议或函件，督促其做好教育指导工作。

3. 法院与社会组织的公益化共建

《家庭教育促进法》鼓励社会工作者、志愿者参与家庭教育指导服务工作，支持自然人、法人和其他组织设立非营利性家庭教育服务机构。人民法院在家庭教育指导中也应衔接社会组织、共创共建。（1）引入有资质的家庭教育指导师、心理咨询师，以驻点模式或在法院设立家庭教育指导工作室的方式开展工作。在法院发送教育指导文书的同时，由指导师现场参与辅导规划。（2）强化与基层组织的点对点共建，以多样化法治宣传拓展家庭教育的覆盖面、普及面、受众面；建立与辖区学校的定点联系，及时了解涉案未成年人的学习情况，促进学业支持。（3）建立与未成年人救助机构或志愿服务机构等公益组织的常态化联络，加强指导和培训；共同探索困境未成年人的发现和移送救助机制；对社会组织提供的侵犯未成年人权益的线索认真核查，并及时反馈。

结　语

一个国家未成年人权益的保障水平，决定了这个国家未来的前途与地位。当前，对未成年人的教育责任已由家庭责任拓展至国家责任，人民法院开展家庭教育指导既是审判职责所在，也是参与社会治理所需。在明确家庭教育指导的定性和适用范围、统一教育指导文书体例、规范教育指导考核支持制度、畅通教育指导多元协作的基础上，人民法院应当主动开展家庭教育指导，积极参与社会治理。但这种指导和协同均应在“最有利于未成年人”的轨道上运作，在“家事自治”与“国家干预”的平衡中日臻完善，实现人民法院以司法力量护佑未成年人健康成长的应有之义。

职务发明人奖酬权利的司法裁判适用原则与路径完善

——以中国裁判文书网近五年相关判决书为研究样本

清丰县人民法院　李志飞　董丽红*

引　言

职务发明奖酬制度作为保护职务发明人权益以及平衡单位与发明人之间利益的法律规定，并且以此激励创新创造的重要制度，本应起着重要作用，但是专门的法律《职务发明条例》从2015年发布征求意见稿之后，迟迟未正式出台。2020年，《专利法》时隔12年得到了最新修正，但其中有关职务发明奖酬的规定却并未作出实质性改变，面对不断涌现的新业态、新技术、新商业模式下的职务发明奖酬案件纠纷，如何保障专利发明人的权益，发挥能动司法作用，使专利发明人的权利得到保障尤为关键。

根据国家知识产权局统计[①]，全国发明创造受理量逐年上升，并且职务发明占比稳步上升，2012年，全国发明创造专利受理量共计1912151件，其中职务发明申请量1293316件，占67.6%；2019年，全国专利申请量共计4195104件，其中职务发明3420630件，占81.5%；而2022年，全国发明专利申请总量为1464605件，其中申请人为单位的占96%。职务发明申请量的骤增，与近年来职务发明相关各个主体包括单位和发明人的法律意识提升、

* 李志飞，清丰县人民法院立案庭法官助理。董丽红，清丰县人民法院审判管理办公室主任。

① 参见https：//www.cnipa.gov.cn/col/col61/index.html，2023年7月28日访问。

职务发明人在维权过程中有较为充分的法律依据密切相关，使得职务发明人更偏向用司法的途径解决纠纷，达到维护自身合法权利的目的。本文通过搜集近5年相关裁判文书，对裁判实务进行多角度分析，提炼出职务发明奖酬在司法裁判中可能出现的问题，比如职务发明人信息知情权的缺失、诉讼时效起算点的不一致、约定优先原则适用存在阻碍等，并对问题进行实证分析以及法理论证，引用利益均衡原则和强化法定标准原则为指导，对职务发明奖酬在司法裁判中的问题提出相应的具体建议。

一、职务发明人奖酬权利在司法实务中的现状分析

目前法律规定的职务发明创造包括两种情况，即“执行本单位的任务”所完成的发明创造，以及“主要利用本单位的物质技术条件”所完成的发明创造，符合情形之一，可认定为职务发明。确认专利是否为职务发明，是单位支付奖酬的前提，专利证书上的记载可以推定发明人的身份资格，除非有相反证明推翻这一事实。[①]

（一）职务发明奖酬司法案件样本分析

1. 样本来源

本文以“职务发明”“奖励”“报酬”作为关键字及以职务发明创造发明人、设计人奖励报酬纠纷为案由，在中国裁判文书网检索近5年相关裁判文书（2018年至2023年7月20日），共检索到48份判决书，经筛选得到39个案例作为研究样本。以上述案例为对象，从案件审级、裁判奖酬数额等方面进行分析，通过对案件不同角度的分析整理，精准地寻找职务发明人奖酬权利实现在司法裁判中的问题。

2. 司法裁判文书的样本分析

（1）案件的审级分析

从生效判决的层面上看，研究样本中一审判决直接生效的案件有15个（占比39%），二审被驳回上诉、维持原判的案件有22个（占比56%），二

① 刘强、陈卉:《职务发明奖酬司法实证研究》，载《科技与法律》2017年第3期。

审改判的案件有 2 件（占比 5%）（见表 1）。相对来说，无论是一审判决直接生效的还是二审被驳回上诉维持原判的判决的案件占据了所收集案件的主要部分。

根据我国的级别管辖规则，一般由中级人民法院作为专利侵权案件的一审法院，一方面，中院对于法律的适用相对于基层人民法院有更深刻的了解；另一方面，奖酬纠纷涉及的金额一般较大，由中院审理更为合适；另外，外观设计专利的权属、侵权纠纷以及涉驰名商标认定的第一审民事案件等，经最高人民法院批准，也可以由基层人民法院管辖①，这也表现出我国对专利侵权纠纷案件审理所持的谨慎态度。

不容忽视的是，二审改判案件也存在一定比例，如成某诉福建某公司一案中，一审福建省福州市中级人民法院判决福建某公司支付原告专利奖励 12000 元，而二审福建省高级人民法院改判为福建某公司支付成某专利奖励 6000 元。② 在吴某诉四川某公司一案中，一审四川省成都市中级人民法院判决四川某公司支付吴某职务发明报酬 20 万元，而四川省高级人民法院驳回了吴某的全部诉讼请求。③

表 1　职务发明案件判决情况

审级	案件数量	所占比重
一审直接生效	15	39%
二审驳回上诉、维持原判	22	56%
二审改判	2	5%

（2）法院判决奖酬数额分析

从奖酬数额的角度来分析，生效判决支持原告全部职务发明奖酬诉请的

① 《最高人民法院关于第一审知识产权民事、行政案件管辖的若干规定》（法释〔2022〕13 号）第 2 条第 1 款：外观设计专利的权属、侵权纠纷以及涉驰名商标认定第一审民事、行政案件由知识产权法院和中级人民法院管辖；经最高人民法院批准，也可以由基层人民法院管辖，但外观设计专利行政案件除外。

② 参见福建省高级人民法院（2019）闽民终 867 号民事判决书。

③ 参见四川省高级人民法院（2019）川知民终 182 号民事判决书。

数额的有 15 个案件，占 38%；部分支持的有 12 个案件，占 31%；被驳回的有 12 个案件，占 31%（见表 2）。其中，原告诉请奖酬数额在 10 万元以下的案件有 21 个，占 54%；请求数额在 10 万元至 50 万元的案件有 8 个，占 21%；请求数额在 50 万以上的案件有 10 个，占 25%（见表 3）。但法院最后判决奖酬数额在 10 万元以下的案件有 19 个，占 49%；判决数额在 10 万元至 50 万元的案件有 5 个，占 13%；判决数额在 50 万元以上的案件有 2 个，占 5%；被驳回诉讼请求的案件有 13 个，占 33%（见表 3）。

表 2　判决支持原告诉求结果情况分析

判决结果	案件数量	所占比重
全部支持	15	38%
部分支持	12	31%
驳回	12	31%

表 3　判决支持原告诉求金额情况分析

金额	原告诉讼请求案件数量	原告诉讼请求案件比重	法院判决支持案件数量	法院判决支持案件比重
10 万元以下	21	54%	19	49%
10 万元至 50 万元	8	21%	5	13%
50 万元以上	10	25%	2	5%

从这组数据中可以看出，职务发明人所请求的奖酬数额与法院最后判决的数额还是存在一定的差距。究其原因，一方面，对于职务发明奖酬计算所依据的“营业利润”基数难以确定；另一方面，实践中单位的营业利润常记载于会计账簿上，职务发明人无法查阅到单位账簿，单位往往会以涉及公司商业秘密为由拒绝提供单位账簿。在此种情况下，法院无法得知单位营业利润的准确数额，因而只能酌情判定给予职务发明人奖酬数额。

（二）职务发明人信息知情权缺失

职务发明人信息知情权包括知道单位确定发明报酬的标准；若单位对该发明不进行技术鉴定或者实施，发明人有权知道单位的决定；单位按照经济效益发放报酬，职务发明人有权知道大致的收益数据等。

信息知情权的缺失是引发职务发明奖酬纠纷的重要原因之一，由此职务发明人奖酬权益无法得到保障。职务发明人信息知情权的缺失导致其在主张自己的权利时不能提供充分的证据，因而承担不利的后果。根据《专利法》相关规定，发明人对专利研发有实质性贡献且专利成功实施是职务发明人获得报酬的前提，也是认定奖酬金额的重要因素。[①]

在职务发明奖酬司法案件中，一般由职务发明人向人民法院提起诉讼，请求单位给付其职务发明奖励和报酬。涉案专利是否为职务发明、发明报酬确立标准、发明人对该项专利的贡献度等问题在诉讼过程中都需要发明人自行举证，由于职务发明人信息知情权的缺失，大多情况下需要请求单位提供更多依据。

从 39 起样本案件来看，对于原告职务发明人提出的奖酬诉讼请求，其中 15 起案件因当事人未能提供充分的证据而被法院驳回诉讼请求或者只能由法院酌定计算奖酬数额，导致判决结果与发明人的诉求有差距。例如，在吴某诉西美某公司等两被告一案中，原告向法院提出两被告连带向其支付职务发明创造报酬共计 43 万美元的诉讼请求。[②] 为证明被西美某公司制造销售的专利产品数量，举证其自制的《吴某明细清单》，用以证明被告西美某公司制造产品销售专利产品合计近 150 万套，但法院指出该清单仅为自行制作的打印件，没有被告的有效签章，最终只确认了其中部分销量。

在利润率方面，法院还指出，被告西美某公司提供的审计报告仅为其企业整体平均利润率，非专利产品利润率，原告主张五金、家具室内装修材料平均利润率为 24% 作为专利产品的营业利润率，但依据不充分，法院不予采纳。最终法院根据查明的案件事实酌定被告西美某公司支付原告职务发明报酬共人民币 30 万元。

（三）诉讼时效起算点不一致

诉讼时效直接关系到职务发明人权益的保护。在 39 起样本案件中，有 13 起案件对诉讼时效问题进行了讨论。由于职务发明奖酬制度诉讼时效的规

① 刘强、汪永贵:《职务发明报酬纠纷举证责任问题研究》，载《湖南大学学报（社会科学版）》2018 年第 2 期。

② 参见广州知识产权法院（2016）粤 73 民初 1721 号民事判决书。

定不一致，导致不同法院针对诉讼时效存在不同的观点，即使法官在具体案件中可以行使自由裁量权，但在处理案件时必须建立在对相关法律正确合理理解的基础上，同时也需考虑社会效应，法律适用标准的统一不仅关系着司法体制改革基本目标的实现，也可对法官自由裁量权构成内在限制。[①] 在筛选的案例中，职务发明人奖酬权利诉讼时效起算点有以下几种情况：

其一，以离职之日作为起算点。以发明人离职之日作为诉讼时效的起算点。例如，在原告何某诉被告福建某公司职务发明奖酬纠纷一案中，法院认为根据《专利法实施细则》的规定，应从专利授权公告 3 个月届满之日开始计算职务发明奖励权利的诉讼时效。但是在上述期间内，原被告之间存在劳动关系这种具有依附性质的法律关系，导致原告通过司法程序主张权利会存在顾虑，而通过其他方式向单位主张权利在形式上难以举证。

基于此，在时效认定方面应充分考虑到这种特殊性，不能简单按照权利公告的时间起算。而且法院认为单位对职务发明奖励本就应主动发放，发明人离职前仍未实际支付的，以离职之日作为诉讼时效的起算点较为合理。

其二，以专利有效期届满为起算点。例如，在曾某等诉被告东莞某公司职务发明奖酬纠纷案中，尽管被告主张涉案专利已于原告提起诉讼之前失效，但一审法院认为职务发明人的报酬请求权诉讼时效期间应当自原告知道或应当知道其有权主张报酬时开始计算。关于具体的起算点，本案中由于原被告均未提交证据证明双方存在关于职务发明报酬给付的约定，企业在规章制度中也未规定相关内容。人民法院根据《专利法》及其实施细则的规定，认为涉案专利实施后，在专利权有效期限内，被告均应向发明人给付报酬，诉讼时效期间应当从涉案专利有效期届满时起算。

其三，以专利授权公告后满 3 个月为起算点。在原告乔某等诉被告博天某公司职务发明奖酬纠纷一案中，法院将职务发明人的奖励请求权作为一种债权请求权来计算诉讼时效，其认为奖励的诉讼时效自发明人知道或者应当知道其有权主张奖励时开始计算。

① 刘小平、杨金丹:《统一法律适用标准的共识性进路——兼论作为制度的法官学院》，载《南京社会科学》2020 年第 9 期。

其四，以首次提出请求被拒绝之日为起算点。最高人民法院认为被告针对侵害涉案专利权行为提起的侵权之诉均系独立诉讼，并非连续行为，故原告请求支付职务发明报酬的诉讼时效应当从其第一次提出请求，被告拒绝履行之日起算。本案虽然二审最高人民法院维持了原判，未改变一审法院的判决结果，但一、二审法院对诉讼时效的起算时间点明显适用了不同的标准，二审法院实际上是适用了与未约定履行期限的合同一样的确定方式。在原告孙某诉被告国电某公司等职务发明奖酬纠纷案中，法院也提到由于《专利法实施细则》中并未规定职务发明报酬的支付期限，此时职务发明报酬应当视为履行期限不能确定之债，诉讼时效类推适用与未约定履行期限的合同一样的起算标准。

在实际裁判过程中针对诉讼时效问题，多数法院将职务发明报酬请求权视为债权请求权，以债权受到损害的标准来适用有关诉讼时效规定。职务发明报酬诉讼时效的起算点，尽管与职务发明奖励区分开来，但诉讼时效起算点依然存在不一致，在裁判文书中也有不同的观点。

（四）约定优先原则适用存在阻碍

《专利法实施细则》规定，单位可以和发明人约定或者在单位制定的规章制度中规定奖酬的方式和数额。该规定表明，职务发明人可以就职务发明奖金和报酬与单位约定支付的方式和数额，但这样的规定在适用时存在一定的阻碍。在我国的企业薪酬体系方面，如果企业没有规定完善的薪酬制度并明确其中特有部分为职务发明奖酬，那么职务发明人在司法程序中主张权利时很难得到法院的认可。①

在有约定的情形下，法院承认其约定的效力，职务发明人对于自身应当获得的报酬通常保持着极高的期待，例如，在陈某诉上海某公司案中，原告请求法院判令上海某公司向其支付职务发明报酬人民币100万元，在实施涉案专利所获取的利润无法查明的情况下，一审法院综合考虑涉案专利的类别、专利的实施情况、专利对于产品的利润贡献、发明人的数量等因素，酌

① 刘强:《职务发明奖酬法律问题——理论、制度与实践》，中国社会科学出版社2018年版，第24页。

情确定被告应支付原告的涉案职务发明报酬金额。

因为职务发明人缺少完善的救济制度，在职务发明报酬方面，法院无明确的依据用于计算并认定报酬的合理性，涉及报酬数额的影响因素也未有效地厘清，导致实际裁判结果与发明人的主张存在较大的差异性，缺乏应有的可预见性。① 另外，单位与员工之间话语权的差距，也让该原则适用过程中存在很大阻碍。

二、职务发明人奖酬权利存在问题之原因探析

职务发明人权利保障涉及多部法律，如《专利法》及其实施细则、《促进科技成果转化法》《民法典》合同编以及正在送审的《职务发明条例》等。职务发明人权利保护在司法裁判中遇到的问题，究其原因，是法律适用不一致、举证责任制度不利于职务发明人、诉讼时效制度不健全等因素，给法官在裁判过程中造成法律适用困难，让职务发明人实现奖酬权利缺乏可靠的法律支撑。

（一）职务发明奖酬法律适用不一致

我国有关职务发明奖酬权利的规定在不同的法律层级文件中均有体现，包括法律、行政法规、部门规章、地方性法规等。② 不同法律层级的规范性文件对奖励、报酬的规定不协调统一。

从法律主体上看，职务发明专利适用于被授予专利权的单位和科技成果完成单位，针对特殊主体，甚至可以同时适用多部法律规范性文件，给法官在选择法律的适用时造成一定的困难。从适用客体方面看，《专利法》规定客体是发明、实用新型和外观设计，《促进科技成果转化法》中的客体是高等学校及科研机构的科技成果，而正在制定中的《职务发明条例》针对的客体较为广泛，不仅有专利权，还包括植物新品种权及集成电路布图设计专有

① 刘强、姚梦媛:《职务发明报酬数额影响因素研究》，载《南京理工大学学报（社会科学版）》2017 年第 6 期。

② 唐素秦、岳琳:《对〈职务发明条例（草案）〉相关疑问的思考》，载《电子知识产权》2013 年第 1 期。

权。多种规定适用的客体存在重合的部分，目前我国相关法律尚处于规定不一的状态。由于职务发明奖酬立法不协调，法院在选择适用时，存在不同观点。从裁判依据来看，法官的主要判决依据仍然来源于《专利法》及其实施细则。

在诉讼时效法律适用方面也存在不一致。在陈某诉上海某公司一案中，一审法院认为原告诉求的诉讼时效起算点应以知道或应该知道之日，开始计算诉讼时效，因超过3年而对原告诉称不予采信，而二审法院经审理查明其主张已经超过诉讼时效，不仅依据《民法总则》[①] 以及《最高人民法院关于适用〈中华人民共和国民法总则〉诉讼时效制度若干问题的解释》[②] 中的有关规定，还依据2000年和2008年《专利法》第16条规定，上诉人主张职务发明奖励报酬诉讼时效应与涉案专利实施期间有关，因此对上诉人陈某的诉讼请求不予支持。

（二）举证责任制度不利于职务发明人

在职务发明奖酬诉讼案件中，由于职务发明人信息知情权的缺失，且单位实施专利及专利商品营收等材料由单位掌握，一方面，职务发明人在提出奖酬诉讼请求时没有足够的数据支撑，另一方面，在诉讼过程中，主张其奖酬数额时没有足够的证据支撑，因而在案件中处于弱势地位。

尽管在2020年修正的《专利法》改善了职务发明人举证责任的不利情况，其中第71条规定了专利侵权案件中，在权利人竭尽举证能力的情况下，法院可责令侵权人提供账簿、资料等关键证据，从而减轻了专利权人的举证压力。然而在筛选的判决书中，职务发明人需要对其因侵权所遭受的损失或是侵权人通过侵权行为获得的利益提供充分的证据，可以发现由于职务发明人举证能力不足，其诉讼请求在判决结果中只有少数案例得到了法院的全部支持，有学者建议在《专利法》或《职务发明条例》中明确规定单位实施举证责任妨碍行为将承担不利的诉讼后果，若单位行为满足相应条件，单位具有过错

① 已失效。
② 已失效。

且事实上妨碍到了当事人权利实现，应认定其实施了举证妨碍行为。[①]

另外，有学者认为可规定该类案件举证责任倒置，给单位赋予奖酬信息披露义务，如果职务发明人认为单位给付的奖酬不符合法律规定或者约定标准，单位则承担提供奖酬计算标准及方式的举证责任，证明其行为合规合约，否则承担不利诉讼结果。[②] 也有学者表示可以引用证据开示制度，当事人有权要求对方或者案外第三人提供所掌握的与案件有关的事实材料，我国《商标法》等法律中均已规定该制度，也可以在职务发明奖酬规范中引入证据开示制度。[③]

（三）诉讼时效制度不完善

《民法典》规定的诉讼时效为 3 年，而职务发明人奖酬权利不同于普通民事权利。一方面，义务人和权利人之间存在管理与被管理的关系；另一方面，职务发明报酬的支付方式也存在不同，其中有一次性支付和逐年支付，另外在计算诉讼时效的过程中可能还涉及专利有效期。《专利法》及其实施细则在职务发明人奖酬权利的诉讼时效保护方面的制度尚未完善。

有学者指出，在职务发明人追讨奖酬时已经离职的情形中，诉讼时效以离职之日为起算点[④]，一些法院也依此作出裁判。也有学者认为应以职务发明人摆脱单位而实现精神自由之日为诉讼时效起算点，也是考虑到双方固有的劳动雇佣关系。[⑤] 还有学者赞同其诉讼时效可以从劳动合同终止之日起算，以期给予职务发明人最大限度的利益保护。[⑥] 上述几种起算点可以较大程度地保护职务发明人的权益，但也存在一定的弊端。

我国民法中的诉讼时效规定属于强制性规范，法院无权在权利人不申请

---

① 刘强、汪永贵：《职务发明报酬纠纷举证责任问题研究》，载《湖南大学学报（社会科学版）》2018 年第 2 期。

② 李石勇：《协同创新背景下职务发明奖励报酬制度的完善》，载《广东社会科学》2018 年第 2 期。

③ 何敏、刘胜红：《论职务发明奖酬立法的优化思路及具体措施》，载《科技与法律》2021 年第 4 期。

④ 张帆：《中国专利法注释》，知识产权出版社 2014 年版，第 76 页。

⑤ 何炼红、尹庆：《职务发明奖酬的法律性质认定——兼评〈职务发明条例草案（送审稿）相关规定〉》，载《科技与法律》2018 年第 3 期。

⑥ 刘强：《抽象职务发明奖酬请求权研究》，载《知识产权》2017 年第 8 期。

的情况下延长诉讼时效期限。法院以职务发明人离职之日作为诉讼时效的起算点属于事实上延长了权利人的诉讼时效期间，这保障了职务发明人的奖酬权利，但于法无据。

在运行诉讼时效制度时需要考虑的价值基础包括督促权利人保护自己的合法权益、减轻法院负担、维护社会稳定。诉讼时效需要在个人利益和社会利益、权利人和义务人之间寻求平衡[①]，在职务发明奖酬纠纷中，考虑到诉讼时效的基础价值，以职务发明人离职之日作为时效起算时间，可能与上述制度价值存在冲突。

三、职务发明人奖酬权利司法保护之路径探究

针对职务发明奖酬法律适用不一致、举证责任制度不利于发明人以及诉讼时效制度不完善等原因，在司法裁判中如何更好地保护职务发明人的奖酬权，下面将以利益均衡原则和强化法定标准原则为指导，对上述存在的问题提出相应对策。

（一）保护职务发明人奖酬权利的指导原则

为解决语言抽象性和现实复杂性的紧张关系问题，在立法时需要确立相较于具体规范更为抽象的规范，用来指导法律文件的制定、实施并解决因法律规定不充分形成的法律漏洞，这些规范为法的原则，任何一部法律都应有原则规范，完善职务发明奖酬制度也需要确立一些原则规范。[②]

1. 利益均衡原则

有国外学者曾经指出：法律是为了在个体和社会间形成平衡。当给予个人就自己的权利提出的最大化诉求时，依旧需要和公共利益维持平衡。[③] 关于职务发明人和雇用单位的利益平衡问题，无论从社会整体发展还是单位自身发展的角度，具有一定的现实意义。

---

① 朱晓洁：《诉讼时效制度的价值基础与规范表达〈民法总则〉第九章评释》，载《中外法学》2017 年第 3 期。

② 谭秋桂：《论民事执行法的原则体系》，载《中国政法大学学报》2023 年第 2 期。

③ ［美］E. 博登海默：《法理学——法律哲学与法律方法》，邓来正译，中国政法大学出版社 2017 年版，第 115 页。

其一，从科技发展角度分析，职务发明人和雇用单位间利益平衡有助于各类专利技术的普及与运用，进而促进社会的进步发展。如今我国科学技术呈现出蓬勃发展的态势，职务发明在其中所扮演的角色不可小觑。[①] 职务发明人是高新技术研究与开发的重要力量，因此对研究与开发人员的利益保障是不可忽视的方面。职务发明奖酬标准是职务发明人实现其权益的保证，其相关利益应引起高度重视。

其二，从单位自身的发展来看，往往一个或几个发明专利就可以成为企业赖以生存的根本。如果发明人的奖酬得不到落实，单位等其他成果利用者期望通过实施专利来获取经济效益，就会变成“无源之水，无本之木”。因此，单位应采取手段尽可能激发职务发明人发明创新的激情，将其创造成果大力推广使用，以达到促进自身发展、合作共赢的目的。各行业技术的研发不仅需要投入职务发明人的脑力活动，还需单位的人力、物力、财力等多种因素的支撑才能得以完成，但众多因素中最关键的是脑力劳动。

因此，发明人报酬计算标准是保护职务发明人权益的必要前提。法律对利益的调节并非要达到一种维持绝对公平的状态，也并不是只单纯保护某一类群体的利益，更不是对一方利益主体的袒护，而是通过法律的调节，形成相对公平的局面，实现利益的合理分配。

2. 强化法定标准原则

根据奖酬相关规定，单位对职务发明人负有支付报酬的义务，而奖酬的数额可事先通过与发明人协商的方式约定，亦可由单位直接规定奖酬比例、奖酬方式。仅在未约定、内部无奖酬制度情形下，才可适用法条中的奖酬标准。但对于约定中奖酬数额、奖酬支付方式是否合理却未予以明确规定。

在事先有约定的前提下，即使单位给付低于法定报酬数额，按照我国现行遵循的“约定优先”原则，也是合法的。这一原则的初衷可能是基于意思自治原则，期望发明人和单位按照各自不同的行业约定根据从事的智力活动来支付与成果相匹配的报酬。

---

① 彭礼堂：《公共利益论域中的知识产权限制》，知识产权出版社 2008 年版，第 95 页。

现实生活中常常是反其道而行之。由于发明人身处天然的弱势地位，无法以完全平等的地位进行协商。而职务发明人又容易由于维权难、法律意识淡薄等原因而无法采用合理的方式使自身的权益得到保障，致使专利技术所产生的经济利益在实践中分配严重不平衡。

因此，标准适用的前提即意思自治原则应加之限定，即对职务发明奖励、报酬的标准法定化、明细化。通过法定的形式来规定奖酬的最低数额，一方面，可以保障职务发明人可获得奖酬的最低数额限度。既可以在与单位协商奖酬时有法可依，又能以通过诉诸法院的方式主张职务发明奖酬时，有充分的法律依据支撑其诉讼主张。另一方面，亦可对单位产生一定的约束作用。在现有的标准体系下，单位与发明人之间约定奖酬具有任意性。但在此原则确立后，在其与发明人约定奖酬时，需以法定数额为基础来约定，从法律上对其产生约束。①

（二）完善职务发明人奖酬权利的路径

《职务发明条例（草案）》虽然还在送审过程中，但其融合了众多法律法规以及社会发展现状而制定，可以满足现实需求。另外，将条例中关于奖酬标准的部分上升到《专利法》中，以其作为职务发明人奖励报酬计算的主要参照对象，在法律适用时若其他奖酬规定与《专利法》冲突时，即优先适用《专利法》。② 除了将奖酬条款完善，在其他相关制度中也应保障职务发明人奖酬权利。

1. 细化奖酬保障程序

目前我国缺乏奖酬制度相关的程序，细化相关程序不仅可以保障双方权益，还能实现意思自治。根据实际情况，建议细化发明权属申请过程中的催告程序和奖酬标准确立的告知程序。

发明权属申请过程中的催告程序是我国相关法律制度中所缺失的部分，确定是否为职务发明的具体流程如下：员工在完成发明交付单位时，立即向

① 刘强、陈卉：《职务发明奖酬司法实证研究》，载《科技与法律》2017 年第 3 期。

② 徐盛辉、陈响：《关于职务发明奖励报酬的建议》，载《中国发明与专利》2016 年第 11 期。

单位作出情况说明，单位在一定期限内如果没有表明该发明为非职务发明，那么即认定该发明是职务发明。如果员工提交单位的发明为职务发明，单位需要在一定期限内向有关部门作出申请并告知发明人具体情况，如果单位没有申请专利，经发明人催告，该发明默认作为技术秘密进行保护并由单位对发明人进行补偿。

奖酬标准确立的告知程序也是为了保护双方权益，特别是维护职务发明人权益。单位在提交发明专利的收益等材料时，不乏存在单位少报利润的情况，而该会计账目属于商业秘密，发明人很难获取数据。由此建议在立法中增加职务发明人的信息知情权，尽力消除发明人与单位的信息差。另外，发明人有权申请对其发明产生的经济利益单独核算。细化发明人对奖酬标准确立表达意见的程序，发明人直接或者通过工会表达意见，工会通过讨论将每位员工的意见综合整理并进行公示，若单位不采纳，发明人可以诉诸人民法院，要求单位提供情况说明。

2. 完善举证责任分配

即便实践中不断加强对职务发明人的创新成果保护，发明人维护自身权益，实现自身诉求的道路依旧困难重重，通过分析法院纠纷处理发现举证责任的承担问题便是影响诉讼结果的一项重要因素。

发明人退休、离职之际，是职务发明奖酬纠纷的多发期，对于发明人要求单位对解除劳动关系后履行支付奖酬义务这一方面，有观点认为就涉案专利离职时仍然实际执行，单位因涉案专利的执行而获得经济效益这一事实，由发明人负举证责任。能够证明一个单位取得经济利益的证据主要有会计账簿和销售票据等，鉴于发明人在工作过程中与该单位自身相比处于弱势，其在任时所能够触及的该单位核心资料也随之受到限制，且不说离职后，发明人对原单位是否继续实施涉案专利难以探查，原单位由此而取得的营业利润、税后利润更是不易探知。即便根据相关规定[①]，发明人由于客观原因无

① 《最高人民法院关于适用〈中华人民共和国民事诉讼法〉的解释》第94条第2款规定：“当事人及其诉讼代理人因客观原因不能自行收集证据的，可以在举证期限届满前书面申请人民法院调查收集。”

法自行取证时有向法院申请调取证据的权利，但是也是需要满足相关条件才可以获批。

基于现行《专利法》的立法稳定考虑，对职务发明奖酬纠纷举证责任应给予法官部分自由裁量余地，可以通过颁布司法解释和证据规定的方式明确，职务发明人和设计人对于其主张应当举证证明，并且法院可以结合案件审理和职务发明人的需要、设计人是否主张、是否持有证据、举证能力如何等情况，要求单位给予相应证明。既避免了举证原则适用的僵化死板，又能在保证对案件事实准确查明的前提下，有效降低职务发明人举证负担。

根据该条款，如果发明人在确保销售和执行专利利益方面有明显困难，法官可以将举证责任委托给提供与待核实有关证据的实体。例如，由获得营业利益的单位承担举证责任，发明人仅承担与本案有关的专利实施的在先证据的责任。

3. 确定诉讼时效起算

关于职务发明奖酬的诉讼时效，有不少法院认为职务发明人在离职前受制于单位管理，影响其主张权利，主张以职务发明人离职之日作为诉讼时效起算时间。对于职务发明人起诉时该发明专利还在有效期内，有法院将职务发明报酬按年计算，以每一年的最后一日作为起算点。[①] 但职务发明的实施还包括许可他人实施专利，在实施专利时可能持续也可能间歇实施，专利在不同情形下实施，诉讼时效的起算点也不一样，这对发明人可能产生不利影响。

笔者认为，可以参考《职务发明条例（草案）》中关于职务发明奖酬的规定，针对按年支付职务发明报酬的专利和单位，按照单位每一会计年度结束后 3 个月内未支付职务发明报酬的，该 3 个月期满开始计算该年度报酬的诉讼时效。对于单位转让或者许可其他单位实施其专利的，该报酬从转让许可费用到账 3 个月后开始计算诉讼时效（见表 4）。如此一来，在保护职务

---

① 顾昕：《职务发明奖励和报酬请求权的诉讼时效——王文辉与北京摩高科摩擦材料有限公司等职务发明创造发明人、设计人奖励、报酬纠纷案》，载《中国发明与专利》2018 年第 11 期。

发明人权益的同时，也可以平衡单位的利益，更加准确地划分责任和义务，为司法裁判明确诉讼时效起算点。

另外，选择一次性支付职务发明奖酬的单位和专利，当单位不支付报酬或者发明人离职后首次实施该专利或未实施专利时，可规定在专利有效期限届满前，职务发明人均有权要求单位支付职务发明报酬。如此不仅可以照顾职务发明人的权益，也能根据市场效益的波动更加合理地确定报酬。

表 4　职务发明奖酬诉讼时效起算分类

奖酬 / 诉讼时效起算标准 / 支付类型	逐年支付职务发明报酬	一次性支付职务发明报酬	单位转让/许可他人实施
报酬	该会计年度结束3个月后	专利有效期届满后	转让许可费到账3个月后
奖励	离职之日起算		

4. 优化奖酬计算体系

（1）强化约定优先原则

《专利法》在部门法体系中属于民法体系，而民法中一项重要的原则为意思自治、约定优先，但在《专利法》文件中并没有涉及意思自治，含有一定的行政管理色彩。虽然其出发点是保护发明人这一弱势方，但随着经济的发展，个人与单位通过合同约定双方的权利义务，已经成为共识。在专利法领域，行政力量更适合为双方提供一个兜底的保护，现如今，如果个体或单位不遵守契约，将会付出巨大的代价。

另外，为避免计算报酬时出现纠纷，双方在前期可以通过估算发明人的贡献度等因素，提前进行约定，可以较好地预防在奖酬计算时可能出现的纠纷。因此，在《专利法》体系中，约定优先原则可以替代行政力量，将意思自治、约定优先的原则写进《专利法》中，以此激发市场活力和促进科技创新。

（2）完善工会相关制度

工会作为与员工联系最密切的机构，当职务发明人与该单位发生纠纷时，工会作为调解的一方，能发挥不可估量的作用。如前文所述，职务发明人在纠纷中处于弱势地位，工会相关制度的完善能公平公正地从中间解决纠纷，保护好职务发明人奖酬相关权益。

在工会机制方面，建议设立专门的职务发明解纷部门，赋予该组织一定的纠纷调解的权利，比如，在制定职务发明奖酬计算标准时要参考工会的意见等，同时，也要保障工会的独立性，保障其在调解过程中不受其他因素影响。

（3）明确奖酬计算公式

《职务发明条例（草案）》中将企业营收额纳入职务发明奖酬计算标准中，这使得其他数据的获得也有参考，有利于更精确地计算报酬。同时，在计算职务发明人报酬时不容忽视的因素还包括发明贡献率、提成比例等。有了这些细化的标准，不用通过单位部门，职务发明人自身也能计算报酬，还能增加单位和个人的信任。通过这些透明的标准，不仅可以保护职务发明人的奖酬权益，还能更好地激励职务发明人创造发明，激发经济活力。

结　语

本文通过案例论述了在保障职务发明人奖酬权利时出现的难题，如职务发明人信息知情权缺失、诉讼时效起算点不一致、约定优先原则适用存在阻碍等问题，以利益均衡原则和强化法定标准原则为指引，提出相应对策，丰富现有的职务发明制度体系，对各种权利进行进一步细致划分，既有助于区分单位和发明人各自所拥有的权益、均衡双方利益分配、减少矛盾的发生，又有助于有效地利用资源、推动科技成果转化与运用，进一步加快社会进步的步伐。

四步分析法：涉“两卡”帮信罪的入罪路径构建

周口市中级人民法院　徐　普　倪善心　辛勤勤*

引　言

帮助信息网络犯罪活动罪的设立意在涵摄传统帮助犯在立法层面的评价缺漏。该罪虽有独立的犯罪构成和法定刑，但其只是立法化的拟制正犯，被正犯化的行为是共犯行为而非实行犯。但帮助行为的法益侵害性无法定型，与罪刑法定原则的明确性要求存在内在冲突。司法实践中涉“两卡”行为人被大规模地以帮信罪追究刑事责任，导致本应大力惩治的上游犯罪被搁置，偏离了立法规则惩治网络犯罪的重点；且涉“两卡”线下帮助犯罪行为与线上技术支持的危害性不具备可比性，却适用相同的入罪标准，导致本罪名泛化适用。文章从实证角度出发，深入分析涉“两卡”帮助行为的入罪动因、犯罪构成及法益保护逻辑，从法益侵害及被帮助对象数量综合评定罪与非罪、此罪与彼罪，并通过罪质分析法反向检测是否罚当其罪，以期实现该罪名的适用相当性。

一、实证考察：帮信行为独立入罪的现状分析

《刑法修正案（九）》在第六章“妨害社会管理秩序罪”第一节“扰乱公共秩序罪”中增设了帮助信息网络犯罪活动罪（以下简称帮信罪），该罪侵

*徐普，河南省周口市中级人民法院副院长、三级高级法官。倪善心，河南省周口市中级人民法院刑二庭副庭长、四级高级法官。辛勤勤，河南省周口市中级人民法院刑事审判第二庭法官助理。

害的法益是公共秩序中的信息网络秩序，通常对其他合法权益具有侵害的抽象危险，区别于被帮助对象实施的网络犯罪。[①] 本罪旨在将具有类型性地侵害法益抽象性的行为设置独立的构成要件及法定刑，以摆脱对下游犯罪入罪与否（如罪量）及刑罚轻重的依赖，[②] 系信息网络犯罪的刑事防线前移、惩治信息网络犯罪黑色产业链而增设的专门罪名。[③] 区别于技术支持型、广告推广型、支付结算型信息网络犯罪帮助行为，涉手机卡、银行卡（以下简称“两卡”）的“帮助”在行为模式、危害后果上与传统犯罪具有高度的重合性。由于“两卡”系网络犯罪灰黑产业链物料供应的关键环节，[④] 有必要对其入罪进行司法限定。

（一）现状聚焦：涉“两卡”帮信行为入罪的规则调整

2015 年《刑法修正案（九）》施行至今，随着《最高人民法院、最高人民检察院关于办理非法利用信息网络、帮助信息网络犯罪活动等刑事案件适用法律若干问题的解释》（以下简称《网络犯罪解释》）、《最高人民法院、最高人民检察院、公安部关于办理电信网络诈骗等刑事案件适用法律若干问题的意见（二）》（以下简称《电诈意见二》）的出台，使帮信罪的司法适用由早期的技术支持扩张到线下帮助行为，[⑤] 为审判实务指明方向。2020 年 10 月“断卡”专项行动的开展，将涉“两卡”线下帮助行为纳入该罪的行为方式，加快了该罪名的适用（见表 1）。

---

① 参见张伟：《帮助信息网络犯罪活动罪的教义学展开》，载《比较法研究》2023 年第 1 期。

② 参见陈洪兵：《帮助信息网络犯罪活动罪的“口袋化”纠偏》，载《湖南大学学报（社会科学版）》2022 年第 2 期。

③ 参见喻海松：《新型信息网络犯罪司法适用探微》，载《中国应用法学》2019 年第 6 期。

④ 参见喻海松：《帮助信息网络犯罪活动罪的司法限定与具体展开》，载《国家检察官学院学报》2022 年第 6 期。喻海松指出：“两卡”属于网络犯罪黑灰产业链之中物料供应环节的关键，手机卡属于信息类物料，信用卡属于工具类物料。

⑤ 参见喻海松：《帮助信息网络犯罪活动罪的司法限定与具体展开》，载《国家检察官学院学报》2022 年第 6 期。喻海松指出：“两卡”属于网络犯罪黑灰产业链之中物料供应环节的关键，手机卡属于信息类物料，信用卡属于工具类物料。

表1 涉“两卡”帮信行为入罪沿革

时间	法律名称	构成要件	
		主观明知	情节严重
2015年	《刑法修正案（九）》		
2019年	《网络犯罪解释》	监管部门告知后仍实施相关行为；交易价格或方式异常；其他	三个以上对象；支付结算金额20万元以上；违法所得1万元以上；曾有信息网络违法行为被行政处罚；造成严重后果；其他
2020年	《关于深入推进“断卡”行动有关问题的会议纪要》		单向流水金额超过30万元，且其中至少3000元经查证系涉诈资金
2021年	《电诈意见二》	租售两卡的次数、张数、个数；认知能力、既往经历、交易对象、与被帮助对象的关系、帮助的时间和方式、获利情况、行为人的供述等	收购、租售信用卡5张以上，手机卡20张以上
2022年	《关于“断卡”行动中有关法律适用问题的会议纪要》	主客观相一致原则：同时注重听取行为人的辩解并根据其辩解合理与否，予以综合认定	跨省或多人结伙批量办理、收购、贩卖两卡；收到相关机构告知涉嫌犯罪后，继续出租出售；帮助解冻或销旧办新两卡；非法交易两卡被惩戒继续租售的

审判实践是对涉“两卡”帮信罪打击广度和维度的现实回应。帮信罪的起诉、审判数量也随着“断卡”行动的开展呈指数式上升。笔者以案由“帮助信息网络犯罪活动罪”、案件类型“刑事案件”在中国裁判文书网上进行搜索，[①] 共检索到35528份裁判文书，其中2016年3件，2017年11件，2018年24件，2019年90件，2020年2683件，2021年20822件，2022年9777件。关于帮信罪的起诉情况，全国检察机关2018年起诉137人，2019

① 中国裁判文书网，https：//wenshu.court.gov.cn/website/wenshu/181217BMTKHNT2W0/index.html?pageId=7c2ad048e194dcf3e92c1dfa7249c7e7&s16=%E5%B8%AE%E5%8A%A9%E4%BF%A1%E6%81%AF%E7%BD%91%E7%BB%9C%E7%8A%AF%E7%BD%AA%E6%B4%BB%E5%8A%A8%E7%BD%AA&s14=4201，2023年8月15日最后访问。

年起诉 499 人，2020 年起诉 13673 人，2021 年起诉 129297 人， 2022 年 1 月至 9 月起诉 92576 人。[①] 由此观之，帮信罪在 2020 年“断卡”专项行动开展、2021 年《电诈意见二》[②] 出台后出现爆发式增长，至今仍保持高位态势。2023 年 3 月 7 日《最高人民检察院工作报告》也指出，2021 年帮信罪起诉人数在全部刑事案件中已跃居第三，发展成为电信网络诈骗犯罪链条上的第一罪，涉“两卡”案件占帮信罪案件总数的近八成。[③]

随着网络数字经济的发展，部分传统犯罪也逐步渗入网络社会，网络犯罪从形式到内容不断升级迭代，产业化趋势发展明显。[④] 由于网络犯罪虚拟性和产业链的复杂性，涉“两卡”网络犯罪参与结构逐渐从金字塔式的阶层结构转变为链式的扁平结构，[⑤] “两卡”人员沦为不法分子的帮凶（见图 1）。

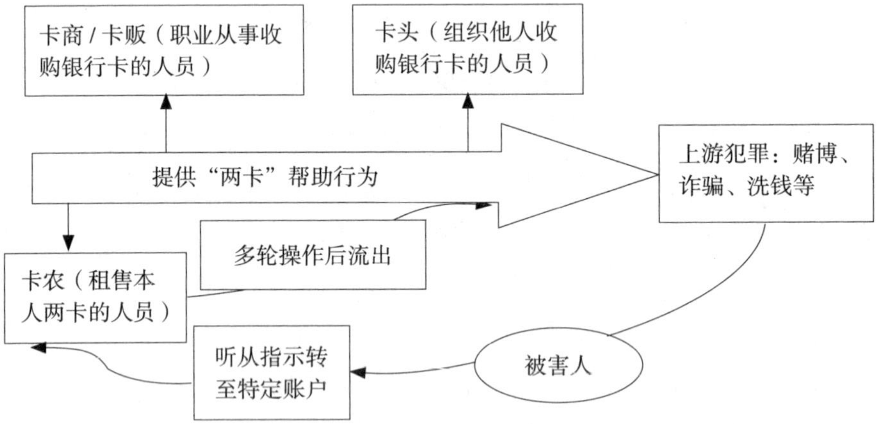

图 1　涉“两卡”犯罪链条一览

① 参见《今年 1 月至 9 月起诉帮信罪 9.2 万余人》，载《检察日报》2022 年 10 月 30 日第 1 版。

② 《电诈意见二》第 7 条规定了两种可认定为帮信罪的“帮助”行为：一是收购、出售、出租信用卡、银行账户、非银行支付账户、具有支付结算功能的互联网账号密码、网络支付接口、网上银行数字证书；二是收购、出售、出租他人手机卡、流量卡、物联网卡。

③ 参见《关于帮信罪司法治理的调研报告》，载《人民法院报》2023 年 8 月 25 日第 4 版。

④ 参见张伟:《帮助信息网络犯罪活动罪的教义学展开》，载《比较法研究》2023 年第 1 期。

⑤ 参见刘艳红:《帮助信息网络犯罪活动罪的司法扩张趋势与实质限缩》，载《中国法律评论》2023 年第 3 期。

（二）司法困境：涉“两卡”帮信罪的适用弊端

本罪的设立是对故意帮助他人实施信息网络犯罪但依照现有共犯规定无法规制的情形所作的刑法应对，[①] 其立法初衷是，设置较低的入罪门槛，适当减小取证工作难度，规制为网络犯罪提供技术支持和其他帮助行为，对网络犯罪实现全链条整治。[②] 司法实践中，该罪名的大规模适用，亦折射出刑事追究的局限性。

1. 主观明知认定松散导致入罪趋势扩张

司法实践中对行为人犯罪故意的标准认识不统一，其认定范围是要求“明确知道”“应当知道”还是“可能知道”存在分歧，行业规范要求办理银行卡时工作人员都会告知顾客银行卡只能本人使用，不得出租出借，不得用于从事违法、犯罪活动。而实践中多发高发的涉“两卡”行为人在接受公安机关讯问时，否认存在明知故意，能否仅以办卡时告知过行为人不得租借“两卡”来认定其主观明知？实践中仅凭主观证据容易把违法性认识扩张理解为主观明知，扩大了入罪范围。

2. 帮助行为定义不清导致罪名界定困难

本罪的法益侵害性无法定型，[③] 帮助行为是否限于对正犯的帮助，对帮助犯的帮助或教唆应否同样定罪，帮助对象是否仅限于网络犯罪活动行为人存在争议，导致本罪的法益侵害与危害后果在表现形式上与共犯、其他正犯具有高度重合性，罪名选择难以统一。

3. 入罪门槛较低导致兜底适用明显

帮信罪的设立是为了解决传统共犯理论在实践中认定难、固定证据难、作案方式隐蔽、被害人信息核实烦琐等难题，但由于该罪的罪状表述不够具体，法定刑较轻、犯意认定主观化等特点，司法实践中对客观帮助行为的边

---

① 参见钱叶六：《帮助信息网络犯罪活动罪的教义学分析　共犯从属性原则的坚守》，载《中外法学》2023 年第 1 期。

② 参见周加海、喻海松：《〈关于办理非法利用信息网络、帮助信息网络犯罪活动等刑事案件适用法律若干问题的解释〉的理解与适用》，载《人民司法》2019 年第 31 期。

③ 参见王肃之：《论网络犯罪参与行为的正犯性——基于帮助信息网络犯罪活动罪的反思》，载《比较法研究》2020 年第 1 期。

界与对象的认定无限扩张，帮信罪作为兜底罪名大量适用。

二、追本溯源：涉“两卡”帮信行为入罪泛化的原因分析

《刑法修正案（九）》增设帮信罪原为规制网络犯罪黑灰产业链，打击隐匿在虚拟网络背后的犯罪链条，涵摄传统帮助犯在立法层面的评价缺漏，信息网络犯罪帮助行为的可罚性没有争议，但关于帮助行为独立入罪的立法性质、法理依据未有定论，而司法实践中为打击犯罪，如果对于相关法条的理解过于机械和僵化，将会导致司法扩张。

（一）理论局限：帮信行为独立入罪的法理依据未有定论

传统刑法理论认为，帮助犯对法益的侵害必须依附于实行犯方能实现。而主体分散化、犯罪产业化的网络犯罪对传统“一对一”帮助犯罪模式提出了挑战，帮信罪应运而生。对于其立法性质尚存在共犯从属性说、共犯独立性说、量刑规则说等不同解释，直接影响到本罪的入罪范围，有必要加以厘清。

1. 共犯从属性说[①]

该种学说属于客观主义刑法的立场，主张犯罪的实质是法益侵害，侵害法益即实质违法。在共同犯罪中，只有帮助行为对犯罪结果的发生起到事实上的作用，对法益侵害具有因果力或客观加功，帮助犯方能成立，其增设系共犯从属性的立场。该帮助行为要满足共犯理论对帮助犯双重故意的要求：行为人必须认识到其行为足以帮助他人实现不法犯罪的构成要件，也必须具有帮助他人实行网络犯罪的既遂故意。[②] 共犯从属性理论中也有部分观点认为，网络犯罪普遍存在无正犯的共犯（正犯无法抓获，或正犯的行为未达到犯罪程度），故本罪应当采取共犯从属性的限定或最小从属性说，[③] 达到“实行者犯罪构成之该当”。

---

① 参见喻海松：《新型信息网络犯罪司法适用探微》，载《中国应用法学》2019年第6期。

② 参见林钰雄：《新刑法总则》，我国台湾地区元照出版社2021年版，第410页。

③ 参见王昭武：《共犯最小从属性说之再提倡——兼论帮助信息网络犯罪活动罪的性质》，载《政法论坛》2021年第2期。

2. 共犯独立性说

该观点认为共犯的成立不以正犯者是否实行犯罪行为为前提，而是共犯行为本身具有反价值性，即有故意侵害法益的表征。其行为的社会危险性不仅影响量刑轻重，更左右犯罪成立。但其判断标准难以确定，容易造成法律与伦理道德评价的混同，有悖刑法客观主义的基本立场和法益保护的宗旨。[①] 另外，如果被帮助对象没有借助“两卡”实施犯罪行为或实施未遂，依照共犯独立性说，提供“两卡”的帮助行为本身具有侵害法益的故意，也应该具有可罚性，但涉“两卡”帮助行为的入罪以“上游犯罪事实可以确认”为标准，这明显是矛盾的。

3. 量刑规则说[②]

该观点主张该罪的立法性质是“量刑的正犯化”，而非“定罪的正犯化”。认为帮信罪不是有关帮助行为正犯化的规定，而是规定该种行为如何处罚，适用时不能脱离刑法总则中有关共犯的规定。[③] 该观点认为帮信罪没有被提升为正犯，其本质仍属于帮助犯，只是因为刑法分则对该种犯罪单独设定法定刑，故不再适用刑法总则中关于帮助犯的处罚规定。但帮信罪的设立明显具备独立的价值考量：将人的主观目的作为评价行为不法的依据，并设定了独立的构成要件要素，不宜过度实质化解读。

笔者赞同共犯从属性的限定说。帮助行为的独立入罪并不影响该行为的帮助属性，其独立入罪只是立法层面上法律拟制的正犯，不能以此否定帮助行为在立法上正犯化的本质。《网络犯罪解释》中明确列举了该罪“情节严重”的成立，以上游犯罪事实可以确认为前提，被帮助对象实施的必须是刑法分则规定的、对法益造成破坏或危害的不法行为，[④] 且达到入罪的数额、

① 参见陈子平：《论共犯之独立性与从属性》，载《刑事法评论》2007 年第 2 期。

② 参见张明楷：《论帮助信息网络犯罪活动罪》，载《政治与法律》2016 年第 2 期。

③ 参见黎宏：《电信诈骗中的若干难点问题解析》，载《法学》2017 年第 5 期。黎宏认为，本条规定不会使总则中有关共犯规定被虚置，在行为人的行为既构成本罪，同时又构成其他较重犯罪的帮助犯时，就要按照《刑法》总则第 27 条规定，对其从轻、减轻处罚。这是《刑法》总则中共犯处罚规定对分则的指导意义的体现。

④ 参见［德］冯·李斯特：《论犯罪、刑罚与刑事政策》，徐久生译，北京大学出版社 2016 年版，第 4 页。

情节、后果等罪量标准，[①] 即要求被帮助对象犯罪实行行为的既遂。有观点提出本罪作为拟制正犯，具备正犯属性，如果存在教唆他人实施本罪，应当成立本罪的教唆犯。[②] 笔者对此持异议态度，尽管本罪将帮助行为正犯化，在理论上对于帮助行为的帮助、教唆亦可定罪处罚，但多数情形下其因果关系射程较远，可认为与正犯行为不具有刑法上的因果关系 [③] 或因果联系弱化，只有对正犯的帮助才具有实质可罚性，否则本罪的处罚更缺乏定型性，入罪范围有无限溯源之嫌。

（二）司法扩张：对涉“两卡”帮助行为入罪标准宽泛

《刑法》早已由事后惩治犯罪的手段转变为犯罪的事先预防，将评价视野由聚焦于终端的法益侵害拓展至网络犯罪产业链的全过程，积极预防主义是当今刑法观的主流。[④] 在上游犯罪行为人未予追究刑事责任的情况下，帮信罪可能作为兜底罪名被适用。虽然现有法律条文对涉“两卡”犯罪构成要件的罪量因素——“情节严重”进行了列举，如果仅从文义解释认定行为人的罪量，把传统犯罪的故意认定等同于本罪的主观明知，可能会造成该罪的适用僵化和扩张。

1. 犯意认定模糊

“刑法中犯罪意图的证明是惩罚大部分罪行的一个基本必要条件”[⑤]。《最高人民法院、最高人民检察院关于办理诈骗刑事案件具体应用法律若干问题的解释》第 7 条规定，明知他人实施诈骗犯罪，为其提供信用卡、手机卡……费用结算等帮助的，以共同犯罪论处。涉“两卡”人员构成本罪的前

① 参见钱叶六:《帮助信息网络犯罪活动罪的教义学分析　共犯从属性原则的坚守》，载《中外法学》2023 年第 1 期。

② 参见陈兴良:《共犯行为的正犯化：以帮助信息网络犯罪活动罪为视角》，载《比较法研究》2022 年第 2 期。

③ 参见刘艳红:《帮助信息网络犯罪活动罪的司法扩张趋势与实质限缩》，载《中国法律评论》2023 年第 3 期。

④ 参见刘艳红:《积极预防性刑法观的中国实践发展——以〈刑法修正案（十一）〉为视角的分析》，载《比较法研究》2021 年第 1 期。

⑤ ［美］E. 博登海默:《法理学：法律哲学与法律方法》，邓正来译，中国政法大学出版社 2004 年版，第 390 页。

提是，实施帮助行为时诈骗犯罪既遂或有既遂认知后再提供“两卡”帮助，即行为人主观上明知系犯罪所得。关于“主观明知”是否要求行为人“明确知道”被帮助对象将要实施何种性质的犯罪，能否对行为人的主观心理进行推定？如果把“应当知道”纳入主观明知范畴，在司法实践中可能存在误判风险。

2. 入罪情节扩张

根据《网络犯罪解释》和2020年《关于深入推进“断卡”行动有关问题的会议纪要》（以下简称《2020会议纪要》）的相关规定，除两年内因信息网络帮助行为受过行政处罚外，关于涉“两卡”行为人的“情节严重”一般标准，有以下几种：（1）被帮助对象3个以上；（2）违法所得1万元以上；（3）流水金额30万元以上；（4）其他情形。现有司法解释“列举+兜底”的模式导致“情节严重”成为开放式的入罪情节，认定条件的机械对个人情状等综合因素未作考量。[①] 本罪的入罪情节既能采用数额标准，又能采用法益秩序侵害标准，导致处罚犯罪口袋化扩张的趋势明显。在实践中，往往会出现形式符合即入罪的情形，导致本罪作为兜底罪名适用，应遵循一定的裁量基准来限制本罪的情节认定，在立法授权范围内，通过情节细化和效果格化来限制司法裁量权的适用。[②]

（三）竞合挑战：构成要件重合时罪名抉择的困难化

肯定网络不法帮助的类型化与独立性既不影响本罪与关联犯罪的竞合关系，亦不影响本罪弥补共犯处罚漏洞的功能。[③] 本罪与关联犯罪共同钩织惩治网络犯罪的严密法网。帮信罪的法定最高刑为3年有期徒刑，法律明文规定同时构成其他犯罪的，择一重罪论处。从构成要件上不难看出，本罪与其他共犯之间可能存在竞合，司法实践中对帮信罪与关联犯罪的共犯、正犯之

---

① 参见刘艳红：《帮助信息网络犯罪活动罪的司法扩张趋势与实质限缩》，载《中国法律评论》2023年第3期。

② 参见周佑勇：《中国行政法学学术体系的构造》，载《中国社会科学》2022年第5期。

③ 参见张伟：《帮助信息网络犯罪活动罪的教义学展开》，载《比较法研究》2023年第1期。

间的界限与竞合的认定处理上十分混乱，如何具体适用罪名成为司法实践中的堵点和难点。

1. 本罪与上游犯罪共犯的区分

传统共犯理论中，帮助犯与被帮助对象意思联络较强，但在产业化的网络犯罪空间内，其帮助行为意思联络趋弱。刑法评价的重心在于上游网络犯罪行为，选择帮信罪独立评价的范围限于上游网络犯罪事前或事中阶段实施的下游帮助行为，[①] 事后帮助行为因上游犯罪的法益实害已经出现，故应排除在本罪的认定范围之外。但以是否存在事前“通谋”或“充分的意思联络”来区分本罪与关联犯罪的共犯是存疑的。

2. 本罪与其他正犯的区分

在实践中，涉“两卡”帮信罪经常与掩饰、隐瞒犯罪所得罪、妨害信用卡管理罪等罪名的构成要件出现竞合。本罪与掩饰、隐瞒犯罪所得罪在明知内容、时间节点上虽有条文规定的差别，但在涉“两卡”犯罪中往往出现竞合，造成罪名的混淆；在法益侵害程度上，本罪作为最高刑为 3 年以下的轻罪，容易陷入兜底罪名优先适用的局面。

三、四步分析法：涉“两卡”帮信行为的入罪构建

鉴于目前涉“两卡”犯罪的持续高发，涉“两卡”犯罪又存在罪名界定混乱、本罪名适用泛化的现实难题，在审判实践中，必须厘清本罪的司法认定路径，对犯罪构成进行限制解释。本文认为，对于涉“两卡”帮信犯罪，只有“明知且促进型”帮助行为才具有可罚性。[②] 可以采用“犯意审查—罪量把握—罪名确定—反向检测”的四步分析法来合理界定涉“两卡”行为的入罪范围。

（一）涉“两卡”犯意审查

为贯彻《刑法》谦抑性原则，应对主观明知的认定作实质限缩，抬高犯

---

① 参见刘仁文、汪恭政：《网络犯罪帮助行为的刑法认定》，载《法治研究》2023 年第 2 期。

② 参见刘艳红：《网络犯罪帮助行为正犯化之批判》，载《法商研究》2016 年第 3 期。

罪的认定标准，避免司法的扩张适用。涉“两卡”帮信罪中的“明知”应当包括“知道明确”与“知道可能”，行为人存在他人利用“两卡”实施信息网络犯罪的认识，在认识程度上包括明确知道被帮助对象具体实施犯罪的手段、类型等，也可以是概括性的明知，不要求认识到被帮助对象的具体犯罪。

1. 主观明知的原则

要以事前判断为标准，对其既往行为采取内部自我认知和外部力量的介入和提醒[①]进行分析，除行为人自身供述外，结合行为的认知能力、既往经历、与交易对象的关系、行为次数和手段、获利情况、是否曾因电信网络诈骗受过处罚，是否故意规避调查等主客观因素进行综合分析，不枉不纵。

2. 主观明知的内容

参照《网络犯罪解释》中对非法利用信息网络罪中“违法犯罪”的界定，帮信中的“犯罪所得”，应当包括犯罪行为所得和属于《刑法》分则规定的尚未构成犯罪的违法行为所得。对于行为人明知的内容和程度，并不要求其明知被帮助者实施上游犯罪行为的具体细节，亦不严格要求行为人明确上游犯罪的性质。行为人对犯罪对象的认知错误亦不影响其犯意认定。构成本罪以被帮助对象构成犯罪为前提，采取“可以确认”为标准，相关犯罪查证属实即可，不必囿于其具体罪名、是否裁判、是否追究刑事责任。[②]

3. 存在信赖基础的例外

在司法实践中既要防止片面依据行为人的供述，也要避免简单客观归罪，不能仅以行为人有出售“两卡”行为就直接认定其明知，特别是交易双方存在亲友、熟人关系等信赖基础、一方偶尔向另一方租售“两卡”的。实践中存在行为人的银行卡被亲友、熟人借用，给予少量报酬的情况，针对关

---

① 参见刘艳红：《帮助信息网络犯罪活动罪的司法扩张趋势与实质限缩》，载《中国法律评论》2023 年第 3 期。

② 2009 年《最高人民法院关于审理洗钱等刑事案件具体应用法律若干问题的解释》第 4 条规定，刑法第 191 条（洗钱罪）、第 312 条（掩饰、隐瞒犯罪所得犯罪）、第 349 条（包庇毒品犯罪分子罪）规定的犯罪，应当以上游犯罪事实成立为认定前提。并提出三种情形均不影响洗钱犯罪的审判和认定：（1）上游犯罪尚未依法裁判，但查证属实的；（2）上游犯罪事实可以确认，因行为人死亡等原因依法不予追究刑事责任的；（3）上游犯罪事实可以确认，依法以其他罪名定罪处罚的。

系密切型的初次借卡行为，行为人不具备违法认识的可能性较大，如果不能达到排除合理怀疑的程度，不宜认定出借人存在本罪的“主观明知”。

（二）涉“两卡”罪量把握

情节严重是构成帮信罪的罪量要素，《网络犯罪解释》第12条以“明确列举+兜底”的形式规定了本罪罪量标准，在认定情节严重时应以涉“两卡”行为性质、危害结果、所起作用大小等情况综合考量。被帮助对象的罪量因素可以叠加统计，以此应对网络犯罪对共犯参与模式的冲击。[①] 有学者指出，支付结算是把控资金流向，帮助取款和解冻卡应认定为普通的帮助行为，[②] 单纯提供“两卡”由于不符合支付结算的实质特征——资金转移，不能类推解释为支付结算[③] 的帮助，而是更接近于提供工具的帮助，[④] 可以将其纳入“等帮助”的范畴。[⑤]

1. 定量构罪的一般标准

（1）以被帮助对象数量认定。为“三个以上对象提供帮助”，该“三个”被帮助对象并不限于自然人，应包括团伙组织，且相互之间没有明显关联，被帮助对象实施的行为应均达到犯罪程度（如行为人提供的“两卡”尚未投入使用则不应计入）。

（2）违法所得。网络犯罪的高发源于利益链，打击网络犯罪的关键在于斩断利益链[⑥]。行为人为实施帮信行为购买、租用交通工具、食宿、差旅费用等成本系为犯罪所用，本身不受法律保护，亦不应从行为人违法所得中扣除。

---

① 参见喻海松:《新型信息网络犯罪司法适用探微》，载《中国应用法学》2019年第6期。

② 参见刘艳红:《帮助信息网络犯罪活动罪的司法扩张趋势与实质限缩》，载《中国法律评论》2023年第3期。

③ 中国人民银行《支付结算办法》(银发〔1997〕393号）第3条规定：本办法所称支付结算是指单位、个人在社会经济活动中使用票据、信用卡和汇兑、托收承付、委托收款等结算方式进行货币给付及其资产清算的行为。

④ 参见顾杨、金烁:《“支付结算型”帮助信息网络犯罪活动罪的行为认定问题》，载《犯罪研究》2023年第3期。

⑤ 参见喻海松:《帮助信息网络犯罪活动罪的司法限定与具体展开》，载《国家检察官学院学报》2022年6月。喻海松指出:“两卡”属于网络犯罪黑灰产业链之中物料供应环节的关键，手机卡属于信息类物料，信用卡属于工具类物料。

⑥ 参见喻海松:《网络犯罪二十讲》，法律出版社2018年版，第100页。

（3）“30万+3000元”的底线标准。《2020会议纪要》提出，对单向流水金额超过30万元，且其中至少3000元经查证系涉诈资金的，可以认定为情节严重。3000元源于诈骗罪的追诉起点，该标准在实践中也是发案自然、适用率较高的标准。本罪涉及的被帮助对象多为电信网络诈骗等涉众型网络犯罪，只要查实部分资金系电信诈骗所得，对于其他资金允许综合认定。[①]

2. 积量定罪的特殊标准

（1）数额标准。即使被帮助对象未着手实施或其不法行为未达到入罪程度，涉“两卡”帮助本身也可能满足积量构罪的要求。[②] 如果涉“两卡”行为人相关犯罪数额达到一般标准的5倍以上，即支付结算金额100万元以上、违法所得5万元以上，即使被帮助对象因故未查证构成犯罪，其帮助行为仍需要刑事打击。对于单项流水超过150万元且部分查证为涉诈资金的，可综合全案考量其行为、获利数额、后果等，在与《网络犯罪解释》第12条其他列举项危害后果相当时，方可认定为“情节严重”。

（2）危害后果标准。虽然帮信罪相关条文中未明确界定何为“特别严重后果”，但结合《刑法》中关联罪名中对“特别严重后果”“情节特别严重”的相关规定，[③] 笔者认为，如果行为人的行为造成被害人或者其近亲属死亡、重伤、精神失常等严重后果，可以推定其行为造成本罪中特别严重后果。

（三）涉“两卡”罪名确定

对涉“两卡”行为具体法益侵害程度的考量，应当结合罪量要素判断，

---

① 参见喻海松：《网络犯罪黑灰产业链的样态与规制》，载《国家检察官学院学报》2021年第1期。

② 参见皮勇：《论新型网络犯罪立法及其适用》，载《中国社会科学》2018年第10期。

③ 如《最高人民法院、最高人民检察院关于办理利用信息网络实施诽谤等刑事案件适用法律若干问题的解释》中规定了诽谤罪造成被害人或者其近亲属精神失常、自残、自杀等严重后果的，应当认定为“情节严重”；在《最高人民法院、最高人民检察院关于办理侵犯公民个人信息刑事案件适用法律若干问题的解释》第5条规定了造成被害人死亡、重伤、精神失常或者被绑架等严重后果的，应当认定为刑法中侵犯公民个人信息罪规定的“情节特别严重”；《最高人民法院、最高人民检察院、公安部关于办理电信网络诈骗等刑事案件适用法律若干问题的意见》（法发〔2016〕32号，已失效）规定实施电诈犯罪，达到相应数额标准，造成被害人或其近亲属自杀、死亡或者精神失常等严重后果的，酌情从重处罚；《网络犯罪解释》第4条第1款第5项规定，造成他人死亡、重伤、精神失常或者被绑架等严重后果的，应当认定为拒不履行信息网络安全管理义务罪中的“造成严重后果”。

厘清犯罪客体和危害程度大小，在形式相似但罪刑悬殊的罪名之间审慎界定。对于大多数“卡农”而言，其主要是协助、配合组织者转移赃款，在整个犯罪过程中起次要和辅助作用。不应以上游犯罪的既遂时间节点界定涉“两卡”帮助行为的此罪与彼罪，而应以行为性质对罪名作出区分，确保入罪范围和处罚幅度均衡，其罪名及罪数分析如图 2 所示。

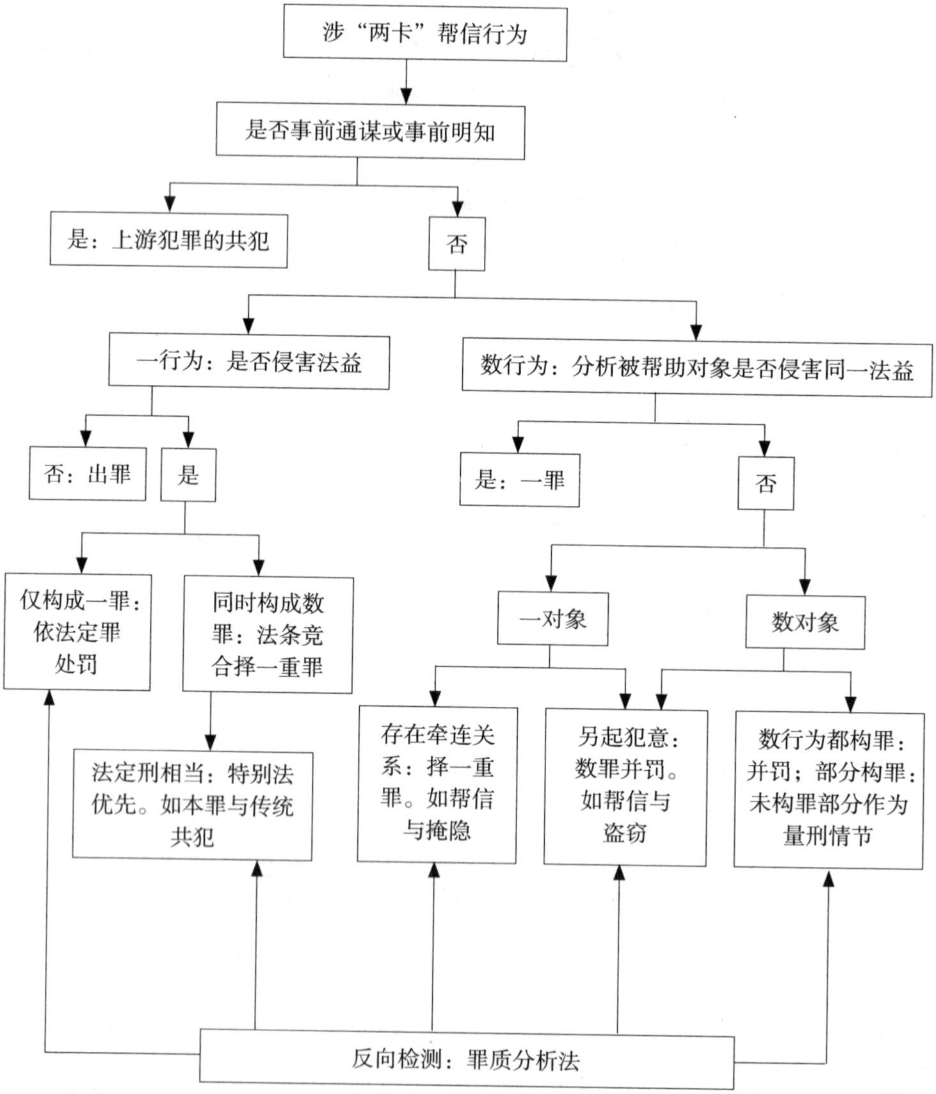

图 2　涉“两卡”定罪分析思维

1. 法条竞合：同一犯罪行为的认定

如果行为人同一行为不仅符合帮信罪的犯罪构成，也符合《刑法》总则中帮助犯的犯罪构成，一般情况下应依照处罚较重的规定定罪处罚，但刑罚明显不当的除外。如果行为人数行为触犯数个罪名，更要从整体犯罪链条出发，准确区分罪与非罪、此罪与彼罪的界限。

（1）择一重罪处罚。行为人明知他人利用信息网络实施犯罪，仍通过提供“两卡”为犯罪提供支付结算帮助，如果情节严重，除符合帮信罪的构成要件外，还可能同时构成上游犯罪如诈骗罪、开设赌场罪的共犯，需要择一重罪处罚。在实践中，如行为人明知他人实施电信诈骗、网络赌博等犯罪，仍通过提供“两卡”的方式参与这些犯罪团伙或者经常与犯罪团伙合作，形成了较为稳定的配合关系，应以诈骗罪、开设赌场罪等犯罪的共犯论处，避免重罪轻判。

如果行为人为上游犯罪收购、租借他人银行卡后非法持有，无法查明“两卡”被用于帮助他人进行违法犯罪活动，不能确认被帮助对象实施了犯罪行为，但持卡数量较大[①]（5张以上不满50张）的，虽无法达到帮信罪的入罪标准，但可以结合行为人主观认知、收卡对象、实际用途等综合认定是否构成妨害信用卡管理罪。如果能够证明“两卡”被用于上游网络犯罪，其行为同时构成妨害信用卡管理罪和帮信罪的，应择一重罪论处。

（2）特别法优先原则。如果行为人同一行为触犯多个罪名，在法定刑量刑幅度相当的情况下，要考虑特别法条优于一般法条。其他罪名优先适用，本罪作为堵截性罪名，依照特别法优先原则，行为人按照传统共犯处理。只有不能以传统共犯论处且达到本罪罪量标准时，在坚持罪刑法定原则下以本

---

① 《最高人民法院、最高人民检察院关于办理妨害信用卡管理刑事案件具体应用法律若干问题的解释》第2条第1款规定：“明知是伪造的空白信用卡而持有、运输十张以上不满一百张的，应当认定为刑法第一百七十七条之一第一款第一项规定的‘数量较大’；非法持有他人信用卡五张以上不满五十张的，应当认定为刑法第一百七十七条之一第一款第二项规定的‘数量较大’。”

罪论处，[①] 尽力堵塞规制漏洞。

2. 数罪分析：多个犯罪行为的定性

行为人在租售信用卡或其他资金账户给被帮助对象后，还有可能会按照被帮助对象指示或要求提供刷脸配合或代为转账、套现、取现等后续服务，也可能会对自身账户的大额财产通过挂失账户等方式据为己有，可能侵犯不同法益。

（1）同一被帮助对象。存在牵连关系。行为人在租售“两卡”给被帮助对象后，明知是犯罪所得，又按照指示，事后提供了刷脸验证服务配合或代为转账、套现、取现的，在满足犯罪构成的情况下，提供“两卡”的行为在形式上构成帮信罪，帮助转移财产的行为在形式上构成掩饰、隐瞒犯罪所得罪，但因向同一帮助对象提供“两卡”行为与帮助转移财产行为具备牵连关系，择一重罪以掩饰、隐瞒犯罪所得罪定罪即可。如果行为人在提供“两卡”帮助又代为转移卡内资金，在转移过程中涉案账户被相关机构依法止付（如被银行冻结），在账户自行解付后将账户资金据为己有的，因不符合盗窃罪“秘密窃取”的构成要件，且该资金事实上已不被被帮助对象控制，一般可以掩饰、隐瞒犯罪所得罪论处，据为己有的资金作为违法所得应予追缴。

另起犯意。如果行为人为他人提供“两卡”帮助后，在得知卡内有入账资金后，明知自己卡内的钱系他人财产，采用挂失补办等方式窃取截留卡内资金，主观上有非法占有目的，如果提供“两卡”帮助行为与盗窃行为均已达到入罪标准，侵害了不同法益，对行为人应以帮信罪和盗窃罪数罪并罚[②]。如果“两卡”行为人租售的为他人信息的“两卡”，构成非法提供信用卡信息罪和盗窃罪，应当数罪并罚。

（2）不同被帮助对象。如果为多个被帮助对象实施信息网络犯罪提供“两卡”帮助，事后又为部分被帮助对象掩饰、隐瞒犯罪所得及其收益，对

① 参见江溯：《帮助信息网络犯罪活动罪的解释方向》，载《中国刑事法杂志》2020年第5期。

② 参见河南省周口市中级人民法院（2021）豫16刑终727号刑事判决书、江苏省镇江市丹徒区人民法院（2021）苏1112刑初163号刑事判决书、吉林省长春市中级人民法院（2023）吉01刑终203号刑事裁定书。

同一被帮助对象提供支持帮助和事后隐瞒行为，择一重罪以掩饰、隐瞒犯罪所得罪处理。向其他被帮助对象提供帮助行为构成帮信罪，数罪并罚。[①]如果其他帮助行为未达到帮信罪“情节严重”的标准，可作为量刑情节从严处理。

（四）涉“两卡”反向检测

犯罪的轻重和刑罚的量，在法律价值上必须是均衡的。法定刑应与该犯罪类型、宣告刑应当与该具体犯罪的轻重特别是责任的大小相均衡。[②]在定罪时如果行为符合特定犯罪构成，但评判结果明显导致罪罚不相当的，应采用罪质分析法，利用转换定罪规则转换罪名。如行为人的行为表面上完全符合重罪构成要件，但重罪法定刑幅度明显过重时，要跳出思维枷锁，从时间上纵向类案分析，从犯罪整体链条上横向比较，以社会一般公众的主观认知为标准，从行为人犯罪行为发生频次、交易对象、是否获利等方面来衡量，考虑行为人的社会危害性，甚至要考虑是否有入罪必要。

结　语

自《刑法修正案（九）》增设帮助信息网络犯罪活动罪以来，随着《网络犯罪解释》《电诈意见二》对罪状的不断细化，司法实践对该罪名的认知与适用日趋完善。应采用四步分析法，以事前判断为标准，采取主客观相一致原则认定行为人是否存在“主观明知”，是否达到法律规定的“情节严重”程度，来认定行为人是否达到该罪的入罪标准。在认定具体罪名时要依据罪

---

① 辽宁省大连市中级人民法院（2023）辽02刑终288号刑事裁定书，王某帮助信息网络犯罪活动、掩饰、隐瞒犯罪所得、犯罪所得收益案二审中，王某将7张银行储蓄卡、个人2部手机及微信零钱包、抖音钱包等提供给三名陌生男子使用，7张银行卡均被用于信息网络诈骗活动，单向流入金额累计763641.59元，其中查实被骗金额累计207468元，王某帮助转账取现近40000元，法院认为王某明知他人可能利用信息网络实施犯罪，仍为其犯罪提供支付结算帮助，情节严重，已构成帮助信息网络犯罪活动罪。王某明知其银行卡中的款项是犯罪所得，又代为转账、取现，已构成掩饰、隐瞒犯罪所得罪，予以数罪并罚。

② 参见［日］大谷实：《刑事政策学（新版）》，黎宏译，中国人民大学出版社2009年版，第109页。

量，厘定竞合处断规则，并采用罪质分析法反向检测，合理确定行为人罪名及罪数。同时考虑行为人犯罪情节，以“法不强人所难”的社会伦理为基础，结合宽严相济刑事政策评判行为人是否符合出罪条件，同时可以考虑行刑衔接和信用惩戒措施，强化行政管理的事前规制，构建事前规制与事后惩治的二元治理体系，对网络犯罪黑灰产业链实现有效预防。

共同担保人内部追偿“三步走”规则的构建及适用
——以《民法典担保解释》第 13 条为中心

济源市人民法院　张　晨*

引　言

担保制度是民营企业融通资金、保障交易安全、防范和化解金融风险的重要手段。实践中，为最大限度地保障债权的实现，共同担保已成为市场交易中最常见的担保方式。确保担保制度的司法统一是优化民营经济法治环境的必然要求。关于共同担保能否内部追偿的争议已存在数年之久，相关规定始终较为“谨慎”[①]，直至《最高人民法院关于适用〈中华人民共和国民法

* 张晨，河南省济源市人民法院四级法官助理。

① 关于混合担保，原《担保法》第 28 条未规定承担了担保责任的担保人能否向其他担保人追偿；最高人民法院颁布的原《关于适用〈中华人民共和国担保法〉若干问题的解释》(以下简称《担保法解释》) 第 38 条明确规定“也可以要求其他担保人清偿其应当分担的份额”；原《物权法》第 176 条删除了上述规定，又采取“沉默”态度；《全国法院民商事审判工作会议纪要》第 56 条明确否认内部追偿权：“承担了担保责任的担保人向其他担保人追偿的，人民法院不予支持。”《民法典》第 392 条再次“沉默”，未直接规定能否内部追偿。关于共同保证，原《担保法》第 12 条和原《担保法解释》第 20 条肯定了内部追偿权：“或者要求承担连带责任的其他保证人清偿其应当承担的份额。”《民法典》第 699 条删除了上述规定，再次回归“沉默”，未明确规定能否向其他担保人追偿。

典〉有关担保制度的解释》（以下简称《民法典担保解释》）第13条[①]有条件地承认了共同担保人之间的内部追偿权。但理论和实践上的争议仍然持续不断。[②]由于规定较为简短，共同担保人行使内部追偿权的适用条件、追偿顺序以及担保责任的划分均无具体的适用规则，造成内部追偿权的行使在司法实践中存在分歧。本文将从实证考察入手，分析裁判观点，体系化构建共同担保人行使内部追偿权的“三步走”适用规则，以进一步优化民营经济的法治环境。

一、共同担保内部追偿的司法现状

为保障债权的实现，在市场交易中债权人往往要求债务人提供数项担保，为自己增加多重“保险”。当两个以上第三人为同一债务提供担保，则构成共同担保，包括共同保证、共同物保和混合担保（既有人保又有物保）三种情形。我国司法实践中对于承担了担保责任的担保人能否向其他担保人内部追偿的争论已经既存数十年之久。

（一）实践分歧：共同担保人之间能否内部追偿

立法是司法实践的指引，判决乃说话的法律。为探寻司法实务中共同担保人行使内部追偿权的规则及裁判观点，本文在中国裁判文书网以案由“合

---

①《民法典担保解释》第13条规定：“同一债务有两个以上第三人提供担保，担保人之间约定相互追偿及分担份额，承担了担保责任的担保人请求其他担保人按照约定分担份额的，人民法院应予支持；担保人之间约定承担连带共同担保，或者约定相互追偿但是未约定分担份额的，各担保人按照比例分担向债务人不能追偿的部分。同一债务有两个以上第三人提供担保，担保人之间未对相互追偿作出约定且未约定承担连带共同担保，但是各担保人在同一份合同书上签字、盖章或者按指印，承担了担保责任的担保人请求其他担保人按照比例分担向债务人不能追偿部分的，人民法院应予支持。除前两款规定的情形外，承担了担保责任的担保人请求其他担保人分担向债务人不能追偿部分的，人民法院不予支持。”

② 主要形成“肯定说”和“否定说”两种对立观点。“肯定说”代表性论述，参见高圣平:《民法典担保制度及其配套司法解释理解与适用（上）》，中国法制出版社2021年版，第355～362页；贺剑:《担保人内部追偿权之向死而生一个法律和经济分析》，载《中外法学》2021年第1期。“否定说”代表性论述，参见崔建远:《补论混合共同担保人相互间不享有追偿权》，载《清华法学》2021年第1期；林文学、杨永清、麻锦亮等:《“关于一般规定”部分重点条文解读》，载《人民法院报》2021年2月11日第5版。

同纠纷”、案名“追偿权”、全文“共同担保”“担保人追偿”为关键词进行检索，剔除不相关案例，在 2021 年 1 月 1 日至 2023 年 5 月 31 日共检索到涉及“共同担保人内部追偿纠纷”的裁判文书 183 篇。结合 2007 年至 2020 年的相关案例，[①] 本文共得到样本 408 份，并进行分段统计（见表 1）。[②]

表 1　法院认定“追偿”和“不追偿”的裁判数量

阶段	裁判数量	追偿		不追偿	
《物权法》—《九民纪要》	103	81	79%	22	21%
《九民纪要》—《民法典》	122	12	10%	110	90%
《民法典》—2023.5.31	183	100	55%	83	45%
合计	408	193	47%	215	53%

司法深受立法的影响。数据显示，针对共同担保人之间能否相互追偿的问题，法院最终认定允许内部追偿和不允许内部追偿的案例分别有 193 篇和 215 篇。在《物权法》时代，认定可以内部追偿的法院占 79%；随着《全国法院民商事审判工作会议纪要》的颁布，否定内部追偿权的法院越来越多，高达 90%。

本文重点研究《民法典》出台之后人民法院的裁判观点。对 2021 年 1 月 1 日至 2023 年 5 月 31 日之间的 183 篇裁判进行归纳总结，有 83 篇裁判最终认定共同担保人之间不可以内部追偿，占比 45%；有 100 篇裁判最终认定共同担保人可以进行内部追偿，占比 55%。进行类型化分析发现，183 篇裁判样本中，混合担保类型有 104 篇，其中 25 个法院认定可以内部追偿；共同保证类型有 79 篇，有 75 个法院认定了可以内部追偿。可见，在《民法典》生效之后共同担保内部追偿问题仍然存在分歧，而且不同的共同担保类型也呈现出不同的裁判样态。

① 参见舒婷、石江水:《〈民法典〉视域下混合担保人内部追偿权之证成》，载《沈阳大学学报（社会科学版）》2023 年第 2 期。

② 由于原《物权法》第 176 条和《全国法院民商事审判工作会议纪要》第 56 条对司法裁判有直接的导向，故以其颁布的时间为节点，进行分段统计。

（二）裁判理由分析："追偿"和"不追偿"

为更好地观察上述裁判分歧，本文对法院支持内部追偿和不支持内部追偿的案例进行类型化分析和个案解读，分析裁判观点，剖析导致内部追偿的认定出现分歧的理由（见图 1）。

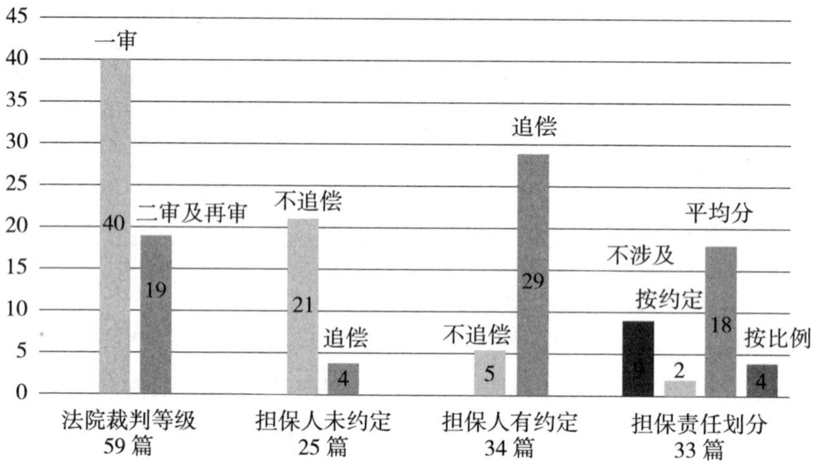

图 1　法院判决结果

根据《最高人民法院关于适用〈中华人民共和国民法典〉时间效力的若干规定》第 1 条规定，排除法律溯及力的影响，[①] 在全部裁判样本中，援引《民法典》或《民法典担保解释》进行裁判的有 59 篇，其中一审案件数量有 40 篇，二审及再审数量有 19 篇，通过二审进行改判的有 2 篇。

本文对这 59 篇的裁判观点进行重点解读，发现共同担保人未进行特殊约定的案例有 25 篇。其中 21 个法院不允许内部追偿，认为《民法典》未直接规定允许内部追偿；共同担保人之间无直接约定，追偿无法理基础；且更符合诉讼经济原则。但有 4 个法院仍允许担保人内部追偿，认为根据公平原则共同担保人应当共同分担；且禁止内部追偿可能造成恶意串通，鼓励债权人滥用选择权。从保障债权实现的角度出发，物保人和保证人地位平等，理应

① 2021 年以后的生效裁判中仍有些案件事实发生在《民法典》施行之前，援引原《担保法》、原《物权法》等进行裁判，这些案例不作为本文重点研究样本。

共同承担责任，保障债权实现。

上述59篇裁判中，担保人约定可以相互追偿、承担连带共同担保或签署同一份合同书的有34篇，其中29个法院认定可以内部追偿，法律依据主要为《民法典担保解释》第13条第1款和第2款。但仍然有5个法院不允许内部追偿。即便认定了担保人之间承担连带清偿责任，仍然否定内部追偿。

此外，有些法院以内部追偿权的实施条件尚不具备为由未认定内部追偿。此类裁判认为应当待主债务清偿完毕或先向债务人追偿之后，才可认定担保人向其他担保人主张内部追偿。

担保人之间进行责任分配是行使内部追偿权产生的必要结果。本文对上述共计33篇允许内部追偿的案例进行总结，其中9个法院未对担保责任作出具体划分，2个法院直接依据担保人对约定进行责任划分，其余22篇案例中担保人未提前约定，但出现两种责任分配方式：均分和按比例分配，分别有18篇和4篇案例。其中共同担保的类型为共同保证的，担保责任的划分大部分为平均分配。

因此，通过对个案裁判审理观点和理由的分析，发现法院对类似案件情况的认定存在不同观点，同样未约定能否追偿或担保人之间有特殊约定的，都出现了追偿和不追偿两种不同的裁判结果，对担保责任的划分也不同。可见，由于共同担保人内部追偿规则的司法适用不统一，造成法院认定内部“追偿”和“不追偿”的两种裁判结果的分歧。

二、行使内部追偿权司法适用不一的原因及争论

解开问题的表象，剖析共同担保人行使内部追偿权司法适用不统一的原因，有益于寻找针对性的适用规则。本文对个案的裁判要旨进行研究，发现造成裁判分歧的原因主要在于《民法典》中关于共同担保内部追偿问题未作规定，而《民法典担保解释》第13条的条文规定较为简短，在何种条件下可以行使内部追偿权、对其他担保人追偿权的行使是否需要前置追偿债务人，以及担保人之间的责任划分均不明确，从而造成共同担保人行使内部追偿权在司法适用中的分歧。

（一）适用条件不清晰

《民法典》第392条、第699条作为共同担保制度的法律依据，未直接规定共同担保人能否内部追偿，表述中多次出现“约定”一词，债权的实现及对债务人的追偿权优先依照当事人之间的约定。《民法典担保解释》第13条限制性地承认了内部追偿权，其依据来源于第1款和第2款，即“约定相互追偿”“约定承担连带共同担保”或“在同一份合同书上签字、盖章或者按指印”（以下简称为“共签”）。

但《民法典担保解释》对《民法典》的突破将引发新的问题，既然当事人之间进行例外约定可以主张追偿，那么担保人之间如何“约定”可被视为有效约定？很多银行金融机构会在文本中约定“无论债权人对主合同或委托合同项下的债权是否拥有其他担保……有权直接要求担保人承担担保责任，无需行使其他权利”，此类约定是否有效在理论和实务中也存在分歧。有学者认为“约定”仅限于各个担保人和债权人之间共同的约定，而个别担保人与债务人之间的约定不发生效力；[①] 也有些学者认为不应当对约定的内容和方式作严格限制，效力应根据具体情况区别对待，而不是一概否认。[②]

（二）行使顺序不统一

在担保人和债务人无意思联络的情况下追偿是否有顺序要求先向债务人追偿，影响着法院对追偿权的认定。

关于该问题存在两种观点。一是有顺序限制说，认为担保人应当先向债务人追偿，“就追偿不能或债务人的财产不足以弥补因承担担保责任所受损失的，才能向其他担保人追偿，请求偿还其超出自身应当承担的担保责任”[③]。因为债务人为最终责任人，若担保人可以自由选择追偿顺序而优先追偿其他担保人，那么被追偿的担保人仍需向债务人再次追偿，这显然不利于司法程序上的简便性。二是无顺序限制说，认为债务人和其他担保人均应承

---

① 参见王利明：《物权法研究》，中国人民大学出版社2016年版，第1112页。

② 参见董新辉：《共同担保的内部追偿：〈民法典担保解释〉第13条的解释立场与适用规则》，载《判解研究》2022年第1期。

③ 叶金强：《〈民法典〉担保制度的法教义学构造》，载《吉林大学社会科学学报》2021年第3期。

担清偿义务，在约定不明的情况下，承担了担保责任的担保人可以自由选择追偿对象。"既然赋予了担保人内部追偿的权利，就理应让其根据自身经济计划来安排追偿顺序，如此才能实现利益最优化。"①

因此，担保人行使内部追偿权是否应先向债务人追偿再向其他担保人追偿需要在司法实践中进行统一。进而引申出需要进一步明确追偿的范围是否限于"向债务人不能追偿部分"以及该部分如何确定，否则因顺序问题被法院驳回起诉将会造成司法资源的浪费。

（三）担保责任划分不明确

担保人之间相互追偿离不开对担保责任的分担，《民法典担保解释》第13条前两款规定，担保人约定分担份额的按约定分担，未约定的"各担保人按照比例分担"。此处的"比例"二字如何认定，理论和实践中均存在不同的理解，这关系着各担保人的利益，甚至会影响债权人债权的实现。

最高人民法院在解读中提出"有两个保证人的，各承担二分之一；有三个保证人的，各承担三分之一；以此类推"②。但这里显然是针对担保人均为保证人的情形，若对此作扩大化解释将其适用于混合担保或其他更为复杂的情形，显然缺乏理论基础和合理性。不同的计算方法对应截然不同的划分结果，对于责任划分的问题应当进行体系化解释。因此，不同的担保人之间作出不同的份额约定时如何确定比例、共同保证人之间是否一定均分、部分担保人之间进行份额约定是否有效均需要结合具体情况讨论。如某担保人约定的担保责任大于或小于债权额时如何分配担保人之具体份额、担保人是否存在免责情形均关乎当事人之间利益的平衡。

《民法典担保解释》第13条对共同担保内部追偿制度确立了大的原则和方向，但对于担保人行使内部追偿权的具体规则仍然不够明晰。司法实务中内部追偿权的适用条件、行使顺序及担保责任划分都直接关乎各方当事人的

---

① 高圣平：《担保法前沿问题与判解研究：第五卷——最高人民法院新担保制度司法解释条文释评》，人民法院出版社2021年版，第132页。

② 最高人民法院民法典贯彻实施工作领导小组：《中华人民共和国民法典合同编理解与适用》，人民法院出版社2020年版，第1022页。

权益。因此，在正确解读立法意图的基础上，构建担保人行使内部追偿权统一的适用规则是接下来亟待解决的现实和理论问题。

三、共同担保人行使内部追偿权“三步走”规则的构建

共同担保的内部追偿问题不单是微观的制度及理论，实则需要从意思自治、公平效率、道德风险等多方面整体把握。[①] 构建统一的内部追偿规则有利于保障债权的实现以及各担保人之间的利益平衡。《民法典担保解释》第13条在确立“共同担保人之间无内部追偿权”[②] 一般原则的基础上，限制性地规定了可以内部追偿的条件及适用情形，内部追偿权具体如何行使，是立法在实务中的延续和体现。本文从《民法典担保解释》第13条的解释立场出发，与《民法典》相关条文进行体系化解读，构建“三步走”行使规则，以期解决内部追偿权在司法适用中的困境，探索担保人行使追偿权的统一适用规则。

（一）依“约定”适用

1. 特别约定

《民法典担保解释》第13条充分尊重担保人的意思表示，可以直接依据共同担保人之间的特别约定进行追偿（见图2）。

第一种情形：“担保人之间约定相互追偿”。无论“约定分担份额”抑或“未约定分担份额”均可直接认定追偿关系。这也是共同担保人最直接的意思联络体现。此时追偿的依据来源于当事人之间的约定。

第二种情形：“担保人之间约定承担连带共同担保”。依据《民法典》第519条，共同保证人之间构成真正连带，实际承担债务的担保人可以向其他连带债务人进行追偿，共同物保或混合担保类型可参照适用该条文，属于推定追偿的情形。

① 参见崔建远：《混合共同担保人相互间无追偿权论》，载《法学研究》2020年第1期。

② 参见黄薇：《中华人民共和国民法典物权编释义》，法律出版社2020年版，第469页。

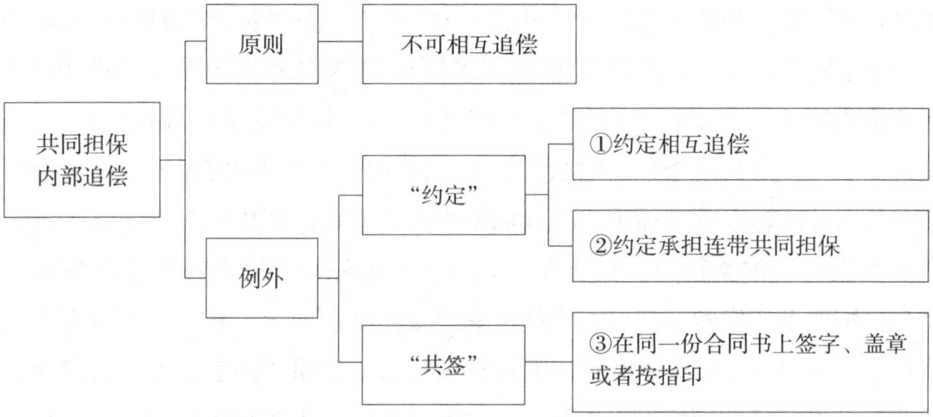

图 2　共同担保内部追偿的原则和例外情形

2. "共签"：视为约定

第三种情形："各担保人在同一份合同书上签字、盖章或者按指印。"除前两种特殊约定的情形外，《民法典担保解释》第 13 条第 2 款还约定了"共签"，可以视为担保人之间的一种约定。此种情形通过当事人的外部行为表示，推定担保人之间存在连带责任的意思联络，即连带共同担保，从而归属于第二种情形，以此认定担保人之间可以相互追偿。也有理论认为担保人通过共签的行为加入其他的债权债务关系中，属于"债务加入"，从而认定为连带共同担保。[①]

立法充分考虑到追偿权的问题属于私法自治的范畴，规定了允许内部追偿的例外情形。这不仅充分尊重当事人的意思自治，更是司法解释在立法解释本意上的两大突破，为共同担保内部追偿问题的体系化构建奠定了立法基础。因此，在司法实务中面对相关案例，法院可以援引该条司法解释通过审视各担保人及债权人之间是否存在有效约定或"共签"行为来进行能否内部追偿的判定。

因此，共同担保人在同一份合同上签字或盖章的行为具有法律意义，代表各担保人提供担保的意思表示以及相互知悉的事实。但有理论质疑：仅

① 参见吴光荣:《共同担保人之间的追偿问题——以共同担保的再类型化为中心》，载《法律适用》2021 年第 3 期。

以“共签”这一种情形来认定“追偿”未免过于局限，应当在充分尊重立法原意的基础上适当放宽担保人相互追偿的条件，实质考察担保人之间是否存在意思联络。[①] 对此，有参与立法的学者表示，法律直接通过规定“共签”的具体条件，为其赋予特定的法律效力，使担保人之间因特定的法律行为而形成共同关系，以此来体现担保人因承担担保责任而产生损失的法效意思表示。[②] 况且，本文认为，在实践中如何认定担保人之间存在意思联络本身也存在操作上的困难，担保人之间的意思联络必须通过“外化”的行为才能体现，否则只是“内心意思”，不具有法律意义，而“共签”就是法定的表示行为。倘若仅个别担保人之间实现“共签”或个别担保人之间单独进行约定，则该行为同样在合同参与人之间发生法律效力。

（二）按“顺序”前置追偿

1. 前置追偿债务人

内部追偿权的行使是否需要先向债务人追偿再向其他担保人追偿，关乎内部追偿诉求能否被法院支持。若当事人针对追偿权的行使顺序有明确约定的，适用约定优先规则。例如，共同担保人之间约定“无须首先向债务人追偿，有权直接向其追偿”，法院可直接以此支持担保人的追偿请求。

若不存在例外约定，则需分情况讨论。当担保人之间约定相互追偿及分担份额的，依据《民法典担保解释》第 13 条第 1 款，可直接请求其他担保人分担约定的份额，此时不涉及追偿顺序的问题。当担保人约定相互追偿但未约定追偿份额、担保人约定承担连带共同担保或“共签”的情形，应当先向债务人追偿，就不能追偿的部分再向其他担保人主张分担，也即，其他担保人享有先诉抗辩权。[③]

可以结合《民法典》第 392 条债权人请求实现担保物权进行理解。混合

---

① 参见李宇：《〈民法典〉体系下共同担保人分担责任之实质理据》，载《法学》2023 年第 2 期。

② 参见吴光荣：《共同担保人之间的追偿问题——以共同担保的再类型化为中心》，载《法律适用》2021 年第 3 期。。

③ 参见林文学、杨永清、麻锦亮、吴光荣：《〈关于适用民法典有关担保制度的解释〉的理解和适用》，载《人民司法》2021 年第 4 期。

担保中债务人提供自物担保的，债权人应当优先主张债务人的担保物权，因为主债务人为最终责任人，首先主张实现债务人的担保物权，债权债务关系在清偿范围内直接消灭，相对应的担保关系也直接消灭，减免了债权人先向担保人主张、担保人再向债务人主张的烦琐情况。[①] 同理，共同担保内部追偿关系中主债务人为最终责任人，先向债务人主张追偿，清偿部分的债权债务关系直接消灭，就不存在后续的内部追偿问题。因此，担保人前置追偿债务人规则有利于避免分担了担保责任的担保人再分别向债务人主张的循环追偿，有利于节约诉讼成本，减少追偿流程，在司法实践中也得到肯定。

2. 追偿范围限于“追偿不能”

担保人的可追偿范围关系着担保责任的分担以及利益的实现。一方面，《民法典担保解释》第 13 条第 1 款、第 2 款、第 3 款末句均明确表示各担保人仅“分担向债务人不能追偿的部分”，这不仅蕴藏着先向债务人追偿的逻辑前提，也是对追偿的范围进行限制。债务人为第一顺序履行人，债务人无力偿还之后，才可以向其他担保人追偿，此为第二顺序履行人，就剩余部分进行担保责任的划分。[②] 另一方面，应确保其他担保人是可以被追偿的，倘若存在约定免责或法定免责的情形，内部追偿权的行使将受到限制。因此，担保人行使内部追偿权应当向其他可追偿的担保人主张“向债务人不能追偿的部分”。

当然，为了方便诉讼、节约成本、提高追偿效率，法院允许担保人进行追偿之诉时，将主债务人和其他担保人一并起诉，列为共同被告，通过一案审理，“一步到位”对担保责任的分担作出划分，在同一诉讼中一次性解决追偿问题，避免双重诉讼。

（三）按“比例”分担责任

1. 分担份额计算公式

若担保人对分担份额未作约定，如《民法典担保解释》第 13 条规定的

---

① 参见李娜:《“连带”或“独立”：混合共同担保人之间法律关系辨析——以〈民法典〉第 392 条、第 518 条为分析对象》，载《社会科学家》2022 年第 9 期。

② 参见彭诚信、吴越:《混合担保人内部追偿权否定论证成——兼评“民法典担保制度解释”第 13 条》，载《南京社会科学》2021 年第 7 期。

“约定相互追偿但是未约定分担份额”“约定承担连带共同担保”“共签”三种情形，各担保人按照比例进行分担。该比例如何认定显然规定得不够明确，[①] 仍需对该“比例”二字进行更细化的解释。

具体的分担份额与个案中每个担保人所“提供的担保额”（本文用字母 a 表示）有关，该“提供的担保额”的确定与担保人提供的担保物价值和担保债权额有关。责任划分的内在逻辑为：由各担保人提供的担保额 a 与全部担保人提供的担保额（本文用字母 A 表示）的比例确定。担保人应当分担的份额即该比例在向债务人不能追偿的部分（本文用字母m表示）中所占的份额。全部担保人提供的担保额 A 即各个担保人提供的担保额 a 之和。计算公式总结如下：

$$分担份额 = 向债务人不能追偿的部分\ m \cdot (\frac{各担保人提供的担保额\ a}{全部担保人提供的担保额\ A})$$

本文所表述的“担保人提供的担保额 a”如何理解？举例说明，案例一：某物上担保人甲以其价值 100 万元的房产担保 1000 万元的债权，则甲提供的担保额即为 100 万元；案例二：某保证人乙为 1000 万元的债权在 200 万元的范围内提供连带保证，则乙提供的保证额即为 200 万元。但 a 数值的确定并不等同于担保财产的价值或保证额的大小，具体还要结合担保债权的数额。

2. 担保额以债权额为限

依照上述的分担份额计算公式，a 和 A 的值如何确定，本文认为应当遵循“以债权额为限”[②] 的原则：当担保人提供的担保财产价值或保证责任范围小于担保债权额时，a 为前者；当担保物权人提供的担保财产价值或保证承担的保证责任范围大于等于担保债权额时，a 为后者。由于共同担保包括物保和人保两种担保类型，故此处分情况讨论说明。

当计算物上保证人的分担份额时，如上述案例一，a 值为 100 万元，即

① 参见郭金良：《〈民法典〉共同担保中内部追偿规则的解释论》，载《北方法学》2022 年第 2 期。

② 参见张金蕾、董泽瑞：《论混合担保下担保人间的追偿权——以〈民法典担保制度司法解释〉第 13 条为视角》，载《盛京法律评论》2021 年第 2 期。

担保人只用在 100 万元的范围内承担责任即可；若甲以价值为 1200 万元的房产担保 1000 万元的债权，由于担保物价值高于其担保的债权总额，高出的 200 万元对于债权的担保无实际意义，其最终只用在 1000 万元的范围内担保债权即可，故此时 a 值为 1000 万元。

当计算保证人的分担份额时，如上述案例二，保证人明确表示仅在 200 万元的范围内提供保证担保，即保证人的保证限额为 200 万元，故 a 值为 200 万元；若乙在 1200 万元的范围内为 1000 万元的债权提供连带保证，高出担保限额的 200 万元无实际意义，故此时 a 值为 1000 万元。现实中大多数保证人对保证范围没有约定的，视为承担无限担保责任，即对全部债务承担担保责任，此时 a 值为担保的债权额。

当某担保人既提供担保物又承担保证责任时，a 值为担保额之和，但同样以债权额为限。例如，担保人甲为某 1000 万元的债权在 100 万元的范围内提供保证，同时又以 200 万元的房产进行抵押担保，此时物保责任与保证责任之和为 300 万元，即担保人甲最终要在 300 万元的范围内担保债权，故 a 值为 300 万元；若甲为某 1000 万元的债权提供保证，同时又以 1200 万元的房产进行抵押担保，则此时 1000 万元 +1200 万元 >1000 万元，无论其约定的担保范围再大，最终要担保的债权额只有 1000 万元，故 a 值以债权额为限，即 1000 万元。

共同担保中各个担保人的担保额 a 确定之后相加之和即为全部担保人提供的担保额 A。

四、“三步走”规则在实践中的具体适用

通过体系化的解读与构建，拟制出担保人行使内部追偿权的“三步走”规则，然而仅确立行使规则并不能完全达到统一司法裁判的目的，要真正发挥其价值就要将“三步走”规则在实务中进行具体的落实。因此，在此基础上，本文对司法实践中可能面临的具体适用问题作出细致回应。

（一）依约定：约定的效力认定

1. 约定的内容不应限制

担保人和债权人之间可以就内部追偿权的行使进行约定，且优先适用约

定。那么担保人之间约定效力的认定，以及约定的内容是否受限的问题，本文认为应结合《民法典担保解释》和《民法典》相关条文作体系解释。《民法典》第392条也多次出现“约定”一词，明确规定“债权人应当按照约定实现债权”。根据条文内容进行文义解释，此处的“约定”指的是“实现债权的顺序”。并且根据《最高人民法院关于适用〈中华人民共和国民事诉讼法〉的解释》第365条，将《民法典》第392条的“约定”解释为实现担保物权顺序的约定。但该条文仅限于混合担保的情形，在共同担保制度统一构建的基础上，《民法典》第392条所谓就债权人实现债权顺序的明确约定，目的在于确定或限制混合担保时债权人的选择权，应当将视野扩大至共同担保的所有类型，进行体系化解释，类推适用于共同保证和共同物保的类型。

此外，结合《民法典担保解释》第13条，从体系化的角度分析，不应将“约定”限制解释为“物的担保和人的担保”或“债务人自物担保和担保人担保”的实现顺序，而应尽量探寻当事人真实意思所在，允许债权人与担保人之间约定追偿顺序、债权份额、分担比例等。有些合同约定“无论债权人对主合同项下的债权是否拥有其他担保……可直接要求担保人承担担保责任”，也应当视为当事人对权利的行使进行了明确约定，不应轻易地否认约定的效力。① 同理，担保人约定无须先向债务人追偿即可向其他担保人内部追偿的，同样有效。但约定不可违反其他法律规定或损害其他当事人的利益。例如，两位物上保证人和一位保证人共同约定分担比例为1∶2∶3，那么当其中一位担保人在承担了担保责任，且向债务人追偿后，不论剩余部分的多少，也不论各自担保额的高低，可以直接依据约定的比例进行分担。

2. 个别担保人与债权人约定有效

当全部担保人之间对担保事宜作出约定，或在同一合同上签字盖章的，法律尊重和肯定当事人之间的约定，有约定的依约定。所有担保人共同作出约定理应有效，那么部分担保人之间作出的约定是否有效，还需具体讨论。

① 参见最高人民法院（2020）最高法民终1528号民事判决书，法院认为债权人有权直接要求保证人承担担保合同项下的全部担保责任，而无须先行使其他权利。即认为约定有效。

有理论认为债权人与个别担保人单独作出的约定不具有法律效力，只允许债权人与所有担保人共同约定。[①] 本文认为不应当予以限制，也应当肯定债权人与个别担保人之间单独约定。例如，债权人与保证人甲约定“优先实现其他物上担保”或债权人仅与担保人乙、丙共同约定可相互追偿的，理应认定有效，但根据合同相对性，合同效力只在当事人之间产生。在全部的研究样本中，有18篇案例的当事人对债权的实现顺序、追偿顺序和分担比例进行了约定，法院均认可了约定的效力。

若不同担保人之间的约定存在冲突，又该如何解释？本文认为在共同担保中，若存在部分担保人针对追偿权或分担份额作出约定，该约定在合同当事人之间有效。即使存在不同的追偿范围或分担比例，只要符合法律规定、不存在矛盾的，都应当有效。例如，债权人有甲、乙、丙、丁四位担保人，甲、乙、丙约定相互追偿且分担份额为1∶1∶2，丙、丁约定相互追偿且约定比例为1∶2，此时两份合同分别在合同相对人之间发生效力。若甲承担了担保责任，其可以按约定比例向乙、丙追偿；若丙承担了担保责任，则其可以同时向甲、乙、丁追偿，且他们之间的份额比例统一为1∶1∶2∶4。

（二）按顺序：追偿范围的确定

1.“向债务人不能追偿的部分”的确定

在担保人无特殊约定的情况下，应前置追偿债务人，就“向债务人不能追偿的部分”向其他担保人内部追偿，在司法实务中该部分究竟如何确定关乎到共同担保人责任的划分。

其一，最便捷的方式是担保人起诉债务人，这也是“向债务人追偿”最直接的司法体现，通过诉讼程序确定担保人仍然无法追偿的部分。倘若不经诉讼或经过诉讼债务人便偿还全部担保责任，则不存在后续内部追偿的行使。若债务人无法全部偿还，在诉讼过程中，诉至何种阶段可视为“债务人不能偿还”了呢？本文认为可以借鉴《民法典担保解释》第26条第2款的规定，应当经过法院审判且已进入强制执行程序。在执行期限内，未查询到债

① 参见王利明:《物权法研究》，中国人民大学出版社2016年版，第1112页。

务人可供执行的财产用于清偿的，未清偿部分被确定为“不能向债务人追偿的部分”。[①]

其二，除了诉讼方式，可借鉴《民法典》体系中其他关于清偿的规定。《民法典》第687条第2款的但书规定了保证人不能拒绝承担保证责任的情形。在共同担保中，若债务人也存在“下落不明”“破产”“可证明已无财产”三种情形，应当认定不能向债务人追偿。

2. 担保人在特殊情形下免责

担保人的责任范围也影响着追偿权的行使范围。在混合物保的类型中，若当事人未约定或约定不明，债权人放弃债务人的自物担保或免除债务人债务的，根据《民法典》第409条第2款和第435条的规定，担保人可在债权人“丧失优先受偿权益”的范围内免责。相应地，若债权人免除了部分担保人的责任或担保利益，其他担保人能否在相应范围内免责？根据《民法典担保解释》第29条第2款的规定，债权人未在保证期间内向保证人行使权利的，“其他保证人在承担担保责任后向保证期间已经届满的保证人追偿时，依据《民法典》第519条第2款之规定，保证期间已经届满的保证人对债权人的抗辩，可以向行使追偿权的保证人主张”，[②] 也即其他保证人在相应范围内免责。

同理，若债权人在担保期间内放弃或免除了部分物保人的担保责任，其他担保人也应当在该部分范围内免除担保责任。因为免责的逻辑前提是顺位利益，债权人在可以实现债权的情况下，放弃或免除了该担保人提供的担保，那么该部分的责任将转移到其他担保人身上，其他担保人的顺位利益受损，即使在承担了担保责任之后，也无法再向原担保人就该部分追偿，故应当在相应的范围内免责。

（三）按比例：担保责任的具体划分

1. 分担份额计算公式的实践应用

在司法实务中，共同担保包括共同物保、共同保证和混合担保三种情形，

① 参见张海燕：《民事补充责任的程序实现》，载《中国法学》2020年第6期。

② 最高人民法院民事审判第二庭：《最高人民法院民法典担保制度司法解释理解与适用》，人民法院出版社2021年版，第301页。

且个案中每个担保人的担保类型和范围可能都不尽相同，分担份额的计算可能更为复杂和烦琐。根据“各担保人提供的担保额占全部担保人的担保总额的比例”和“以债权额为限”的计算原则，本文通过举例说明上述公式的应用。

在共同保证中，若保证人甲、乙、丙共同为1000万元的债权提供保证，债务人清偿100万元后，保证人甲就剩余的900万元向债权人承担保证责任，甲向债权人追偿未果，随后向乙、丙主张分担，份额如何确定？此时甲、乙、丙的a值均为1000万元，A值为3000万元，向债务人不能追偿的部分为900万元，依上述计算公式，甲、乙、丙各自应分担的份额均为900万元 ×（1000万元 ÷3000万元）=300万元。总结发现，当保证人均对全部债权额承担保证责任时，分担比例为平均分。[①] 接上例，若乙在200万元的范围内担保债权、丙在600万的范围内担保债权，则甲可以向乙追偿的份额为900万元 ×［200万元 ÷（1000万元 +200万元 +600万元）］=100万元。

在共同物保和混合担保中，同理。若担保人甲提供价值200万元的房产、乙提供价值1200万元的房产、保证人丙、丁共同担保1000万元的债权，其中丁只在300万元的范围内承担保证责任。此时甲、乙、丙、丁提供的担保额a值分别为200万元、1000万元、1000万元、300万元，A值为2500万元，向债务人不能追偿的部分为1000万元，故甲应承担1000万元 ×（200万元 ÷2500万元）=80万元，乙应承担1000万元 ×（1000万元 ÷2500万元）=400万元，同理类推，丙、丁应分别承担400万元和120万元。

2. 担保财产价值的确定

在实践中还需要考虑的一个问题是，担保财产的价值如何确定。因为交易市场一直处于动态平衡状态，担保财产的价值可能一直在波动，在计算担保责任的分担份额时，有合同签订时、债权人主张债权时、还是担保财产被拍卖或变卖时等多个时间节点，评估担保财产价值的时间点也是确定担保责任划分的重要问题。

大多数学者都认为以债权人向任何一个担保人主张担保债权或行使担保

---

① 最高人民法院民法典贯彻实施工作领导小组编著：《中国民法典适用大全·合同卷》，人民法院出版社2021年版，第1954～1959页。

物权的时间点来确定较为妥当，对债权人和担保人而言都相对公平。[①] 若从债权人主张债权至真正实现担保物权之间，担保财产价值减损的，由于担保人原因而发生贬值的，应以贬值之前的价值为准，不可归责于担保人的原因而发生贬值的，则以担保物实际价值为准。

民事交易确立了私法自治原则，法律尊重当事人的意思自治。在共同担保中，只要当事人针对债权实现、担保内容、追偿权的行使等存在约定的，法院都优先考虑合同的约定。因此，从民事交易主体的角度出发，在债权人要求债务人提供担保或担保人对外提供担保时，可以吸取实践经验，尽量在合同中明确主体资格、担保方式、担保范围、能否追偿、求偿顺位等细节，相关条款尽可能详细，方便在发生纠纷时准确适用。

结 语

诚如有学者所言，对《民法典》的研究已经进入解释和适用的时代。[②]“任何忽视民法典、随意批判民法典去解释法律和裁判案件的做法，都是不可取的。”[③] 因此，广大司法工作人员必须在尊重民法典条文规定的前提下，做好对法律条文的理解与阐释，将法律条文的抽象规定与个案的具体情形结合起来进行适用。《民法典担保解释》第13条是继《民法典》之后对共同担保内部追偿制度的进一步解释和细化，如何正确地理解、妥当地适用是当务之急。共同担保内部追偿规则必须以债权人实现债权为基础，既不能损害债权人的利益，又要平衡共同担保情形下各担保人之间的利益。在此理念下，以《民法典担保解释》第13条为中心，通过体系化解读，构建共同担保内部追偿制度的“三步走”规则，有助于司法实务就类案作出统一裁判，为民营企业营造更好的法治环境！

---

① 参见李娜：《混合共同担保人之间追偿权的行使困境及其破解——基于〈民法典担保制度解释〉第13条的反思》，载《湖湘论坛》2022年第5期。

② 参见王利明：《构建中国特色的民法学理论体系》，载《中国大学教学》2021年第3期。

③ 孟强：《法典化时代的民法教学变革——兼论教义民法学的运用》，载《中国大学教学》2021年第3期。

"穷尽行政救济"基础上的环境公益诉讼起诉顺位研究

——以发挥环境行政部门的专业作用为主线展开

郑州铁路运输中级法院　吴林轶　尚　雪*

引　言

以行为是否违反法律规定为标准，可对实践中发生的破坏生态环境并损害公共利益的行为进行分类。环境行政部门[①]对于违反法律规定的行为负有监督管理职责，应当采取相应的行政措施让违法者承担行政责任。当环境行政部门怠于履职时，检察机关可对其提起环境行政公益诉讼，也可以对违法者提起民事公益诉讼。目前缺乏对这两种诉讼顺序的规定，所以无论提起哪种诉讼只要符合起诉条件皆可受理，但如果提起民事公益诉讼在先，法院在审理损害行为时不可避免地要对违法事实和行为性质等作出认定，这实际上属于环境行政部门的职责范围。另外，如果环境行政部门对违法行为进行了查处，但是存在监管不到位的情况，法院在审理民事公益诉讼的过程中由于缺乏专业性的环境知识，在事实认定、后果评估、修复措施等方面均需要借助环保行政部门或者专业机构的力量，此时环境行政部门是否配合、高昂的鉴定费用承担等问题都影响案件的审理效果。因此，应当充分发挥环境行政部门在保护环境公共利益方面的优势作用，厘清环境公益诉讼起诉顺位，更

* 吴林轶，郑州铁路运输中级法院环资庭庭长。尚雪，郑州铁路运输中级法院环资庭法官助理。

① 本文所称的"环境行政部门"系一个概括性统称，主要指负有生态环境和资源保护监督管理职责的行政机关。

好地实现保护环境公共利益的目标。

一、环境行政部门在各类环境公益诉讼中的地位和作用

环境司法与环境行政执法在保护环境公共利益方面存在共同的价值目标，特别是环境公益诉讼在一定程度上能够弥补行政执法的不足。各类环境公益诉讼中都有环境行政部门的身影，其在不同诉讼中存在不同的角色定位，发挥着不同的作用。

（一）作为生态环境损害赔偿诉讼的原告

环境行政部门因具有法定管理职权，在处理环境问题时具有天然的优势，相较于司法途径而言更加主动，故在解决环境问题时，环境行政执法先于环境司法发挥作用。但囿于行政管理职权范围内行政处理方式的有限性，仅依靠行政处罚、行政强制等行政手段只能让违法者承担行政责任，并不能够弥补违法者对生态环境所造成的损害。环境行政部门可以通过开展生态环境损害赔偿工作，追究违法者的生态环境损害赔偿责任。环境行政部门坚持“主动磋商、司法保障”的原则，首先与违法者就损害赔偿问题展开磋商，在未能与其通过磋商达成协议时，可以向法院提起生态环境损害赔偿诉讼。

《民事案件案由规定》将生态环境损害赔偿诉讼作为生态环境保护民事公益诉讼的子案由，即名义上被纳入环境民事公益诉讼范畴，但是两诉并不完全相同。两诉虽然同属生态环境司法保护体系的组成部分，且在案件适用范围、责任承担方式等方面存在重叠，但最根本的区别在于诉权来源不同，进而在原告资格、举证责任、诉讼程序等方面存在差异。在诉权来源这个问题上，学术界存在较大争议，主流观点认为，生态环境损害赔偿诉讼的诉权来源于国家自然资源所有权，[①] 这也解释了为何生态环境损害赔偿诉讼的原

---

① 《最高人民法院关于充分发挥审判职能作用为推进生态文明建设与绿色发展提供司法服务和保障的意见》中认为，生态环境损害赔偿诉讼案件系基于国家自然资源所有权提起。

告仅限于有关行政机关。[①] 而环境民事公益诉讼的诉权来源于环境公共利益，所以其原告资格的范围更为宽泛，即"法律规定的机关和有关组织"[②]。而且从这个角度而言，在环境公益的保护范围上，民事公益诉讼应当大于生态环境损害赔偿诉讼，但是在实践中，两诉最主要的区别就在于原告主体资格的不同，在对环境公益的救济上并不存在明显区别。

关于环境民事公益诉讼原告资格的争议颇多，包括公民个人能否起诉、法律规定的机关是否应当包括环境行政部门等问题。除海洋环境公益诉讼外，目前提起环境民事公益诉讼的主体主要为检察机关和社会组织，公益诉讼初期探索阶段环境行政部门也曾提起环境民事公益诉讼，但是随着生态环境损害赔偿制度的确立，其便不再作为民事公益诉讼的原告。而且两诉区分的最大意义就在于环境行政部门具有对于生态环境优先救济的权利，这当然也符合环境治理的基本逻辑。根据《公益诉讼解释》的规定，生态环境损害赔偿诉讼优先于环境民事公益诉讼审理。此设计更多的是从案件审理和生态环境修复的实际需要出发，因为"生态环境损害赔偿诉讼案件的原告具有较强专业性和组织修复生态环境的能力"[③]，更有利于生态环境的及时修复。也正是由于环境行政部门的专业性，生态环境损害赔偿诉讼旨在解决重点区域内或较为严重的环境事件。"生态环境损害赔偿诉讼的出现必然进一步缩小环境民事公益诉讼的适用空间"[④]，但环境民事公益诉讼却不止于此，系针对"已经损害社会公共利益或者具有损害社会公共利益重大风险的污染环境、破坏生态的行为"[⑤] 提起诉讼，即其不仅能够进行事后救济，功能也在向事

---

① 根据《最高人民法院关于审理生态环境损害赔偿案件的若干规定（试行）》第1条的规定，省级、市地级人民政府及其指定的相关部门、机构，或者受国务院委托行使全民所有自然资源资产所有权的部门，可以作为原告提起生态环境损害赔偿诉讼。

② 参见《最高人民法院关于审理环境民事公益诉讼案件适用法律若干问题的解释》（以下简称《公益诉讼解释》）第1条的规定。

③ 《〈依法追究责任 严格保护环境 为建设美好家园提供有力司法服务和保障〉——最高法院环境资源庭负责人就〈关于审理生态环境损害赔偿案件的若干规定（试行）〉答记者问》，载《人民法院报》2019年6月6日第4版。

④ 张翔：《关注治理效果：环境公益诉讼制度发展新动向》，载《江西社会科学》2021年第1期。

⑤ 参见《公益诉讼解释》第1条的规定。

前预防进行转变。

（二）作为环境行政公益诉讼的被告

基于行政资源有限、违法行为隐蔽等客观情况，行政监管未必能够面面俱到、毫无遗漏，但是监管是否及时到位则直接关系到环境保护的最终效果，特别是在环境公共利益的保护上，行政机关明显更具有优势。所以，检察机关可以针对因环境行政部门违法履职或者不依法履职造成环境公共利益受损的情形提起环境行政公益诉讼。环境行政公益诉讼系针对环境行政部门的违法行为或者不作为，旨在督促行政机关依法履职，通过行政手段解决环境问题。在起诉前，检察机关应当先向环境行政部门提出检察建议，督促其按要求履行职责，对于环境行政部门在法定期限内未依照检察建议内容进行整改的，则向法院提起行政公益诉讼。在行政公益诉讼中，诉前程序的适用率较高，绝大多数的案件能够在诉前得以解决。[①]

但是实践中存在这样一种情况，针对同一违反法律规定损害环境的行为，环境行政部门存在不履职的情形，此时既可以由检察机关或社会组织提起追究违法行为人民事责任的民事公益诉讼，也可以由检察机关提起追究环境行政部门不依法履职的行政公益诉讼。两种诉讼模式下，虽然审理对象、诉讼程序等具体内容存在较大不同，但在最终救济的根本利益上具有一致性，即受被诉违法行为侵害的环境公共利益，围绕该公益所施加的民事或行政责任，在实际内容和客观功能上是类似的，都指向对环境侵害的惩罚、校正和填补。[②] 故两诉存在关联性，由此衍生出适用顺位、衔接程序等问题。特别是针对这种同时满足提起两诉条件的情况，除了考虑行政公益诉讼与民事公益诉讼的适用顺序外，还可以尝试提起行政附带民事公益诉讼。

（三）作为环境民事公益诉讼中的“辅助者”

环境行政部门虽然不是环境民事公益诉讼案件的当事人，但是其在该类

① 最高人民检察院“完善公益诉讼制度，强化公益检察保护”新闻发布会上介绍，2020年，全国检察机关共立案公益诉讼案件151260件，其中向行政机关发出诉前检察建议11.8万件，行政机关回复整改率达99.4%。

② 巩固:《检察公益“两诉”衔接机制探析——以“检查公益诉讼解释”的完善为切入》，载《浙江工商大学学报》2018年第5期。

案件中有较高的参与度，能够贯穿民事公益诉讼审理的全过程，并发挥着重要的作用。

《公益诉讼解释》中有一些条款涉及法院在审理环境民事公益诉讼案件的过程中，环境行政部门所享有的权利和义务。例如，环境行政部门可以支持社会组织提起诉讼；法院受理案件后，应在10日内告知对被告行为负有监督管理职责的环境行政部门；法院在确定生态环境修复费用时，可以参考环境行政部门的意见等。《最高人民法院、民政部、环境保护部关于贯彻实施环境民事公益诉讼制度的通知》对环境资源执法协调机制予以规定。例如，环境行政部门在收到法院通报受理案件后，可根据案件线索进行核查并依法处理；环境行政部门应及时提交法院因审理案件需要，向其调取的涉及被告的有关证据材料；法院应将和解或调解协议内容告知环境行政部门，环境行政部门就协议内容提出意见或建议；法院在判决修复生态环境或委托进行鉴定时，可以商请环境行政部门组织协助等。

环境行政执法与环境司法的协作是生态环境公益救济中的一项重要内容，环境行政部门即便不作为案件的当事人，案件处理结果仍会与其职权范围所涉内容息息相关，体现在案件审理的多个环节之中。在针对环境违法行为所提起的民事公益诉讼中，环境行政部门的执法卷宗等材料也常作为认定案件事实的重要证据。可见，环境行政部门为案件审理工作提供了诸多的“技术支持”。

二、针对不同损害行为起诉时的背景差异

有别于美国的公民诉讼要受到诉前通知和勤勉执法前置程序的限制，[①] 我国的环境民事公益诉讼制度并未对被诉损害行为是否应当经过行政监管作出规定，所以不同案件中的损害行为在性质、程度等方面存在差异，在损害事实及后果的认定、民事责任的承担上存在难易之分。通常情况下，损害行为具有违法性，有关行政部门应当依法对其进行处理，比如采取行政处罚、

① 参见巩固:《大同小异抑或貌合神离？中美环境公益诉讼比较研究》，载《比较法研究》2017年第2期。

行政强制等措施，在某些情况下，违法行为甚至还构成刑事犯罪，违法行为人需要受到刑事制裁。故本文以此作为标准，对实践中存在的多种情形作进一步分析（见图 1）。

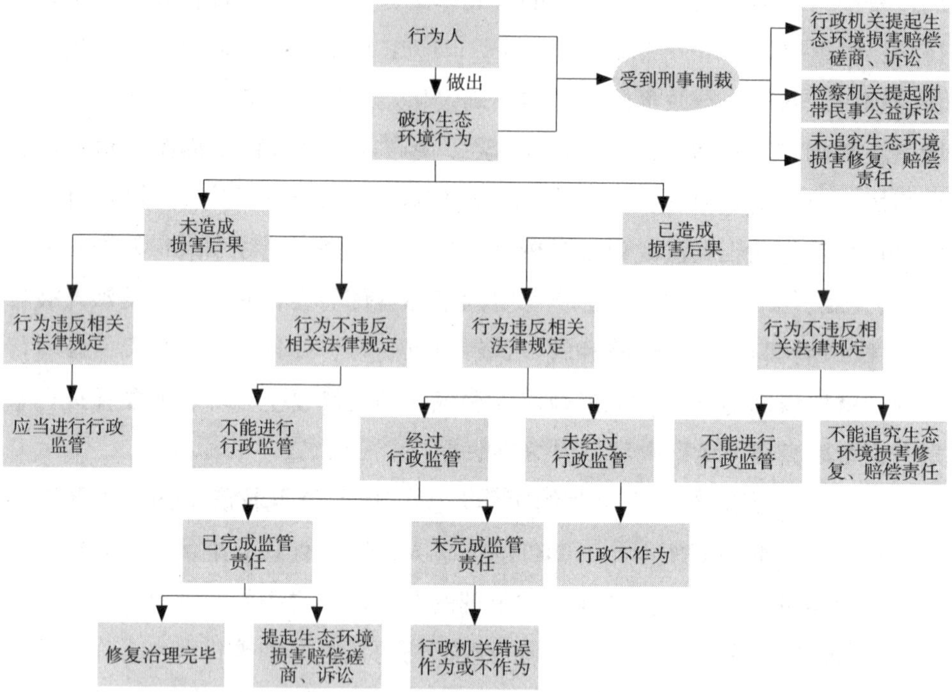

图 1　损害行为、损害后果与行政监管之间的关系

（一）损害行为造成损害后果且经过行政监管

损害行为若违反《环境保护法》《大气污染防治法》等环境资源保护领域的法律法规，需要承担相应行政法上的法律责任。环境行政部门应当履行相应的法定职责，对违法者采取行政措施，阻止环境损害行为继续实施，避免已造成的损害后果持续扩大。

1. 行政监管措施到位

环境行政部门采取行政监管措施及时、有效，损害行为及损害后果处于过去完成时的状态。此时，损害行为系过去发生，现在已经终止，损害后果得到控制，未继续扩大。损害行为的实施主体缴纳了行政罚款或采取了相关整改措施，环境已恢复到受损害之前的状态，各项环境监测指标恢复正常，或者是在环境无法完全修复的情况下进行了替代性修复。该种情形下，环境行政部门较好地完成了行政执法的任务目标，违法行为人承担了行政和民事责任，此为最理想的环境公益保护状态。

2. 行政监管存在欠缺

环境行政部门虽然采取了一些行政监管措施，但并未完全履行法定职责，导致损害行为和损害后果持续存在。一是存在应实施多种行政监管措施时仅采取了部分措施。损害处于完成进行时的状态，即损害行为系过去发生，现在已经停止，但损害后果并未得到有效的控制，对于生态环境的危害仍在继续。二是针对同一违法主体实施的多个违法行为仅查处了一部分。事实上，每个违法行为与环境损害后果之间均具有因果关系，但环境行政部门仅查处了部分违法行为，使得剩余的违法行为未得到有效监管，导致违法行为和危害后果依然存在。三是未正确履行法定职责。环境行政部门采取的行政监管措施不符合法律规定，一种情况是，环境行政部门对应履行的职责理解有误，在作出行政决定时适用法律错误，进而导致监管内容错误；另一种情况是，虽然从形式上看，环境行政部门已针对损害行为进行了行政监管，但从实际效果而言，其监管行为不能够达到生态环境修复治理的要求。

（二）损害行为造成损害后果但未经行政监管

损害行为未经行政监管可以分为两种情形：一是损害行为违反法律规定，依法应当受到行政监管但未被监管；二是损害行为虽然造成了损害后果，但损害行为并不违反法律规定，故无法对其进行监管。

1. 环境行政部门存在行政不作为

此处的不作为是指完全不作为，即不履行法定职责，与前文所述的未完全履行法定职责的情形不同。行政不作为的情况下，因为没有外力介入，损害仍然处于现在进行时的状态，即损害行为持续发生，并伴随着损害后果及程度的加深。

环境行政部门存在不作为的原因可能是多方面的，既有其内在原因，也会受到外部因素的影响。比如，损害行为长期存在，环境行政部门却疏于日常监管，或是损害行为经过投诉举报但仍未见环境行政部门处理等，上述不作为都可归咎于行政机关的内在原因，其对于损害行为和结果是明知的或放任的，属于明显怠于履行法定职责的情形。当然，鉴于破坏生态环境的行为具有一定的隐蔽性，常常存在违法行为人刻意躲避行政执法监督的情形，故不能苛求环境行政部门针对所有的违法行为都能够及时发现并进行处理，此为不可控的外部因素的影响。比如，有些问题具有较强的隐蔽性，是通过知情人举报、媒体暗访等方式得以曝光，因为具有客观原因，所以环境行政部门应该在问题曝光后的第一时间及时采取措施，以结束不作为的状态。

2. 损害行为不违反法律规定

符合行政法律规范的行为在客观上造成了环境损害后果时，应否承担赔偿责任，即环境侵权领域的“合规抗辩”问题。原国家环保局所作的复函[①]引出这样一个观点：行为是否合乎行政法律规范并非确定赔偿责任的条件，该观点旨在否认合规抗辩的效力，并形成通说。《最高人民法院关于审理环境侵权责任纠纷案件适用法律若干问题的解释》第1条规定，侵权人以排污符合国家或者地方污染物排放标准为由主张不承担责任的，人民法院不予支持。相关环境标准的制定是为了满足行政管理的需要，而非划定了污染排放的安全线，“在环境侵权领域，一旦容许原因行为，则其损害结果往往就是无法避免的”[②]。然而实践中，法院在不同类型的环境侵权案件中，对合规抗辩的效力认定有所不同。多数学者在研究该问题时，反对全盘否定或肯定的观点，主张区分不同标准下的合规抗辩效力。

环境权是一项没有法律明文规定的权利，对于环境违法的判断系依据公法规范作出，而环境侵权责任的承担则依据私法规范进行考量。根据《民法典》第1234条、第1235条的规定可知，行为人承担生态环境损害修复和赔偿责任的前提，是违反国家规定造成生态环境损害。有学者认为，公法中的责任承担常以主观过错为前提，生态环境损害赔偿责任即运用民法手段解决

① 原国家环保局《关于确定环境污染损害赔偿问题的复函》(1991年10月10日〔91〕环法函字第104号)。

② 金自宁:《风险社会背景下的合规抗辩——从一起环境污染损害案例切入》，载《北大法律评论》2012年第2期。

公法的公共利益救济问题，应解释为适用过错归责原则。[①] 因而在施加“违反国家规定”的条件后，合规抗辩的效力能够得到承认，所以当损害行为不违反法律规定时，则不能通过公益诉讼的方式，要求其承担生态环境损害修复和赔偿责任。在此对本文所讨论的损害行为予以明确，即违反法律规定应当受到行政监管的行为。

（三）损害行为违反法律规定但尚未造成损害后果

保护优先、预防为主是我国《环境保护法》确立的基本原则。保护优先原则，是指在对待经济社会发展和环境保护之间的关系上，应当坚持环境保护的优先性；预防为主原则，是指应当采取各种预防措施，防止在开发和建设活动中产生环境污染和破坏。[②] 基于上述原则之精神，当行为只是有损害之虞，尚未发生实际损害并造成相应后果时，由于该行为的实施将会给生态环境带来重大风险，继而造成严重的或不可逆的生态环境损害，故不能持放任的态度，有必要对其采取预防措施阻止损害的发生，即提起预防性环境民事公益诉讼。此时，明确的损害后果被不确定的环境风险取代，司法由事后救济转向事前救济，当司法越过行政执法环节对环境问题进行处理时，应当采取更为审慎的态度，比如制度设计应符合比例原则的要求。因为过度强调预防原则，可能会使其他社会福祉被牺牲，而同时遵循比例原则，在对环境危险预防进行一定程度限制的同时，可适度疏解可能的法益冲突与紧张关系，强化其正当性。[③] 此外，还可以考虑建立预防性环境行政公益诉讼制度，对环境行政部门具有造成损害后果的、具备极高环境风险性的行政作为或不作为提起诉讼，督促行政机关采取预防性行政管理措施，以达到减少或消除环境风险隐患的目的。

---

① 参见徐以祥:《〈民法典〉中生态环境损害责任的规范解释》，载《法学评论》2021 年第 2 期。

② 参见崔桂台、孔静:《中国环境保护法律制度》，中国民主法制出版社 2020 年版，第 5 页、第 7 页。

③ 参见张旭东:《预防性环境民事公益诉讼程序规则思考》，载《法律科学（西北政法大学学报）》2017 年第 4 期。

（四）行为人实施触犯《刑法》的损害行为而受到刑事制裁

一些比较严重的环境违法行为同时具备刑事违法性和行政违法性，此时刑事案件的处理具有优先级，违法行为人应承担的行政责任则容易被搁置。司法实践中，关于违法行为人承担刑事责任的同时是否还应承担行政责任的问题存在争议，一些环境行政部门对此持否定意见，由此出现了怠于履行法定职责等情形。

事实上，违法行为所引发的行政法上的义务与刑法上的义务并不完全相同，既存在吸收的情形，也要有需要独立适用的情况。如果违法行为人被判有罪并依法承担刑事责任，环境行政部门仍然需要对违法行为人应当承担的行政责任作出判断，将能为刑事处罚所包含的、具有相同法律效果的行政责任予以折抵，在法律效果不同的范围内，依法追究违法行为人的行政责任。因为“防止以罚代刑强调的是两种责任形式不得互相替代，刑事责任的承担亦不能涵盖行政责任承担的法律效果，从环境保护来说，也不能取代相应的生态环境恢复和保护的效果”①，故环境行政部门的职责始终存在，并不当然地因为案件进入司法程序而消灭，只是在作出行政处罚、行政处理等决定时受到一些限制。此外，如果违法行为人被判无罪或免予刑事处罚，亦不能免除其行政责任。

因而在违法行为人受到刑事制裁后，对于其未履行的行政法上的义务，环境行政部门应当采取相应措施，避免出现行政监管缺失的情况。司法实践中，法院和检察机关面对这种情况，有以下两种常见的处理方式：一是法院在办理刑事案件的过程中，发现被告人存在应当承担生态环境损害赔偿责任情形的，通过环境行政执法与司法协作机制，及时就刑事案件中涉及的生态环境损害情况与相关环境行政部门进行沟通，建议其与被告人进行生态环境损害赔偿磋商，在刑事案件宣判前达成磋商协议，实现较好的社会效果和法律效果。该种情形下，是法院主动督促环境行政部门依法履职，由环境行政部门要求违法行为人修复治理环境。二是检察机关在办理刑事案件的过程

① 孟庆瑜、张思茵：《环境行政公益诉讼中行刑责任衔接问题研究——关于沭阳县农业委员会不履行法定职责行政公益诉讼案的探讨》，载《法律适用》2019 年第 12 期。

中，针对被告人同时存在的损害环境公共利益的行为，附带提起民事公益诉讼，要求其承担生态环境损害赔偿相关责任，对犯罪后果进行补偿和修复，以达到惩治犯罪和修复生态环境的双重效果，或者因鉴定、公告期等时间限制，在刑事公诉之外另行提起民事公益诉讼。该种情形其实是检察院直接要求违法行为人承担生态环境损害赔偿责任。如果未经前述两种方式予以督促，则很有可能出现环境行政部门怠于履职，被提起行政公益诉讼的情形。

三、以"穷尽行政救济"为原则优化环境公益诉讼的路径选择

环境民事公益诉讼案件中，在损害行为未经过行政监管的前提下，人民法院直接处理环境专业问题具有一定的难度。生态环境损害赔偿制度中，环保行政部门应当先与违法行为人进行磋商，磋商不成的才能提起诉讼。环境行政公益诉讼中，诉前程序是指检察机关起诉前应当先向行政机关提出检察建议，该程序"是希望建立一种让行政机关自我纠错的机制"[①]。而环境民事公益诉讼的诉前程序，主要是指检察机关通过发布公告的方式督促法律规定的机关或社会组织提起诉讼。与另外两诉相比，环境民事公益诉讼的诉前程序旨在解决原告资格的问题，未涉及案件实体内容的处理。如果能在诉前对损害行为进行分类辨别，以损害行为是否经过行政监管为标准，设置提起行政公益诉讼和民事公益诉讼的不同路径，便能更好地实现环境公益诉讼的目的和效果。

（一）基础：坚持行政权优先于司法权处理问题

"司法权以判断为本质内容，是判断权，而行政权以管理为本质内容，是管理权。"[②] 进行诉前辨别的基础性问题，就是如何妥善处理司法权与行政权的关系。环境问题具有一定的复杂性、专业性，环境行政部门是解决环境问题的首要力量，环境公益诉讼制度旨在弥补行政监管手段的不足，设立初

---

① 胡卫烈、迟晓燕：《从试点情况看行政公益诉讼诉前程序》，载《国家检察官学院学报》2017年第2期。

② 孙笑侠：《司法权的本质是判断权——司法权与行政权的十大区别》，载《法学》1998年第8期。

衷是“处理一些事实清晰、损害明确、后果严重且行政机关难以解决、具有典型性的环境污染案件”[①]。而当前的诉讼制度，“突出强化了司法权，并要求行政权与司法权配合，这容易使司法权突破其职权范围，从而损害行政权和司法权之间的合理分工与权利平衡”[②]。特别是环境资源类案件通常具有专业性强的特点，在环境行政部门未对损害行为进行认定和处理时，法官则需要将大量精力用在涉及环境损害、修复等专业性的问题方面。司法履职应当能动而不越位，在行政机关职权范围内的事，应当由其先行处理，法院在审理涉及环境公益的案件时，应当定位于解决事实认定及法律适用上的争议，其职能在于解决纠纷、判断行政行为是否正确、判断环境公益是否被破坏及应否予以修复等，而不是以监督者的身份决定环境问题是否存在、如何解决（见图2）。

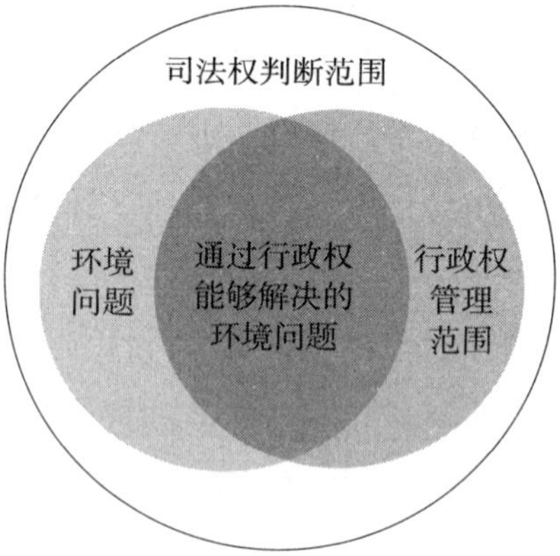

图2　司法权与行政权关系

从《公益诉讼解释》第26条[③]、《最高人民法院关于审理环境公益诉讼案

① 王明远:《论我国环境公益诉讼的发展方向：基于行政权与司法权关系理论的分析》，载《中国法学》2016年第1期。

② 王明远:《论我国环境公益诉讼的发展方向：基于行政权与司法权关系理论的分析》，载《中国法学》2016年第1期。

③ 该条规定：“负有环境资源保护监督管理职责的部门依法履行监管职责而使原告诉讼请求全部实现，原告申请撤诉的，人民法院应予准许。”

件的工作规范（试行）》第16条[①]可知，现行制度未将"穷尽行政救济"作为提起环境民事公益诉讼的前提，但在诉讼过程中允许行政机关依法履行职责，对涉案生态环境问题进行处理，这既体现了司法权对行政权的尊重，同时反映出行政手段解决环境问题更加高效和便捷。而且，在审理环境民事公益诉讼案件时，被告常常不愿意配合进行生态修复或支付赔偿金，导致案件在判决和履行方面均存在困难，如果能够把案涉行为先置于行政程序中处理，首先进行生态环境损害赔偿磋商，磋商不成再提起诉讼，而民事公益诉讼则作为兜底的救济途径，这样更能够使被告接受不利后果，更有利于问题的解决。诉前程序的目的，"在于尊重行政监督管理机关维护环境公共利益的职责"[②]，所以，以尊重行政权为核心优化诉讼流程，既是实现环境行政执法与环境司法衔接的有效途径，也能在客观上节约司法资源，提高案件审理效率。

（二）关键：区分不同情形下的诉讼路径

司法是被动的，侧重于事后补救，环境民事公益诉讼应当作为治理环境问题过程中的最后一步。行政执法能够兼顾专业与效率，是对应环境问题的首选。实践中，行政监管的缺失可能导致司法权与行政权在运行中出现倒置。例如，损害行为违反法律规定但未经行政监管，直接被提起环境民事公益诉讼，法院在审理时需要查清违法事实。在此过程中，法院代替行政机关扮演了一部分执法者的角色，并对违法行为及事实作出了认定，此后，当行政机关再对该行为依法处理时，违法事实则已经被生效判决所固定。所以在环境问题的处理上，需要把行政手段置于司法途径之前，坚持司法作为最后一道防线的定位，充分发挥行政机关在环境风险的预防、管理等方面的优势，这体现为两个方面的内容：一是由行政机关先行处理违反法律规定的行为；二是进一步完善环境行政公益诉讼制度，督促行政机关依法履职。

笔者认为，保护环境公共利益应当坚持"穷尽行政救济"的原则，将损

① 该条规定："因相关政府部门采取突发事件应对措施、使诉讼活动不能正常进行的，人民法院可以依照《中华人民共和国突发事件应对法》第十三条的规定，裁定中止诉讼。"

② 罗丽：《我国环境公益诉讼制度的建构问题与解决对策》，载《中国法学》2017年第3期。

害行为是否充分经过行政监管作为提起环境民事公益诉讼的前置条件。对于行政监管已经到位，仍存在行政机关不能主张的生态环境损害赔偿责任的，可以提起民事公益诉讼。对于行政监管不到位或行政机关不作为的，应当先由检察机关提起行政公益诉讼，督促行政机关依法履职，追究违法者的行政责任，并通过生态环境损害赔偿磋商、诉讼追究生态环境损害赔偿责任。如果行政机关在追究违法者的行政责任后未进行生态环境损害赔偿磋商，可以提起民事公益诉讼；如果案件进入实体审理，则可考虑采用行政附带民事公益诉讼，一次性解决相关问题；对于无法在行政公益诉讼中解决的问题，则另行通过民事公益诉讼予以解决。目前因缺乏明确规定，故在起诉时对于诉讼类型的选择存在任意性，并未把督促环境行政部门依法履职作为解决环境问题的首要途径。事实上，处理环境问题更适宜按照“行政执法—行政公益诉讼—民事公益诉讼”层层递进的路径展开，即坚持行政权优先，解决大部分问题，通过行政公益诉讼监督，督促解决剩余问题，最后民事公益诉讼兜底，解决行政权无法解决的问题。

当然，上述路径的选择方式只是一种方向性指引，还需要通过限定起诉条件予以规制。例如，在环境民事公益诉讼起诉条件中规定原告应当提供损害行为是否违反法律规定、是否经过行政监管的证明材料，法院在立案阶段对该项内容进行审查，对符合条件的予以立案，不符合条件的告知其他途径等。

（三）再考量：探索完善环境行政附带民事公益诉讼和预防性环境行政公益诉讼制度

1. 优化环境行政附带民事公益诉讼的流程

《最高人民检察院深入开展公益诉讼试点工作有关问题的意见》[①]《最高

① 《最高人民检察院深入开展公益诉讼试点工作有关问题的意见》第 14 条规定：在部分公益案件中，既存在公民法人或其他组织侵害社会公共利益的违法行为，又存在行政机关违法行使职权或者不作为的违法行为。在两种违法行为造成同一损害后果，且均符合提起公益诉讼条件的情况下，检察机关可以向人民法院提起行政公益附带民事公益诉讼，既督促行政机关依法正确履行职责，又同时追究社会公共利益侵害人的民事责任，由人民法院一并审理。

人民法院关于审理环境公益诉讼案件的工作规范（试行）》[①] 中均涉及行政附带民事公益诉讼，实践中也有检察院提起的行政附带民事公益诉讼经法院审理并获得支持的案例。在检察公益诉讼中，行政公益诉讼旨在督促行政机关履行职责，民事公益诉讼旨在追究违法行为人的民事责任。而行政附带民事公益诉讼应定位于“一揽子”解决所有问题，极大限度提高生态环境修复治理的效率，实现案结事了（见图 3）。

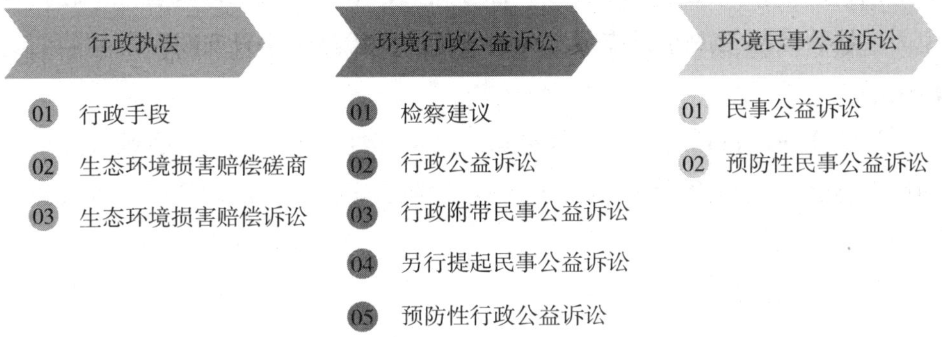

图 3　不同路径下的不同救济方式

实践中，需要细化行政附带民事公益诉讼的诉讼流程，增强可操作性。例如，依照前文“行政执法——行政公益诉讼——民事公益诉讼”的诉讼逻辑，法院在受理行政公益诉讼案件之初，或者在审理行政公益诉讼案件的过程中，发现通过该案件尚不能充分救济环境公益的，可以向检察机关予以释明，建议其提起附带民事公益诉讼，检察机关如果决定附带提起，则需要将案件情况先行公告，等待是否有社会组织提起诉讼，进而明确提起附带民事公益诉讼的原告主体身份等问题。

2. 建立预防性环境行政公益诉讼制度

环境损害后果不可逆，传统的环境司法救济具有滞后性，预防性公益诉

---

① 《最高人民法院关于审理环境公益诉讼案件的工作规范（试行）》第 56 条规定：人民法院在审理检察机关提起行政公益诉讼案件中，可以一并审理检察机关或者社会组织就同一污染环境、破坏生态行为提起的民事公益诉讼。相关案件应按照《最高人民法院关于适用〈中华人民共和国行政诉讼法〉若干问题的解释》第十八条规定进行立案登记并确定审判组织。

讼使得环境司法能够从事后救济转为事前预防，体现司法能动主义的要求。预防性环境民事公益诉讼有相对明确的规定，系针对“具有损害社会公共利益重大风险的污染环境、破坏生态的行为”，但环境公益诉讼的预防性功能未得到有效发挥，环境行政部门亦具有防范环境风险发生的职责。鉴于此，应当建立与预防性环境民事公益诉讼相对应的预防性环境行政公益诉讼，并优先适用，以在存在重大环境风险时，督促环境行政部门发挥其在环境风险的预判、评估、防范等方面的行政管理优势，采取预防性行政管理措施，避免因环境行政部门的作为或不作为造成重大环境风险，以实现环境风险的防范化解。

为防止司法权任意扩张，保持司法的谦抑性，预防性环境行政公益诉讼的设立与运行应当遵循以下要求：一是其功能定位于救济性环境行政公益诉讼的补充。现行规定中的行政公益诉讼系针对实质存在的损害予以救济，是督促行政机关依法履职的主要途径，此外，存在着未达成损害后果之环境风险的状态，预防性行政公益诉讼则能够弥补该不足，拓展行政公益诉讼发展方向。二是严格限定提起该诉的前提条件。预防性行政公益诉讼应当设定比预防性民事公益诉讼更为严格的起诉条件。有的学者将违法行政行为已经发生或具有发生的高度盖然性、环境风险具有高度盖然性和高阈值性作为提起环境行政公益诉讼的基本要件。[①] 故在判断是否符合起诉条件时，具有较大不确定性和自由裁量的空间，需要对上述可能性的判断标准予以明确，以确保行政权不受过度干预、司法权不被随意滥用。

结　语

在生态环境司法领域，实践先行的特点比较突出，应当注重从实践中总结经验、发现不足，面对实践中三种公益诉讼适用情形相互交织的客观情况，全面厘清各诉讼制度间的相同与不同，综合考量行政权、司法权的优势和劣势，探索生态环境公益救济司法保护路径的最优方案。

---

① 参见张百灵：《预防性环境行政公益诉讼的理论基础与制度展开》，载《行政法学研究》2021 年第 6 期。